Heinz Ohff
Preußens Könige

Zu diesem Buch

Der erste von Preußens Königen erklärte sich selbst zum König – zum Gelächter Europas. Der letzte von ihnen versuchte sich nach seiner Abdankung als Holzhacker. Heinz Ohff, der Meister der historischen Biographie, hat alle preußischen Könige porträtiert. Genauer gesagt, nicht nur die Herrscher von Friedrich I. bis Wilhelm II., sondern auch das Leben an ihren Höfen und ihr privates Umfeld, die offiziellen wie die inoffiziellen Königinnen eingeschlossen. Mit großem erzählerischen Schwung verbindet Ohff die Daten und Fakten der preußischen Geschichte von 1701 bis 1918 mit farbigen Anekdoten und klugen Deutungen. Dabei macht er eines klar: Ohne die bestimmende Rolle Preußens und seiner Könige hätte die deutsche Geschichte ganz anders ausgesehen.

Heinz Ohff, geboren 1922, gestorben 2006, war von 1961 bis 1987 Feuilletonchef des Berliner »Tagesspiegel«. Von ihm liegen zahlreiche Biographien vor, unter anderem über Königin Luise von Preußen, Karl Friedrich Schinkel, Fürst Pückler-Muskau, Theodor Fontane und die Könige Preußens sowie die »Gebrauchsanweisung für England« und die »Gebrauchsanweisung für Schottland«. Der Autor lebte zuletzt in Berlin und Cornwall.

Heinz Ohff

Preußens Könige

Mit 39 Schwarzweißabbildungen

Piper München Zürich

Mehr über unsere Autoren und Bücher:
www.piper.de

Die Aufnahmen für den Bildteil wurden von Christiane Hartmann angefertigt.

Von Heinz Ohff liegen bei Piper vor:
Königin Luise von Preußen
Der grüne Fürst
Preußens Könige
Gebrauchsanweisung für Schottland
Gebrauchsanweisung für England

MIX
Papier aus verantwortungsvollen Quellen
FSC® C083411

Ungekürzte Taschenbuchausgabe
1. Auflage April 2001
12. Auflage Februar 2012
© 1999 Piper Verlag GmbH, München
Umschlagkonzeption: semper smile, München
Umschlag: semper smile, München, nach einem Entwurf von Büro Hamburg
Umschlagabbildung: Anton Graff (»Friedrich II.«,
Archiv für Kunst und Geschichte, Berlin)
Satz: Friedrich Pustet, Regensburg
Papier: Munken Print von Arctic Paper Munkedals AB, Schweden
Druck und Bindung: CPI – Clausen & Bosse, Leck
Printed in Germany   ISBN 978-3-492-23359-0

Inhalt

Statt eines Vorworts........................... 7

FRIEDRICH I.
oder Wie man König wird 11

FRIEDRICH WILHELM I.
oder Der ungehobelte Erzieher 43

FRIEDRICH II.
oder Der Intellektuelle als Krieger.................. 85

FRIEDRICH WILHELM II.
oder Ein König läßt fünfe gerade sein 145

FRIEDRICH WILHELM III.
oder Die Nachteile der Friedfertigkeit............... 177

FRIEDRICH WILHELM IV.
oder Der preußische Zwiespalt.................... 225

WILHELM I.
oder Wie ungern man Kaiser wird 259

FRIEDRICH III.
oder Zwischen Potsdam und Weimar 307

WILHELM II.
oder Das Einfache in bengalischer Beleuchtung........ 333

ANHANG 363
Zeittafel 365
Bibliographie.................................. 374
Personenregister............................... 379

Statt eines Vorworts

Einen Staat namens Preußen gibt es nicht mehr, und es wird ihn vermutlich auch nie wieder geben. Er wurde gleich zweimal geopfert. Ursprünglich: damit die jahrhundertelangen Träume von einer Einigung aller Deutschen in einem gemeinsamen Staat in Erfüllung gehen konnten. Und ein zweites Mal endgültig: als Sündenbock für Untaten, die nicht von Preußen begangen worden waren, sondern von den braunen Nachfahren der deutschen Träumer.

Opferbereitschaft gehört zweifellos zum preußischen Geist. Sie beruhte bei diesem Selbstopfer allerdings beide Male auf einem Mißverständnis. Wilhelm I. hat 1871 geahnt, daß der Übergang von Preußen in Deutschland und sein Wechsel vom preußischen König zum Deutschen Kaiser auf einen staatlichen Selbstmord hinauslaufen würde. Und als die Alliierten 1947 den Staat endgültig auflösten, konnten sie mit dem sozusagen entpreußifizierten Rest Deutschlands um so glimpflicher verfahren.

Worin bestand das Mißverständnis? 1871 auf einer Überschätzung deutscher Vereinigung im Rahmen damaliger internationaler Politik, die leicht, allzuleicht in Kriegsgewalt umzuschlagen drohte. Und 1947 auf eine Überschätzung der Rolle, die Preußen im Verlauf seiner Entwicklung gespielt hatte. Ein erfolgreicher Staat, der *suum cuique*, jedem Untertan »das Seine«, zu geben bereit war und auf die Disziplin, die in ihm herrschte, bauen konnte, hatte im In- wie Ausland nicht nur eine gute Presse. Im Gegenteil. Man hat ihm schon frühzeitig all jene Eigenarten angelastet, die man zu Recht oder

Unrecht als wenig erfreuliche Seiten des deutschen Wesens betrachtete.

Preußen schien geradezu der Erfinder des Militarismus, wobei man übersah, daß andere deutsche Staaten sich ebenso grimmig auf Kriege vorbereiteten. Vergessen auch die Tatsache, daß andere europäische Staaten, etwa England, Preußen von Herzen übelgenommen haben, wenn es sich in Kriegen nicht mit ihnen verbündete. Friedrich dem Großen hat man dank seiner äußerst erfolgreichen Angriffskriege weniger gezürnt als zum Beispiel Friedrich Wilhelm IV., der nicht am Krimkrieg teilnehmen wollte. Ohne Zweifel hatten die Preußen den Militarismus als ein staatstragendes Element angesehen und gepflegt, doch zumeist sehr umsichtig angewendet. Der eigentliche Begründer der preußischen Armee, der sich den Titel »Soldatenkönig« verdiente, hat so gut wie keine Kriege geführt (mit einer zögerlich vollzogenen Ausnahme, zu der er vertraglich verpflichtet war). Sein Urenkel, Friedrich Wilhelm III., hatte ähnliche Skrupel. Er verfaßte ein pazifistisches Manifest und wäre gern ein Friedenskönig geworden, obwohl er das Militär liebte. Kriege suchte er allerdings zu vermeiden und konnte sich bald vor den zahlreichen Abgesandten europäischer Großmächte nicht retten, die ihn zum Völkerkampf überreden wollten. Daß ausgerechnet er dazu ausersehen war, Napoleon mit zu besiegen, ist einer der bittersten Treppenwitze der Weltgeschichte.

Einen Napoleon (oder Hitler) hat Preußen nicht hervorgebracht. Selbst Friedrich der Große, der alles wagte und das meiste gewann, war alles andere als ein Tyrann. In den Ländern, in die er einfiel, wurden die requirierten Lebensmittel, Pferde und Hilfeleistungen auf Heller und Pfennig bezahlt. Er hat weder einen Herzog von Enghien noch einen Ernst Röhm erschießen lassen. Tatsächlich hat Preußen als einer der ersten Staaten sowohl den Gleichschritt als auch die Uniform für alle Soldaten im Felde eingeführt. Das schuf nicht nur eine größere Übersichtlichkeit auf den Schlachtfeldern, sondern auch eine größere Gerechtigkeit sowohl Freund als auch Feind gegenüber.

Die Verantwortlichen für den Glorienschein, den sich Preußen selbstgefällig (aber keineswegs immer zu Unrecht) umlegte, waren freilich alles andere als uniform. Die neun Hohenzollernkönige, die es gegeben hat, erscheinen eher als ein bunter Haufen – lauter ausgesprochene Individualisten, von denen keiner dem anderen gleicht. Wer sie sich alle so vorstellt wie Friedrich den Großen, irrt. Sie können dessen genaues Gegenteil sein wie sein Nachfolger Friedrich Wilhelm II., der in fast allem fünfe gerade sein ließ, oder wie Friedrich III., die Hoffnung aller deutschen Liberalen im 19. Jahrhundert, der leider schon nach 99tägiger Regierung starb. Ob musisch wie Friedrich I. oder amusisch wie Friedrich Wilhelm I., einsilbig wie Friedrich Wilhelm III. oder großsprecherisch wie Wilhelm II., romantisch verträumt wie Friedrich Wilhelm IV. oder auf beinahe bürgerliche Weise realistisch wie Wilhelm I., der es vom gehaßten »Kartätschenprinz« zum populären König und zur kaiserlichen Vatergestalt gebracht hat – Preußen war anders, als es Lobredner wie Kritikaster dargestellt haben und mitunter immer noch darstellen. Es war vielfältiger und bunter, wie übrigens auch seine Fahnen, die sich keineswegs alle auf Schwarz und Weiß beschränkten. Zumindest die Regimentsfahnen waren vielfarbig und sogar mit Silber- oder Goldfäden bestickt. Es läßt sich selbst auf diesem Gebiet nur wenig auf einen und denselben Nenner bringen.

Mit anderen Worten: Preußen sah nicht anders aus als andere Staaten auch. Nur disziplinierter, zielstrebiger und erfolgreicher war es. Die vielzitierte Obrigkeit galt und gilt als härter, aber – im Vergleich zu anderen Staaten – auch gerechter als alle anderen. Harte Gerechtigkeit ist nichts Schlechtes, aber sie schafft natürlich kein Paradies auf Erden.

Welcher Staat schafft das schon? Am wenigsten die, die es vollmundig versprechen. Es dürfte schon viel sein, wenn ein

Staat das schafft, was Preußen seinen Soldaten auf die Koppelschlösser schrieb: *Suum cuique*.

Preußens fast ausschließliches Nachleben in der Literatur dürfte in der Faszinationskraft gründen, die unter ebendiesem bescheidenen Ziel, »jedem das Seine«, etwas Großes, Ideelles und nicht zuletzt Unerreichbares versteht. Ein Ziel, welches nicht verhindert, daß vieles unaufgeklärt bleibt, ein Rätsel. Am Ende führt die Beschäftigung mit der Vergangenheit immer zurück in die Gegenwart, die alles auf ihre Weise versteht.

Wie heißt es in Theodor Fontanes wohl preußischster Novelle *Schach von Wuthenow*? »Wie lösen sich die Rätsel? Nie. Ein Rest von Dunklem und Unaufgeklärtem bleibt.«

Friedrich I.

oder
Wie man König wird

Man hat es schon damals als etwas merkwürdig und unangemessen empfunden. Da macht sich mitten im Winter ein kleiner Potentat, der Kurfürst von Brandenburg, mit seinem gesamten Hofstaat auf, um sich selbst zum König zu krönen. Dazu muß man durch Schnee und Eis ausgerechnet in die entfernteste Provinz des unübersichtlichen, über die Landkarte verstreuten Landes, an die polnische und russische Grenze ziehen. Und das um des Namens willen, den das zukünftige Königreich tragen soll. In vier Abteilungen machen sich 300 Reise- und Gepäckwagen auf den Weg. Dreißigtausend Pferde sind dafür notwendig: seit Menschengedenken das umfangreichste Unternehmen dieser Art in Friedenszeiten.

Der Kurfürst Friedrich III. – den Titel hat er vor rund zwölf Jahren von seinem berühmten Vater ererbt, strebt jetzt aber einen höheren an – hat am 17. November 1700 in Berlin eine prunkvolle Karosse bestiegen, die ihn nach Königsberg, übrigens seiner Geburtsstadt, bringen soll. Die Reise geht freilich nur am Vormittag vonstatten, denn nachmittags läßt sich der Fürst von seinen Untertanen huldigen. Und allabendlich speist er feudal im Kreise der lokalen Honoratioren.

Gewollt oder ungewollt begründet er damit bereits eine feste Tradition. Fast alle ihm nachfolgenden Hohenzollern-Könige werden hinfort Huldigungsfahrten zur Krönung im Dom von Königsberg in Ostpreußen unternehmen, wenn auch nicht unbedingt in der für das östliche Europa ungünstigsten aller Jahreszeiten.

Der künftige König ist außer sich vor Freude über die, wie

viele finden, überflüssige und zudem höchst kostspielige Rangerhöhung und kann es kaum erwarten, in Königsberg einzutreffen. Seine Frau, die künftige Königin, reist nicht in seiner Kutsche, sondern teilt einen Wagen mit ihrem galanten Schwager, dem Markgrafen Albrecht, der es sich nicht nehmen läßt, selbst die Zügel zu führen und das Gefährt zu lenken. Sie haben es nicht eilig. Die im Volk außerordentlich beliebte Kurfürstin Sophie Charlotte macht sich nichts aus weltlichen Titeln. Das ganze Getue um die Königswürde läßt sie kalt – eine Intellektuelle.

Als intellektuell läßt sich Friedrich kaum bezeichnen, dafür ist er zu eitel und zu sehr verliebt in die eigene Wichtigkeit. Aber Intelligenz wird ihm keiner absprechen dürfen. Er ist in den Künsten und den Wissenschaften wenn nicht engagiert, so doch an beiden interessiert. Wohl gebildet spricht er mehrere Sprachen, außer dem an den Höfen des 17. Jahrhunderts unerläßlichen Französisch, Polnisch und neben Deutsch auch fließend Lateinisch.

Seine Verschwendungssucht läßt sich aus der kargen Jugendzeit an der Seite seines Vaters, des Großen Kurfürsten, erklären. Seine übersteigerte Eitelkeit dürfte mit seiner etwas kümmerlichen äußeren Erscheinung zusammenhängen. Der Kurfürst ist klein bis mittelgroß geraten. In seiner frühesten Jugend hat ihn eine Amme auf den Steinfußboden fallen lassen, wovon eine leichte Verwachsung, ein Anflug von Buckligkeit zurückgeblieben ist. Merkwürdigerweise versucht Friedrich, den Makel durch übergroße Perücken zu verbergen. Gerade die riesigen Haarwulste lassen ihn jedoch noch kleinwüchsiger und verwachsener erscheinen, ein schwächlicher Mann auf dünnen Beinen, dazu seit seiner Kindheit schwer asthmatisch, ein Leiden, das sich beim Erwachsenen noch verschlimmert hat. Ihn überfallen plötzliche Hustenreize, die bei Hofe gefürchtet sind, weil sie die Laune des Herrschers verschlechtern.

Für einen König, sollte man meinen, wirkt er beinahe wie

eine Karikatur. Aber man kann es auch freundlicher sehen: Er hat es schwerer gehabt als andere, sich durchzusetzen. Und fortwährend steht ihm jemand zur Seite, der ihn wegzudrängen versucht, als sei er ein Krüppelwesen. Da war zunächst sein übermächtiger Vater, zur Zeit ist es die ihm in allem überlegene Ehefrau Sophie Charlotte, und bis vor kurzem gab es seinen ehemaligen Erzieher Danckelmann, einen redlichen und getreuen Beamten, der aber noch als Staatskanzler an ihm herumzuerziehen versucht hat, was er jetzt in Festungshaft büßt.

Eine jener Ungerechtigkeiten, wie sie Friedrich nicht selten unterlaufen. Er ist kein Menschenkenner, fällt immer auf die raffiniertesten Schmeichler herein. Dabei meint er es im Grunde gut, bewährt sich auch auf dem politischen Parkett als überlegener Diplomat. Daß er, ein reformierter Protestant, vom katholischen Kaiser Leopold seine – etwas fadenscheinige – Königswürde bestätigt bekommt, gehört zu seinen Meisterstücken. Um so mehr, als er dabei ganz ohne Kriege und das sonst bei derartigen Umwandlungen übliche Blutvergießen ausgekommen ist. Der Streich ist ihm ausschließlich durch Politik, zivile List, Überredungsgabe, Tücke und, nicht zuletzt, Geld gelungen.

Was freilich den späteren Geschichtsschreibern seines Landes etwas peinlich vorgekommen sein muß. Warum sonst haben sie ihn und den sonderbaren Beginn eines neuen Königreiches namens Preußen immer mit einem leichten Naserümpfen behandelt und alle Verdienste daran kurzerhand dem längst verstorbenen Vater zugesprochen.

Nicht ganz zu Unrecht. Ohne den politischen Weitblick des Großen Kurfürsten und seine genialen Winkelzüge hätte die ohnedies zunächst wenig Erfolg versprechende Neugründung noch weniger Chancen gehabt. Er hat das Fundament für den Staat gelegt und damit auch das des Königreichs. Aber zu bauen begonnen hat es in seiner erfreulicherweise absolut unheroischen Art der Sohn, dessen friedliche Eroberung den

Zeitgenossen, aber auch noch manchen Nachfahren wie eine Farce erschienen ist.

Von einer solchen ist das Ganze gewiß nicht weit entfernt. Denn all der Pomp und Glanz, der auf der winterlichen Reise und später in Königsberg entfaltet wird, hat keinen soliden Hintergrund. Vor allem fehlt es dem nicht übermäßig mit Reichtümern ausgestatteten Land an Geld. Daheim, in Berlin, baut eben Andreas Schlüter, den Friedrich eigentlich als Hofbildhauer berufen hat, an einem für Brandenburger Verhältnisse überdimensionalen Schloß. Die kaiserliche Zustimmung zur Königswürde hat sechs Millionen Taler gekostet, zur damaligen Zeit eine geradezu astronomische Summe. Eine nicht geringere werden auch die Krönungsfeierlichkeiten verschlingen. Schon arbeiten in Königsberg die Ingenieure an zwei Brunnen, aus denen für jedermann Wein sprudeln soll, weißer aus dem einen, roter aus dem anderen.

Ob Friedrich ernsthaft über die Finanzierung solcher Extravaganz nachdenkt, steht dahin. Für derlei hat er seine Leute, und er ist, was das Geldeintreiben betrifft, selbst überaus ideenreich. Die von den Ständen des Landes spendierte Summe reicht bei weitem nicht aus, aber da bleibt die hohe Kunst der Akzise. Unter diesem Wort faßt man alles dasjenige zusammen, was den Staatsbürgern – damals wie heute! – heimlich beim Einkauf nicht nur von Luxusgütern, sondern auch von ganz gewöhnlichen Gebrauchsartikeln wie Salz und Zucker aus der Tasche gezogen wird. Kurfürst Friedrich hat – ein kleines Kabinettstück seiner Erfindungsgabe – seinem Land sogar eine Jungfernsteuer auferlegt, die von der Geschlechtsreife eines Mädchens an bis zu ihrer Verheiratung oder bis zum vierzigsten Lebensjahr alljährlich zu entrichten ist.

Über seinen größenwahnsinnigen Wunsch, König zu werden, erzählt man eine Anekdote, wahr oder nicht. Bei einem Besuch in Wien soll ihn der Kaiser zusammen mit seinem hannoverschen Fürstenkollegen empfangen haben. Der andere, übrigens ein Vetter, war auch mit den schottischen Stuarts verwandt, somit nicht nur von fürstlichem, sondern sogar königlichem Geblüt. Die Hannoveraner sind dann ja auch später auf den englischen Thron gelangt.

Mag der Rangunterschied so groß nicht gewesen sein, stand doch für den einem Königsthron näheren Kurfürsten ein gut gepolsterter Stuhl, für den anderen, Friedrich, nur ein einfacher hölzerner Hocker bereit. Ein Umstand, der dessen Eitelkeit derart empfindlich getroffen habe, daß er fortan nichts sehnlicher anstrebte, als selbst königlichen Rang zu erwerben. Zynisch betrachtet, geschah also alles um eines Stuhles willen.

Dagegen hat ihn ein so gerechter Historiker wie Sebastian Haffner allerdings über alle Zeiten hinweg in Schutz genommen. Denn »der Königstitel war um 1700 ein Zauberwort (so wie heute das Wort ›Demokratie‹). Das instinktiv erfaßt zu haben, hatte Friedrich I. seinem Vater voraus. Es war ein Einfall. Man mußte darauf kommen.«

Mit diesen einfachen Worten dürfte der Wert jener Winterreise von Berlin nach Königsberg am besten umrissen sein. Ein Zauberwort. Friedrich hat jahrelange mühevolle Verhandlungen dafür auf sich genommen. Wirklich geklappt hat es zuletzt dank einem reinen Zufall. Da traten nämlich ausgerechnet die Jesuiten für das Verlangen des erzprotestantischen Kurfürsten ein. Was war geschehen? Der brandenburgische Unterhändler in Wien hatte eine verschlüsselte Depesche falsch verstanden. Die Mitteilung lautete, er solle sich vor einer Hilfe der Jesuiten hüten. Er las daraus, er möge sich um eine solche bemühen, was er auch tat. Die Jesuiten zeigten sich über solche Wertschätzung von evangelischer Seite geschmeichelt, und Kaiser Leopold stimmte zu. Auch dies eine Anekdote. Es muß aber ein Quentchen Wahrheit daran gewesen sein, aus welchem anderen Grund hätte Friedrich einem jesuitischen Konvent in Wien 10 000 Taler zukommen lassen sollen?

Zwölf Tage dauert die Reise in den unbeheizbaren Kaleschen durch Frost und Unwetter. Der Einzug in Königsberg geschieht unter dem Geläute aller Glocken und Böllerschüssen.

Als Krönungstag vorgesehen ist der 18. Januar 1701. Am Abend zuvor legt der Kurfürst-König den Grundstein zu einer weiteren Tradition Preußens. Er stiftet den Schwarzen Adlerorden mit dem berühmten, angeblich urpreußischen Motto *suum cuique* (jedem das Seine). Es soll auf einen Ausspruch Catos des Älteren zurückgehen, dessen voller Wortlaut ziemlich unpreußisch wirkt: *Suum cuique per me uti atque frui licet* (Soweit es an mir liegt, soll jeder das Seine nutzen und genießen dürfen). Solange der Staat bestand, ist der Schwarze Adlerorden die höchste Auszeichnung geblieben, die er verleihen konnte. Ob er mit ihm immer seinem Motto getreu jedem das Seine gegeben hat, steht auf einem anderen Blatt. Den ersten Tapferkeitsorden, der unabhängig vom Rang auch an einfache Soldaten vergeben werden konnte, das Eiserne Kreuz, hat ein anderer Preußenkönig wiederum hundert Jahre später gestiftet.

Am Krönungstag erscheint der aufgeregte Kurfürst schon vor acht Uhr morgens in vollem Ornat und wallender Allongeperücke, Stunden zu früh, im Großen Saal des Königsberger Schlosses. Sein Aufzug ist der eines Parvenüs. Kostbare Diamanten zieren statt Knöpfen sein scharlachrotes Gewand, und seinen mit goldgestickten Kronen und Adlern überladenen Samtmantel halten am Kragen ebenfalls drei ungewöhnlich große Diamanten zusammen, die, den Chronisten des Ereignisses zufolge, zusammen soviel wert sind wie eine Tonne Gold. Der Oberkammerherr Graf Kolbe, der in Kürze zum Ministerpräsidenten ernannt werden wird, naht sich dem Thron, auf dem Friedrich Platz genommen hat, und präsentiert diesem kniend die Krone. Der Herrscher ergreift sie und setzt sie sich mit kühnem Schwung selbst aufs Haupt.

Das ist neu, ungewöhnlich und nach damaligen Begriffen sogar ungeheuerlich. Den Grund für diese Handlung hat man nie erfahren. Was will König Friedrich damit dokumentieren? Loyalität gegenüber beiden evangelischen Konfessionen oder Souveränität des Königs gegenüber jedweder Geistlichkeit?

Immerhin sind zwei eigens zu diesem Anlaß ernannte (und gleichzeitig geadelte) Bischöfe anwesend, ein lutherischer und ein reformierter. Sie treten allerdings erst während der nachfolgenden Zeremonie im Dom in Erscheinung.

Bevor der versammelte Adel und die Abgeordneten der Landstände, einer Frühform parlamentarischer Volksvertretung, in organisierter Prozession dorthin ziehen, begibt sich der Selbstgekrönte ins Zimmer seiner Gemahlin. »Gravitätisch«, wie ein Chronist überliefert hat; historisch hinterläßt er dennoch einigen Eindruck. Kein Geringerer als Napoleon Bonaparte hat ihm die Eigenkrönung noch hundert Jahre später nachgemacht.

Seine Frau beeindruckt er weniger. Er weiß oder ahnt wohl, warum er die Krönung der Königin nicht wie die eigene in aller Öffentlichkeit vollzieht. Sophie Charlotte hätte ihre Abneigung gegen derlei Zurschaustellung wahrscheinlich auch vor der Öffentlichkeit nicht verborgen.

Lassen wir Carl Eduard Vehse berichten, den Dresdner Archivar und Hofhistoriker: »Die Krone empfing sie vom König kniend, aber mit so völliger Unbefangenheit, daß sie sich während der langweiligen Zeremonie durch eine Prise Schnupftabak eine angenehme Distraktion [Zerstreuung] zu machen versuchte, was der gravitätische König sehr übel vermerkte.« Er soll danach ein Jahr lang nicht mit ihr gesprochen haben.

Schon der wilhelminische Historiker Leopold von Ranke, der Geschichtsschreibung nicht als Gerichtstag verstand, sondern ihre Aufgabe darin sah, daß sie zeigen solle, »wie es wirklich gewesen«, hat die Handlung Friedrichs als »nicht ohne Würde« gewertet. Er interpretierte den späten Einbezug kirchlicher Weihe, die wohlgemerkt nach der Krönung geschah, als einen Akt königlicher Souveränität. Die weltliche Macht bestand, allen sichtbar, auf ihrer absoluten Unabhängigkeit. Erst danach erfolgt die Bestätigung durch die kirchliche Autorität. Im Dom zelebriert man das Abendmahl und salben die beiden Bischöfe König und Königin Stirn und Puls. Ein metaphysischer Vorgang.

Auf dem Rückweg ins Schloß werden 10 000 eigens geprägte goldene und silberne Krönungstaler in die versammelte Menge geworfen. Diese darf sich anschließend, während dem Königspaar im Schloß auf ebenfalls eigens gefertigtem goldenem Geschirr das Krönungsmahl serviert wird, an den Ochsen am Spieß gütlich tun sowie an dem aus den beiden Brunnen sprudelnden roten und weißen Wein. Der Tag endet mit einer Fahrt der Hofgesellschaft in sechzig Kutschen und unter erneutem Glockengeläut durch die reich illuminierte Stadt.

Aber damit nicht genug. Den ganzen Januar und Februar hindurch wird weiter gefeiert, reiht sich Ball an Ball, jagt eine Lustbarkeit die andere. Man scheint kaum Neigung zu verspüren, ein derart fröhliches Leben abzubrechen, denn man begibt sich erst am 8. März auf die Rückreise. Sie erfolgt wiederum in mehreren Abteilungen, weil es schwierig ist, unterwegs passende Unterkünfte für die vornehmen Damen und Herren zu finden. Auch sonst hat man keine Eile. Am 6. Mai schließlich erreicht das Königspaar mit der zweiten Wagenkolonne die Hauptstadt des Landes, das jetzt ein Königreich sein und Preußen heißen soll.

Die Bürger haben pflichtgemäß nicht weniger als sieben Ehrenpforten zum Willkommen errichtet. Und als habe man im kalten Ostpreußen nicht genug gefeiert, setzen sich die Vergnügungen in der wärmer werdenden Jahreszeit in Berlin mit ebenso endlosen Festlichkeiten fort. Der Trubel endet erst am 22. Juni, für den die hohe Geistlichkeit ein Dank- sowie Buß- und Betfest nach calvinistischer Tradition anberaumt hat.

An dem Beginn des Königstums der Hohenzollern in Preußen hat man vielfach Anstoß genommen, sogar bei den Hohenzollern selbst. Der damalige Kronprinz Friedrich Wilhelm, zur Zeit der Krönung zwölf Jahre alt, hat noch im Alter Gift und Galle gespuckt über diese »dollste Wirtschaft von der Welt«, wie er seines Vaters Hofhaltung und Verschwendungssucht bezeichnet hat. Selbst der Enkel, Friedrich der Große, wird ähnlicher Meinung sein. Er fand es unverständlich, daß sein Großvater aus purer Eitelkeit einen Titel erwarb, der nichts als eine leere Hülse war, nur ein »Schein von Macht«.

Mag Friedrich I. tatsächlich einer Illusion nachgelaufen sein – kein Politiker wird ohne solche Experimente auskommen. Das Moderne an diesem Herrscher ist, daß er sein Ziel ohne kriegerischen Waffenruhm erreichte, durch jahrelange konsequente Verhandlungen. Vor allem in jüngster Zeit haben sich Verteidiger gefunden. Wiederum Sebastian Haffner: »Der Schein ist in der Politik selbst ein Stück Macht, wie übrigens Friedrich der Große sehr wohl gewußt und bei anderen Gelegenheiten auch ausgesprochen hat.«

Dem ersten Friedrich kam es wahrscheinlich in erster Linie auf das eigene Prestige an. Es hat jedoch über seine Person hinweg weitergewirkt, fast genau zweihundert Jahre lang. Aus dem Prestige wuchs sogar Größeres: Ruhm. Preußens unvermittelte und überraschende Gloria.

Sie hat immerhin zwei Jahrhunderte überstanden. Um so erstaunlicher, daß damals kaum einer einen Pfifferling für das Wachsen und Fortbestehen eines nach einem Heidenstamm benannten Königreiches gegeben hätte. Daß ausgerechnet dieses Land zur Großmacht heranwachsen würde, schien den Zeitgenossen Friedrichs I. unwahrscheinlich, beinahe ausgeschlossen. Wie hat Haffner den Königstitel genannt? Ein Zauberwort. Wer rechnet schon mit so etwas in der harten Wirklichkeit der Machtpolitik?

Die preußischen Hohenzollern haben nichts mit der malerischen Burg auf der Schwäbischen Alb zu tun und wenig mit den Fürstentümern Hechingen und Sigmaringen, die als eigentliche Hohenzollersche Lande gelten. Das süddeutsche Grafengeschlecht hat sich früh in eine fränkische und eine schwäbische Linie geteilt. Sie unterschieden sich in der Hauptsache durch ihr religiöses Bekenntnis: die schwäbische Linie war katholisch, die fränkische evangelisch. Die Burg wurde vermutlich erst sehr viel später nach der Familie und deren Erfolg umbenannt.

Die Burggrafen der fränkischen Linie hießen fast alle Friedrich, was auch – neben Wilhelm – der weitaus beliebteste Männername der Hohenzollern bleiben sollte. Ein späterer Berliner Possenschreiber vertrat die Meinung, daß sich im Laufe der Zeit viele deutsche Eltern nicht auf einen dieser beiden Namen für ihren Sprößling einigen konnten. So sei der dritthäufigste Männername Friedrich Wilhelm entstanden.

Ein Burggraf war ein Mann von Stand, doch nicht von Rang, eine Art adliger Kammerherr und Vermögensverwalter. Daher mag Burggraf Friedrich VI. froh und glücklich gewesen sein, als er besonderer Verdienste halber 1417 vom Kaiser Sigismund das Kurfürstentum Brandenburg erhielt. Er nannte sich seither Friedrich I. und wurde zum Urahn eines Geschlechts redlicher Kurfürsten, die sich eher durch ihre Phantasienamen wie zum Beispiel Albrecht Achilles, Friedrich Eisenzahn oder Johann Cicero als durch ihre Leistungen auszeichneten. Brave Leute, die mit Raubrittern und aufständischen Berlinern zu tun hatten sowie mit der Tatsache, daß das Land, das ihnen zugefallen war, entweder zu sandig-trocken oder aber zu sumpfig-feucht war.

Trotzdem war Brandenburg ein feudales Geschenk, zumal mit ihm die Kurfürstenwürde verbunden blieb. Das heißt: der Kurfürst von Brandenburg gehörte zu den nur sieben Persönlichkeiten, die den – allerdings immer machtloser werdenden – Kaiser des Heiligen Römischen Reiches deutscher Nation wählen durften. Das schuf Ansehen, Prestige, jenen Schein, der, wie wir belehrt wurden, in der Politik so wichtig ist.

Wie alle hohen Häuser in der Monarchie beschäftigten sich auch die Kurfürsten von Brandenburg hauptsächlich mit einer bestimmten Politik, die viele Jahrhunderte hindurch wichtiger und vielversprechender schien als alles andere: mit dem Heiraten. Oder, besser gesagt: dem Erwerb zusätzlicher Dörfer, Länder, Provinzen, Diözesen im Wege des Erbrechts. Wer Töchter hatte, war darauf aus, diese so gut wie möglich an den Mann zu bringen. Und die Männer, allen voran diejenigen, denen ein Thron winkte, hatten dafür Sorge zu tragen, daß ihre Ehepartnerinnen ihnen ein ansehnliches Erbe der Zukunft mit in die Ehe brachten, die fast ausschließlich aus dynastischen Gründen geschlossen wurde.

Liebe fanden beide Seiten, wenn überhaupt, anderswo. Die Männer des Hochadels hatten sogar das Recht einer Zweitehe zur linken Hand. Auf dem Feld lukrativer Ehen hatten sich die Brandenburger Kurfürsten nicht ganz schlecht, wenn auch nicht alle glänzend bewährt. Zusammengescharrt durch Erbschaft oder Kauf, war ein Flickenteppich entstanden, der nicht einmal festen Zusammenhang besaß. Um von einem Landesteil zum anderen zu gelangen, mußte man fremdes Territorium durchqueren – allein die Entfernungen zwischen West- und Ostgrenzen bildeten ein empfindliches Hindernis für Verwaltung und inneren Zusammenhalt. Zu Brandenburg traten im Westen das Herzogtum Kleve, die Grafschaften Mark und Ravensberg, im Osten jener Ordensstaat, der sich nach den von ihm unterworfenen Pruzzen (sprich: Pruhsen) »Preußen« genannt hatte.

Preußen, das Teile des späteren Ostpreußens, Litauens und Polens umfaßt, war seit 1641 allerdings so etwas wie ein Lehenseigentum. Es gehörte nicht zum Reich des deutschen Kaisers, sondern dem König von Polen – noch war das Zeitalter der Nationalstaaten nicht angebrochen.

Das zusammengewürfelte Land enthielt auch vage Erbversprechen, die sich auf größere und kleinere Fürstentümer in Schlesien und der Lausitz bezogen. Von daher war es vielmehr – dies ein kennzeichnendes, damals allgemein gebräuchliches Wort – eine »Erbagglomeration« als ein Gebilde, das einem Staat ähnlich gesehen hätte.

Da war es gewissermaßen eine Genietat, daß sich Kurfürst Friedrich III. von Brandenburg des alten – und ziemlich zufälligen – Familienerbes im fernen Osten entsann. Auf diese Weise nahmen Rheinländer, Brandenburger und Pommern den Namen eines längst vergessenen heidnischen Ostseestammes an. Und das Staatswesen gewann an Prestige und Zusammenhalt, indes Friedrich I. sein Zauberwort verwirklichte. Er war König.

Nur eines trübte seinen Triumph. Er war nur König *in* Preußen. Denn das eigentliche Land dieses Namens stand nach wie vor unter polnischer Oberherrschaft, ein aus heutiger Sicht schwer verständlicher Umstand. Erst der Enkel, Friedrich der Große, der an seinem Großvater ohnedies kein gutes Haar ließ, hat den sonderbaren Titel abgelegt und sich König *von* Preußen genannt.

Politiker – zu denen wir die Könige von damals rechnen müssen – sind dazu da, Probleme anzugehen und möglichst zu lösen. Diese Begabung kann man Friedrich I. absprechen. Er ist viel zu sehr mit der eigenen Person beschäftigt und kümmert sich kaum um die Belange seiner Untertanen. Die größten Schwierigkeiten hat er im Umgang mit dem politischen Personal. Er hat sie in vielen Fällen auf sehr unfeine Weise gelöst. Den Hohenzollern durchgängig zu eigen ist unter anderen Charakterzügen ein deutlicher Hang zur Cholerik. Die besten unter ihnen haben ihn bewußt in sich bekämpft. Nicht so Friedrich I.

Ein schlimmes Beispiel seiner Unbeherrschtheit ist – noch zu Kurfürstenzeiten – das Schicksal des Eberhard von Danckelmann. Der Westfale galt in seiner Jugend als eine Art Wunderknabe. Nach Abschluß seines Studiums in Utrecht hatte er frühzeitig, wie es sich für junge Adlige jener Zeit ziemte, die bei den Briten übliche »Große Tour« absolviert, die ihn zur Abrundung seiner Ausbildung als Erzieher von England über Frankreich und die Schweiz nach Italien führte. Auf einer seiner Hollandreisen lernte der Große Kurfürst den blutjungen Pädagogen kennen und verpflichtete ihn als Studiendirektor für seinen zweiten, damals fünfjährigen Sohn.

Danckelmann war nicht von hohem Adel – diese Erhebung sollte erst sein Zögling vornehmen –, vielleicht auch mit zwanzig Jahren trotz Studiums an angesehener Universität und erfolgter Bildungsreise noch sehr unerfahren. Er wird überdies von Zeitzeugen als sehr streng geschildert. Nun war Friedrich nicht von Anfang an als Nachfolger des Kurfürsten ausersehen; es gab einen älteren Bruder. Auch pflegte man dem Prinzenerzieher, der bestenfalls, wenn überhaupt, dem niederen Adel angehörte, eine hochgestellte Persönlichkeit als Oberhofmeister, oft auch »Gouverneur« genannt, an die Seite zu geben. Die Wahl fiel hierbei auf den zweitmächtigsten Mann des kleinen Staates, den bereits 77jährigen Oberpräsidenten Otto von Schwerin. Ein Oberpräsident war in Kleinstaaten das, was in den größeren der Premierminister sein mochte. Auf dessen Gut Altenlandsberg wuchs Friedrich seit seinem fünften Lebensjahr an der Seite des alten Schwerin und des jungen Danckelmann auf. Mag der ein gestrenger Schulmeister gewesen sein, auf jeden Fall schloß sich der Junge eng an ihn an. Am Ende liebte er ihn mehr als die Eltern, die er ja auch kaum zu Gesicht bekam. Seine Erziehung kann nicht schlecht gewesen sein, denn mit zehn Jahren hält er am Geburtstag seines Vaters eine lateinische Rede.

Danckelmann mag, wie einige Zeitgenossen vermuten, von vornherein auf die Karte des Erfolgs für seinen Zögling gesetzt haben. 1674 stirbt dessen Bruder Carl Emil, da ist Friedrich 17 und hat nur einen einzigen Vertrauten: Danckelmann. Als er nach dem Tod des Vaters 1688 die Regierung des Fürstentums übernimmt, legt er diese – man muß hinzufügen: leichtsinnigerweise – so gut wie völlig in dessen Hände. Er macht Danckelmann uneingeschränkt zum Oberpräsidenten. Wen sonst? Glaubt er doch an einem Hof wie dem brandenburgischen einzig seinem alten Erzieher voll vertrauen zu können, der ihm zweimal in der nahen Vergangenheit das Leben gerettet hat.

Das ist eine undurchsichtige Geschichte, typisch für den

giftigen Klatsch, der an den meisten kleinen Höfen blüht, aber nur selten auf reiner Wahrheit beruht. Angeblich soll Friedrichs Stiefmutter versucht haben, das Kind zu vergiften, was sein Lehrer beide Male im letzten Augenblick verhindern konnte.

Wahrscheinlich eine Lüge oder Halbwahrheit, wie sie an den zahlreichen deutschen Höfen kursieren. Deutschland zerfällt damals in über tausend Miniaturstaaten; ein Menschenalter später, 1789, wird es genau 1789 territoriale Herrschaften auf deutschem Boden geben, was dereinst Golo Mann veranlassen wird, in diesem Jahr seine Deutsche Geschichte der neueren Zeit anfangen zu lassen.

Heimliches Vorbild für Herrschaft und Hof ist Ludwig XIV., der Sonnenkönig. In deutschen Landen äffen über 1500 Duodezpotentaten Versailles nach, fast immer ein vergebliches Unterfangen, denn es fehlt ihnen in der Mehrzahl am Geld. An was es nicht fehlt, sind die üblichen Intrigen um Macht, Mitgift, Einfluß, Ehre, Anerkennung, Titel und Besitz. Der Eifersüchtelei unter den Kleinstaaten entspricht ein ähnlicher fortwährender Kampf aller gegen alle im Inneren. Der Brandenburger Hof macht da keine Ausnahme. Im Gegenteil. Der Kurfürst, der sich mit dem Kleinkram des Regierens gar nicht erst abgibt, hat viel Zeit und daher ein offenes Ohr für Höflinge, die ihm zu schmeicheln verstehen.

Unter Danckelmann wird Brandenburg zu einer Art Familienbetrieb, jedenfalls was die Verwaltung anlangt. Der Oberpräsident hat sechs Brüder, er selbst ist der mittlere. Sie bilden in Zukunft so etwas wie ein Ministerium, das bald absolut das Staatsgebilde regiert.

Die »Plejaden« (das Siebengestirn), wie sie der Volksmund nennt, machen ihre Sache gar nicht schlecht. Danckelmann, der sich zum strengen, aber rechtschaffenen Verwaltungsmann mausert, besitzt, so knorrig er sich auch gibt, einige Sympathie beim Adel und beim Volk.

Trotzdem erregt die ausschließliche Herrschaft der sieben

Brüder natürlich den Neid anderer Höflinge. Es sind zwei Hauptintriganten, die, obwohl sie Danckelmann ihren Aufstieg bei Hofe verdanken, anscheinend hinter seinem Rücken konsequent auf seinen Sturz hinarbeiten: sein späterer Nachfolger, der Feldmarschall Johann Albrecht von Barfuß, und der Oberstallmeister Johann Kasimir Graf von Kolbe. Barfuß, dessen Kölner Familie schon unter Albrecht dem Bären, also im 12. Jahrhundert, mit holländischen Ansiedlern nach Brandenburg gekommen ist, gehört dem alten, Kolbe, ein pfälzischer Edelmann, dem jüngeren Adel an. Bei Hofe verfügen sie über eine breite Rückendeckung. Es soll aber auch die Kurfürstin und spätere Königin Sophie Charlotte an dem Komplott gegen Danckelmann und die Plejaden nicht ganz unbeteiligt gewesen sein.

Sie scheint unter Danckelmanns Hochnäsigkeit am meisten gelitten zu haben. Mit seiner steigenden Machtstellung ist der Oberpräsident anmaßend geworden und gibt sich manche Blöße. Er möchte, heißt es allgemein, gern selbst den Kurfürsten spielen und tut es ja bereits.

Kurfürst Friedrich läßt zunächst nichts auf seinen alten Erzieher und vermeintlichen Lebensretter kommen, bis er – von Barfuß und Kolbe angestachelt – doch Verdacht schöpft. Ausschlaggebend dafür ist, daß sich der Oberpräsident gegen den Plan, das Kurfürstentum in ein Königreich zu verwandeln, ausspricht. Er mag durchaus stichhaltige Argumente für seine Skepsis vorbingen, aber wenn es um seinen Aufstieg zum König geht, regt sich in Friedrich der hohenzollerische Jähzorn.

Danckelmann muß zumindest die Bedrohlichkeit der Lage geahnt haben, denn er tritt vorsichtshalber wegen »angegriffener Gesundheit« zurück, bleibt aber in Berlin und verkehrt sogar weiter bei Hofe. Am 10. Dezember noch führt er ein freundliches Gespräch mit dem Kurfürsten. Anderntags läßt dieser ihn verhaften und am hellichten Tage vor aller Öffentlichkeit nach Spandau auf die Festung bringen. Gleichzeitig beschlagnahmt Friedrich den gesamten Besitz seines einstigen

Günstlings und konfisziert dessen ganzes Vermögen. Als Danckelmanns Frau flehentlich bittet, die Haft ihres Mannes teilen zu dürfen, wird sie abgewiesen und mit einer geringfügigen Rente nach Cottbus abgeschoben, genaugenommen verbannt, denn sie darf den Ort nicht verlassen.

Danckelmann bleibt – eine haarsträubende Geschichte – zehn Jahre lang, bis 1707, im Kerker, obwohl das zuständige Gericht ihn von allen Anklagen der Unterschlagung und Bestechung freispricht. Der Fall Danckelmanns, der mit dem Beginn des Königreichs Preußens einhergeht, stellt dem sprichwörtlich gewordenen Gerechtigkeitssinn Preußens und seiner Herrscher kein günstiges Zeugnis aus. Er gleicht eher einem bösen Omen. Um so mehr, als es den Nachfolgern des Oberpräsidenten, wie wir sehen werden, nicht viel besser ergeht.

Erst Friedrichs Sohn, Friedrich Wilhelm I., hat den siebzigjährigen Danckelmann, der seinem Vater 35 Jahre lang treu gedient hatte, rehabilitiert. Den Besitz und das Vermögen gab er ihm allerdings nicht zurück. Danckelmann ist 1722 im Alter von achtzig Jahren in Berlin gestorben. Daß ihm der sparsamste aller preußischen Könige neben einer Ehrenerklärung die ansehnliche Pension von 10 000 Talern jährlich aussetzte, spricht für ein schlechtes Gewissen, das dieser wohl für seinen Vater gehabt haben muß.

Mit ihren Untertanen sind Preußens Könige auch später nicht gerade sanft umgegangen; Friedrich Wilhelm I. nicht ausgenommen, der am armen Danckelmann einiges wiedergutzumachen versucht hat. Mehr Gespür bewiesen die Hohenzollern bei der Wahl ihrer Frauen. Manche der Könige hätten weniger geleistet und wären vor allem weit weniger populär geworden ohne die Königinnen an ihrer Seite.

Das gilt bei Friedrich, dem dritten Kurfürsten und dem ersten König dieses Namens, allerdings nur für die zweite seiner drei Gemahlinnen. Sie überstrahlt mit ihrer Persönlichkeit einen Großteil Preußens in der Ära Friedrichs I. Sie nimmt es ebenso mit allen ihren Vorgängerinnen wie – mit Ausnahme der Königin Luise – mit ihren Nachfolgerinnen auf.

In ihrem Umkreis befindet sich der Zeitgenosse offenbar in einer ganz anderen Welt, einem anderen Land, gewiß aber an einem anderen Hof als dem in Berlin. Geht es bei Friedrich gestelzt und steif zu, herrscht bei Sophie Charlotte eine lockere und geistreiche Atmosphäre. Sie liebt sowohl die rauschenden Feste als auch die philosophischen Studien und Gespräche. Sie gilt selbst als Philosophin, obwohl von jener Bilderbuchschönheit, die man mit den Höfen der alten Zeit verbindet und die nur selten von so blendendem Liebreiz war, wie die schmeichelhaften Bildnisse der Künstler und Kupferstecher sie uns überliefert haben.

Sophie Charlotte ist 1668 auf Schloß Iburg im Stift Osnabrück geboren, wo ihr Vater Bischof war. Er wurde 1668 zum Herzog ernannt und später Kurfürst von Hannover. Ihre Mutter ist königlichen Geblüts, eine Stuart. Friedrich begegnet ihr erstmals in Bad Pyrmont und hat wohl bereits als Kronprinz Feuer gefangen.

Er ist nicht der einzige in Europa. Die 15jährige Sophie Charlotte macht dort Karriere, wo allein man zu den höchsten gesellschaftlichen Ehren aufsteigen kann, am französischen Hof. Die Mitwelt ist fasziniert von ihren blauen Augen und dem dichten, schwarzen Haar, was man gewöhnlich als etwas nicht zueinander Passendes versteht. Bei der jungen Prinzessin kommt vieles zusammen, was nicht zueinander paßt. Das eben macht ihren Charme aus.

Ein »liederlich Leben«, sagt sie, ziehe sie allem anderen vor, diskutiert aber ebenso gern auf deutsch, französisch, italienisch oder englisch über jene Unterschiede, die die christlichen Konfessionen voneinander trennen. Sie liebt das versunkene Spiel auf dem Cembalo und läßt doch keine der lauten und deftigen Karnevalsfeten aus, für die – für uns heute fast unglaublich – ausgerechnet ihre Heimatstadt Hannover damals berühmt ist.

Sie oder ihre Familie beweisen viel Instinkt, als sie sich oder man sie, zurück in Hannover, am 8. Oktober 1684 mit dem zukünftigen Friedrich III. von Brandenburg verheiratet. Ihr scheint eine bessere Partie möglich oder sogar angemessen.

Dennoch mag auch diese zu den klugen Entscheidungen gehören, die Sophie Charlottes kurzen Lebensweg begleitet haben. Zum einen paßt sie nach Berlin wie maßgeschneidert, schon dessentwegen, was man dort als Schandmaul bezeichnet. Die Berlinerin ist von jeher selbständiger – um nicht zu sagen emanzipierter – als die Frauen anderswo. Und zum anderen ist zweifellos Liebe im Spiel. Denn Friedrich läßt sie als Kurfürst wie als König tun und lassen, was sie will, womit er nicht nur ihr und sich, sondern auch seiner Hauptstadt Berlin einen Gefallen tut. Als sie ihren »Aesop« zum Traualtar führt, ziehen Geist und Kultur erst so richtig ins »Spree-Athen« ein.

Der Spitzname, den sie für ihren Gemahl gefunden hat, wird alsbald dort kopfnickend beschmunzelt. Frechheiten gelten in Berlin als Gewürz jeglicher Unterhaltung, und Aesop, der antike Fabeldichter, das lernt man bereits in der Schule, war ebenfalls klein von Statur und sehr häßlich. Überhaupt gibt sich Sophie Charlotte, was ihren Mann betrifft, keinen Illusionen hin. Als sie mit einem ihrer besten Freunde, dem Philosophen Gottfried Wilhelm von Leibniz, über das unendlich Kleine diskutiert und dieser sie fragt, ob es überhaupt so etwas geben könne, antwortet sie: »Mein Gott, als wenn ich nicht durch meinen Mann nur allzu gut damit bekannt wäre!«

In Berlin gibt es bald zwei Höfe. Der eine ist, wie wir gesehen haben, stocksteif, bürokratisch und intrigenreich. Ihm steht Kurfürst und dann König Friedrich vor. Und natürlich residiert er im Stadtschloß, das von Andreas Schlüter umgebaut wird. Ihn hat der Kurfürst in Warschau kennengelernt und selbst in seine Hauptstadt berufen. Der andere Hof ist einer des Geistes und der Musen. Er liegt draußen vor der

Stadt in Lietzen, wo aus dem alten Gut Ruheleben unter Sophie Charlottes leichter Hand etwas Großartiges entstanden ist: Lietzenburg.

So heißt das Schloß, das sie vom Niederländer Johann Arnold Nering und dem Franzosen Jean de Bodt bauen und vom Schweden Eosander von Göthe mit einer hübschen schlanken Kuppel nebst Anbau und Kapelle versehen ließ, eine europäisch-barocke Schöpfung in idyllischer Umgebung, wie geschaffen für Tanz, Theater, Musik, Maskenbälle und kluge Gespräche. Sophie Charlotte hat als Hochzeitsgeschenk das Schloß Caputh bei Potsdam erhalten, es aber, weil es viel zu abgelegen war – kein rechter Ort für ein »liederlich Leben« –, gegen das Dorf Lietzen eingetauscht. Am Rande erwähnt sei, daß sie auch sofort dafür sorgt, daß das Gasthaus in Lietzen eine Schankerlaubnis für alkoholische Getränke erhält. Lietzen und Lietzenburg sind nach dem Tod der ersten Preußenkönigin umbenannt worden. Sie heißen seitdem zu Recht nach ihr Charlottenburg.

König und Königin haben sich getrennt, um recht eigentlich zueinanderzukommen. Friedrich I. ist oft bei seiner Frau zu Gast gewesen, hat an ihren Festmählern und jenen mythologischen Verkleidungsspielen teilgenommen, die noch über Generationen hinweg in Preußen beliebt bleiben, hat Violinkonzerten von Corelli gelauscht, der zeitweilig am Lietzenburger Hof wirkt, auch mit Leibniz über die Schaffung einer Akademie der Wissenschaften diskutiert, die dieser merkwürdigerweise zusätzlich mit der Zucht von Seidenraupen und Maulbeerbäumen versehen wollte.

Sein Denkmal – ein Geschenk des Bildhauers Gerhard Marcks – hat man nach dem Zweiten Weltkrieg vor dem später von Knobelsdorff hinzugefügten Neuen Flügel des Schlosses Charlottenburg wie gastweise auf einen noch von Schadow stammenden Sockel gestellt. Bezeichnenderweise wurden zur gleichen Zeit von der Obrigkeit-Ost das Schloß Friedrichs in der Stadtmitte abgerissen, das ebenso beschädigte Schloß

Sophie Charlottes jedoch von der Obrigkeit-West wiederaufgebaut.

Sophie Charlottes Residenz, die am 11. Juli 1699, dem 42. Geburtstag des Kurfürsten, feierlich eingeweiht wird, gilt bald als einer der begehrtesten Anlaufplätze für die musisch Interessierten Europas. Der 13jährige Händel konzertiert dort mit dem Orchester, das sich Sophie Charlotte eigens hält. Überflüssig zu sagen, daß sie auch komponiert. Die vielbewunderte musikalische Begabung ihres Enkels, Friedrichs des Großen, stammt von ihr, nicht von den Hohenzollern.

Der junge irische Freidenker John Toland (*Christentum ohne Geheimnis*) nennt sie »die schönste Prinzessin ihrer Zeit, und sie steht keinem Menschen nach an richtigem Verstand, zierlichen und wohlgemeinten Worten und an Annehmlichkeit in der Unterhaltung und im Umgang (...) Man bewundert ebenso ihren scharfen und gewandten Geist als ihre gründliche Wissenschaft, die sie in den schwersten Stücken der Philosophie erreicht hat (...) Alles, was lebhaft und gebildet ist, kommt an ihren Hof, und man sieht zwei Dinge, die die Welt sonst füreinander zuwider hält, in voller Einigkeit beisammen, die Studien und Lustbarkeiten. Für ihre Person ist sie eben nicht sehr groß und schmächtig, vielmehr sehr stark von Körper, ihre ganze Bildung recht regelmäßig und ihr Teint sehr weiß und lebhaft (...) sie hat sehr schöne Damen um sich, wie denn ihr ganzer Hof voll davon ist.«

Das liest sich wie eine Liebeserklärung, die es auch gewesen sein dürfte. Toland, der Bibelkritiker, fand oder erfand den Begriff »Pantheist«. Er ging von Berlin zurück nach England, wo er keiner anderen als Sophie Charlotte seine *Briefe an Serena* zueignete.

Ein weiteres wichtiges Werk der Epoche wird ihr gewidmet, eine gewaltige Verteidigung des Christentums, *Die Theodicee*, in der Leibniz seine Philosophie zusammenfaßt. In diesem Buch fällt auch das Wort von der »besten aller Welten«, das Voltaire in seinem *Candide* so bitter glossiert hat.

Mit Leibniz, der in Berlin die Gründung der Societät der Wissenschaften vorbereitet, will Sophie Charlotte 1704 wie alljährlich zum Karneval nach Hannover fahren. Aber der Philosoph erkrankt und muß zurückbleiben. So fährt sie allein, obwohl auch sie an einer wohl schon eine Zeitlang vernachlässigten Halsentzündung leidet. Bei ihrer Mutter in Hannover angekommen, muß sie das Bett hüten, und »in drei Tagen war sie gesund und tot«, wie es Vehse ausdrückt.

Ihr Ende ist das einer Philosophin. Einen Geistlichen, der ihr Beistand leisten will, weist sie darauf hin, daß sie zwanzig Jahre über Religion nachgedacht habe: »Es bleibt mir nicht der geringste Zweifel übrig, und Sie können mir nichts sagen, was mir nicht schon bekannt ist.« Einer vertrauten Hofdame teilt sie noch mit, neugierig zu sein auf den »Grund der Dinge«, den ihr selbst Leibniz nicht habe erklären können. Die Berlinerin in ihr muß es gewesen sein, die sie hinzufügen ließ: »... und ich verschaffe dem König den Anblick eines Leichenbegängnisses, das ihm Gelegenheit gibt, alle Pracht zu entfalten«.

Der König fällt in Ohnmacht, als ihm der plötzliche Tod seiner 36 Jahre alten Gemahlin gemeldet wird. Er ist untröstlich. Die Hoftrauer dauert über ein halbes Jahr, und der Prunk der Trauerfeierlichkeiten im Berliner Dom ist lange nicht überboten worden. Allein das Gerüst, von dem aus die Honoratioren und königlichen Gäste den Begräbniszug ansehen, kostet 80 000 Taler.

Auch soll nicht verschwiegen werden, daß es am Berliner Hof schon eine neue »Favoritin« gibt, die Gräfin Wartenberg. Die ist allerdings schon verheiratet, sogar mit dem Ministerpräsidenten.

Was bleibt, ist das Musenstädtische an der preußischen Hauptstadt. Es ist nie wieder aus Berlin ganz zu verbannen gewesen. Woran nicht zuletzt Friedrich I. seinen Anteil hat.

Ebenfalls erhalten bleibt das freundschaftlich-familiäre Verhältnis zum Nachbarstaat Hannover. Ein Jahr nach dem Tod der Mutter heiratet der inzwischen 18jährige Kronprinz Friedrich Wilhelm, des Königs einziger Sohn aus der Ehe, die hannoversche Prinzessin Sophie Dorothea. Ihr Vater, der spätere Kurfürst Georg Ludwig, der 1714 als Georg I. König von England wird, ist ein Bruder der verstorbenen Sophie Charlotte. Die beiden sind also Vetter und Kusine. Es wird sich wiederum herausstellen, daß der Griff nach Hannover ein glücklicher war, wenn auch auf ganz andere Weise als bei Friedrich.

Der Bräutigam, der spätere Friedrich Wilhelm I., ist kein ganz einfacher Charakter. Schon als Kind erschreckt er den Hofstaat durch seine unkontrollierten Wutanfälle und als Halbwüchsiger durch die großen und angriffslustigen bissigen Hunde, die er mit sich führt, oft nicht einmal an der Leine. Er gilt als störrisch und eigensinnig. Seiner Mutter hat er übelgenommen, daß sie sich gegen den Erwerb der Königswürde aussprach. Dem Vater wirft er Prunk und Verschwendungssucht vor, die er für unchristlich und verwerflich hält. Nicht minder besorgt ist er freilich über des Königs Politik, zumal über den Stand der Finanzen in der Nach-Danckelmannschen Ära.

Ausgerechnet er, der dem verwitweten Vater höchst kritisch gegenübersteht, wird in eine der ihm zutiefst verhaßten Hofintrigen verwickelt. Jetzt ist es der Vater, der dem Sohn verübelt, daß dieser ihn, der doch aus dem Heiratsalter hinaus ist, in eine weitere Ehe zu zwingen scheint.

Ein tragischer Anlaß, der wieder einmal durch den höfischen Klatsch und Tratsch zu einer Farce gerät: Dem Kronprinzenpaar ist zu gebührender Zeit nach seiner Eheschließung das erste Kind, ein Sohn, geboren worden. Er stirbt kurz darauf in seiner Wiege, angeblich weil ihn der Knall der Kanonen zu Tode erschreckte, die aus Anlaß seiner Ernennung zum Prinzen von Oranien abgefeuert wurden. Prinz von Oranien heißt im frühen Preußen der Nachfolger eines Nachfolgers. Luise Henriette, die Frau des Großen Kurfürsten und Mutter Friedrichs I., war eine Oranierin aus Holland, dem in Brandenburg und Preußen vielgeliebten Land.

Als auch ein zweiter Sohn des Kronprinzen Friedrich Wilhelm das erste Jahr nicht überlebt, ergreift die Hofkamarilla die Gelegenheit, den unbequemen Thronfolger in die Ecke zu drücken. Graf Wittgenstein, den Friedrich Wilhelm für den Hauptverantwortlichen an der Finanzmisere seines Vaters hält, unterbreitet dem König ein Gerücht als unumstößliches Faktum. Mit einem weiteren Nachwuchs des Kronprinzenpaares, sagt er, sei aus bestimmten Gründen nicht mehr zu rechnen. Es wäre darum höchste Zeit, daß Seine Majestät noch einmal heirate, um selbst für einen künftigen Nachfolger auf dem Thron sorgen zu können.

Ein absurder Vorschlag. Um so mehr als Friedrich Wilhelm – wie sich bald herausstellen sollte – nach den beiden frühverstorbenen Söhnen noch zehn Kinder mit seiner Sophie Dorothea zeugen wird, die dritte Ehe seines Vaters jedoch kinderlos bleibt.

Friedrich I., inzwischen 51 Jahre alt, entschließt sich für die 23jährige Sophie Luise von Mecklenburg-Schwerin. Diesmal wählt er keine ihm geistig überlegene Frau. Eher das Gegenteil ist der Fall: Sophie Luise dürfte eine der unglücklichsten Königinnen auf dem preußischen Thron gewesen sein. Unerfahren und eher scheu, aus dem stocksoliden Mecklenburg stammend, kommt sie mit dem Berliner Hof und seinen Intrigen nicht zurecht. Der langjährigen »Favoritin« des Königs, der Gräfin Wartenberg, die im königlichen Schloß einen jeden, gleich welchen Ranges, tyrannisiert, ist die junge Königin in keiner Weise gewachsen. Sie schwankt ständig zwischen Hilflosigkeit und Wut. Da König Friedrich seiner Maitresse Vorrang vor allen Frauen, die nicht zu einem regierenden Haus gehören, eingeräumt hat, kommt es zu fürchterlichen Auftritten selbst bei öffentlichen Veranstaltungen oder Bällen. Als sich die Wartenberg eines Tages ungeniert in den Gemächern der neuen Königin niederläßt und sich weigert, diese wieder zu verlassen, befiehlt Sophie Luise ihrer Dienerschaft den Eindringling aus dem Fenster zu werfen. Gräfin Wartenberg kann sich nur durch rasche Flucht retten.

Mehr noch bedrückt die Mecklenburgerin die indifferente Haltung des Königs und die eigene Kinderlosigkeit. Dem Kronprinzenpaar wird 1709 eine Tochter geboren, die am Leben bleibt und auf die Namen Friederike Sophie Wilhelmine getauft wird. Ihr folgt 1710 ein Prinz, der wie die vorigen Söhne im darauffolgenden Jahr stirbt, weil man – so heißt es – dem Kleinen bei der Taufe eine viel zu schwere Goldkrone auf das winzige Haupt gedrückt hat. 1712 kommt endlich der langersehnte männliche Erbe, der spätere Friedrich der Große, zur Welt.

Die Taufe der Enkelin macht König Friedrich zu einem pompösen Ereignis. Anwesend sind die Könige von Polen und Dänemark, mit unserem Friedrich drei Könige dieses Namens. Die beiden fremden Könige fungieren sogar als Paten der künftigen Markgräfin von Bayreuth, der Lieblingsschwester Friedrichs des Großen. Über das Zusammentreffen der drei Friedrichs macht ein Dichter namens Meisebuch ein Gedicht, in dem er das Ereignis mit dem Zug der Heiligen Drei Könige zum Christuskind vergleicht. Eine Geschmacksverirrung, die König Friedrich von Preußen trotzdem mit 1000 Dukaten belohnt.

Das alles und ihre Kinderlosigkeit, der Hohn der Gleichgestellten und das Intrigengespinst, in das sie sich immer wieder verheddert, treiben Sophie Luise zuerst in die beständige Angst und dann in den Wahnsinn. In ihrer Phantasie sieht sie sich aus Berlin verbannt und dem Harem des türkischen Sultans ausgeliefert.

In der preußischen Geschichte kommt diese Königin nur selten vor. Meist erwähnt man sie nicht einmal.

In diesen absolutistischen Zeiten sind die Könige dennoch nicht zu beneiden. Der Staat geht grundsätzlich vor, ihr Leben gehört der Dynastie. Das gilt auch für den großen Verschwender auf dem neugeschaffenen preußischen Königsthron. Friedrich I. ist inmitten des höfischen Trubels ein erbarmungswürdig einsamer Mensch.

Das zeigen bereits seine drei Ehen. Vollkommen glücklich dürfte er, noch als Kronprinz, nur mit seiner ersten Frau, seiner Jugendliebe, gewesen sein. Er war 22, als er die Kusine, Elisabeth Henriette, heiratete. Die auf beiden Seiten glückliche Ehe dauerte nur vier Jahre, dann starb die Kurprinzessin an den Pocken, die damals in Deutschland jährlich an die 100 000 Opfer forderten.

Die zweite Frau verstärkte sein Prestige, und das bis heute. Aber sie ließ ihn unter seinen Hofschranzen allein und herrschte in ihrem, dem kulturellen Reich. Die dritte wurde zum Problem wie einst seine Stiefmutter, die vergeblich um den Erbanspruch der eigenen Kinder kämpfte und die – wovon Friedrich jedenfalls überzeugt war – deshalb seinen älteren Bruder Karl Emil vergiftete.

Mit den Frauen hatte er, Sophie Charlotte ausgenommen, wenig Glück, die bei den regierenden Personen üblichen Seitensprünge einbezogen. Entgegen seinem geschliffenen Auftreten war er kein *homme à femme*.

Er verstand es auch nicht, mit Menschen umzugehen. Fast alle Hohenzollern haben ihren Nachfahren einige hilfreiche Lehren aus ihren Erfahrungen mit den Staatsgeschäften hinterlassen. In einem Entwurf gebliebenen frühen Testament warnt Friedrich davor, einem einzigen Menschen zuviel Macht zu überlassen, und verweist auf den Fall Danckelmann. Aus den eigenen Erfahrungen hat er selbst nicht gelernt. Die beiden Danckelmann-Nachfolger Barfuß und Kolbe bekämpfen einander als intime Feinde. Es siegt Kolbe, der von Friedrich zum Grafen Wartenberg hochgeadelt wird. Barfuß und seine Anhänger werden auf ihre Güter zurück oder ins Gefängnis geschickt. Wartenberg, dessen Frau, wie wir gesehen haben, der König nicht allein sein Ohr leiht, bildet ein neues Ministerium, dem er selbst sowie seine Freunde Wartensleben und Wittgenstein angehören, übrigens alle Westfalen. Im Lande nennt man das Triumvirat nur »Die drei Wehen des preußischen Staates« wegen des allen gemeinsamen ersten Buchstabens in ihren Namen.

Kolbe-Wartenberg ist ein ähnlicher Typ wie einst Danckelmann. Kein ungeschickter Politiker und Verwaltungsfachmann, aber ein bedenkenloser Lobredner, der dem König grundsätzlich in allem nach dem Munde redet. So macht er sich zu Friedrichs Sprachrohr und Vollstrecker im Guten wie im Bösen. Daß es mit der Verwaltung der Finanzen nicht immer seine Richtigkeit hat, liegt wohl an den anderen, vor allem aber an Wittgenstein, der, ganz intelligent, eine frühe staatliche Brandversicherungskasse eingerichtet hat, aber diese wohl, weniger klug, für eigene Zwecke mißbraucht.

Es ist der Kronprinz, der endlich eingreift. Mit der Hilfe zweier Altvertrauter seines Vaters, dem »großen« und dem »kleinen Kamecke«, klärt er den König über die Versäumnisse, Unterschlagungen und sonstigen Untaten des Wartenberg-Regimes auf.

Der große Kamecke ist Obermeister der königlichen Kleiderkammer, und der kleine hat bei Friedrich einen Stein im Brett, was man wörtlich nehmen darf, denn er läßt seinen Herrn heimlich, ohne daß dieser es merkt, beim Schachspiel gewinnen. Das sind zwei treue Seelen, die von den Hintergründen des Berliner Hofes mehr wissen als das Oberhaupt des Staates. Der König läßt Wittgenstein am 27. Dezember 1710 spektakulär von einem Leutnant mit zwanzig Mann verhaften und auf die Festung Spandau bringen. Gegen Zahlung von 80 000 Talern läßt man ihn ein halbes Jahr später wieder frei. Der Schwarze Adlerorden wird ihm aberkannt und er selbst aus Preußen ausgewiesen.

Schwerer fällt es Friedrich, mit Wartenberg zu brechen. Es geht ihm da weniger oder gar nicht mehr um die einstige »Favoritin« als um den Freund und Vertrauten. Eine gewisse Vorliebe für altgewohnte Gesichter gehört zu den sympathischen Zügen der meisten Hohenzollern; sie lieben und sind selbst treue Seelen. Hier reicht es aber wohl weiter. Der König fühlt sich menschlich abhängig von Wartenberg.

Er erhält den Befehl, sich mitsamt seiner Ehefrau auf sein

Gut Woltersdorf zurückzuziehen. Ehe er gehorcht, versucht er noch, psychologisch nicht ungeschickt, Friedrich zu besänftigen. Er könne nicht abreisen, läßt er den König wissen, ohne dessen Knie umfaßt zu haben. Der Monarch ist zu Tränen gerührt, und es kommt im Berliner Schloß zu einer sentimentalen Szene.

Laut weinend umfängt der König den schluchzenden Grafen bei der Abschiedszeremonie. Er streift auch einen Ring vom Finger und überreicht ihn dem alten Gefährten. Das Abschiedsgeschenk soll an die 50 000 Taler wert sein. Doch die Staatsräson überwiegt den Abschiedsschmerz. Bei der Entlassung bleibt es.

Trotzdem: Wie sehr er seinen Ministerpräsidenten vermißt, äußert sich darin, daß der König Kontakt mit ihm hält und ihm sogar brieflich vorschlägt, heimlich nach Berlin zu kommen, aber bitte die Gräfin in Frankfurt zu lassen. Dorthin haben sich die beiden abgesetzt. Der Graf, der ohne einen Pfennig einst nach Preußen gekommen ist, hat den größten Teil seines Millionenvermögens behalten können. Der König hat ihm überdies eine jährliche Pension in der beträchtlichen Höhe von 24 000 Taler ausgesetzt.

Eine Geste, die Wartenberg ebenso großzügig beantwortet. Er bietet dem König das Monbijou-Grundstück in der Spandauer Vorstadt zum Geschenk an, das einst Sophie Charlotte gehört hatte. Friedrich hat es nach dem Tod der Königin seiner Favoritin, der Gräfin Wartenberg, geschenkt. Jetzt nimmt er Monbijou nur zu gerne zurück, wenn auch nicht als Geschenk. Er zahlt den vollen Kaufpreis.

Ein melancholisches Spiel zwischen zwei Männern, die wohl ahnen, daß sie sich nicht wiedersehen werden. Kolbe-Wartenberg stirbt ein dreiviertel Jahr nach seinem Sturz im März 1712 69jährig in Frankfurt am Main. Auf Wunsch des Königs wird er in Berlin begraben. Aus einem Fenster seines Schlosses wohnt er dem feierlichen Leichenzug bei und bricht erneut in Tränen aus. Wartenbergs Sohn wird gleichfalls in preußische

Dienste treten. Er ist in Berlin geboren und bringt es bis zum General.

Friedrichs letzte Jahre sind schwer und noch einsamer. Gequält von Dauerhusten und immer heftigeren Asthmaanfällen, muß der Kronprinz einen guten Teil der Regierungsgeschäfte übernehmen. Dabei hilft ihm nicht nur der große Kamecke, der Oberpostmeister geworden ist, sondern auch Heinrich Rüdiger Ilgen, ein später geadelter bürgerlicher Beamter, der schon beim Aufräumen der Wartenberg-Clique entschieden geholfen hat, einer der wenigen Unbestechlichen am Hofe. Auf einen neuen Ministerpräsidenten hat der kranke König nach zwei so gründlich mißlungenen Versuchen kurzerhand ganz verzichtet.

Er liegt halbwach in seinem Krankenzimmer, als die Königin zu ihm kommt. Verwirrt wie immer bemerkt sie die zweite Tür, eine Glastür, nicht, sondern prallt auf die Scheibe und zerbricht sie. Aus mehreren Schnittwunden blutend, fällt sie dem erschrockenen König ins Bett.

Von seiner Krankheit hat er sich nicht wieder erholt. Von der Familie und seinen Ministern hatte er bereits endgültig Abschied genommen, als sich sein Zustand überraschend bessert. Der Kronprinz schreibt seinem Freund, dem Fürsten Leopold von Dessau, sogar etwas von »völliger Besserung«. Es zeigt sich, daß der schwache, aber vielleicht darum so menschliche König nicht unbeliebt ist. Vor dem Schloß versammelt sich eine freudige Menschenmenge, die ihm zujubelt, alle Kirchenglocken läuten, und es werden zu seinem Wohl, höchst passend für Friedrich I., in Adelskreisen rauschende Feste und üppige Gelage angesetzt.

Aber die Besserung ist nicht von Dauer. Der Kronprinz, der auf eine Reise gegangen ist, wird zurückgerufen. König Friedrich I. ist am 25. Februar 1713, 56 Jahre alt und nach 25jähriger Regierung, im Berliner Stadtschloß gestorben.

Daß die Reihe der Preußenkönige von einem Hohenzollern angeführt wird, der alles andere als ein spartanischer Charakter war, hat die Nachfahren verwundert. Wenn ihn die Historiker des Landes auch nicht gerade hoch eingeschätzt haben, so ist seine Lebensleistung dem jungen Staat mit dem ungewohnten Namen Preußen doch durchaus zugute gekommen. Einer der großen Historiker Preußens, Leopold von Ranke, hat das klar erkannt: »Bei aller körperlichen Schwäche«, lesen wir, »besaß er viel geistige Energie. Er war nicht stark von Charakter, aber voll von genialen Absichten.«

Ein Utopist, der gläubig auf einen Staat hinarbeitete, den er als europäische Großmacht sah? Vielleicht sogar das. Auf jeden Fall aber einer, der etwas derartiges auf den von seinem Vater begonnenen Fundamenten weiterbaute. Der Große Kurfürst blieb sein lebenslanges Vorbild. Was dieser in Anfängen entwickelt hatte, verfestigte sich unter ihm zur Tradition.

Den Großen Kurfürsten hatte er in der Jugend auf einem kaiserlichen Feldzug gegen Frankreich begleitet. Er soll mit dazu beigetragen haben, daß das Heer König Friedrichs eines der ersten wurde, das voll uniformiert in den Kampf zog. Bis dahin hatten nur Eliteregimenter die Landesfarben getragen. Da alle Truppen zum großen Teil aus zusammengewürfelten, häufig sogar im Ausland unter zweifelhaften Bedingungen angeworbenen Söldnern bestanden, kämpften viele in den Uniformfarben ihrer Obersten oder ganz ohne exakte Kennzeichen ihrer Herkunft. Das muß die Schlachten höchst unübersichtlich gemacht haben. Der Große Kurfürst und sein Ältester sorgten für eine größere Ordnung auf dem Schlachtfeld. Man kann das – ein bißchen spöttisch – für typisch preußisch halten, aber es erleichterte die Unterscheidung zwischen Freund und Feind und war gerechter, fairer.

Wie sein Vater hielt Friedrich daran fest, daß neben Geworbenen auch eine ständige Miliz zur Truppe gehörte, die allerdings, da sie zumeist aus Bauern bestand, den größten Teil des

Jahres Arbeitsurlaub hatte und daheim die Äcker und Höfe versorgte.

Auch die allgemeine Toleranz, die Brandenburg unter dem Großen Kurfürsten – neben dessen Sieg über die Schweden bei Fehrbellin – endgültig groß gemacht hatte, behielt Friedrich bei. Wer in anderen Ländern aus religiösen oder sonstigen zivilen Gründen verfolgt wurde, konnte in Preußen eine neue Heimat finden. Menschen waren in dem nur karg besiedelten, allerdings in weiten Teilen immer noch unfruchtbaren Land, Mangelware. Viele Menschen bedeuteten viel Macht. Friedrich erweiterte diese Toleranz auf einem ihm besonders am Herzen liegenden Gebiet. Er nahm Verbindung zu den Pietisten auf, jener Erweckungsbewegung, die im 17. Jahrhundert gegen eine zunehmende Trockenheit und innere Leere der offiziellen protestantischen Landeskirche war. Ihren Protagonisten, Philipp Jacob Spener, holte er noch als Kurfürst 1691 als Propst der Nicolaikirche nach Berlin. Was den internen Streit um den rechten Glauben ebenso beschwichtigte wie die Gründung der Universität in Halle (1694), der Pietistenstadt.

Die Universitätsgründung verdankt er zu einem Teil seinem Günstling Danckelmann, wie die Gründung der Akademie der Künste (1694/96) und der Berliner Akademie der Wissenschaften (1700), zum Teil auf seine Frau Sophie Charlotte und nicht zuletzt auf Leibniz, den ersten Akademiepräsidenten, zurückgeht. Ohne ihn wären jedoch all diese Initiativen wahrscheinlich im Sande verlaufen.

Kunst und Wissenschaft verlangen beides: Aktivismus und Schirmherrschaft. Friedrich I. machte sie im kargen Preußen von vornherein heimisch.

Friedrich Wilhelm I.

oder
Der ungehobelte Erzieher

Mit dem neuen König, Friedrich Wilhelm I., änderte sich in Preußen einiges. Als erstes machte er Schluß mit dem aufwendigen höfischen Leben. In welcher Weise es dem Hof vermittelt wurde, ist ungewiß. Man hat die Wahl zwischen zwei Überlieferungen, von denen die eine so unverbürgt ist wie die andere.

Die am häufigsten publizierte, weil dramatischste, ist die Version des Karl Ludwig Freiherrn von Pöllnitz. Sie lautet wie folgt: »Sobald Friedrich die Augen geschlossen hatte, schritt der neue Herrscher, ohne sich nach rechts oder links umzusehen, durch die dichtgedrängte Schar des Hofstaates nach seinem Zimmer und warf die Tür hinter sich zu. Nach kurzer Zeit ließ er den Oberhofmarschall v. Printzen mit dem Etat des Hofstaates zu sich rufen und strich den Etat von oben bis unten durch. Alle Hofbeamten waren mit einem Schlag entlassen. Printzen rang vergeblich nach Worten, als er zu dem ängstlich harrenden Hofstaate zurückkehrte. Endlich riß ihm der Generalleutnant v. Tettau das Papier aus den Händen und rief beim Anblicke der verhängnisvollen Striche: ›Meine Herren, unser guter Herr ist tot, und der neue König schickt euch alle zum Teufel!‹«

Frei erfunden behauptet Dr. Georg Schuster, königlicher Hausarchivar, in seiner 1915 erschienenen *Geschichte des Hauses Hohenzollern* und schildert uns einen ganz anderen Hergang. So dramatisch der vorige – der Berichterstatter Pöllnitz war immerhin Theaterdirektor –, so besänftigend archivarisch dieser.

»In Wirklichkeit«, so Georg Schuster, »hat Friedrich Wilhelm den ersten Tag seines Königtums fast ausschließlich der Trauer über den Verlust des Vaters gewidmet; er hat nur die nötigsten Anordnungen zur Sicherung des Nachlasses und zur Notifikation seiner Thronbesteigung an seine Untertanen und die fremden Höfe getroffen. – Zu dem anderen Morgen um 7 Uhr – es war ein Sonntag – hatte der König das Ministerium nach dem Schlosse befohlen. Mit welchen Gefühlen versammelten sich die Minister in dem Vorzimmer! Kaum einer, der nicht für sein Amt oder sogar seine Freiheit und seine Ehre zitterte. Eine bange Stunde verging, bis die Minister in das Gemach ihres neuen, gestrengen Souveräns eingelassen wurden. ›Meine Herren‹, so begann Friedrich Wilhelm, ›Sie sind sämtlich gute Diener des seligen Königs, meines Vaters, gewesen. Ich hoffe, Sie werden es auch mir sein. Ich bestätige jeden von Ihnen in seinem Amte, und verspreche, wenn Sie mir die Treue halten, werde ich nicht Ihr gütiger Herr, sondern Ihr Bruder und Kamerad sein. Aber eines muß ich Ihnen sagen: Sie haben sich gewöhnt, unaufhörlich Kabalen gegeneinander zu schmieden. Ich will, daß das unter meinem Regimente ein Ende hat, und erkläre hiermit, wer sich noch weiter mit Intrigen abgibt, den werde ich dermaßen züchtigen, daß Sie sich wundern sollen.‹«

Beide Varianten klingen plausibel, die des Theaterdirektors, bedenkt man die späteren Eigenarten des neuen Königs, noch ein bißchen wahrscheinlicher als die des Hausarchivars. Georg Schuster hat sie, aus gutem Grund, beide in seinem Buch mitgeteilt.

Die angedrohte Züchtigung bei weiteren Intrigen durften die Betroffenen bei Hofe getrost wörtlich nehmen. Friedrich Wilhelm sah man hinfort selten ohne seinen Krückstock aus Buchenholz, mit dem er auch Untergebene und Untertanen, die ihn geärgert hatten, verprügelte. Andererseits wird er die Minister tatsächlich einigermaßen dankbar und gnädig behandelt haben. Ihnen stand, wenn auch nicht mit dem Titel eines Ministerpräsidenten, der inzwischen geadelte kreuzbrave Rüdiger

Heinrich von Ilgen vor, den der vormalige Kronprinz nach dem Sturz Wartenbergs selbst mit eingesetzt hatte.

Aber nicht alle bei Hofe kamen so glimpflich davon. Aus seiner grundlegenden Abneigung gegen höfische Prachtentfaltung hatte Friedrich Wilhelm nie ein Hehl gemacht. Schon der Knabe hatte ein ihm zu kostbares Schlafröckchen, das aus Goldstoff gefertigt war, ins Kaminfeuer geworfen. Zum Kummer seiner Mutter bezog sich seine Abneigung gegen jede Form von Luxus, auch auf Wissenschaft und Künste, die ihm fremd waren und fremd blieben. Im Gegensatz dazu soll sich der zwölfjährige Kronprinz Öl ins Gesicht geschmiert haben, ehe er sich in die Sonne legte. Er wollte gebräunt aussehen, womit man damals noch nicht den Status des Müßiggängers, sondern den des Soldaten verband.

Vielleicht nicht sofort, aber im Verlauf einiger Zeit wurden Wissenschaft und Kunst vom königlichen Hof in Berlin vertrieben und die Zahl der Hofchargen empfindlich eingeschränkt. Nur wenige Schöngeister überstanden die Wende, unter ihnen der Hofmaler König Friedrichs I., den der Sohn behielt, weil er selbst ein bißchen malte – eigentlich nur ausmalte – und den Franzosen Antoine Pesne sympathisch fand. Ihm wurde allerdings das Gehalt um die Hälfte gekürzt.

Die Trauerfeier und das Begräbnis des alten Königs hat noch Andreas Schlüter einigermaßen prunkvoll inszeniert. Aber kaum war das vorbei, ließ Friedrich Wilhelm den Krönungsmantel des Vaters mitsamt den Diamantknöpfen verkaufen. Das Tafelsilber der königlichen Schlösser wurde eingeschmolzen, um mit dem Erlös den von Friedrich hinterlassenen Schuldenberg abzutragen. Der Rest der Einnahmen ging schnurstracks an die Armee. Ihr flossen auch die Gelder zu, die ab sofort in den Etats der Akademie der Künste und der Wissenschaften eingespart werden sollten. Die Armee war Friedrich Wilhelms ein und alles, seine eigentliche Heimat. Daß die Akademien ihr Ansehen im In- wie Ausland verloren, kümmerte ihn wenig.

Sein einziges Gebot war die Sparsamkeit, vielleicht verständlich durch die Mißwirtschaft seines Vorgängers. Um die Frage wieder aufzugreifen, wie schnell der Machtwechsel vollzogen wurde: Der neue König traf seine Entschlüsse nicht nur sehr schnell, sondern auch mit großer Bestimmtheit. Das geht aus einem der ersten Briefe hervor, die Friedrich Wilhelm nach seiner Thronbesteigung geschrieben hat und der erhalten geblieben ist. Er ist an Leopold von Dessau, den alten Freund, oder an dessen Kammerherrn gerichtet, und es heißt in ihm: »Saget dem Fürsten von Anhalt, daß ich der Finanzminister und der Feldmarschall des Königs von Preußen bin; das wird den König von Preußen aufrechterhalten.«

Tatsächlich hat dieser König von Preußen wichtige Dinge oder solche, die er für wichtig hielt, nie mehr aus den Augen verloren, ungeachtet dessen, wieviel Verwaltungsarbeit und Zeit sie kosteten. Mochte das eben aufblühende Kulturleben des jungen Staates zum Teufel gehen, auf dem finanziellen und dem militärischen Sektor, ja sogar auf dem politischen Parkett Europas agierte der Herrscher durchaus erfolgreich. Sparsamkeit war das oberste Gebot des Finanzministers, also des Königs selbst, er konnte sparen, wo immer es ihm beliebte – statt im teuren Berliner Schloß regierte er vom kargen Potsdam aus –, und alles veräußern, was ihm in den Schlössern Brandenburgs zu prunkvoll und daher überflüssig erschien. Die hohen Staatsschulden, die er übernommen hatte, waren auf diese Weise schon binnen Jahresfrist getilgt.

In seiner Eigenschaft als Generalfeldmarschall konnte der König zunächst zumindest die Armee um etliche Regimenter aufstocken und zudem das Anwerbesystem der Preußen, nicht gerade das feinste, zu mildern versuchen, letzteres nur halben Herzens. Strategisches Können wurde ihm einstweilen nicht abverlangt, und das auch später nur sparsam. Obwohl alles andere als ein Pazifist, führte ausgerechnet der preußische Herrscher, der den Beinamen »der Soldatenkönig« bekommen sollte, nur wenige Kriege, und die er führte, waren keine

Angriffskriege. Sie blieben einem religiösen Calvinisten, fast schon Pietisten, streng untersagt. Außerdem kosteten Feldzüge weitaus mehr als die Soldatenhaltung in Kasernen und auf Paraden. Was insofern eine Rolle spielte, als Friedrich Wilhelms Geiz den sämtlicher preußischer Könige übertraf.

Das Heer, das er systematisch ausbaute und unterhielt, machte bei den europäischen Mächten jedoch kraft seines bloßen Daseins Eindruck. Es marschierte, eine Erfindung Leopolds von Anhalt-Dessaus, als erstes im Gleichschritt und wurde bald nicht mehr von mehr oder weniger eigensinnigen Obersten geführt, sondern von einem Offizierskorps eigener Art nach einem vom König selbst erfundenen System.

In der Organisation des Militärs zeigt Friedrich Wilhelm, den viele bereits wegen seiner schroffen Art zu fürchten beginnen, Ansätze einer ganz besonderen Begabung, die dem Land noch lange, weit über seine Lebensjahre hinaus, zugute kommen wird. Er ist der geborene Organisator. Durch und durch Realist, erkennt er sofort Fehler in Verwaltung und Durchführung staatlicher Unternehmungen und weiß auch, wie sie zu korrigieren und zu verbessern sind.

Mit zäher Geduld reorganisiert Friedrich Wilhelm die Armee von Grund auf. Aus den im Land verstreuten sogenannten Akademien, die, weit von der Hauptstadt entfernt, in Kolberg, Magdeburg und andernorts früher den Offiziersnachwuchs ausbildeten, entsteht das »Kadettenkorps« in Berlin, aus dessen Zöglingen man, nicht zuletzt unter königlicher Kontrolle, in Zukunft den Nachwuchs für das Offizierskorps bezieht.

Gleichzeitig verhindert er, daß der Adel des Landes sich auch von ausländischen Heeren anwerben läßt, und erhebt zur Standespflicht, daß der »Junker« in die königlich-preußische Armee eintritt. Das kommt vor allem dem Adel im Osten zugute, der meist ziemlich unbemittelt ist und nun seine zweiten, dritten und vierten Söhne ehrenvoll und angemessen unterbringen kann. Ein System, das sich auf die Dauer bewährt, denn es fördert den Zusammenhalt zwischen Heer und Land, König und Adel.

Der König gehört als Oberhaupt des Staates fest zur Armee, was er allen sichtbar dadurch symbolisiert, daß er – ab 1720 – ständig Uniform trägt. Auch dies Ausdruck eines vom Monarchen erwünschten und von den Untertanen erträumten Gefühls der Zusammengehörigkeit. Alle europäischen Fürsten machen es ihm bald nach und tragen in Zukunft als Alltagskleidung die einfache Uniform ihres Landes.

Es bahnt sich eine Entwicklung vom dynastischen zum Nationalstaat an. Ausgerechnet Preußen, ein Staat ohne feste Nationalität, geht da voran. Statt *suum cuique* heißt seine Parole »Alle für einen« – in diesem Sinn gehört er zu den modernsten Staaten in Europa.

Man denkt auch schon an ein Volksheer, wenn auch vergeblich. In der preußischen Armee dienen zwar Landeskinder, aber das Gros, über die Hälfte aller Soldaten, stammt aus dem Ausland, auf oft sehr zweifelhafte Art angeworben und nicht selten entführt. Die Preußen unter ihnen sind in der Mehrzahl Tagelöhner und Bauernsöhne, die im Winter ihre »Exerzier-Monate« verrichten, um im Frühjahr wieder das Land zu bestellen. Friedrich Wilhelm gerät in diesem Bereich in eine Zwickmühle. Ihm schwebt ein Nationalheer vor, aber die Bauernsoldaten taugen nicht viel als Landsknechte, die Ausländer, die sich für Geld verdingen, sind die besseren und erfahreneren Kämpfer.

Der erste Versuch Friedrich Wilhelms, ein Volksheer zu schaffen, schlägt fehl. Resolut (oder cholerisch) untersagt er nun sogar bei hoher Strafe die Benutzung des Wortes »Miliz« für einen seiner Truppenteile. Es sollen weiterhin »Freiwillige« geworben werden. Das geschieht wie bisher zumeist im Ausland, hauptsächlich in Mecklenburg und Hannover. Dort ist es nur halb legal, für fremde Truppen zu werben, das heißt, es müssen Schmiergelder gezahlt werden. Nur Sachsen erlaubt den Preußen so etwas.

Die Herzöge beider Mecklenburgs und der Kurfürst von Hannover dulden diese Praxis hingegen nur ungern, zumal die Werbekolonnen auf teilweise sehr rabiate Weise vorgehen. Es gibt Ärger mit den Landesherren, wie es auch bald in Preußen Unruhe gibt, als der König betrügerische Werbungen – etwa Trunkenmachen und Signaturenfälschung im Ausland – verbietet und die Werbetruppen daher wieder verstärkt im Inland auftauchen. Trotz barbarischer Strafen kommt es zu übermäßig vielen Desertationen – wer geschnappt wird, muß Spießrutenlaufen, und ihm werden zum Zeichen seiner Ächtung die Nase und ein Ohr abgeschnitten.

Die Armee blieb, dem Korpsgeist der Offiziere zum Trotz, des Königs Lieblings-, aber auch sein Sorgenkind. Immerhin brachte Friedrich Wilhelm das von seinem Vater übernommene 30 000-Mann-Heer bis 1725 auf 64 000 Soldaten. Beim Tod des *roi sergeant*, wie man im damals üblichen Französisch den Soldatenkönig nennt, sind es sogar 89 000.

Friedrich Wilhelm I. wäre jedoch kein Hohenzoller, wäre er ohne Extravaganzen. Da man für Extravaganzen in der Regel tief in die Tasche greifen muß, paßt das eigentlich gar nicht zu ihm. Aber der König ist sterblich, wenn es sich um gut und möglichst hoch gewachsene junge Männer handelt, die er seiner Elitetruppe in Potsdam einverleiben kann. Für sie gibt er im Laufe seiner Regierung ein Vermögen aus. Der Rechts- und Gerechtigkeitsfanatiker geht sogar das Risiko ein, mit den angrenzenden Ländern in Konflikt zu geraten, wenn dort zwei Meter große Männer über Nacht spurlos verschwinden. Friedrich Wilhelms Werbetrupps, zwischen 500 und 1000 Mann stark, sind überall berüchtigt.

Des Königs Regiment in Potsdam nennt sich eigentlich die »Blauen Grenadiere«, aber der Volksmund hat sie die »Langen Kerls« getauft, und so nennt sie schließlich auch der König. Hervorgegangen sind sie aus dem »Regiment Kronprinz«, das Friedrich Wilhelm als Halbwüchsiger aus seinem Taschengeld zusammengestellt hatte, um einer seiner Lieblingsbeschäftigungen, dem Exerzieren groß gewachsener Soldaten, zu frönen.

Man hat die seltsame Vorliebe für männlich hohen Wuchs mitunter als eine Art von un- oder unterbewußter Homosexualität definieren wollen. Denn in der damaligen Schlachtordnung, die, ganz wie im Altertum oder Mittelalter, auf ein Treffen zwischen zwei Phalanxen beruhte, mußten Hochgewachsene eigentlich im Nachteil sein. Sie gaben herausragende Ziele ab.

Aber das Gegenteil ist richtig. Große Soldaten konnten leicht über die Köpfe ihrer Mitstreiter hinweg auf den Feind schießen. Wie alles bei Friedrich Wilhelm beruhte auch seine Ausnahme von der militärischen Regel auf realistischer Beobachtung und Praktikabilität. Aber das erklärt nicht alles. Zweifellos handelte es sich auch um eine ästhetische oder pseudo-ästhetische Liebhaberei. Soldaten und Soldatenspiel waren eben für diesen König der reizvollste Zeitvertreib.

Die Langen Kerls, drei Bataillone zu je 800 Mann, unterstanden ihm persönlich. Sie stammten aus aller Herren Länder. Vehse hat sie aufgezählt: »Deutsche, Holländer, Engländer, Schotten, Irländer, Schweden, Dänen, Russen, Wallachen, Ungarn und viele Polen und Litauer. Nur Franzosen waren grundsätzlich ausgeschlossen, aber wenn sie sechs Fuß maßen, konnte der König nicht widerstehen.«

Im Volk war die Truppe populär. Bei wichtigen Gelegenheiten zog sie viel Publikum an. Besondere Beachtung fand dann der jeweilige Flügelmann, stets der Längste von allen, so der riesenhafte Preuße Hohmann. Welch ein Vergnügen für die Menge, als es dem König von Sachsen, August dem Starken, der selbst kein Zwerg war, bei einem Staatsbesuch nicht gelang, Hohmann an den Kopf zu fassen!

Einen schmucken Anblick boten diese strammen Kerle in ihren blauen Röcken mit den scharlachroten Aufschlägen, strohgelb die Hosen und blütenweiß die Gamaschen, die so lang waren, daß sie normalen Leuten bis zur Hüfte gereicht hätten. Friedrich Wilhelm, der Geizhals, sparte bei ihnen an nichts, und als Elitesoldaten erhielten sie sogar eine anständige Löhnung, je nach Herkunft und Größe zwischen vier und 20 Taler.

Knauserig zeigte sich der König hingegen bei seinesgleichen, den Offizieren. Ihre Uniformen waren zwar mit Gold- und Silberband reich bestickt, aber für die große Ehre, an dieser Stelle des königlichen Heeres dienen zu dürfen, empfingen sie nur ein Hungergehalt. So machte man sich in Potsdam beim König beliebt, wenn man – möglichst regelmäßig – einen Offizier der Blauen Grenadiere zum Abendessen einlud. Wer es nicht tat, konnte bei Hof auch nichts werden.

Großer Beliebtheit erfreute sich überdies die Kapelle, die aus, wie man damals sagte, Mohren bestand. Sie stammten aus einem kolonialen Abenteuer seines Großvaters, des Großen Kurfürsten, der zeitweilig versucht hatte, an der afrikanischen Goldküste Fuß zu fassen. Querpfeife und Trommeln waren ihre hauptsächlichen Instrumente. Bei Festen, die der König gab, sollen sie jedoch auch mit anderen Instrumenten aufgetreten sein.

Friedrich Wilhelm nannte die Langen Kerls gern seine Kinder. Tatsächlich schien er sie mehr zu lieben als die eigenen, wie wir an der Auseinandersetzung mit dem Kronprinzen sehen werden. Er erlaubte seinen uniformierten Lieblingen sogar, nebenher einen Laden aufzumachen oder ein Gewerbe zu betreiben. Er baute ihnen Häuser oder schenkte ihnen Grundstücke, auf denen sie sich anbauen konnten. Weniger beliebt machte er sich durch Heiraten, die er ihnen befahl, obwohl er sich später als großherziger Pate der Kinder erwies.

Trotzdem darf man sich das Ganze nicht als ein soldatisches Paradies vorstellen. Urlaub etwa wurde nicht gewährt. Die meisten zog es früher oder später in die Heimat zurück, aus der man sie meist unter falschen Voraussetzungen abgeworben hatte. Es kam zu Fluchtversuchen und Aufständen, die grausam bestraft wurden, was die Stimmung nicht besser machte.

Ungarn, Polen und Wallachen planten 1730 eine Verschwörung, bei der ganz Potsdam in Brand gesteckt werden sollte. Zu guter Letzt häuften sich die Verschwörungen so, daß sich selbst der König von seinen Kindern bedroht fühlte; mal waren die Engländer und die Russen, ein andermal wieder die Ungarn die treibenden Kräfte. Am Ende seiner Regierung ließ sich Friedrich Wilhelm nachts von sechs Husaren mit geladenen Gewehren bewachen. Sicher fühlte er sich nicht mehr unter seinen Lieblingen.

Wieviel er für seine Sammlung Langer Kerls ausgegeben hat, bleibt ein Geheimnis. Friedrich Wilhelm hat, wahrscheinlich weil er sich dessen schämte, kurz vor seinem Tode die finanziellen Unterlagen ins Feuer geworfen.

Nehmen wir voraus, daß sein Nachfolger als eine seiner ersten Amtshandlungen die Truppe, nachdem sie ihrem Herrn beim Begräbnis die letzte Ehre erwiesen hatte, auflöste. Er verwandelte das militärische Mißgebilde in fünf gewöhnliche Regimenter mit Soldaten normaler Größe. Dabei hatte er Schwierigkeiten, die überlangen Männer, die nicht in ihre Heimat zurückwollten oder preußischer Herkunft waren, unterzubringen. Nicht alle konnten als sogenannte Heiducken Verwendung finden, eine Art Leibwächter, die längst nicht mehr wie ihr Name aus Ungarn stammten. Friedrich der Große entfernte auch die vielen Porträts von Langen Kerls, die sein Vater in Auftrag gegeben und im Potsdamer Stadtschloß hatte aufhängen lassen.

Es war dies nicht das gelungenste Unternehmen des Soldatenkönigs. Eine der populärsten historischen Anekdoten ist es geblieben.

Geradezu unglaublich, wie schnell und wie gründlich ein Thronwechsel in alle Lebensbereiche verändernd eingreifen konnte. Ein energischer König, und das war Friedrich Wilhelm I., drückte nicht nur dem Leben am Hofe, sondern den Lebensgewohnheiten in seinem gesamten Herrschaftsgebiet seinen Stempel auf. Schon als Kronprinz hatte sich der spätere Soldatenkönig den Ruf besonderer Unhöflichkeit gegenüber seinen Mitmenschen, hohen und niederen, vor allem aber den Damen, erworben. Jetzt gab er den Ton im Staate an. Das stilistische Vorbild für Rede und Betragen war in Preußen nicht mehr ein Leibniz, sondern des Königs Erzfreund Fürst Leopold von Anhalt-Dessau, der als »Alter Dessauer« in die Geschichte und die populäre Literatur – Karl May! – eingegangen ist. Vielgerühmt wurde seine »Volksgemeinheit«, wie man damals die Volkstümlichkeit nannte. Sie bestand einer zeitgenössischen Formulierung zufolge aus »harter, kurzer Anrede mit Flüchen untermischt, wozwischen aber gute Gesinnungen durchschimmerten.«

Die Politik wurde weniger von den Ministern gemacht als von dem ebenfalls legendär gewordenen Tabakskollegium. Es kam Abend für Abend um fünf oder sechs Uhr zusammen, im Sommer in Wusterhausen, wo Friedrich Wilhelm den Großteil seiner Kronprinzenzeit verbracht hatte, im Winter im Schloß zu Potsdam. An beiden Orten hatte man eigens eine Küche im holländischen Stil als Versammlungsraum hergerichtet. Ungewöhnliches Küchenutensil war ein Bierhahn, den ein Faß im Keller versorgte.

Geladen waren neben den Gesandten fremder Länder die Minister, aber das große Wort führten die Truppengeneräle und Obersten. Besuchten fremde Fürstlichkeiten den Hof, so waren auch sie willkommen; es galt bald als hohe Ehre, vom Preußenkönig in diesen intimen Kreis zugelassen zu werden, auch wenn mancher Auserwählte die Atmosphäre im Raum unerträglich fand. Das Bier floß in Strömen, und es wurde bei dürftiger Ventilation unermüdlich aus langen holländischen Tonpfeifen ein gleichfalls aus Holland stammender Knaster geraucht. Wer den Tabakgenuß verschmähte oder ihm aus gesundheitlichen Gründen entsagte – wie der Alte Dessauer –, mußte zumindest eine kalte Pfeife im Mund halten. Das Ende der Zusammenkunft blieb immer offen. Man konnte an müden Abenden früh auseinandergehen, aber auch bis weit nach Mitternacht tagen. Dienstbares Personal war nicht zugegen. Es sollte intern zugehen, ohne fremde Spionage, und es sollte jeder nach seinem Schnabel reden können.

Das Tabakskollegium war Friedrich Wilhelms schlechteste Idee nicht. Man mag über die rauhen Militärs aus Brandenburg, Pommern oder Kleve denken, was man will: sie dürften die Stimmung im Volk gekannt und, sobald ihnen das Bier die Zunge gelöst hatte, mit gebührender Volksgemeinheit an den König weitergegeben haben. Auch die Diplomaten konnten sich in diesem Kreis ungezwungener äußern, als es ihnen bei Hofe unter Wahrung der üblichen Höflichkeitsfloskeln möglich war. So stammtischhaft diese Einrichtung angelegt gewesen sein mag, sie muß das Blickfeld des Königs entschieden erweitert haben.

Um so mehr, als er denkbar geschickt eine Art psychologischer Falle in den Verlauf des Abends eingebaut hatte. Denn er kehrte dem Ort, an dem er allabendlich an die dreißig Pfeifen Tabak zu rauchen pflegte, gegen sieben Uhr kurz den Rücken, um bei der Königin das Abendessen einzunehmen. Da in einem Nebenraum der Küche für hungrige Raucher ein reichlicher Imbiß bereitstand, hätte er kaum regelmäßig die Herrengesellschaft verlassen müssen, es sei denn, er verfolgte damit eine bestimmte Absicht. Der Verdacht liegt nahe, daß jemand unter seinen Kumpanen ihm zutrug, was während seiner Abwesenheit gesprochen wurde, womöglich etwas anderes als in seiner Gegenwart.

Mitunter wurde freilich schlicht und einfach gesoffen. Der König sah es gern, wenn es ihm gelang, einen stämmigen General oder eine fremde Fürstlichkeit unter den Tisch zu trinken. Der Stammtisch artete dann aus und wurde ordinär.

Am schmerzlichsten bekam das der Präsident der Akademie, oder wie sie damals hieß, Societät der Wissenschaften, Jakob Paul von Gundling zu spüren. Friedrich Wilhelm I. ernannte ihn auf Empfehlung seines ersten Ministers, des Generalfeldmarschalls von Grumbkow, zum Hofrat sowie, merkwürdigerweise, zum Zeitungsvorleser bei Hofe.

Zeitungen wurden damals an den Höfen weniger gelesen als vorgelesen. Es bedurfte nämlich kluger Köpfe, aus fremdsprachigen Zeitungen, etwa französischen oder holländischen, die wichtigsten Nachrichten auszuwählen und zu übersetzen. Aber auch die Lektüre der Zeitungen aus Berlin, Hamburg, Wien oder Leipzig machten damaligen Lesern Schwierigkeiten, weil die Artikel mangels journalistischer Aufbereitung meist des Kommentars bedurften, um von politischen Laien verstanden zu werden.

Gundling las bei der Mittagstafel des Königs, an der häufig Diplomaten oder hohe Gäste aus dem Ausland teilnahmen, an einem eigens für ihn hergerichteten Katheder aus Zeitungen vor und diskutierte mit den Gästen. Das schuf ihm eine nicht unwichtige Stelle am preußischen Königshof. Er wurde sogar von ausländischen Potentaten mit Orden bedacht, und auch der König schätzte ihn als Begleiter zu diffizilen Empfängen oder festlichen Gelegenheiten, bei denen man auf vornehme oder gelehrte Leute stieß. Gundling wohnte im Potsdamer Schloß, wo er zudem freie Tafel genoß.

Weniger angenehm war die Rolle, die ihm im Tabakskollegium und wohl auch in manch anderen mehr oder weniger geschmacklosen Vergnügungen des Königs zufiel. Da diente er als Hofnarr.

Auch im Tabakskollegium wurden Zeitungen vorgelesen, denn manche von Friedrich Wilhelms Obersten waren halbe Analphabeten – also mußte Gundling täglich daran teilnehmen. Er war regelmäßig der erste, der betrunken gemacht und dann gehörig zum Narren gehalten wurde. Der König erhob ihn im übrigen nur aus dem einzigen Grund zu einigen Würden, um ihn um so gründlicher lächerlich machen zu können. So wurde der Gelehrte zum Oberzeremonienmeister gemacht und in eine närrische Uniform mit Allongeperücke aus Ziegenhaaren gesteckt. Und als komisch empfand man auch, daß man dem betrunkenen, eben ernannten Kammerherrn den goldenen Schlüssel seiner neuen Würde vom Gewand abschnitt, worauf der König ihn bedrohte, er würde mit ihm wie mit einem Soldaten, der sein Gewehr verloren habe, verfahren. Zur Strafe mußte Gundling eine Woche lang einen großen goldenen Schlüssel aus Holz vor der Brust tragen, bevor man ihm hohnlachend den gestohlenen Schlüssel zurückgab. Kein Spaß schien Gundling gegenüber roh genug.

Dabei war er ein wirklicher Gelehrter, und der König scheint das gewußt zu haben. Thomas Stamm-Kuhlmann hat es in seinem Buch *Die Hohenzollern* satirisch ausgedrückt: »Mit dem Gespür, das man anscheinend nur unter despotischen Regimen entwickelt, haben die Wissenschaftshistoriker der DDR wahrgenommen, welche Dienste Gundling im Gewand des Hofnarren geleistet hat.« Der König dürfte Gundlings Rat geschätzt und oft sogar befolgt haben. Stamm-Kuhlmann behält recht mit seinem Nachsatz: »Ein glänzender Aufschwung war freilich unter solchen Umständen nicht möglich.«

Der Geschmacklosigkeit seines Humors setzte Friedrich Wilhelm I. die Krone auf, als er den hochgeehrten und anscheinend von ihm hochgeschätzten Freiherrn von Gundling in einem Weinfaß begraben ließ.

Solches Verhalten will schlecht zu einem der wenigen geflügelten Worte passen, die dieser Hohenzollernkönig hinterlassen hat: »Menschen achte ich vor den größten Reichtum.« Trotzdem meinte er es auf seine Art ehrlich damit, denn er hat dieses Bekenntnis nicht nur im Munde geführt, sondern praktiziert.

Da Preußen von Anfang an ein aus der Vernunft geborener Staat ist, darf man diesen Ausspruch allerdings nicht mit Menschenfreundlichkeit verwechseln. Preußens »grenzenlose Fremdenfreundlichkeit« (Sebastian Haffner) beruht auf purem Realismus. Wer eine geordnete, staatliche Armee haben will, bedarf vieler Untertanen. Toleranz andersartigen und anderssprachigen Menschen gegenüber ist – damals wie heute – eher eine Seltenheit, aber in Preußen war sie die Regel.

Friedrich Wilhelm I. hat sie von seinem Großvater, dem Großen Kurfürsten, übernommen. Man hat durchaus Verständnis für den Altmärker Winckelmann, den Begründer der neueren Archäologie, der aus dem Lande flieht, weil er unter Friedrich Wilhelm I. nicht leben möchte, aber genauso versteht man die 20 000 Salzburger Protestanten, die von ebendiesem Herrscher mit offenen Armen aufgenommen und in Ostpreußen angesiedelt werden, wo die Pest gewütet und ganze Landstriche entvölkert hat. Es kommen auch Waldenser, Mennoniten, sogar Presbyterianer aus Schottland, Juden und Katholiken aus evangelischen Staaten, die den Glauben enger und intoleranter handhaben als die Preußen.

Daß alle Menschen gleich sind, ist in Preußen längst selbstverständlich, spricht doch Anfang des 18. Jahrhunderts jeder dritte Berliner Bürger nicht Deutsch, sondern Französisch. Den Oderbruch hätte man ohne eine solche Politik bedingungsloser Toleranz kaum urbar machen (und das Land dadurch gleichsam im Inneren ausweiten) können. Auch schützte eine in Preußen und nicht sonst irgendwo beheimatete Armee die Grenzen dieser Fluchtburg für alle religiös Bedrängten.

Hinzu tritt, daß ausgerechnet der Soldatenkönig in 27 Jahren der Herrschaft nur fünf Jahre Krieg geführt hat, den Nordischen Krieg gegen Schweden, der ihm Stettin einbrachte, und den polnischen Thronfolgekrieg, der den Sohn August des Starken, also einen Sachsen, gegen den Willen der Franzosen zurück auf den polnischen Königsthron brachte. Beide Male war das Land zum Eingreifen durch Bündnisse verpflichtet.

Den Weg Preußens zur europäischen Großmacht hat Friedrich Wilhelm auf noch andere Weise mit vorbereitet. Er war, wie bereits erwähnt, ein genialer Organisator. Wie er gleich zu Anfang seiner Regierung die Ausbildung der Kadetten entscheidend änderte und damit das ganze Gefüge seiner Armee, so hat er seinen gesamten Staat neu geformt. Erst mit dieser Reform gewann Preußen seine Effektivität. Friedrich Wilhelms ersten zehn Jahre an der Regierung wurden zum Jahrzehnt praktikabler Neuordnung. Diese Aufgabe ging der König, wie gewöhnlich, rigoros an. Die Zivilverwaltung wurde nach militärischem Muster umgestaltet. Einwände tat er unwirsch ab: »Ich habe Kommando bei meiner Armee und soll nicht Kommando haben bei die tausend sakramentierischen Blackisten [Tintenkleckser]!?«

Bald funktionierten die Behörden wie die preußischen Regimenter auf dem Kasernenhof: korrekt und im richtigen Zeitmaß. Alles wurde übersichtlicher dank einer vom Alten Dessauer empfohlenen Zusammenlegung von Wirtschaft, Finanzen und Armee zum Generaldirektorium mit einer kontrollierenden Oberrechenkammer, zwei Institutionen die man den Preußen häufig nachzumachen versuchte, meist vergeblich.

Denn Friedrich Wilhelm war und blieb ein tyrannischer Landesvater. Der Dienst der Beamten in den nun wohlfunktionierenden Behörden begann um sieben Uhr in der Frühe und dauerte zwölf Stunden. Dabei ließ sich die Bezahlung selbst nach damaligen Begriffen nur als erbärmlich bezeichnen.

Was die Wirtschaft betraf, so war sie – Stichwort: Merkantilismus – nahezu ganz in staatlicher Hand. Die wenigen Fabriken waren nur vom Staat finanzierbar und sollten das Land möglichst von ausländischen Waren unabhängig machen. Zugleich aber sollten sie so viele Waren wie möglich exportieren. Alles lief über die Staatskasse, die ja auch Teile der Armee, das stehende Heer vor allem, finanzieren mußte. In Preußen gab es zum Beispiel viele Manufakturen, die gewirkte Tuche herstellten. Die protestantischen Hugenotten hatten diese frühe Form von Industrietätigkeit aufgegriffen und vervollkommnet. Das war Friedrich Wilhelm aber längst nicht genug. Zur Verbesserung der Lage führte er die Kameralwissenschaft (Volkswirtschaftslehre) an den beiden preußischen Universitäten Halle und Frankfurt an der Oder ein.

Die Liste der Wohltaten, die Friedrich Wilhelm seinem Lande bescherte, ist damit nicht erschöpft. Er gründete Waisenhäuser und führte die allgemeine Schulpflicht ein. Er hob die Leibeigenschaft der Bauern auf und gründete die bereits erwähnte »Feuersocietät«, die vor allem den Berlinern zugute kam, die noch weitgehend in hölzernen Häusern wohnten. Er verbot endlich und endgültig die Hexenprozesse in Preußen und erfand ein System der Verpachtung königlicher Güter, der Domänen, das einträglicher war als bisher. Statt der üblichen Erbpacht führte er die Pacht auf Zeit ein. Zugleich übereignete er die königlichen Domänen dem Staat.

Es gab nur wenige im Lande, die dem König in punkto Wirtschaft das Wasser reichen konnten. Hereingelegt hat ihn, soweit bekannt, nur ein Berliner Hoflieferant. Das war, als er in einer feuchtfröhlichen Männergesellschaft wegen seines Hangs zur Malerei gehänselt wurde. Man behauptete, er könne sich nie und nimmer vom Malen ernähren. Und um das Gegenteil zu beweisen, zwang er einen Hoflieferanten, ihm für ziemlich teures Geld einige Bilder abzukaufen. Die erzielten hundert Taler legte er stolz dem Tabakskollegium vor. Der Berliner Kaufmann revanchierte sich jedoch, indem er die Bilder, mit der Aufschrift »Von der Hand Sr. Majestät des Königs« versehen, in seinem Laden ausstellte. Was diesem peinlich war. Er mußte erheblich draufzahlen, um die Gemälde zurückzuerwerben, soll aber in das dröhnende Gelächter der Kumpane mit eingestimmt haben.

Die Berliner hatten zu ihm allerdings ein gespaltenes Verhältnis. Dies hauptsächlich wegen einer weiteren Leidenschaft, der Baupassion. Dieser frönte er, indem er seinen Untertanen, selbst seinen Generälen, das Bauen befahl. Sein lakonischer Spruch »Der Kerl ist reich, der Kerl soll bauen« war allseits gefürchtet, denn der König verlangte die Errichtung wahrer Prachtbauten, häufig auf von ihm geschenkten Grundstücken, die so sumpfig waren, daß man Hunderte von Baumstämmen in den feuchten Boden rammen mußte.

Seiner Frau war er ein treuer Ehemann, was etwas heißen will, denn man lebte in einer »galanten« Zeit, in der es an den anderen Höfen ungemein locker zuging. Die Prinzessin Sophie Dorothea von Hannover hatte Friedrich Wilhelm aus rein dynastischen Gründen und nicht etwa aus Liebe geheiratet. Das war bei den hochadligen Familien Europas durchaus üblich. Die Heirat galt als Politikum. Die Liebe bezog der Mann nebenher.

Nicht so Friedrich Wilhelm I. Für ihn, den frommen Calvinisten, blieb die Ehe ein Sakrament. Noch auf dem Totenbett bekannte er nicht ohne Stolz, der Frau, die ihm 14 Kinder geboren hatte, niemals untreu gewesen zu sein.

Das heißt nicht, daß Sophie Dorothea von Hannover an seiner Seite glücklich geworden ist. An dem unter ihrem Gemahl besonders tristen Hof hat sie sich nie richtig heimisch gefühlt. Sie war in der freien Atmosphäre Hannovers groß geworden und paßte überhaupt nicht zu einem derart rauhen und pflichtbesessenen Gatten. Eher nach dem Maß ihrer Tante, der vorigen Königin Sophie Charlotte, erzogen, blieben ihr alle Vergnügungen, an denen ihr Mann Gefallen fand, fremd. Das Exerzieren verabscheute sie so sehr wie seine herbstlichen Parforce-Jagden. Überhaupt seine Jagdleidenschaft! Friedrich Wilhelm pflegte alljährlich an die 4000 Rebhühner zu schießen, wozu sie ihm, dem Geizhals, das notwendige Pulver und Blei zu liefern hatte, da die Vögel ihrer Küche zugute kamen. Es war nicht das einzige, was »Fiekchen«, wie er seine Frau ebenso zärtlich wie unpassend nannte, am preußischen Königshof als absurd empfand.

Was Wunder, daß sie mehr und mehr verbitterte. In den Biographien kommt sie meist schlecht weg. Sie habe, heißt es, die Kinder gegen den Vater aufgehetzt und an fremden Höfen, etwa dem englischen, gegen den König intrigiert. Letzterer Vorwurf beruht darauf, daß beide Ehepartner mit verschiedenen Seiten sympathisierten. Er tendierte wie sein Freund Kurfürst Friedrich August, der als August II., der Starke, auch auf den polnischen Königsthron gelangte, nach Osten. Sie – ihre hannoversche Familie stellte inzwischen den König von England – zog es dagegen nach Westen, und sie versuchte, wie Zeitgenossen mehrfach berichtet haben, auch Friedrich Wilhelm darin zu beeinflussen. Vergeblich, wie bei seinem sturen Charakter und der Tatsache, daß er mit dem jetzigen König Georg die Schulbank gedrückt hatte und ihn seitdem haßte, vorauszusehen war. Ihre Londoner Intrige war sowieso eine dynastische und keine nationalpolitische. Sie plante, ihre beiden ältesten Kinder, Wilhelmine und Friedrich, genannt Fritz, mit englischen Ehepartnern königlichen Geblüts zu versehen. Vielleicht sah sie sich schon als Großmutter eines Königs von England.

Friedrich Wilhelm ist bei den Biographen und Historikern im Laufe der Zeit immer besser weggekommen. Dafür gibt es eine plausible, wenn auch eigenartige Erklärung: Man hat den Vater lange im Vergleich mit seinem großen Sohn gesehen und beurteilt, was unfair war. Zum Ausgleich hat man später seine guten Seiten, die er ja auch hatte, stärker herausgestrichen und seine Schattenseiten übersehen.

Es ist ja ohnedies erstaunlich, daß dieser – wenn auch ungehobelte – Erzieher seines Volkes derselbe Mann gewesen sein soll, vor dem dieses Volk sich fürchtete, dem jeder tunlichst aus dem Weg ging, wann immer jemand das Unglück hatte, ihm, dem Mann mit dem buchenen Krückstock, zu begegnen.

Es scheint unglaublich, daß jemand, der am laufenden Band Volksschulen baute und den Waisenkindern in Preußen barmherzigere Umstände bereitete, der gleiche gewesen sein soll, der ein erst siebzehnjähriges Mädchen, Tochter eines Potsdamer Kaplans, an die Schandsäule schleppen und grausam mit Ruten öffentlich auspeitschen ließ. Die hübsche Dorothea Ritter war halb tot, als er sie anschließend zu schwerster Arbeit im Spandauer Spinnhaus verurteilte. Und dies aus dem einzigen Grund, weil sie seinem Sohn Musikunterricht gegeben und Bücher verschafft hatte.

Was berechtigt einen Landesvater, einen Untertan, der vor ihm Reißaus nimmt, diesen zu Pferd zu verfolgen, und ihm mit dem Befehl: »Er soll mich nicht fürchten, er soll mich lieben – lieben – lieben!« rhythmische Stockschläge auf den Rücken zu versetzen? Darf ein noch so hoher, dazu dezidiert christlicher Potentat Gerichtsurteile ganz einfach aufheben und – meist zur Todesstrafe – verschärfen? Daß sich ein Prediger in Rheinsberg buchstäblich zu Tode erschrak, als sein weltlicher Herr seinen Gottesdienst besuchte, mag ihm nicht direkt anzulasten sein. Indirekt war er gewiß schuld daran. Mensch und Unmensch liegen oft eng beisammen.

Schon früh stellt sich heraus, daß der kleine Kronprinz nicht nach seinem Vater geraten wird. Zum Weihnachtsfest 1717 – da ist »Fritz« fünf Jahre alt – schenkt ihm sein Vater Bleisoldaten, die der Knabe jedoch kaum beachtet. Man sieht die Szene vor sich, wie Mutter und Tochter sich in heimlicher Freude verschwörerisch anstoßen. Unter den weiteren Geschenken befindet sich eine Blockflöte. Von ihr ist der Kleine zum Entsetzen des Königs bald nicht mehr zu trennen und lernt schnell, darauf die kompliziertesten Melodien zu spielen.

Unter der Obhut der Mutter und seiner älteren Schwester ist er bisher unter lauter Frauen aufgewachsen, aus denen der Hof der Königin besteht. Diesem Einfluß will der Vater, der das Flötenspiel für etwas Unsoldatisches hält, entgegenwirken. Er läßt eine Kompanie von 130 kleinen Kadetten zum Exerzieren aufmarschieren. Der Fünfjährige zeigt jedoch andere Interessen. Das Exerzieren bleibt dem Leutnant von Rentzel überlassen, der eigentlich Friedrich das Reiten, Fechten und Kommandieren beibringen soll.

Für die künftige Erziehung des Kronprinzen hat König Friedrich Wilhelm ein ausführliches Reglement verfaßt, das minutiös den Tagesablauf festschreibt. Von Zeit zu Zeit wird es geändert und auf den Heranwachsenden zugeschnitten, das heißt, es wird immer strenger, was schon den Siebenjährigen langsam renitent werden läßt. Er ist nicht der Reinlichsten einer, und der König gilt als Sauberkeitsfanatiker, während der Zeitgeschmack eher zum Schmuddeligen tendiert. Auch zeigt er noch immer nicht das notwendige Interesse an einem männlichen Sport wie der Jagd. Wenn der Vater ihn mitnimmt auf sein Lieblingsvergnügen, verkrümelt sich der Sohn alsbald auf eine Waldlichtung und zieht seine Flöte aus dem Rock. Ähnlich abweisend verhält sich der, wie der König ihn nennt, »effeminierte« [verweichlichte] Flötenspieler weiterhin gegenüber allem Soldatischen.

Dagegen weiß der König Rat. Er hat während des Nordischen Krieges in den Laufgräben vor dem belagerten Stralsund einen jungen Soldaten kennengelernt, der sich auch schon als Hofmeister bei den Dohnas bewährt hat. Jacques Egide Duhan de Jandun ist der Sohn eines französischen Emigranten, aber noch in Frankreich geboren. Er spricht also fließend Französisch, was bei Höfe und in besseren Kreisen in ganz Europa genau so wichtig, nein, wichtiger ist als die jeweilige Landessprache. Übrigens zum Ärger des Königs, der die »Französlei« absolut nicht liebt, die Sprache aber, die er nur unvollkommen beherrscht, dulden muß. Umgekehrt hält er es mit der lateinischen Sprache. Sie erscheint ihm überflüssig, weshalb er sie kurzerhand in seinem Reglement der Kronprinzenerziehung verbietet. Für Duhan spricht weiter, daß er die Rechte studiert hat – ein soldatischer Rechtsgelehrter, der fließend Deutsch und Französisch spricht, das scheint der rechte »Informator« für den jungen Fritz.

Entgegen der väterlichen Absicht und zum Glück des kleinen Prinzen entpuppt sich Duhan als ein Schöngeist und ein mutiger dazu. Er unterrichtet Friedrich vom fünften bis zum 15. Lebensjahr und fördert vor allem dessen Interessen: Sprache, französische Literatur und Philosophie. Über die Lehrpläne des Königs setzt er sich, soweit es geht, hinweg. Er hilft dem Prinzen sogar dabei, eine eigene Bibliothek anzulegen, die

1730, drei Jahre nach Duhans Ausscheiden, schon 3775 Bände umfaßt.

Sein Leben lang bewundert hat der Kronprinz die Zivilcourage des Lehrers. Duhan sah nicht ein, warum ein künftiger König nicht des Lateinischen mächtig sein sollte, immerhin der Sprache des internationalen Rechts und der katholischen Kirche. Als der König ihn beim Lateinunterricht überrascht, versetzt er dem Erzieher ein paar wütende Ohrfeigen, was den Sohn erschreckt und zutiefst verletzt. Er zweifelt schon lange an der Richtigkeit der väterlichen Thesen. Jetzt bekommt er offene Ohren für das, was Mutter und Schwester am Vater beklagen, wenn er abends, von seiner Schwester Wilhelmine auf der Laute begleitet, bei ihnen seine geliebte Flöte spielen darf. Er beginnt zu opponieren. Die Ohrfeigen, die Duhan ohne jede Reaktion hinnimmt, werden zu einem Wendepunkt im Leben seines Schülers.

Der hat Duhan nie vergessen, was er ihm verdankt. Mehr als das: er hat es, dem Vater zum Trotz, noch als Kronprinz unternommen, den entlassenen Erzieher zu befreien. Da Friedrich Wilhelm in diesem den Urheber der »irreligiösen Ansichten« seines Sohnes sah, hatte er Duhan in Haft nehmen lassen. Graf Seckendorff, der außenpolitische Berater des Königs, besorgte ihm später eine Bibliothekarstelle beim Herzog von Braunschweig Wolfenbüttel. Im April 1733 schreibt ihm der 21jährige Friedrich noch ins Gefängnis:

»Teuerster Freund. Wenn ich jemals betrübt gewesen bin, so war es sicher, als ich von Ihrem unglücklichen Schicksal erfuhr. Ich glaube Sie kennen mich hinreichend, um mir die Gerechtigkeit widerfahren zu lassen, daß ich an Ihrem Unglück unschuldig bin, ich bin es in der Tat. Ich habe sehr viele, größtenteils unnütze Versuche gemacht, Sie aus Ihrer traurigen Lage zu befreien, und jetzt habe ich die Freude, Ihnen zu sagen, daß der gute Gott meine Bemühungen gesegnet hat und daß Sie binnen höchstens drei Wochen nicht nur Ihr Gefängnis verlassen werden, sondern daß ich Ihnen auch eine Pension von vierhundert Talern jährlich verschafft habe. Ich werde nicht dabei stehen bleiben, und so lange ich lebe werde ich mit meinem ganzen Einfluß und meiner ganzen Macht mich ins Mittel legen, um Sie glücklich zu machen. Denn ich bleibe Ihnen gegenüber stets derselbe und hoffe eines Tages meinem lieben Jandun zu zeigen, daß ich sein Freund nicht weniger in Taten als in Worten bin. Leben Sie wohl. Auf Wiedersehen.

Friedrich.

Ich sende Ihnen eine Kleinigkeit für Ihren Unterhalt, die ich Sie bitte anzunehmen. Ein ander Mal, wenn ich in besserer Lage bin, werde ich mehr tun. Haben Sie mich immer lieb.«

Für Friedrich beginnt die schlimmste Zeit seiner Jugend. An die Stelle Duhans treten zwei Offiziersausbilder. Die Kontrollen des Königs werden immer unerträglicher. Er beschlagnahmt alle französischen Bücher, die er oder seine Spitzel beim Kronprinzen finden. Sie werden – wie die elegante Kleidung, die der junge Prinz bevorzugt – ins Feuer geworfen. Zuwiderhandlungen werden vom jähzornigen Vater drakonisch bestraft. Nicht einmal vor Gästen, etwa im Tabakskollegium, läßt sich der König davon abhalten, den Sohn blutig zu schlagen.

Von der Mutter kann er kaum Hilfe erwarten. Sie hat vor dem polternden Gatten ebenso resigniert wie vor dem kümmerlichen Leben in Potsdam, Berlin und dem von ihr geradezu gehaßten Wusterhausen. Zwar versucht sie hin und wieder noch, ihre englischen Projekte durchzusetzen, aber der von seinem Hauptratgeber, Friedrich Wilhelm von Grumbkow, beeinflußte König bleibt ein getreuer Bündnispartner der Österreicher und damit des römisch-deutschen Kaisers. Erst später wird sich herausstellen, daß Grumbkow von Österreich ständig bestochen worden und Dohna, der außenpolitische Berater Friedrich Wilhelms, ein Wiener Spion und Agent ist. Auf diese Weise bleibt die österreichische Partei unter dem Soldatenkönig so gut wie allmächtig, was Sophie Dorothea in tiefe Melancholie stürzt.

Mit seiner Schwester Wilhelmine muß sich der Kronprinz heimlich treffen. Vater und Sohn sind bald derart miteinander verfeindet, daß das Zerwürfnis der beiden zum Volk durchsickert. In Berlin ist es seit längerem Stadtgespräch. Ganz allgemein ist man auf der Seite des Schwächeren, des Kronprinzen.

Sonderbarerweise ist es eine Reise mit dem Vater, die das Verhältnis zu ihm, falls dies möglich ist, noch weiter verschlechtert. Mitunter gelingt der ewig mürrischen Mutter ja doch, etwas durchzusetzen, was sie für richtig hält. In aller Heimlichkeit kann sie dafür sorgen, daß der berühmte Flötenvirtuose und Komponist Johann Joachim Quantz, der am Hofe Augusts des Starken angestellt ist, zweimal im Jahr nach Berlin kommen darf, um, ebenfalls klammheimlich, den Kronprinzen in den Gemächern der Königin zu unterrichten (er wird, sobald Friedrich König ist, ganz nach Berlin übersiedeln). Außerdem erreicht es die Königin, daß Friedrich Wilhelm seinen Ältesten auf einen Besuch bei August dem Starken in Dresden mitnimmt.

Das wird für Friedrich ein ungewohntes Vergnügen, für den Vater hingegen ein Fiasko. Der Prinz erlebt einen lebenslustigen Hof voller Galanterie und allabendlicher Lustbarkeit. Er stürzt sich mitten ins Gewühl und findet in der Person einer Gräfin Orselska sogar ein erstes Liebesabenteuer. Sein jugendlicher Elan kommt in Dresden vorzüglich an, während der König, der außerhalb seines Landes ohnedies nur der »preußische Unteroffizier« oder Feldwebel genannt wird, sich über das Leben und Treiben so sichtbar entsetzt, daß er eine geradezu lächerliche Figur abgibt.

Den nachhaltigsten Eindruck, den der Sohn mit nach Hause bringt, ist die schulterzuckende Mißachtung, die man einem Königreich wie Preußen mit seinem rigiden und ungehobelten König im Ausland entgegenbringt. Das führt zu neuen, heftigeren Auseinandersetzungen mit dem Vater, der den Sohn einmal an den Haaren durchs Zimmer zerrt, während er ihn mit dem Knüppel traktiert. Seiner Mutter, die auf ihrem Sommersitz weilt, schreibt er: »Ich bin in entsetzlicher Verzweiflung. Der König hat ganz vergessen, daß ich sein Sohn bin, und er hat mich wie den gemeinsten Menschen behandelt. Ich trat diesen Morgen wie gewöhnlich in sein Zimmer. Er sprang sogleich auf mich los und schlug mich auf grausame Weise mit dem Stock so wütend, daß er nicht aufhörte, als bis sein Arm ermattet war.«

Kein Wunder, daß sich in Friedrich mehr und mehr der Gedanke an eine Flucht festsetzt. Sie kann nur nach England führen, zum Bruder seiner Mutter, König George II., den der Vater seit ihrer gemeinsamen Erziehung in Jugendtagen haßt. Im Grunde hat Friedrich Wilhelm dem Sohn sogar diesen Gedanken nahegelegt. »Hätte mein Vater mich so behandelt wie ich Dich«, liest man in einem Brief an den Sechzehnjährigen, »so wäre ich längst davongelaufen.«

Seit seinem Dresdner Aufenthalt ist der Kronprinz deutlich klüger geworden, raffinierter. Er scheint sich entschlossen zu haben, ein Doppelleben zu führen. Äußerlich zeigt es sich darin, daß er, solange der Vater nahe ist, brav die ihm zugeteilte schäbige Uniform trägt; aber kaum daß der Alte aus dem Haus ist, sich die ungeliebte Soldatentracht vom Leibe reißt und sich kleidet, wie er es liebt: zivil französisch, nach neuester Pariser Mode. Auch redet er seinem Vater zum Munde, um hinter dessen Rücken ein Leben zu führen, das dieser verabscheut.

Solcher Luxus – moderne französische Kleidung, Bücher und was ein junger Mann sonst braucht – kostet Geld. Und damit wird der Kronprinz knapp gehalten. Allerdings hat schon der 14-, 15jährige dagegen ein probates Mittel gefunden. Es gibt am Hofe und in dessen unmittelbarem Umfeld genug begüterte Leute, die einem künftigen Herrscher in der Erwartung späterer Dankbarkeit nur zu gern unter die Arme greifen. Die Vorfinanzierung seiner Bibliothek dürfte unter anderem in den Händen des Geheimen Finanzrats Julius von Pehnen gelegen haben. In dessen Privathaus, unweit vom Schloß, bleiben die Bücher auch vor dem König verborgen. Mit anderen Worten: Der junge Mann macht Schulden, was ihm in seiner Stellung und dank seinem Titel nur allzu leicht gemacht wird.

Wie nicht anders zu erwarten, gerät er alsbald an die falschen Leihgeber. Die Berliner Kaufleute Splittgerber und Daum scheinen ihre Rückforderungen direkt beim Finanzminister eingereicht zu haben. Jedenfalls kommt heraus, daß Friedrich bei Privatleuten, darunter auch Offizieren, nicht weniger als 15 000 Taler Schulden hat. Der König tobt und erläßt am 22. Januar 1730, zwei Tage vor Friedrichs 18. Geburtstag, bei strengster Zuchthausstrafe ein allgemeines Verbot, an Minderjährige Darlehen zu vergeben. Das Gesetz gilt auch für den Kronprinzen.

Der 18. Geburtstag des Kronprinzen ist in mancherlei Hinsicht ein denkwürdiger Tag. Nicht nur kommt kurz zuvor der Schuldenberg Friedrichs ans Tageslicht, sondern auch das immer noch fortdauernde Versteckspiel um eine englische Doppelhochzeit hinter dem Rücken des preußischen Königs. In Berlin erscheint ein Sonderbotschafter aus London, der ein sofortiges Verlöbnis der Prinzessin Wilhelmine mit dem Kronprinzen von England, dem Prinzen von Wales, vorschlägt. Das zwingt die österreichische Kamarilla an Friedrich Wilhelms Hof zu höchster Aktivität, und es gelingt ihr sogar, dem König einen Brief des preußischen Gesandten an der Themse vorzulegen, in dem von einem Brief des Prinzen Friedrich an seine Tante, die englische Königin, die Rede ist. Darin erklärt er, er werde grundsätzlich nur eine englische Prinzessin heiraten.

Das bleibt zwar unbewiesen, aber der König wittert eine Verschwörung seiner Familie gegen ihn. Er rast vor Empörung, vergreift sich erneut an seinem Sohn und läßt seine Wut auch an Frau und Tochter aus. Fortan herrscht zwischen Vater und Sohn der blanke Haß. Kurze Zeit darauf reisen die beiden wieder nach Sachsen, diesmal zu einem Manöver im Lager von Mühlberg. Dort kommt nachts bei einem Brand der König beinahe ums Leben, und man weckt den Kronprinzen. Der dreht sich nur abweisend zur Seite und schläft weiter. Eine Herzlosigkeit, die Friedrich Wilhelm bei der anschließenden Truppenparade bestraft, indem er den Sohn vor den Augen der preußischen und sächsischen Generalität schlägt, daß er aus Mund und Nase blutet.

Das Maß ist voll. Noch im Lager der Truppenschau, im sächsischen Mühlberg, gesteht der Kronprinz einem Freund, daß er die gewalttätige Behandlung durch den König nicht länger ertragen könne und nach England fliehen wolle. Der Freund ist Leutnant Hans Hermann von Katte.

Katte – oder von Katt, wie er sich mitunter auch schrieb – war acht Jahre älter als Friedrich, Sproß einer altbewährten Soldatenfamilie. Sein Vater diente als Wachtmeister bei den Obristen in Königsberg, der Großvater mütterlicherseits hatte es sogar zum Generalfeldmarschall gebracht. Der junge Mann hat zunächst in seiner Geburtsstadt Königsberg und in Leyden die Rechte studiert. Dergleichen sieht der preußische König bei angestammten Adelsfamilien nur ungern. So gab Hans Hermann von Katte dem Wunsch der Familie, Friedrich Wilhelm nicht zu enttäuschen, nach und ging doch noch zum Militär.

Als Friedrich ihn kennenlernte, war er Leutnant bei den Gensdarmen in Potsdam. Es kann gut sein, daß er ihn durch seine Schwester Wilhelmine kennengelernt hat. Eine Verbindung zwischen den beiden scheint es gegeben zu haben – welcher Art, steht dahin. Auf jeden Fall hat sie von ihm ein Porträt zurückgefordert, mit dem er bei anderen, wie sie behauptet, »geprunkt« haben soll. Nicht allein die spätere Markgräfin von Bayreuth zeiht ihn »grenzenloser Eitelkeit«, die »sein hervorstechender Charakterzug war« (dies die Formulierung Theodor Fontanes). »Sein Gesicht«, so Wilhelmine weiter, »war mehr abstoßend als einnehmend. Ein Paar schwarze Augenbrauen hingen ihm fast über die Augen (...) Eine dunkle, von den Blattern gezeichnete Hautfarbe vermehrte seine Häßlichkeit.« Das klingt nach einseitiger oder verschmähter Liebe.

Für Friedrich war der weitgereiste und gebildete junge Offizier, der zudem familiäre Bindungen nach England besaß, eine nur zu willkommene Bekanntschaft. Teilten sie doch eine Vorliebe für Bücher, das Flötenspiel, Schreibfreude und geistreiche Gespräche. Bald verband sie eine enge Freundschaft. Katte scheint den zurückhaltenden Kronprinzen auch in betuchte potentielle Geldgeber-Kreise eingeführt zu haben, wie jenen um den französischen Gesandten Graf von Rothenburg.

Die geplante Flucht hat Katte anscheinend nur mit halbem Herzen vorbereitet. Er schien entschlossen, sich seinem neuen Freund gegenüber loyal zu verhalten, vielleicht hoffte er auch insgeheim, den Prinzen von diesem Vorhaben wieder abbringen zu können. Er weihte den englischen Attaché Dickens in die Absicht des preußischen Thronfolgers ein, der aber von London wegen der unübersehbaren Folgen zurückgepfiffen wurde und auftragsgemäß dem Prinzen über Katte eindringlich raten ließ, von jedwedem Fluchtversuch nach England abzusehen.

Daß sein Sohn früher oder später eine Flucht plante, diesen Verdacht hegt der König bereits seit einiger Zeit. Im Sommer 1730 bietet der König seinem Sohn an, ihn auf eine Reise ins Ausland, nach Ansbach und Stuttgart, zu begleiten. Eine weitere Aufforderung zum Handeln, um den Tunichtgut danach um so stärker an die Kandare nehmen zu können?

Eingeweiht in den zunächst nur vagen Plan sind auch die Brüder Keith, junge Leutnants schottischer Herkunft. Der jüngere von beiden, Friedrichs bester Freund, ehe er Katte kennenlernte, ist Page des Königs und hat als heimlicher Zuträger den Kronprinzen schon vor manchem Unheil warnen können, das ihm vom König drohte. Er soll unterwegs die notwendigen Pferde besorgen. Der ältere Bruder, ebenfalls Page und genauso befreundet mit Friedrich, dient zur Zeit in Wesel. Er soll die Flüchtlinge verbergen und ihnen weiterhelfen.

Das einzige, was Katte außer seiner Anfrage beim englischen Attaché zum Fluchtplan beisteuert, ist anscheinend nur der Ratschlag, wenigstens mit der Flucht zu warten, bis man von Süddeutschland aus Wesel erreicht habe, eine Grenzfestung, von der man schnell über die Niederlande England erreichen kann. Aber Friedrich schlägt den wohl gemeinten Rat, den der in Berlin zurückgebliebene Freund nach Ansbach schreibt, in den Wind. Er hat es eiliger, als es klug wäre. Ungeduld ist eine Eigenschaft, die ihm in seinem Leben noch manchen Streich spielen wird.

Der Kronprinz beschließt, schon von Sinsheim, einem Dorf bei Mannheim, aus zu fliehen und teilt es dem in Berlin zurückgebliebenen Katte brieflich mit. Man will sich in Den Haag treffen, wo der Kronprinz unter dem Decknamen Comte d'Alberville absteigen wird. In seiner Ungeduld unterläuft Friedrich bei der Adresse ein Fehler: Er vergißt das Wort Berlin, weshalb der Brief einem Vetter Kattes mit gleichem Namen, einem Rittmeister in Erlangen, zugeht. Der öffnet ihn und beeilt sich, das Schreiben mit einem Kurier dem König zuzustellen. So wird dieser von der bevorstehenden Flucht seines Sohnes von diesem selbst informiert.

Das heißt, wenn man das Unternehmen überhaupt noch als Flucht bezeichnen kann. Eine solche findet nämlich überhaupt nicht statt. Friedrich erhebt sich im Dörfchen Steinfurth, weil man Sinsheim nicht mehr erreicht hat, nachts um zwei Uhr, legt zivile Kleider und einen roten Mantel an und erwartet im Stall, auf einer Wagendeichsel sitzend, die Fluchtpferde. Aber statt seines Pagen Keith erscheint sein Instrukteur von Rochow, einer der beiden Nachfolger Duhans. Ihm hatte der Kammerdiener Gummersbach das ungewöhnlich frühe Aufstehen des Thronfolgers gemeldet. Einige höhere Offiziere, die ihn begleiten, geben Friedrich den Ratschlag, sich in seinem Aufzug nicht vom König erwischen zu lassen. In diesem Augenblick erscheint Keith mit den Rössern.

Vielleicht wird Rochow und seinen Kollegen erst jetzt klar,

was hier gespielt wird. Denn Friedrich schwingt sich auf ein Pferd und scheint durchaus gesonnen, die Flucht trotzdem zu wagen. Doch noch ist er nicht der Dickschädel, der er als Alter Fritz einmal sein wird. Er läßt sich überreden, vom Pferd zu steigen und die Flucht in die Freiheit aufzugeben.

Das ist alles, was am 4. August 1730 geschehen ist. Ein jugendlicher Heißsporn hat sich rechtzeitig zur Besinnung bringen lassen und auf eine geplante Flucht, die sich, da er Offizier ist, zwar zur Not als Desertion hochputschen läßt, verzichtet. Eine Bagatelle, die kein vernünftiger Mensch in Preußen an die große Glocke hängen würde.

Was die betroffenen Offiziere wohl kaum getan hätten, wäre da nicht der verhängnisvolle Brief Friedrichs an Katte, der kurz darauf beim König eintrifft. Der wertet den Fluchtversuch als Hochverrat. Der Kronprinz und Keith werden festgenommen. Der ältere Keith verläßt geistesgegenwärtig Wesel und flieht nach England. Als der arretierte Friedrich das Rheinschiff betritt, das sie nach Wesel bringen soll, fällt der Vater blindwütig über den Sohn her.

Katte verweilt erstaunlicherweise in Berlin, selbst dann noch, als sich die Kunde vom Fluchtversuch des Kronprinzen längst in der Stadt verbreitet hat. Er hätte sich durchaus in Sicherheit bringen können, um so mehr, als der Feldmarschall von Natzmer, der vom König den Befehl erhalten hat, ihn zu verhaften, zögert, den Befehl auszuführen, wohl in der Gewißheit, ihn dann nicht mehr ausführen zu können. Aber Katte nutzt die Gelegenheit nicht.

Friedrich hat dessen Zögern später mit einer Liebschaft erklärt, die dieser gehabt haben soll. Die Prinzessin Wilhelmine, die spätere Markgräfin, erzählt in ihren Memoiren etwas von einem Spezialsattel, »in den er Geld und Wertsachen zu verbergen vorhatte« und der nicht rechtzeitig fertig geworden sei, das habe ihn aufgehalten. Fontane war anderer Meinung. Die Memoiren der Markgräfin, sagt er, hätten »im einzelnen ... beständig unrecht, im ganzen haben sie beständig recht«.

Für ihn war Katte »einfach mit Aufträgen und Verpflichtungen überbürdet« und ist so »ein Opfer seiner ritterlichen Gesinnung geworden«.

Der König ließ sich Katte schon am 27. August, zwei Stunden nachdem er aus Wesel eingetroffen war, vorführen. Prinzessin Wilhelmine stand am Fenster des Berliner Stadtschlosses, als man ihn vorüberführte: »Er war bleich und entstellt, nahm aber doch den Hut ab, um mich zu grüßen. Hinter ihm trug man die Koffer meines Bruders und die seinen, welche man weggenommen und versiegelt hatte. Gleich darauf erfuhr der König, dessen Empörung bis dahin sich gegen uns gerichtet hatte, daß Katte da sei. Und er verließ uns nun, um den Ausbrüchen seines Zornes ein neues Ziel zu geben.«

Es nützt ihm nichts, daß er sich dem König vor die Füße wirft und um Verzeihung bittet. Friedrich Wilhelm reißt ihm das Kreuz der Johanniter vom Hals, schlägt ihn mit seinem Stock und tritt ihn mit Füßen. Beim anschließenden Verhör durch den Generalauditeur [Oberkriegsrichter] beweist Katte jedoch, so Fontane, »eine Standhaftigkeit, die den König in Verwunderung setzte, und gestand nur ein, von der Flucht des Kronprinzen gewußt und die Absicht, ihm zu folgen, gehabt zu haben. Auf die Frage jedoch, ›an welchen Hof der Prinz sich habe begeben wollen‹, antwortete er, ›das wisse er nicht‹. Und danach wurde er in die Gensdarmenwache zurückgebracht.«

Das von Friedrich Wilhelm I. berufene Kriegsgericht, 15 Offiziere aller Ränge, vom Generalmajor bis herunter zum Capitain [Hauptmann], tritt am 27. Oktober in Köpenick zusammen. Obwohl der König hat wissen lassen, daß er Todesurteile erwartet, spricht es am folgenden Tag unter dem Vorsitz des Generalleutnants Achaz von der Schulenburg ein unabhängiges (und mutiges) Urteil.

Was den Kronprinzen betrifft, so fühlen sich die Offiziere überfordert und empfehlen dem König »deßen wiederholte wehmüthige Reu-Bezeugung ... als König und Vater in Gnaden anzusehen«. Auch Katte kann nach Meinung des Gerichts nicht die Höchststrafe zugesprochen werden, weil die »abgeredete Hülffe dennoch zu keinen Effect und Würcklichkeit gelanget« sei. Seine Strafe soll »ewiger Vestungs-Arrest« sein – lebenslänglich.

Keith erfährt in London, daß ihn das Köpenicker Kriegsgericht in Abwesenheit zum Tod durch den Strang verurteilt hat. Statt seiner wird eine Strohpuppe »in effigie« gehenkt. Zwei weitere Mitwisser erhalten leichte Strafen; der eine wird degradiert, der andere zu sechs Monaten Festung verurteilt.

Als Friedrich Wilhelm das Urteil im Schloß Wusterhausen vorgelegt wird, gibt er es Schulenburg mit den Worten zurück: »Sie sollen Recht sprechen und nicht mit dem Flederwisch [Staubwedel] darüber gehen.« Er verlangt andere, strengere Urteile. Aber es gibt noch oder schon Richter in Preußen. Das Gericht findet sich nach reiflicher Überlegung »in seinem Gewissen überzeugt, daß es dabei bleiben müsse, und solches zu ändern ohne Verletzung seines Gewissens nicht geschehen könne«.

Friedrich Wilhelm hebt, sein königliches Recht, das Urteil gegen Katte auf und erkennt für ihn die Todesstrafe. In einer schriftlichen Erklärung gibt er allerdings einen ebenfalls sehr preußischen Grund für seine Beharrlichkeit an. Der letzte Satz der »Cabinetsordre« lautet: »Wenn das Kriegsrecht dem Katten die Sentence publicirt, soll ihm gesagt werden, daß es Sr. K. M. leid thäte, es wäre aber besser, daß er stürbe, als daß die Justiz aus der Welt käme.«

Man muß dazu sagen, daß Friedrich Wilhelm die Kattes bekannt waren und daß er sie schätzte. Er besaß ein phänomenales Menschengedächtnis. Wen er einmal gesehen hatte, den kannte er noch nach Jahren wieder und sprach ihn mit Namen an. Die Honoratioren bis hinunter zu den Dorfältesten kannte er alle in ganz Preußen. Seine Neugier auf Menschen war im übrigen so groß, daß er Unbekannte am Rock faßte und wissen wollte: »Wer ist Er?« oder »Was ist Sein Name?«

Die meisten so Angesprochenen waren natürlich zu Tode erschrocken. Auf der anderen Seite bestand eine gewisse Vertraulichkeit durch den Gedanken, daß der König um einen wußte. Preußen war ja noch nicht allzu groß in der Ausdehnung.

Es gab Bittbriefe, Gnadengesuche, »Vorsprachen«, wie man damals sagte. Katte selbst schrieb einen unterwürfigen Brief an den König (»... gewähren Sie mir, was auch Gott dem größten Sünder nicht versaget!«), Großvater und Vater, Generalfeldmarschall und Rittmeister, bitten um Gnade, mehrere alte Offiziere verwenden sich für den vom König Verurteilten.

Nichts hilft. Anfang November wird Katte in die Festung Küstrin überführt, wo sich der Kronprinz bereits in verschärfter Haft befindet. Der Prinz hat keinerlei Verbindung zur Außenwelt. Augenzeugen berichten, daß er trotzdem seltsam gefaßt bleibt. Mit einem gewissen Stoizismus nimmt er die harten Gefängnisbedingungen auf sich. In einem Brief, den ihm sympathisierende Offiziere erlauben, lesen wir, flüchtig mit dem Bleistift hingeworfen: »Man wird mich verketzern.« Er fügt hinzu: »Es bedarf nicht mehr, um als Erzketzer zu gelten, als daß man nicht in jeder Sache mit den Gefühlen des Meisters übereinstimmt.« Friedrich hofft wohl auch, nicht zu Unrecht, auf ein Eingreifen anderer Staaten, vor allem jedoch des Kaisers. Daß ein Landesfürst seinen Kronprinzen hinrichten läßt, war in den aufgeklärt-absolutistischen Staaten Europas nicht möglich.

Es ist der König, der auch diesen Stoizismus seines Sohnes zu brechen versteht und ihn bricht. Am 6. November 1730 wird die Hinrichtung Kattes vollzogen. Friedrich Wilhelms ausdrücklicher Befehl lautet, daß die Enthauptung unter dem Arrestzimmer des Kronprinzen stattzufinden habe. Da dies der engen Bebauung des Forts Küstrin wegen nicht möglich ist, wählt man ein Fenster, das fünfzig Meter von Friedrichs Zelle entfernt liegt. Von ihm aus soll er der Enthauptung des Freundes zusehen. Aber der Kronprinz kann Katte nur noch – in französischer Sprache – um Verzeihung bitten und dieser zurückrufen, es bedürfe keiner Entschuldigung, es sei ihm eine Ehre für ihn zu sterben – »*Point de pardon, mon prince, je meurs avec mille plaisirs pour vous*«. Als Kattes Haupt fällt, liegt der Prinz in einer tiefen Ohnmacht.

Das verbissene Duell zwischen Vater und Sohn gewinnt der Vater. Geht er mit seinen jüngeren Söhnen erstaunlich zivil und fast zärtlich um – die Prinzen August Wilhelm und Heinrich erleben eine weitaus friedlichere Jugend –, so führt er den Streit mit seinem Nachfolger auf Biegen und Brechen. Er endet mit der völligen Unterwerfung des 18jährigen, der einen schriftlichen Eid abgibt, demzufolge er jetzt und fernerhin »Wohlverhalten gegenüber den Wünschen des Vaters« gelobt.

Nur schwer läßt sich der König Erleichterungen der Haft seines Sohnes abringen. Hier hat der Reichsgraf Friedrich Heinrich von Seckendorff, der auswärtige Berater des Königs und Tabakkollegiumskumpan, einige Verdienste. Er war ein vom Wiener Hof hochbezahlter Agent, hatte aber das Ohr des Königs und hat Friedrich Wilhelms Wutanfälle häufig zu mildern verstanden. Er rät dem König, dem Sohn den ihm entzogenen Offiziersdegen zurückzugeben, wenn auch nicht die Uniform, weil der König wünscht, daß keine Militärperson den Festungssträfling grüßt.

Schließlich wird er aus der Festung entlassen und darf in eine Küstriner Mietwohnung ziehen, in der er einen kleinen Hofstaat vorfindet mit Hofmarschall, Kammerjunker, Pagen, Kammerdiener und vier Lakaien. Die Stadt Küstrin darf er zwar nicht verlassen, aber das hat er auch nicht nötig: Die Honoratioren von Küstrin empfinden es als hohe Ehre, den Kronprinzen des Landes zum Abendessen und anderer gesellschaftlicher Kurzweil einladen zu dürfen.

Über Tage bekommt er freilich zu tun. Täglich von sieben Uhr morgens bis halb zwölf und dann von 15 bis 17 Uhr arbeitet er auf Anordnung des Vaters in der Küstriner Kriegs- und Domänenkasse, um dort die Praxis der Verwaltungsgeschäfte zu erlernen. Er gilt als »Auskultator«, also Referendar, wenn auch ohne Stimmrecht, erhält Unterricht im Finanz- und Polizeiwesen. An einem eigenen Tisch nimmt er im Sitzungssaal an den Verhandlungen und Debatten teil – alles denkbar ungern, aber mit ungeheurem Erfolg.

Denn erstens versöhnt sein überraschender Fleiß den Vater mehr und mehr – er gibt ihm bald auch das Portepee, den Offizierstitel, zurück. »Ist der Fritz denn auch ein Soldat?« fragt er den Küstriner Pfarrer Müller, der ihm solches vorschlägt, und gibt sich selbst die Antwort: »Na, dann ist es ja gut.« Und zweitens profitiert Friedrich selbst davon. Er wird später als Landesvater von wirtschaftlichen Dingen soviel verstehen, daß er damit seine Beamten immer wieder in Erstaunen versetzt. Er beginnt sogar, den ungeliebten Vater insgeheim ein bißchen zu bewundern, denn nun geht ihm auf, wie sehr dieser die heimische Ökonomie gefördert und die Verwaltung vereinfacht hat.

Er wäre freilich seinem Vater geistig nicht überlegen, wenn er es dabei beließe. Musik hören und spielen und das Lesen unfrommer Bücher sind ihm weiterhin verboten. Aber natürlich spielt er wieder Flöte und liest seine französischen Philosophen. Er verfaßt auch wieder jene spröden philosophischen Gedichte, die zu seinem Leben gehören wie das Atmen oder Essen. In adligen Häusern Küstrins gibt er sogar abends Konzerte. Und – vielleicht ebenso wichtig wie das Schmieden von Versen – er schreibt wieder seiner Lieblingsschwester Wilhelmine.

Auch sie ist eine vom Vater Bestrafte – wahrscheinlich wegen ihrer Anhänglichkeit an den ältesten Bruder. Sie wird demnächst mit dem Sohn des Markgrafen von Bayreuth verheiratet, was man unter den zeitgenössischen Bedingungen als unter ihrem Wert verstehen muß. Statt Königin von England an der Seite George III. (der sechzig Jahre auf dem Thron sitzen wird), bleibt sie als Markgräfin eines der kleinsten deutschen Länder eine unbedeutende Persönlichkeit. Da sie ehrgeizig ist wie ihr Bruder Friedrich, empfindet sie das als Degradierung.

Auch für Friedrich, hat der König endgültig verfügt, kommt keine englische Prinzessin in Frage. Ihm kann das gleich sein. Eine Heirat ändert an seinem Status nichts – er ist und bleibt der Nachfolger auf dem preußischen Königsthron. Immerhin gesteht der Vater ihm eine Wahl unter einigen von ihm ausgesuchten deutschen Anwärterinnen zu.

Als Friedrich sich auch diesem Ansinnen anscheinend höchst bereitwillig beugt (er verlangt nur, daß seine Zukünftige nicht zu dumm und nicht allzu häßlich ist), zeigt sich der Vater zu einer Versöhnung bereit. An seinem Geburtstag, dem 17. August 1731, rund neun Monate nach der Entlassung seines Sohnes aus der Festungshaft, besucht er ihn zum erstenmal in Küstrin. Es kommt zu einer herzzerreißenden, vielleicht von beiden Seiten etwas gespielten Szene mit einem Fußfall, einer Umarmung und reichlich Tränen. Sowie einer Kernfrage:

»Hast du Katte verführt, oder hat dich Katte verführt?« fragt der König.

Der Sohn weiß, was er zu antworten hat: »Ich habe Katte verführt!«

Der König: »Es ist mir lieb, daß Ihr einmal die Wahrheit sagt!«

Die Versöhnung hat weittragende Folgen. Der Kronprinz wird zum Wirklichen Rat bei der Küstriner Domänenkammer ernannt. Jetzt hat er Sitz und Stimme. Er geht in Zukunft auch mit den Beamten auf Inspektionsreisen. Ein Dreivierteljahr kümmert er sich um Kuh- und Schweineställe, Sümpfe und Äcker, Pflügen und Säen. Der bislang etwas flatterhafte Sohn entdeckt die Arbeit – die ihm plötzlich Spaß macht. Dadurch wird der Sieg des Vaters ein bißchen zu seinem eigenen Sieg.

Das Opfer gerät darüber rasch in Vergessenheit. Der alte Katte beklagt sich: »Endlich schreibt mir der König so viel gnädige Briefe und bittet mich recht, mich zufrieden zu geben. Aber, mein lieber Bruder, hart ist es für einen Vater, sein Kind auf solche Art zu verlieren.« Und ebenfalls an seinen Bruder: »Aber Morgens und Abends quälet mich sein Tod. Des Königs gnädige Briefe können ihn mir nicht wiedergeben.«

Friedrich lebt in Küstrin auf. Laut Aussage eines seiner Kammerdirektoren im Amt ist er schon wieder »lustig wie ein Buchfink«. Da die Bestimmungen des Königs für seine »innere Umkehr« immer weiter gelockert werden, verkehrt er auch bald in den Herrensitzen der Neumark um Küstrin herum. Schwer zu sagen, ob ihm das Schloß zu Tamsel, wo er besonders oft zu Gast ist, so gut gefällt oder eher die Schloßherrin, Luise Eleonore von Wreeck, eine weithin gerühmte Schönheit. Wahrscheinlich neigt er stärker der letzteren zu, denn Friedrich nennt sie bald seine Freundin und »liebste Cousine«. Wäre nicht das Versprechen, das er seinem Vater gegeben hat, er hätte die 24jährige sicher geheiratet. Denn sein Abschiedsgedicht, das er ihr widmet, schließt mit dem (im Urtext französischen) Satz:

> Verhülle Deiner Wünsche liebstes Ziel,
> Verschweige, daß nur Eine Dir gefiel,
> um die Du sterben möchtest jede Stunde.

Am 4. April 1732 ist seine Küstriner Zeit ohnedies beendet. Er wird Regimentschef zunächst in Nauen, dann in Neuruppin, damals noch Ruppin, wo er nach seinem ersten Einblick in Handel und Wandel sich nun auch mit dem Soldaten- oder Offiziersleben aussöhnt. Im übrigen fügt er sich jetzt in allem den Wünschen des Vaters. Er heiratet sogar, der Empfehlung des Königs sowie Seckendorffs und Grumbkows folgend, auf dem braunschweigischen Schloß Salzdahlum die Prinzessin Elisabeth Christine von Braunschweig-Bevern, obwohl ihm die 18jährige viel zu jung vorkommt. Ob König Friedrich Wilhelm I. ahnt, daß die Nichte der Kaiserin auf einer österreichischen Wahl beruht, für die Seckendorff und Grumbkow vom

Prinzen Eugen reich belohnt werden? Grumbkow allein hat von den Habsburgern 40 000 Gulden erhalten.

Im gleichen Jahr, 1733, kauft der König seinem nun anscheinend völlig gehorsamen Sohn das kleine, damals nur einstöckige Renaissanceschloß Rheinsberg, das er von Ruppin aus häufig aufgesucht und in dessen schöne landschaftliche Lage am See er sich verliebt hat. Mit diesem für einen Geizhals wie Friedrich Wilhelm überraschend großzügigen Geschenk war ein äußerer Frieden zwischen Vater und Sohn hergestellt. Sie achteten einander, ohne daß der eine dem anderen große Zuneigung entgegengebracht hätte. Der Soldatenkönig hat bis zu seinem Lebensende schlecht über den Kronprinzen gesprochen, und Friedrich hat sich fortan auf das ehrliche Lob jener Taten beschränkt, die er an seinem Vater tatsächlich bewunderte.

Ein Jahr nach dem Erwerb von Rheinsberg erleidet Friedrich Wilhelm seinen ersten Anfall von Wassersucht, der seinen ganzen Körper aufschwemmt. Seither kränkelt er, lebt, wie sein Sohn formuliert, »nur noch durch die Kunst der Ärzte«. Zur Wassersucht kommt die Gicht hinzu. Als er im April 1740 wie üblich im Frühjahr von Berlin wieder ins geliebte Potsdam umsiedelt, quälen ihn bei Tag und Nacht starke Schmerzen. »Leb wohl, Berlin«, sagt er, »in Potsdam will ich sterben!« Nun kann er sich nur noch im Rollstuhl fortbewegen. Er ordnet, was zu ordnen ist und läßt den Hofprediger Oesfeld mehrfach kommen, weil er sein Ende nahen sieht. Er möchte, erklärt er Oesfeld, in der Montur, der Uniform, begraben werden »Da oben«, versichert ihm der Feldprediger, »wird es aber wohl keine Soldaten geben!« Das mag der König nicht glauben. »Wie?« ruft er aus, »Sapperment, wieso denn nicht?« – »Weil man dort keine braucht«, antwortet der Geistliche.

Am 31. Mai 1740 stirbt Friedrich Wilhelm I., 52 Jahre alt, nach 27jähriger Regierungszeit. Während er stirbt, hält er die Hand an den erlöschenden Puls und befiehlt: »Er soll nicht stillstehen!« Sein Vater sei, schreibt Friedrich dem Freund und

Dichter Voltaire »mit der Neugierde eines Naturforschers, der beobachten will, was in dem Augenblick des Hinscheidens geschieht, und mit dem Heldenmut eines großen Mannes« gestorben.

Lassen wir den Sohn, der so stark unter ihm gelitten hat und ihm doch so viel verdankt, noch einige abschließende Worte über seinen Vater sagen:

»Die Politik des Königs war stets untrennlich von seiner Gerechtigkeit. Er war weniger auf Mehrung seines Besitzes bedacht als auf dessen gute Verwaltung, stets zu seiner Verteidigung gerüstet, aber niemals zum Unheil Europas. Das Nützliche zog er dem Angenehmen vor. Er baute im Überfluß für seine Untertanen und wandte nicht die bescheidenste Summe an seine eigene Wohnung. Er war bedachtsam im Eingehen von Verbindlichkeiten, treu in seinen Versprechungen, streng von Sittenstrenge auch gegen die Sitten der anderen. Unnachsichtlich wachte er über militärische Disziplin, und den Staat regierte er nach denselben Grundsätzen wie sein Heer. Von der Menschheit hatte er eine so hohe Meinung, daß er von seinen Untertanen den gleichen Stoizismus verlangte wie von sich selbst.«

Der noch neue Begriff Preußen gewinnt Konturen.

Friedrich der Grosse

oder
Der Intellektuelle als Krieger

Das Bild, das sich die Nachwelt von Friedrich dem Großen gemacht hat, wird vom alten König bestimmt. Doch stimmt es mit dem Aussehen des jungen nicht überein. In seiner Jugend ging er weder gebückt am Krückstock, noch trug er einen abgeschabten Uniformrock – nicht einmal einen Dreispitz. Man muß sich ihn als einen bildschönen und gepflegten jungen Mann vorstellen, eine straffe Erscheinung, wenn auch nur mittelgroß, ein Meter 63.

Er ist pausbäckig, was ihn lange Zeit sehr viel jünger erscheinen läßt und sein (dies die Formulierung eines Zeitgenossen) »Engelsgesicht« noch verstärkt. Am meisten faszinieren seine strahlend blauen Augen, die manche geradezu hypnotisieren und später die Leute so gefährlich anblitzen können, was diesen nichts Gutes verheißt. Sie werden früh kurzsichtig und blicken mitunter traumverloren, wie überhaupt der junge Mann oft aussieht, als weilten seine Gedanken ganz woanders.

Dem kritischen Blick bleiben auch einige körperliche Schwächen nicht verborgen. Wie beim Vater sind seine Hüften zu hoch angesetzt und wirken seine Oberschenkel zu dick, vor allem wenn er zu Pferd sitzt. Den meisten Zeitzeugen zufolge ist seine Stimme Gesprächspartnern gegenüber »schmeichelhaft«, obwohl das nicht immer der Fall gewesen sein kann. Denn vieles, was er – authentisch überliefert – gesagt hat, ist zu drastisch, um schmeichelnd ausgesprochen zu werden.

Das häufigste ihm von den Zeitgenossen beigemessene Attribut ist »geistreich«. Das war er wirklich und wahrhaftig, wie seine umfangreiche schriftliche Hinterlassenschaft eindrucksvoll bezeugt. War er doch der erste Intellektuelle auf dem preußischen Königsthron, zynisch herablassend, scharf im Denken wie im Formulieren, belesen und von Grund auf »philosophisch« (so die Einschätzung derer, die ihn kannten).

Nach seiner degradierenden Festungshaft hat er sich, wie es scheint, dem Vater völlig unterworfen. Offen bleibt freilich die Frage: Ist er ein wahrhaft reuiger Sünder oder spielt er ihn nur?

Sein Grenadierregiment in Ruppin exerziert er fachgemäß und gründlich. Der König, der jährlich einmal die Truppe besichtigt, ist verblüfft und des Lobes voll. Was er nicht weiß, ist, daß sein Fritz schon wieder eine Menge Schulden angesammelt hat, was Friedrich Wilhelm I. bekanntlich für genauso verwerflich hält wie das Stehlen.

Wie man in einem kleinen, wenn auch idyllisch gelegenen Nest im Brandenburgischen zu einem Berg von Schulden kommt? Daß ein zukünftiger Landesherr allüberall als kreditwürdig betrachtet wird, gehört zu den frühesten – und nachhaltigsten – Erfahrungen des Kronprinzen. Er denkt moderner als sein Vater. Schulden sind für ihn keine Sünde.

So hat ihm der Vater in Ruppin ein Bürgerhaus gemietet, kein sehr feudales. Friedrich mietet sich ein zweites dazu, sowie einen Garten, der etwas entfernter am alten Wall liegt. Die Tage verbringt er auf dem Kasernenhof mit Exerzieren, am Abend und bis in die Nacht sitzt er in einem fröhlichen Kreis gleichaltriger Offiziere. Man spielt zusammen Karten, liest, singt, säuft. Und der Heimweg der Gröben, Buddenbrock, Kleist, Schenkendorff und wie die jungen Leute vom Landadel alle heißen, verläuft laut und rüpelhaft. Da alle in eine hübsche Glasermeistertochter verliebt sind, werfen sie reichen Bürgern die Fensterscheiben ein und benehmen sich auch sonst nicht gut.

Zum Kameradenkreis gehört ein reiferer Mann, ein etwa 15 Jahre älterer Offizier, der auch Maler und Architekt ist. Die Malerei hat er Meister Pesne abgeguckt, die Architektur sogar studiert. Georg Wenzeslaus Knobelsdorff, so sein Name, setzt in Friedrichs Auftrag einen Tempel der Freundschaft in den

Garten am Wall, seine erste größere Arbeit. Das kleine Barockgebäude wird zum allabendlichen Zusammenkunftsort, eine romantische Stätte. Der junge Friedrich versteht es inzwischen, dem König zu gefallen und trotzdem »lustig wie ein Buchfink« zu leben.

Dem Vater gegenüber wagt er bestenfalls – oder klugerweise – nur leichten Widerspruch hinter dessen Rücken. So läßt er andere wissen, daß er die ihm aufgezwungene Frau von seinem Hof verbannen werde, sobald er der Herr sei. Dem Vater gehorcht er bis zu dessen Tod aufs Wort. Wenn auch nur und ausschließlich auf dieses. Schließlich wird seine demonstrative Fügsamkeit ja reich belohnt, wie die Schenkung von Schloß und Herrschaft Rheinsberg zeigt. Beim einsetzenden Leiden des Vaters fällt es Friedrich leichter, sich gegen den Übermächtigen zu behaupten. Kontrollieren kann der den Sohn seit 1734 kaum noch.

Das geschenkte Schloß befindet sich indes in einem erbärmlichen Zustand. Der Kronprinz nutzt die Gelegenheit und läßt es nach seinen Vorstellungen einigermaßen luxuriös und nach dem neuesten Geschmack – Barock mit rokokeskem Einschlag – um- und ausbauen. Knobelsdorff versieht das Gebäude mit einem zweiten Turm, Antoine Pesne mit einem Deckengemälde. Der Umbau dauert fünf Jahre, doch Friedrich bezieht es schon drei Jahre vor der endgültigen Fertigstellung mitsamt seinem Hofstaat.

Da sich »Fritz« noch immer nicht für die hohe Kunst der Kriegführung begeistert, schickt ihn König Friedrich Wilhelm mit einem preußischen Hilfskorps von 10 000 Mann als »Volontär« ins Feldlager vor Philippsburg am Rhein. Es geht, polnischer Thronfolgekrieg, um eine Auseinandersetzung zwischen den Franzosen und dem Kaiser, auf dessen Seite die Preußen stehen. Das kaiserliche Heer kommandiert noch einmal der greise Prinz Eugen, der berühmteste Feldmarschall seiner Zeit. Ihm soll Friedrich beim Schlachtenplanen über die Schulter blicken.

Das Unternehmen erweist sich als ein Schlag ins Wasser. Prinz Eugen – dessen Schlachten der spätere Friedrich der Große durchaus als strategisches Vorbild verwenden wird – ist alt und krank. Am österreichischen Feldmarschall bewundert der Kronprinz, daß dieser in seiner Gegenwart keine Lobhudler duldet. Von seiner laschen Kriegführung läßt sich nichts mehr lernen. Verblüffend für die Zeitgenossen ist die Kaltblütigkeit des Kronprinzen unter feindlichem Beschuß. Sie wird man noch beim Alten Fritz bewundern.

Heimgerufen, weil er zum erstenmal eine Teilregentschaft für den schwer erkrankten Vater übernehmen muß, wird er in den nächsten beiden Jahren auf einen weiteren Schauplatz im selben Krieg, diesmal in die entgegengesetzte Richtung, geschickt. Er besucht das von den Russen eroberte Danzig, aus dem man den von den Franzosen unterstützten König von Polen, Stanislaus I. Leszczynski, vertrieben hat. Der polnische Herrscher lebt in Königsberg, im preußischen Exil, wo Friedrich ihn diplomatisch vorbildlich behandelt, aber einen schlechten Eindruck von ihm gewinnt. Nicht viel besser beurteilt er die ostpreußische Provinz. Vielleicht, mutmaßt er, tauge »das Land nicht zum Denken«.

Nach solchen Ausflügen zieht es ihn verstärkt nach Rheinsberg. Dort kann er endlich leben, wie er es möchte: musisch, unter lauter Freunden, intellektuell.

Der Hofstaat ist bald versammelt. Er muß zu seiner Zeit revolutionär gewirkt haben, denn es handelt sich schon fast um eine klassenlose Gesellschaft. Adlige und Bürger, Soldaten und Zivilisten, Preußen und Ausländer haben Zutritt. Nicht der Rang bestimmt die Auswahl, sondern der Sinn für Geist, Musik und Dichtung.

Da ist der stille und zurückhaltende Michael Gabriel Fredersdorf, ein intimer Freund, der sich als einfacher Soldat in Küstrin bewährt hat, jemand, auf den sich Friedrich verlassen kann. Ob seine Stellung über die seines »Ersten Kammerdieners« hinausgeht, kann man vermuten. Bewiesen werden konnte es nicht. Auch Charles Etienne Jordan, Sohn eines französischen Emigranten, ist kein Adliger, aber als Bibliothekar ein wichtiger Mann am Musenhof, genießt er doch den Ruf eines wandelnden Lexikons. Zum Flötenmeister Quantz, der nicht fehlen darf, treten der Komponist Johann Gottlieb Graun, der als Konzertmeister fungiert, und Franz Benda, der große Violinist und Begründer einer generationenlangen Musikerfamilie.

»Das Unglück hat mich immer verfolgt«, schreibt Friedrich sehr viel später. »Ich bin nur in Rheinberg glücklich gewesen.« Das könnte auch Elisabeth Christine, seine Frau, gesagt haben. Noch ist Friedrich nicht der Herr und hat sie noch nicht verstoßen. Im galanten Rheinsberg gelten sie als zwar kein inniges, wohl aber in sich stimmiges Ehepaar. Die Frage, ob die Ehe zwischen ihnen jemals vollzogen wurde, wird von den meisten Biographen, den alten und den neuen, negativ beantwortet. Das ist erstaunlich. Denn einen Monat nach der Übersiedlung schreibt Friedrich einem Freund: »Ich teile das Schicksal der Hirsche, die gegenwärtig Brunftzeit haben. In neun Monaten könnte sich etwas ereignen...!« Wie hätte er das schreiben können, wenn es so wäre, wie die Fachleute vermuten? Nein, der junge Friedrich wird bisexuell veranlagt gewesen sein. Es gibt noch drastischere Aussprüche, die das zu beweisen scheinen. Einem Freund schildert er seine Frau: »Sie hat einen wunderschönen Leib und ein zuckersüßes Vötzchen«, was nicht gerade nach Enthaltsamkeit klingt. Ich selbst habe dieses Zitat in Friedrichs Gesammelten Werken vergeblich gesucht, Wolfgang Venohr, der es in seiner klugen *Fridericus Rex*-Biographie erwähnt, war da offenbar findiger. Der Ausspruch paßt zum Kronprinzen. Im Französischen drückt er sich oft zu hochgestochen aus, während ihm in der deutschen Sprache, die er bestenfalls wie ein Stallknecht beherrscht, dauernd Kraftausdrücke aus Kaserne und Offizierskasino unterlaufen.

Venohr macht uns auch darauf aufmerksam, daß nicht alles

in Rheinsberg nur Spiel und Zeitvertreib ist. »Die Rheinsberger Jahre«, schreibt er, »gehören nicht nur der Philosophie, den Champagnerfesten, Flötenkonzerten und Theateraufführungen. Ganz für sich und in aller Stille betreibt der Kronprinz das Studium der Geschichte, studiert er die Politik, die Schlachten, die Feldzüge Alexanders, Caesars, Turennes, Gustav Adolphs (...) Einige seiner engsten Freunde in Rheinsberg sind (auch) Offiziere, mit denen er operative Fragen diskutiert.«

Porträt einer Doppelnatur heißt der Untertitel des Buchs, aus dem diese Sätze stammen. Venohr war nicht der erste, der diesem Preußenkönig eine Doppelnatur zuschrieb, der er in seiner Darstellung in allen Eigenschaften Friedrichs nachspürt. Warum soll das nicht auch für die erotische Seite seiner Veranlagung gelten? Hat er eine Doppelnatur doch schon als Selbstschutz in jungen Jahren entwickeln müssen. Dabei dominierte zweifellos bei ihm in Liebe und Freundschaft die homoerotische Seite. Selbst die Briefe, die er in Rheinsberg an Voltaire zu schreiben beginnt, den er für den größten Dichter aller Zeiten hält, gleichen rundweg Liebesbriefen. Und noch aus dem Felde wird er seinen Hofbibliothekar mit »Süßer Jordan!« anreden. Wahrscheinlich ist Friedrich so glücklich in Rheinsberg, weil er dort seine zwei Extreme mit- statt gegeneinander ausleben kann.

Neben den galanten Zerstreuungen widmet er sich in seinem Turmzimmer einer Art von Nachholkursus, versucht er, sich das Wissen anzueignen, das ihm der Vater vorenthalten hat. Umspielt von seiner Lieblingsäffin Mimi, verbringt er dort, an seinem Rokokoschreibtisch, ganze Tage. Er liest viel, denkt viel und schreibt viel: Gedichte, Briefe, Aufsätze, darunter seine ersten »Betrachtungen über den gegenwärtigen Zustand des Staatenkörpers von Europa«. Alles in gepflegtem Französisch, wenn auch nicht immer perfekt in Rechtschreibung und Satzgefüge. Dafür wird er bald einen Redakteur finden, wie man zu seiner Zeit kaum einen besseren hätte finden können, nämlich Voltaire.

Er verbessert und redigiert auch sein in Rheinsberg entstandenes vorläufiges Hauptwerk, das 1740 als Buch erscheint und in ganz Europa Furore macht, den hochgelobten, stark umstrittenen, häufig mißverstandenen *Antimachiavell*.

Wie es sich für einen Philosophen geziemt, sollten Friedrichs spätere Taten auf einem wohldurchdachten theoretischen Gerüst beruhen. Daher sein Wissensdurst, daher die historisch-politischen Gedanken, die er mit der Feder festhält. Wir würden seine Tätigkeit heute wohl weniger als philosophisch denn als intellektuell bezeichnen.

Er gehört zu den wenigen zukünftigen Thronfolgern seiner Zeit, die sich um eine auf vernunftmäßige Grundsätze stützende Regierung bemühen. Das System ist zwar vorgegeben, aus seiner Zeit kann keiner raus; das historische Stichwort, das die Gelehrten für jene Regierungsform gefunden haben, lautet: aufgekärter Absolutismus.

Ausgehend vom 1513 entstandenen Hauptwerk des florentinischen Politikers und Historikers Niccolò Machiavelli, *Il principe* (*Der Fürst*), der einem Machthaber empfiehlt, vor keinem Verbrechen zurückzuschrecken, sofern es nur dem künftigen Wohl der Allgemeinheit dient, entwirft Friedrich in seinem *Antimachiavell* eine andere Vorstellung von einem vorbildlichen Regenten. Sie gipfelt in der Absage des »Machiavellismus«, der skrupellosesten Form der absolutistischen Herrschaft. Statt »die Vorschriften gesunder Sittlichkeit zu zerstören«, wagt er es, »die Verteidigung der Menschlichkeit aufzunehmen wider ein Ungeheuer, das sie verderben will«.

Für die Fürsten seiner Zeit stellt er ein ausführliches Tugendregister zusammen, das sie gegen den Machiavelli-Geist abhebt wie den Himmel gegen die Hölle. Das Fazit liegt auf der Hand: »Ist es (...) schon schlimm, den arglosen Sinn eines Einzelnen zu verführen, dessen Einwirkung auf das Wohl und Wehe der Welt unerheblich ist, wie viel schlimmer ist es, dem Denken der Fürsten eine verderbliche Richtung zu geben, die berufen sind, Führer der Völker zu sein, Verweser des Rechts, Vorbilder darin für ihre Untertanen, sich bare Abbilder der Gottheit, die ja erst ihre seelischen Eigenschaften, ihr innerer Wert zu Königen macht, viel mehr als ihre Standeshoheit und ihre Macht.«

Der Kronprinz ist indes Zyniker genug, um vorübergehend zu mutmaßen, daß Machiavelli mit seinem *Fürst* weniger die Absicht verfolgte zu schildern, »wie es die Fürsten halten *sollen*, als wie sie es in Wirklichkeit treiben«, womit er dem italienischen Autor am ehesten gerecht wird, der ja auch Lustspiele geschrieben hat.

Den Kriegen gestattet das ansonsten überwache Moralgefühl des Prinzen erstaunlich viel. Ausdrücklich verweist er auf drei »gerechte Kriege«: den zur Landesverteidigung, für Friedrich eine der wichtigsten Aufgaben des Landesfürsten überhaupt, den Präventivkrieg, wenn durch langes Zögern eine Niederlage droht, und sogar dann, wenn es gilt, mit »Waffengewalt die Freiheit der Völker wider die Unterdrückung durch Unrecht zu schirmen«. Allerdings: »Klugheit empfiehlt immer die Wahl des kleineren Übels und ein Handeln, solange man seines Handelns Herr ist.« Worunter man grundsätzlich Vorsicht bei der Kriegserklärung, aber auch – wie Friedrich selbst zugibt – die eventuelle Berechtigung für einen Angriffskrieg verstehen kann.

Friedrichs Argumentation ist nicht ohne Fallen. Das hat viele Kommentatoren veranlaßt, ihm Zweideutigkeit vorzuwerfen und sich selbst reichlich Schlupflöcher offengehalten zu haben. Voltaire, selbst Zyniker, hat in das Manuskript nur grammatikalisch, nicht inhaltlich eingegriffen.

Die Empörung vieler Historiker, daß ausgerechnet der Verfasser eines Gegen-Machiavell bald darauf selbst einen Krieg vom Zaun bricht, ist nur damit erklärbar, daß sie Friedrichs Credo mißverstanden haben. Der *Antimachiavell* ist kein pazifistisches Bekenntnis, sondern ein immer noch absolutistisches.

Auch hierbei gilt es allerdings zu bedenken: »Das sicherste

Kennzeichen dafür, daß ein Land unter weiser Leitung des Glückes, der Wohlhabenheit und Fülle genießt, ist (...) das Erwachen der schönen Künste und Wissenschaften (...) Nichts gibt einem Reiche mehr Glanz, als wenn die Künste unter seinem Schutz erblühen.«

»Tut mir Gott nicht viel Gnade an, daß er mir einen so würdigen Sohn gegeben!« soll Friedrich Wilhelm I. den um sein Sterbebett versammelten Generälen zugerufen haben. So erstaunlich dieses Wort anmuten mag, dürfte es aber nicht aus Gründen der reinen Staatsräson an diesem Ort gefallen sein. Eine Lüge, und sei es eine taktische, lag dem frommen Soldatenkönig fern.

Einem der ersten, denen Friedrich jene Zäsur andeutet, die der Tod des Vaters für den 28jährigen darstellt, ist Voltaire. Mit ihm korrespondiert Friedrich inzwischen seit gut vier Jahren. »Mein Schicksal«, schreibt er ihm, »hat sich gewandelt, ich habe dem letzten Augenblick eines Königs beigewohnt, seinem Todeskampf, seinem Tode. Ich hätte bei meiner Thronbesteigung sicher nicht noch dieser Lektion bedurft, um von der Eitelkeit menschlicher Größe ernüchtert zu werden.«

Friedrich Wilhelm I. starb in Potsdam. Friedrich II. werde, nahm man fest an, Berlin wieder zu seiner Hauptresidenz machen. Der Tod des alten Königs scheint das Land nicht in allzu große Trauer gestürzt zu haben. Das Volk, das schon in dem Konflikt zwischen Vater und Sohn ganz auf der Seite des Sohnes gestanden hatte, war bereit, dem neuen König zuzujubeln. Allen voran die Berliner, die immer ein bißchen neidisch auf Potsdam gewesen sind, wenn das jeweilige Staatsoberhaupt sich allzulange in der Garnisonstadt aufhielt. Man hoffte wohl auch, daß es wieder etwas fröhlicher dort zugehen werde, wie einst unter dem ersten König Friedrich.

Aber weit gefehlt. Der junge König schleicht sich mehr oder weniger nach Berlin hinein. Nicht einmal in das eigentliche Berlin, wo das Volk auf dem Schloßplatz und im Lustgarten, die Minister und Generäle im Schloß auf ihn warten. Statt dessen reitet er am 1. Juni 1740, einen Tag nach dem Tod des Vaters, von Potsdam in Richtung Charlottenburg. Ihn zieht es nicht nach Berlin, er hat – wie die meisten Hohenzollern – die Stadt nie geliebt und wird sie nie lieben. Instinktiv wählt er für den Anfang seiner Regentschaft jenes Schloß, in dem seine Großmutter so gern mit Leibniz diskutiert hatte, das nach ihr erst kürzlich Charlottenburg benannte ehemalige Lietzenburg.

Die Abneigung der preußischen Könige reicht auf einen früheren Friedrich II. zurück, den Kurfürst von Brandenburg, mit dem, wie sein Beiname Eisenzahn besagt, nicht gut Kirschenessen war. Ihn traf jener »Berliner Unwillen«, der immer mal wieder durchzubrechen droht. Die Berliner können jähzornig sein und auf nachhaltige Art und Weise aufsässig. Der ähnlich veranlagte Kurfürst statuierte an ihnen ein Exempel. Er ließ den Roland, ein stolzes Andenken der Stadt an seine hansische Vergangenheit, in die Spree werfen und machte statt dessen Berlin zu seiner Hauptstadt. Persönlich wäre er lieber in der alten Hauptstadt Brandenburg geblieben, und er kam ja nicht aus Liebe zu Berlin, sondern um es besser unter Kontrolle halten zu können. Was er als seine Residenz bezeichnete, erwies sich, sobald es fertig gebaut war, als Zwingburg. Friedrich Eisenzahn bändigte auf diese Weise die aufmüpfigen Hauptstädter, auch wenn der »Berliner Unwillen« dadurch nicht ganz aus der Welt geschafft werden konnte.

Das Schloß Charlottenburg atmet einen anderen, freundlicheren, antimachiavellischen Geist, es ist ein Ort der Menschlichkeit und der Philosophie – wie Rheinsberg.

Der junge König trägt, als er unvermutet erscheint, keine Uniform, sondern ist wie ein französischer Stutzer gekleidet. Mit seinen kniehohen Stulpenstiefeln, dem blau-silbernen Galarock und der weißgepuderten Perücke paßte er eher nach Versailles – ein Märchenkönig. Aber der Eindruck täuscht. Wenn auch im äußeren Benehmen freundlicher als sein Vater, ist er zielgerichtet arbeitsam.

Er setzt sich an den Schreibtisch und diktiert einige grundsätzliche Reden, die er halten, und Verfügungen, die er sofort in Kraft setzen wird. Zum Nachdenken zieht er sich in eine rasch hergerichtete Zimmerflucht zurück.

Die Berliner, die die Nachricht vom Tod des gefürchteten alten Königs mit einer gewissen Erleichterung aufgenommen haben, sind enttäuscht und die Militärs, bislang des Staates Lieblingskinder, verblüfft. Die in Berlin versammelten Generäle, unter ihnen der Alte Dessauer, eilen nach Charlottenburg. Ihnen hält Friedrich eine höfliche Rede, die jedoch, hervorragend komponiert, in eine Standpauke übergeht. Wie alle seine Reden ist sie sehr kurz und dauert, langsam vorgetragen, keine fünf Minuten. Er kondoliert ihnen – fast schon sarkastisch – zum Tod ihres Königs und Herrn und bittet sie, ihm zu helfen, »die schöne Armee zu erhalten, die Sie meinem Vater haben bilden helfen«. Auf die Bitte folgt der Befehl: »Tragen Sie daher unablässig Sorge um die Schönheit und Tüchtigkeit meiner Truppen. Doch behalten Sie hierbei stets zwei Dinge im Auge; das eine, daß ich sie noch lieber gut als schön sehen möchte, und das zweite, sie sollen das Land beschützen, nicht es verderben. Denn, meine Herren – und das lassen Sie sich ein für allemal gesagt sein –, gegen einige von Ihnen, ich weiß ihre Namen, liegen Klagen über Härte, Habsucht, Übermut und andere eines Führers unwürdige Eigenschaften vor. Sorgen Sie dafür, daß ich es vergessen darf.«

Eine ähnliche Gardinenpredigt müssen am nächsten Tag die Minister über sich ergehen lassen. »Sie haben«, belehrt er sie, »bisher einen Unterschied gemacht zwischen den Interessen des Königs und denen des Landes. Sie haben es für Ihre Pflicht gehalten, nur jene mit Eifer zu vertreten, ohne an diese zu denken. Ich tadle Sie darum nicht, denn ich weiß, daß der verstorbene König seine Gründe hatte, es zuzulassen; aber ich habe andere Grundsätze darüber. Ich glaube, daß das Interesse des Landes auch das meine ist und daß ich kein Interesse haben kann, das dem des Landes entgegenstände. Darum (…) lassen

Sie sich ein für allemal gesagt sein: Ich sehe mein Interesse nur in dem, was zur Erleichterung des Loses meines Volkes und zu seinem Glück beitragen kann.«

Seine Reformpolitik hat Friedrich lange vorbereitet. Jetzt verkündet er sie in Charlottenburg fast proklamativ, als könne er es nicht erwarten, endlich das Steuer herumzuwerfen.

Die jubelnde Menge, aber auch die alten Freunde stellen sich die neue Regentschaft vielleicht anders vor. Baron Jakob Bielfeld, ein Mitglied des Rheinsberger Kreises, berichtet: »Ausschweifend ist die Freude aller Untertanen (...) Vielleicht erregte nie ein Regierungswechsel so allgemeine Bewegung. Die Poeten schwärmen um den Thron Friedrichs wie die Bienen. Sowie man den König erblickt, ist das Jubelgeschrei ohne Ende.«

Die Erwartungen sind ungeheuer. Kaum ein Historiker versäumt zu erwähnen, welche idealen Höfe man sich damals wie später erträumte. Hans Dollinger: »Man erwartete allgemein von dem gebildeten neuen jungen König, daß er nun einen großen Hof mit Dichtern, Gelehrten und Balleteusen führen« oder (Ludwig Reiners:) sogar »Voltaire zum Ministerpräsident berufen werde«.

Mit seinen Reformen strebt Friedrich das Gegenteil an. Er will weder das Heer noch die Politik in fremde Hände legen. So erklärt er dem Alten Dessauer, daß allein er, Friedrich, an der Spitze seiner Truppen stünde. Und nicht Voltaire wird Ministerpräsident, sondern Friedrich führt höchstselbst die Staatsgeschäfte.

Am gründlichsten hat sich vielleicht Knobelsdorff geirrt. Kurz vor dem Tod Friedrich Wilhelms I. hatte der Baron Bielfeld in Rheinsberg einen Spieltisch mit Kleingeld umgeworfen und sich beeilt, die Münzen wieder aufzusammeln. »Bemüht Euch nicht um Pfennige«, riet ihm der Offiziers-Architekt, »es wird bald Dukaten regnen.« Er kennt seinen Freund Friedrich offenbar schlecht. Der maßregelt, im Gegenteil, einen anderen Rheinsberger Höfling, als dieser einem Verwandten rät, er möge umgehend nach Berlin kommen, dort könne man gewiß jetzt sein Glück machen. Dergleichen will der neue König verhindern: »Die Possen«, belehrt er den Briefschreiber, »haben nun ein Ende.«

Dennoch gehört Freund Knobelsdorff zu den wenigen, die aus dem Rheinsberger Kreis im Gefolge des Königs wirklich Karriere machen. Da Friedrich der Meinung ist, daß die Straße Unter den Linden für seine Hauptstadt zu wenig repräsentativ wirkt, beauftragt er den späteren Erbauer von Schloß Sanssouci, dort ein angemessenes Opernhaus zu erstellen. Auch dies ein langgehegter Plan. Friedrich entscheidet von vornherein selbst, wie er seine Dukaten anlegt. Er ist darin fast noch autoritativer als sein Vater. Und mindestens ebenso sparsam.

Noch von Charlottenburg aus fällt er die ersten Entscheidungen. Aber auch später von Berlin, von Potsdam und – dann nur noch gelegentlich – Rheinsberg aus regnet auf Preußen eine Fülle von Dekreten, Verboten, Richtlinien und Gesetzesänderungen herab.

Sein erster Kabinettsbefehl gilt der sofortigen Abschaffung der Tortur bei Verhören. Die grausame und völlig unnütze Folter wird seit langem von den aufklärerischen Philosophen bekämpft, besonders vom Hallenser Professor Thomasius. Friedrich ist das erste Staatsoberhaupt, das auf diese Forderung reagiert. Zwar läßt er Ausnahmen zu, bei Landesverrat, Majestätsverbrechen, »bei großen Mordtaten, in denen viele Menschen umgebracht« worden sind, sowie organisiertem Verbrechen, »um die Verbindung vieler Missetäter untereinander herauszubekommen«. Fünfzehn Jahre später hebt der König aber auch diese Einschränkungen auf. Den Regimentskommandeuren befiehlt er, die Prügelstrafe auf das äußerste einzuschränken und verbietet den Justizorganen das bisher übliche Ertränken von Kindsmörderinnen in einem zugenähten Ledersack. Die Anordnungen ergehen Schlag auf Schlag, eine

Art *tabula rasa*-Stimmung scheint ihn erfaßt zu haben. Lang Aufgespeichertes bricht sich Bahn.

Er ruft redliche Leute zurück, die sein Vater verbannt hat, so den Lehrer Duhan (»Ich erwarte Sie mit Ungeduld«) und den Philosophen Christian Wolff, den die Pietisten aus Halle vertrieben haben und Friedrich Wilhelm seines Amtes enthoben hat. Einladungen gehen an Voltaire, Maupertuis und den Schweizer Mathematikprofessor Euler. Friedrich möchte mit ihnen die Akademie der Wissenschaften wiederbeleben.

Seinen Freund Jordan beauftragt er mit der Gründung zweier Berliner Zeitungen, einer französischsprachigen (*Journal de Berlin*) und einer deutschen (*Berlinische Nachrichten von Staats- und gelehrten Sachen*). Zu einem gemeinsamen Mittagessen lädt er seinen freundlichen, aber ahnungslosen Minister Podewils ein und erläutert ihm in einem seiner berühmtesten Aperçus, daß »Gazetten, wenn sie interessant sein sollen, nicht geniret werden dürfen«. Das Zensurverbot gilt zwar nicht für den politischen Teil, bedeutet aber einen Anfang von Pressefreiheit.

Friedrichs Taten- und Gründungsdrang scheint unerschöpflich. Er stiftet den Orden »Pour le mérite«, der nicht nur Militärs, sondern auch verdienten Zivilpersonen verliehen wird. Er befiehlt, alles aufgespeicherte Getreide in den königlichen Domänen, mit denen die Beamten gewöhnlich zu spekulieren pflegen, sofort billig an arme Leute zu verkaufen. Ein Jahr zuvor hat es im Winter eine Hungersnot gegeben, was er in Zukunft vermeiden will. Geplant sind größere Magazine, in denen die Ernte von anderthalb Jahren Platz findet.

»Ich stehe um 4 Uhr auf«, schreibt Friedrich an Voltaire, »trinke bis 8 Uhr Pyrmonter Brunnen, schreibe bis 10, lasse bis Mittag Regimenter exerzieren, schreibe bis 5 Uhr und erhole mich des Abends bei guter Gesellschaft.« – »Jedes Wort davon war für die öffentliche Meinung bestimmt«, kommentiert Venohr diesen Brief und dürfte damit ins Schwarze treffen. Denn Friedrichs Anfang in Preußen gehört zu den damaligen

Weltsensationen. Seine Reden werden übersetzt, in allen Gazetten Europas veröffentlicht und bis ins Detail expliziert.

Über alles weiß der König Bescheid. Die Zeit in Küstrin trägt Früchte. Er erkennt sogar den Wert und die Zukunft industrieller Fabrikation: so verspricht er dem Unternehmer Gotzkowsky, der ihn schon in Rheinsberger Tagen in Gelddingen beraten hat, seine volle Unterstützung, die er ihm auch gewährt.

Die Neuordnung seiner persönlichen Belange, die nicht zuletzt durch den Vater in Unordnung geraten sind, geht er nicht minder energisch an. Seine Frau verbannt er tatsächlich, mäßig gut ausgestattet, nach Schönhausen. Dort, wo nach altem Berliner Spruch »die Reichen seit jeher schön hausen« lebt sie ihr einsames Leben im Schloß. Aufmerksam sorgt Friedrich dafür, daß »die Königin«, wie er seine Frau in Zukunft nennt, bei offiziellen Empfängen eingeladen und von durchreisenden Hoheiten aufgesucht wird, während er ihre Anwesenheit bei ihm in Potsdam, Berlin oder Charlottenburg stets untersagt. Beklagt hat sie sich nie, doch die Hälfte der ihr zugestandenen Apanage für wohltätige Zwecke verwendet. Auch seiner Mutter weist er in Berlin eine Wohnstatt zu. Mit ihrer beständigen schlechten Laune ist sie der Schrecken der dortigen Hoffeste.

Bewunderung erntet der junge König nicht zuletzt wegen seines Gerechtigkeitssinnes. Weder nimmt er Rache an denen, die ihm die schweren Jahre des Konflikts mit seinem Vater noch schwerer gemacht haben, noch bevorzugt er alte Freunde aus Militär- und Rheinsbergzeit.

Er hat die Sitten und Gebräuche Preußens schon umgekrempelt, als er, letzte Korrektur einer Vorliebe des Vaters, das Regiment der Langen Kerls auflöst. Nachdem auch diese Possen nun ein Ende haben, begibt er sich auf die anstrengenden Reisen ins zersplitterte Preußenland zur »Huldigung durch die Stände«. Er denkt gar nicht daran, sich von irgendwem krönen zu lassen, doch sich bei den Untertanen sehen zu lassen und ihre Vereidigung auf den König, schreibt er Voltaire, sei eine alte und durchaus begründete Sitte. Die Reisen führen ihn zunächst nach Ostpreußen und anschließend nach Westen, nach Kleve. Und sogar incognito nach Straßburg, wo ihn einige alte Soldaten, die früher in der preußischen Armee gedient haben, erkennen und hochleben lassen.

Für den jungen Monarchen sind es unbeschwerte Reisen in kleiner Begleitung, zwei, maximal drei Reisewagen. Im ersten sitzen beim König ein paar witzige und geistvolle Gesellschafter wie der weltläufige venezianische Philosoph Francesco Graf von Algarotti, der lebhafte und sprachgewandte kurländische Edelmann Dietrich von Keyserlingk und der Generaladjutant von Hacke. Im zweiten folgen die Kammerdiener und vor allem die Köche, ohne die Friedrich mit seiner seltsamen Vorliebe für extrem gewürzte Speisen nicht auskommt. Er liebt sein Essen so zubereitet, daß anderen, die es kosten, der Atem stockt.

Auf der Westreise kommt es zum ersten Treffen mit dem bewunderten Voltaire, den Friedrich gern an der Spitze der von seinem Vater ebenfalls völlig vernachlässigten Akademie der Künste sehen würde. Eigentlich wollte der junge König dem Dichter nach Antwerpen entgegenreisen. Ein Anfall von Wechselfieber, wie man die Malaria damals nannte – Friedrich dürfte sie sich im Oderbruch zugezogen haben –, veranlaßte ihn aber, Voltaire zu bitten, nach Kleve zu kommen. Im nahen Schloß Moyland las der Dichter einem geladenen Kreis aus seinem *Mahomet* vor und erhielt großen Beifall. Ansonsten verlief die Zusammenkunft wegen eines neuerlichen Fieberanfalls des Königs unbefriedigend. Daß Voltaire trotzdem eine erneute Einladung nach Potsdam annahm, zeigt, daß er zumindest ebenso an einer Begegnung interessiert war wie der junge König.

Wieder in Berlin, stellt sich heraus, daß die Erweiterungsarbeiten am Schloß Charlottenburg den Aufenthalt dort so gut wie unmöglich machen. Infolgedessen kommt es noch einmal zu einem kurzen Nachspiel der schönen Tage von Rheinsberg. Vier Wochen lebt der langsam legendär werdende Musenhof, diesmal unter reichlicher Teilnahme vornehmer Gäste aus Berlin, wieder auf. Zu Gast ist neben der geliebten Schwester Wilhelmine, Markgräfin von Bayreuth, die Mutter, der Friedrich ein Fest gibt, das 13 Tage dauert und eine Bauernhochzeit einschließt, die inmitten der feinen Hofgesellschaft auf Kosten des Gastgebers abgehalten wird. Und siehe da, ebenfalls eingeladen ist »die Königin«, Elisabeth Christine aus Schönhausen. Der König studiert seine Lieblingsrolle, Voltaires *Julius Cäsar* ein und wird als Schauspieler gefeiert.

Eine Todesnachricht bereitet der Idylle abrupt ein Ende. Kaiser Karl VI., nominell das Oberhaupt des nur noch fiktiven Heiligen Römischen Reiches deutscher Nation und König von Österreich, stirbt auf seinem Lustschloß Favorita bei Wien überraschend im Alter von 55 Jahren. »Dieser Todesfall«, schreibt Friedrich an Voltaire, »zerstört alle meine friedlichen Gedanken. Ich glaube, im Monat Juni wird es mehr auf Pulver, Soldaten und Laufgräben ankommen als auf Schauspielerinnen, Ballets und Theaterstücke; und so muß ich schon den Handel, den wir sonst geschlossen hätten, noch aussetzen.«

Am 31. Mai 1740 war Friedrich Wilhelm I. gestorben. Der Brief an Voltaire ist auf den 26. Oktober 1740 datiert. In dem kurzen Zeitraum von nicht einmal fünf Monaten hat Friedrich II. sein Land in den Griff genommen wie keiner vor ihm, auch der grimme Vater nicht. Hat er mit einem Krieg gerechnet und darum eine derartige Hektik entfaltet? *Antimachiavell* ist zwar noch nicht im Druck erschienen, aber Krieg ist das letzte, was man von dem Philosophen auf dem Königsthron erwartet. Der Intellektuelle als Feldherr?

Das Undenkbare geschieht. Am 16. Dezember überschreitet der junge Märchenkönig an der Spitze seiner Truppen die österreichische Grenze und fällt in Schlesien ein, um es zu erobern. Eine Kriegserklärung ist nicht erfolgt. Der Verfasser des *Antimachiavell* führt einen Angriffskrieg. Europa ist perplex.

Der Minister von Podewils, ein Vertrauter noch Friedrich Wilhelms I., der ihn einen »verständigen Kerl« genannt hat, muß aus allen Wolken gefallen sein, als er am 1. November, noch aus Rheinsberg, ein Schreiben des Königs erhält, in dem er liest: »Ich gebe Ihnen ein Problem zu lösen. Wenn man im Vorteil ist, soll man ihn ausnutzen oder nicht? Ich bin mit meinen Truppen und allem bereit (...), wenn ich den Vorteil benutze, so wird man sagen, daß ich so geschickt bin, mich der Überlegenheit zu bedienen, die ich über meine Nachbarn habe.«

Das bedeutet: Friedrich trägt sich mit dem Gedanken eines Präventivkriegs, sehnt ihn vielleicht dank der Überlegenheit seines – vom Vater übernommenen – funktionstüchtigen Heeres herbei.

Einer der wenigen, die sich nicht wundern, ist Voltaire. Der sucht Friedrich Ende November in geheimer Mission der französischen Regierung in Berlin auf. Er kommt als Freund, aber Friedrich durchschaut die Machenschaft, ärgert sich, daß der von ihm Bewunderte nicht mit offenen Karten spielt und schlägt dessen Ratschläge in den Wind. Wer anderer hätte den jungen König zum Frieden überzeugen können als Voltaire?

Jetzt gibt es Krieg. Vielleicht wie alle Kriege ein intellektueller Irrtum. Man sieht den jungen König in diesem Augenblick gern im Zwiespalt zwischen Staatsräson und Ruhmsucht, wiederum eine Facette der friderizianischen Doppelnatur. Doch das trifft es diesmal nicht. Friedrich ist – ungemein eitel wie viele Intellektuelle – auf beides aus, auf Ruhm (wie er offen in Briefen und Gedichten bekannt hat) und auf eine Vergrößerung seines Staates. Seine Entscheidung, Österreich eine der wohlhabendsten Provinzen wegzunehmen, soll ihm zugleich den Lorbeerkranz des siegreichen Feldherrn einbringen.

Eine Vergrößerung des zerstückelten Landes Preußen ist dringend notwendig und gehört – man lese den *Antimachiavell*! – zu seinen vornehmlichen Aufgaben. Vom Vater hat er einen intakten Staat mitsamt einem Schatz von fast neun

Millionen Talern und einem disziplinierten Heer übernommen. Warum sollte er eine günstige Gelegenheit nicht ergreifen? Und warum das Unternehmen nicht – auch das steht in seiner moralischen Schrift! – zugleich zu einem »Rendezvous des Ruhmes« gestalten?

Um so mehr, als es einen wenn auch reichlich komplizierten – andere sagen, fadenscheinigen – Anspruch Preußens auf Schlesien gibt. Schon der Große Kurfürst, Friedrichs Urgroßvater, hatte darauf hingewiesen, daß zwischen dem Haus Brandenburg und einigen schlesischen Fürsten im vorigen Jahrhundert ein Erbvertrag bestand. Erlosch ein schlesisches Fürstenhaus, sollte das Fürstentum den Hohenzollern zufallen und umgekehrt. In der Praxis hatten die Habsburger in Wien mit ihrer Machtposition dafür gesorgt, daß eine solche Übernahme nie zustande kam.

Bezeichnenderweise hat Friedrich, der die Denkschrift des Großen Kurfürsten kannte, den Historiker und Juristen Johann Peter von Ludewig in Halle ein Gutachten über die »Erb-Verbrüderung« Brandenburgs und Schlesiens erstellen lassen. Jetzt äußerte er selbst in einer Denkschrift: »Es ist gerecht, an seinen Rechten festzuhalten und die Gelegenheit des Ablebens des Kaisers zu ergreifen, um sich in Besitz der Rechte zu versetzen.«

Karl VI. hinterließ keine männlichen Erben. »Erbtochter« für das Erzherzogtum Österreich und das Königreich Ungarn war die 23jährige Maria Theresia, ein anscheinend noch unentwickeltes Wesen, das einem militärischen Einfall in ihr Land, wie nicht nur Friedrich meinte, ohnmächtig erdulden müßte. Zudem gab es den alten Prinzen Eugen nicht mehr – im Krieg gegen die Türken, den er jüngst noch gewonnen hatte, war auch ein guter Teil der einst so mächtigen österreichischen Armee geblieben.

Friedrich nimmt von seinem eben erst begonnenen höfischen Leben auf überraschend galante Weise Abschied. Oder ist es nur ein Täuschungsmanöver für die Botschafter der fremden Mächte und ihre Späher in Berlin? Im Schloß findet ein Maskenball statt, an dem auch die Königin Elisabeth Christine teilnimmt. In einem Tänzer, der ihr die Hand küßt und sie an sich drückt, erkennt sie unter einem schwarzen Kostüm und einer roten Dominomaske – sie glaubt es kaum! – ihren Gatten.

Als dieser um Mitternacht die Maske lüften muß, dürften die fremden Gesandten wohl tatsächlich gedacht haben, daß die kriegerischen Pläne und Androhungen gegen Österreich hinfällig geworden seien. Sie ahnen nicht, daß der König nachts um zwei Uhr den Maskenball und Berlin heimlich in Richtung Krossen an der galizischen Grenze verlassen wird.

Dort trifft er zwei Tage später während eines Gewitters ein. Als er die Parade der Truppen abreitet, trifft ein Blitz die Stadtkirche, und stürzt eine Glocke vom Dachstuhl. »Ein gutes Omen!« ruft Friedrich aus. »Das Hohe soll erniedrigt werden! Das Haus Habsburg wird fallen!«

Das ist vorzüglich improvisiert. Die erste seiner berühmten Kurzreden vor den versammelten Generälen und Stabsoffizieren hält er am 16. Dezember 1740, kurz ehe preußische Soldaten schlesischen Boden betreten. Sie ist raffiniert vorbereitet und seiner sehr hellen Stimme angepaßt. Am eindrucksvollsten sind wie immer der erste und der letzte Satz. »Meine Herren!« beginnt er, »Ich unternehme einen Feldzug, bei dem ich keinen anderen Verbündeten habe als Ihre Tapferkeit, keine andere Hilfsquelle als mein Glück.« Und endet: »Eilen Sie mir voran zum Rendezvous des Ruhms!«

Es wird für viele Menschen auf beiden Seiten zu einem Rendezvous des Todes, das Jahre dauern wird.

Sebastian Haffner macht in diesem Zusammenhang darauf aufmerksam, daß Preußen in Schlesien und Westpreußen »nichts anderes [tat], als Frankreich im Elsaß, Schweden in Pommern, Bayern in der Pfalz und andere anderswo getan hatten oder taten.« Sich Österreichs momentane Schwäche zunutze zu machen, findet er zwar nicht eben moralisch. Aber: »So wurde im 18. Jahrhundert Politik gemacht...«, und er weist darauf hin, daß der Angreifer Preußen in Frankreich, Bayern und Sachsen sogleich Bundesgenossen findet, die sich ebenfalls territoriale Vorteile versprechen.

Allerdings zeigt Friedrich Verständnis für die Menschen, die er ja zu seinen Staatsbürgern machen möchte. Am stärksten sind die Bauern betroffen, von deren Erträgen das Heer sich verpflegt und die mitgeführten Tiere, vor allem die Pferde, gefüttert werden, sowie die Handwerker, die zu Reparaturen an Wagen und Transportkarren herangezogen werden. Der König verbietet streng jedes Requirieren. Nichts darf Bauern und Händlern weggenommen werden, was nicht prompt bezahlt wird.

Die Armee gehorcht aufs Wort – ein Novum in der Kriegführung. Die Order zahlt sich aus. Die niederschlesischen Bauern scheren sich nicht um die Richtlinien, die aus Breslau kommen und jeglichen Handel mit dem eindringenden Feind verbieten. Den preußischen Truppen werden sogar mehr Güter und Lebensmittel angeboten, als sie benötigen, denn so sichere Geschäfte, wie sie Friedrich garantiert, machte man damals nur selten. Von den ungarischen Panduren der kaiserlichen Armee ist man zum Beispiel Schlimmeres gewohnt.

Die österreichischen Truppen stehen im übrigen zum großen Teil in Ungarn. Nur an die 8000 Mann liegen in Schlesien, die sich vor der preußischen Übermacht kampflos zurückziehen. Friedrich rückt fast wie ein Befreier in das Land ein. Seine Jugendlichkeit, seine Fairness und nicht zuletzt die Tatsache, daß er evangelisch ist (eigentlich: über den Konfessionen steht), gewinnen ihm die Sympathie der Schlesier im Norden. Die Hauptstadt Breslau, die sich für neutral erklärt hat, wird umgangen, nur der König darf sie mit seinem Gefolge betreten und wird vom katholischen Adel kühl, von den protestantischen Bürgern jubelnd empfangen.

Der erste Teil des Feldzugs entpuppt sich als ein Spaziergang. Ende Januar wird, wie im Winter üblich, der Krieg eingestellt, die Truppen werden ins Winterquartier geschickt, und der König bricht nach Berlin auf zum Karneval. Er macht ihm wenig Spaß, denn er erwartet eigentlich ein Einlenken von seiten der verstörten Maria Theresia. Aber nichts dergleichen erfolgt.

Als sich Friedrich Ende Februar wieder zu seinen Truppen begibt, kommt es zu einem verspäteten Wintereinbruch; Schlesien versinkt bis in den April hinein im Schnee. Schließlich bereitet der König – die alte Ungeduld – trotzdem militärische Aktionen vor und steht am 10. April 1741 zum erstenmal dem Feind bei Mollwitz in Oberschlesien in Schlachtordnung gegenüber. Es herrscht Schneetreiben. Die Österreicher unter dem Feldmarschall Neipperg, der schon den Türkenkrieg mitgemacht hat, sind den Preußen, die 22 000 Soldaten aufbieten, mit 18 100 Mann leicht unterlegen.

Das preußische Heer gliedert sich in drei Schlachtreihen, die von sehr unterschiedlichen Kommandeuren geführt werden, vom Alten Dessauer, der noch von Friedrich Wilhelm I. übriggeblieben ist und sich gern wie dieser benimmt, vom etwas jüngeren Feldmarschall von Schwerin, einem weltgewandten Edelmann und Kavalier, sowie vom König, der die schlechteste Figur macht. Alles andere als ein strahlender Held, flieht er, von der preußischen Kavallerie mitgerissen, vor Beendigung der fünfstündigen Schlacht, die er für verloren hält.

Die Schlacht im Schnee verläuft ungemein blutig und altmodisch. Sie wird wie zu Tagen Friedrich Wilhelms I. durchexerziert. Zwar spielt die Artillerie eine größere Rolle als damals, ein Grund für die hohen Verluste auf beiden Seiten, aber es wird ohne inspirierende Taktik gekämpft. Am Ende marschiert Schwerin mit seinen Elitetruppen unter Trommelklang auf die Österreicher zu, die sich nach einem fürchterlichen Gemetzel geschlagen geben und – noch einigermaßen geordnet, aber eilig – zurückziehen.

Zu diesem Zeitpunkt hat der König auf seinem legendär

gewordenen »langen Mollwitzer Schimmel« schon im Galopp die 14 Meilen bis zur Stadt Oppeln zurückgelegt. Dort sitzen noch die Österreicher und empfangen ihn mit Schüssen; er muß sich in einer Mühle verstecken. Alles peinlich genug für einen Eroberer.

Desungeachtet schlägt das anfängliche Erstaunen der Welt fast in Begeisterung um. Daß der preußische König eine Schlacht gegen die allgemein als unbesiegbar geltende österreichische Armee gewonnen hat, macht ihn noch interessanter als vorher. Friedrich selbst ist nicht sehr glücklich. Er hat persönlich versagt und seinen Sieg mit an die 25 Prozent seiner Soldaten – Gefallene und Verwundete – bezahlt. Zwar sind die Verluste der Österreicher nicht geringer, aber deren Armee kann sich durch die in Ungarn oder Mähren stationierten Truppen schneller retablieren. »Mollwitz«, erklärt er später, »war meine Schule: ich stellte tiefe Betrachtungen über meine dort begangenen Fehler an, aus denen ich in der Folge Nutzen zog.«

Er beginnt schon bald, die Schlacht zu analysieren und das preußische Heer nach seiner Analyse zu reformieren. Noch ist er mehr Theoretiker als Feldherr, aber einer, der trotz vorzeitigen Verschwindens vom Schlachtfeld exakt alles beobachtet hat.

Die Infanterie erntet großes Lob. Sie hat sich, vom Alten Dessauer ausgebildet, voll und ganz bewährt. Hingegen sei die Kavallerie (die er selbst geführt hat), wie er sich ausdrückt, »nicht einmal wert, daß sie der Teufel holt«. Er weiß genau, woran das liegt. Die dicken, schweren, vom vielen Striegeln glänzenden Rösser, die sein Vater so liebte, sind zu langsam. Sie werden alsbald durch flinkere, schlankere und besser ausgebildete ersetzt. Diese Aufgabe überträgt er dem Husarenoberst Hans Joachim von Zieten, einem 41jährigen Draufgänger, der in wenigen Monaten unter Friedrich vom Oberstwachtmeister zum Regimentskommandeur aufgerückt ist.

Die Schlacht von Mollwitz hat der preußische König gewonnen. In seinem schlesischen Hauptquartier finden sich Botschafter und Gesandte aus aller Herren Länder ein. Oberschlesien liegt jetzt, mit der einzigen Ausnahme von Neisse, fest in seiner Hand. Der Ruhm hat ihn in Windeseile erreicht, denn sein Name ist in aller Munde. Seine erste persönliche Niederlage wird sein erster Sieg.

Die Scharte von Mollwitz kann er im übrigen in der zweiten siegreichen Schlacht des Ersten Schlesischen Kriegs, im Mai 1741 bei Chotusitz in Böhmen, wieder auswetzen. In ihr wird der neue österreichische Oberfeldherr Herzog Karl von Lothringen, ein Schwager Maria Theresias, geschlagen. Es ist Friedrich, der den Sieg durch eine Bewegung seines rechten Flügels im günstigsten Augenblick ermöglicht.

Zwischen diesen beiden Schlachten liegt ein vorübergehender Waffenstillstand, den der König in Berlin verbringt. Er scheint kriegsmüde, wozu der Einzug seiner Truppen in Mähren beigetragen hat. Die dortige Bevölkerung ist nicht prodeutsch wie in Nieder- und Oberschlesien, geschweige denn propreußisch. Die Bauern weigern sich, den fremden Truppen Lebensmittel zu verkaufen, es gibt Überfälle und Partisanengruppen. Ein Rückzug gipfelt in der Erfahrung, daß das Kriegsglück nun einmal zum Unzuverlässigsten gehört, was es gibt.

Den Waffenstillstand hat der König aus zwei Gründen angenommen: er mißtraut dem Bündnis gegen Österreich, dem – zum erstenmal für Preußen – auch Frankreich angehört. Und zweitens möchte er Maria Theresia, die ihn nur den »bösen Mann« nennt, eine Erholungspause gönnen. Nicht aus Galanterie, sondern weil er zwar Schlesien behalten, aber den Habsburgern nicht an den Kragen gehen will. Das notwendige Gleichgewicht zwischen den europäischen Staaten ist ein Anliegen aller damaligen Großmächte. Aber auch die kleinen, zu denen Preußen noch gehört, leben sicherer und besser, wenn ein jeder seinen Neider oder Konkurrenten hat.

In der Schlacht bei Chotusitz nimmt Friedrich den österreichischen General Polland gefangen, der, schwer verwundet, offensichtlich im Sterben liegt. Der Preußenkönig besucht ihn im Feldlazarett, was den General zu Tränen rührt. Er empfiehlt Friedrich, sich mit dem Hause Habsburg zu versöhnen, denn von den Franzosen werde er nur betrogen. Um den Beweis dafür zu erbringen, bittet er, einen Brief an Maria Theresia schreiben zu dürfen. Seinem Wunsch wird stattgegeben. Und Maria Theresia antwortet mit einem Originalbrief des französischen Premierministers, Kardinal Fleury, in dem dieser ein Bündnis Frankreichs, Österreichs, Sachsens und Bayerns gegen die preußischen Streitkräfte vorschlägt, die das bisherige Gleichgewicht in Europa erheblich zu stören beginnen.

Damit ist der Zeitpunkt erreicht, an dem Friedrich beweist, daß er sich nach dem jeweiligen Wind zu drehen vermag. Durch Schwanken und Schwenken hat schon der Große Kurfürst sein kleines Brandenburg durch eine Welt von mißgünstigen Neidern zu mogeln verstanden. Friedrich wechselt die Fronten, schließt einen Vertrag mit den Engländern und leitet vier Wochen nach Chotusitz die ersten Friedensverhandlungen mit Österreich ein. Als der französische Gesandte daraufhin von Prag angeeilt kommt und dem König Betrug vorwirft, antwortet dieser: *Fallacem fallere, non est fallacia.* Zu deutsch: »Einen Betrüger betrügen, ist kein Betrug.«

Der Friede von Breslau wird am 11. Juni 1742 unterzeichnet. Der größte Teil Schlesiens und die Grafschaft Glatz werden Preußen am 28. Juli in einem endgültigen Friedensschluß in Berlin zugesprochen. Er wird alles andere als endgültig sein.

Aufregende Zeiten für den schlesischen Adel. Er scheint vollzählig in Breslau versammelt, denn fast alle nehmen an einem Dankgottesdienst für den Sieg bei Mollwitz teil. Das Bibelwort ist angegeben mit 1. Timotheus 2, Vers 12. Der Geistliche verliest es: »Daß eine Frau lehrt, erlaube ich nicht, auch nicht, daß sie über ihren Mann herrscht. Sie soll sich still verhalten.«

Die Resonanz der Versammelten ist nicht überliefert: Heiterkeit, Schmunzeln oder Entsetzen, Empörung? Wahrscheinlich ersteres, denn der Adel ist auf preußischer Seite. Das Bibelwort kann nur auf die Königin Maria Theresia und ihren Gemahl, den späteren Kaiser Franz I. Stefan, gemünzt sein.

Als sich der Wiener Hof, mit dem man eben Waffenstillstand geschlossen hat, offiziell beschwert, läßt Friedrich in die Zeitungen einsetzen, es handele sich um ein bedauerliches Versehen. Statt Vers 1.2 habe der Setzer Vers 12 gedruckt. Der Vers 1 lautet: »Vor allem fordere ich zu Bitten und Gebeten, Fürbitte und Danksagung auf, und zwar für alle Menschen, für die Herrscher und alle, die die Macht ausüben ...« Es wäre ein Wunder, wenn Friedrich dieses Versehen tatsächlich unterlaufen wäre.

In Maria Theresia steht ihm zu seinem wachsenden Erstaunen eine unversöhnliche und zähe Gegnerin gegenüber. Sie ist fünf Jahre jünger als er und führt mit ihrem Mann, Franz Stefan von Lothringen, eine ungemein glückliche Ehe. Sie wird ihm bis 1756 nicht weniger als 16 Kinder gebären. Obwohl ihr schöner, aber ziemlich unbedeutender Mann sie häufig betrügt, wird sie für Familie und Volk geradezu ein Musterbild katholisch-frommer Tugendhaftigkeit. Mit ihrem Widersacher Friedrich, dem »bösen Mann«, verbindet sie nichts; sie verkörpert sozusagen dessen Gegenteil.

Die österreichische Monarchin ist freilich ebenso unbeugsam in ihrem Willen, Schlesien auf die Dauer nicht aufzugeben und wird, da sie die Politik instinktiv lernt und beherrscht, bald eine ernstzunehmende Feindin. Selbst leidenschaftliche Preußenverehrer versagen ihr nicht den Respekt.

Friedrichs »Erblandeshuldigung« ging am 7. November 1742 im Großen Saal des Breslauer Rathauses vonstatten. Wie sich der König nie krönen ließ, so hat er auch nie den erforderlichen Eid auf das Reichsschwert geleistet, denn dieses wurde in Berlin vergessen. Er schwur ganz einfach auf seinen Degen. Die Vertreter der Stände mußten, mit der rechten Hand auf der Bibel, dessen Knauf küssen – damit hatte sich Schlesien zu Preußen bekannt. Die meisten Schlesier sind es zufrieden und können es auf die Dauer auch sein, denn das dem König unmittelbar unterstellte Land entwickelt sich zur wohlhabendsten Provinz Preußens. Zumal Friedrich es versteht, die Minister, die das Land verwalten, mit viel Fingerspitzengefühl auszusuchen. Er setzt übrigens keine Schlesier, sondern Pommern und Märker in diese Ämter ein, eine bedachtsam getroffene Wahl – Preußen, nie ein National- oder auch nur Regionalstaat, wird vom Flickenteppich langsam zu einem Staatsgefüge, ein Wandel, den Friedrich von vornherein für eine Aufgabe der Krone gehalten hat und daher nach Kräften fördert.

Nach Berlin zurückgekehrt, widmet er sich wieder seinen Staatsgeschäften. Mitten im Frieden und ohne Waffengewalt, gleichsam mit der linken Hand, nämlich durch Erbschaft, erobert er ein weiteres Fürstentum. Mit dem Aussterben des ostfriesischen Adelsgeschlechts Cirksena fällt ihm Ostfriesland zu. Preußen erhält dadurch unmittelbaren Zugang zur Nordsee und dem neuen Verbündeten England. Das Land liegt auch erfreulich nahe bei den Holländern, den Pfeffersäcken Europas, die seit jeher den Preußen in puncto Reinlichkeit, Geldverdienen, Landgewinnung durch Entwässerung und Handel als Vorbild dienen.

In der kurzen Zeit des Friedens beschäftigt sich Friedrich mit dem Bau einer eigenen Residenz, die ganz und gar seine Handschrift tragen soll. Er skizziert seine Vorstellung und überläßt die endgültige Fassung des Entwurfs sowie dessen Ausführung dem bewährten Knobelsdorff. Als der mit den Bauarbeiten für Schloß Sanssouci – zum Kummer der Berliner nicht in Berlin, sondern in Potsdam – beginnt, fällt der Auftraggeber in Böhmen ein und entfesselt den Zweiten Schlesischen Krieg. Er sieht keine andere Möglichkeit, Schlesien endgültig für Preußen zu sichern.

Wieder führt Friedrich einen Präventivkrieg, im Bündnis mit Bayern und Frankreich, letzteres zieht sich aber bald zurück. Beide Gegner sind diesmal etwa gleich stark. Die preußischen Kolonnen rücken mit 58 000 Mann in Schlesien ein. Im Feldlager bei Strielau erwarten sie die alliierten österreichischen und sächsischen Truppen, an die 60 000 Mann. Die sehen von ihrem Nachtlager aus, das sie nach Überqueren des Gebirges in der Nähe des Feindes aufschlagen, die Zelte und Wachtfeuer der Preußen, ohne zu ahnen, daß ein notorischer Frühaufsteher diesmal die üblichen Spielregeln geändert hat.

Friedrich leitet diese Schlacht selbst und erweist sich von vornherein als ein überlegener Feldherr. Vor allem zieht er taktische Vorteile aus der Beschaffenheit des Schlachtfeldes, was später auch Napoleon zum erfolgreichsten Strategen seiner Zeit machen wird. Unübertroffen ist Friedrichs Angriffsgeist – auf Verteidigung legt er weniger Wert. »Ich will keine timiden Offiziere haben«, hat er vor dem Feldzug verkündet. »Wer nicht dreist und herzhaft ist, meritiert nicht in der preußischen Armee zu dienen. Saget solches allen Offizieren und Subalternen!«

Die Preußen sind – Friedrichs Idee – schon ab acht Uhr abends unter Zurücklassung brennender Feuer und aller Zelte unterwegs. Auf dem Marsch herrscht absolutes Stillschweigen und Rauchverbot. Frühmorgens um zwei Uhr erreichen sie den Feind, der wieder unter dem Befehl Karl Alexander von Lothringens, dem Schwager Maria Theresias, steht. Zuerst werden die überraschten Sachsen geschlagen und um vier die Österreicher attackiert. Den Ausschlag gibt die von Friedrich auf die Sekunde angesetzte Kavallerietruppe der Bayreuther Dragoner.

Die Schlacht bei Hohenfriedberg endet mit einem überwältigenden Sieg Friedrichs. Die Verluste der Österreicher und Sachsen belaufen sich auf 13 660 Tote, Verwundete und Gefangene, die Preußens auf 4737. Friedrich ist besonders stolz darauf, daß seine Kavallerie »endlich geworden ist, was sie werden sollte«. Sie ist und bleibt das gefürchtetste Angriffs- und Entscheidungsmittel seiner Schlachtenpläne. Seit Hohenfriedberg beginnt man, ihn im In- und Ausland als »der Große« zu titulieren.

Nun ist es Herzog Karl Alexander von Lothringens Sache, auf Revanche zu sinnen. Da kommt ihm eine ehrenhafte Aufgabe seiner Schwägerin sehr zupaß. Der bisherige römisch-deutsche Kaiser Karl VII. von Bayern ist gestorben, und jetzt hat es zu ihrer Freude Franz Stefan geschafft, mit sieben Kurstimmen seine Kandidatur für den Kaiserthron in Frankfurt durchzusetzen. Dieser Erfolg sei am würdigsten mit einem großen Sieg über den »bösen Mann« zu feiern, meint Maria Theresia. Nun ist Karl Alexander von Lothringen zwar persönlich ein tapferer Mann, aber noch relativ unerfahren. Immerhin versucht auch er es nun wie Friedrich bei Hohenfriedberg mit einer List. Am 30. September 1745 schleicht er sich mit seinen über 42000 Österreichern und Sachsen in dichtem Nebel unbemerkt an das preußische Lager bei Soor heran.

Friedrich reagiert augenblicklich. Er läßt eine militärisch als unersteigbar angesehene Höhe von Infanterie im Laufschritt erstürmen und sogar seine Kavallerie nachsetzen, dadurch gewinnt er die Ausgangsposition zu einem weiteren Sieg. Daß dieser seine nur 22000 Mann starke Truppe um ein Viertel dezimiert, bleibt ein herber Verlust. Aber der Feldzug ist damit so gut wie beendet. Friedrich hat Schlesien behalten, die Sachsen, die formal als neutral fungierten, den Österreichern aber ihre Truppen zur Verfügung stellten, müssen laut Friedensvertrag von Dresden (1745) eine Kriegsentschädigung von einer Million Taler zahlen. Preußens Gegengabe ist billiger: Es bestätigt großzügig die Wahl Franz Stefans zum römisch-deutschen Kaiser. Seine Gemahlin, die Erzherzogin und Königin Maria Theresia, ist jetzt auch Kaiserin.

Ein Triumph für die Habsburger, mehr noch allerdings für die Hohenzollern. Seit dem Zweiten Schlesischen Krieg ist zur bisherigen deutschen Großmacht Österreich eine zweite getreten – Preußen.

Wenn es stimmt, daß Friedrich der Große seit der Schlacht bei Soor seine Armee für unbesiegbar hielt, dann sollte er seinen Irrtum noch bitter zu spüren bekommen. Zunächst einmal kann er sich zehn friedliche Jahre auf seinen ihm reichlich zuteil werdenden Lorbeeren ausruhen.

Aber Ruhe zu finden ist seine Sache nie gewesen. Als er nach Hause kommt, ist sein Schloß Sanssouci (Sorgenfrei) noch im Bau. Den Ort seiner Wahl, den sogenannten »Wüsten Berg« in der Nähe von Potsdam, hat der König bei einem Picknick nahe dem Dorf Bornstedt entdeckt. Zwei seiner Skizzen sind erhalten geblieben. Knobelsdorff hat dem einstöckigen Gebäude allen rhythmischen Charme des Rokoko hinzugefügt: Aus dem wüsten Berg wurde ein – für Brandenburger Land ungewöhnlicher – Weinberg, und die Fassade setzt mit Reben, tanzenden Bacchantinnen, Blumenranken das Thema Wein in Stein und Marmor fort. Der königliche Baudirektor Friedrich Wilhelm Dieterichs hat alle Anliegen des Königs getreulich ausgeführt, sogar Friedrichs ausdrücklichen Wunsch, das einstöckige Schloß ausschließlich mit Fenstertüren zu versehen. Man kann durch alle Fenster zur Gartenseite hinausgehen, beziehungsweise durch alle Türen in den schönen Park zu Füßen des Gebäudes sehen.

In Anbetracht der Kompliziertheit des Schmuckentwurfs, der Sorgfalt der künstlerischen Arbeit und der Lage des Bauplatzes geht der Bau relativ rasch vonstatten. Die kostbar ausgestalteten Innenräume mitsamt dem eleganten ovalen Marmorsaal Knobelsdorffs werden 1748 vollendet. Nur der schöne und abwechslungsreiche Park liegt noch bei Friedrichs Tod unvollendet da. Ohne einen zehnjährigen Frieden wäre Schloß Sanssouci nicht das Prachtstück des deutschen Rokokos geworden.

Die zehn Friedensjahre tragen auch zu seinem wachsenden Ruhm als Landesvater bei. Vor Friedrichs kriegerischen Erfolgen werden seine zivilen Leistungen oft übersehen. Für sein Land sind sie ebenso wichtig, wenn nicht wichtiger als die Kriege, die er geführt hat oder, wie er sich ausdrücken würde, führen mußte.

Dabei ist und bleibt er ein Aufklärer, wenn auch ein skeptischer. Den Glauben des Lieblingsgesprächspartners seiner Großmutter, diese unsere Welt sei die beste aller denkbaren, kann er nicht teilen. Da pflichtet er eher dem Standpunkt seines hochgeschätzten Voltaire bei, der in seinem *Candide* diese Theorie des Gottfried Wilhelm Leibniz ad absurdum geführt hat. Eben deshalb macht er es sich zur Aufgabe, eine Verbesserung wenigstens zu versuchen. Wer wollte ihm vorwerfen, daß er bei allem, was er unternimmt, auf die Nachwelt schielt, die er nie ganz aus den Augen verliert. So zukunftseitel er persönlich sein mag, es kommt allemal dem Staat und seinen Bürgern zugute, die noch weitgehend Untertanen sind. »Eine gut geleitete Staatsregierung«, dies seine eigenen – ins Deutsche übersetzten – Worte, »muß ein ebenso festgefügtes System haben wie ein philosophisches Lehrgebäude. Alle Maßnahmen müssen gut durchdacht sein, Finanzen, Politik und Heerwesen auf ein gemeinsames Ziel zusteuern, nämlich die Stärkung des Staates und das Wachstum seiner Macht.«

Die preußische Aufklärung entstammt keinem reinen Idealismus, sondern gründet auf Tatsachen. Alle Reformen dienen einem praktischen Zweck: Sie sollen möglichst vielen zugute kommen. Die Staatsräson darf das Wohlergehen des einzelnen nicht ausschließen. Sie muß es fördern. Im 18. Jahrhundert ist dies die liberalste Haltung, die ein Herrscher Land und Leuten gegenüber einnehmen kann.

Friedrich lädt sich einen Großteil der innenpolitischen Aufgaben auf die eigenen Schultern, nicht zuletzt die Auswahl geeigneter Mitarbeiter. Sie findet er entweder im Offiziers- oder Philosophenkreis und blickt ihnen stets mißtrauisch auf die Finger, um sie bei Mißgriffen in robustem Soldatendeutsch heftig zu tadeln.

Da ist etwa Samuel von Cocceji, ein gebürtiger Heidelberger, der schon unter seinem Vater Chef der preußischen Justiz geworden ist. Ihn beauftragt Friedrich mit der Neuordnung der Rechtsverhältnisse im nun preußisch gewordenen Schlesien. Er bricht sofort nach Schlesien auf und erledigt in überraschend kurzer Zeit alle langwierig, oft über Jahrzehnte hinweglaufenden Prozesse.

Das möge er im übrigen Preußen genauso machen, lobt ihn der König auf die Schulter klopfend. Cocceji verfaßt in der Folgezeit den *Codex Fridericianus*, eine verbindliche Prozeßordnung für alle Provinzen. Friedrich macht ihn zum Großkanzler und verleiht ihm den Schwarzen Adlerorden.

Mitarbeiter, die er nicht antreiben muß, sondern die ihn zusätzlich antreiben, sucht er auf allen Gebieten. Er findet sie im ganzen Land, das er häufig inspiziert, und indem er sich, wie sein Vater, die Namen der Klugen und Brauchbaren merkt.

Ebenfalls wie sein Vater kümmert er sich besonders um das Oderbruch, jenes Brachland, auf dem, urbar gemacht, noch Tausende von Einwanderern siedeln könnten. Die fast alljährlichen Überschwemmungen läßt Friedrich durch einen Oderkanal, der den Fluß begradigt, zumindest einschränken. Mit holländischer Hilfe gewinnt er Ackerland und Viehweiden für 2000 Familien, denen er dort Häuser bauen läßt. Ein Beispiel, wie man auf friedliche Weise Land gewinnen kann.

Mit Vorfahren wie dem Großen Kurfürsten und Friedrich Wilhelm I. teilt er die merkwürdige Vorliebe für Seidenraupen. Viel Energie setzt er in die Einrichtung von Seiden- und Samtfabriken sowie die dazugehörige Maulbeerbaumzucht. Aber die bringt auch er in Preußen nicht zur Blüte.

Es sind dies nur Beispiele seiner Tätigkeit, die ihn, da sie viele Reisen in die Provinzen verlangen, im Land und über dessen Grenzen hinaus populär machen. Dabei mag ihm sein gespaltenes Ich hilfreich sein, Friedrich kann mit Intellektuellen so gut umgehen wie mit den einfachen Leuten. Er beherrscht nicht nur das jeweilige Vokabular, sondern weiß auch seinem jeweiligen Gegenüber mit einer seltenen Mischung aus Respektabilität und Volkstümlichkeit entgegenzutreten.

Wirklicher Respekt und wirkliche Popularität gerinnen zu Anekdoten. Auf einem Ritt durch seine Hauptstadt wird der König einer unverschämten Karikatur seiner Person ansichtig. Da das Plakat für den Reiter bestimmt ist, hängt es für die Leute, die sich am Straßenrand versammelt haben, viel zu hoch. Und wie reagiert Friedrich? Er befiehlt: »Niedriger hängen!« So stand es früher in jedem Lesebuch; es wäre noch heute geeignet, darin zu stehen. Die Menschen am Straßenrand, die gewiß neugierig waren, was wohl passieren würde, haben die Karikatur vom Lampenmast geholt und unter Vivatrufen zerrissen. Wohlgemerkt, nicht die Polizei, sondern – *suum cuique* – die Volksmeinung tritt in Aktion. Ein Kunststück, das nur Friedrich fertigbringt.

Seine Reisen hinterlassen allerdings nicht nur Anekdoten, sondern vor allem viel Arbeit für die immer noch schlecht bezahlten Beamten. Denn Friedrich interessiert sich beinahe für alles und kümmert sich an Ort und Stelle darum: um Pferdezucht, Getreidelagerung, den Hafenbau und Dorfanlagen (bis 1746 hat er schon 122 neue Dörfer auf Staatskosten bauen lassen). Seit seinen Beratungen mit Gotzkowsky versteht er einiges vom Handel mit Pfandbriefen, was für gerechte Zinssätze in Preußen sorgt. Auch über die Fichtenpflanzung auf Sandböden informiert er sich und reguliert die Aus- und Einfuhrpraktiken (meist mit Verboten). Er plant eine allgemeine Flurbereinigung und die endgültige Bauernbefreiung, die wegen Widerstands von seiten des Adels mißglückt – auch dies nur ein kleiner Auszug von dem, was die meisten Herrschenden damals ihren dienstbaren Geistern überlassen.

Gesundheitlich geht es ihm gar nicht gut. Er muß schon in jungen Jahren zur Kur nach Bad Pyrmont. Mit 34 befällt ihn zum erstenmal die Geißel seines Alters, die Gicht. Kurz nach seinem 35. Geburtstag erleidet er einen leichten Schlaganfall mit Lähmungen am rechten Arm und Fuß. Außerdem plagen ihn Hämorrhoiden und Nierenbeschwerden. Die meisten Schmerzen ignoriert er, solange er kann. Der forsche Jüngling ist rasch verblüht, aufgesogen von seinen Pflichten als »erster Diener seines Staates«. In dieser Eigenschaft muß er sich, der sich als Freidenker versteht, mit der Religion befassen und den heftig untereinander zerstrittenen Konfessionen beschäftigen. Er tut dies mit Inbrunst. Denn seiner bekanntesten Devise zufolge soll in dem von ihm regierten Land ein jeder »nach seiner Fasson selig werden« können.

Toleranz ist auch wegen der Einbeziehung Schlesiens in Preußen geboten, die eine erhebliche Vergrößerung der katholischen Bevölkerung mit sich gebracht hat. Friedrich verbietet jeglichen Streit zwischen den beiden großen Glaubensbekenntnissen, desgleichen verurteilt er den Hader zwischen Lutheranern und Calvinisten. Für »gefährlich«, nämlich politisch einflußreich, hält er nur die Jesuiten. Mit anderen Bischöfen führt er gern Gespräche über geistliche Fragen, mit dem ihm besonders wichtigen schlesischen Kardinal, Philipp Ludwig von Winzersdorff, sogar ausgesprochen freche. Ein Brief an ihn beginnt: »Der Heilige Geist und ich haben miteinander beschlossen ...« Der Geistliche antwortet dem König: »Das große Einvernehmen zwischen dem Heiligen Geist und Eurer Majestät ist etwas vollständig Neues für mich ...«

Den angewachsenen katholischen Volksteil Preußens überzeugt er im Juli 1747 von seiner Neutralität in kirchlichen Dingen mit der Grundsteinlegung einer römisch-katholischen Kathedrale auf Berliner – übrigens vom König zur Verfügung gestellten – Boden. Der Bau wird zwar erst in 26 Jahren vollendet werden, weil der Gemeinde im Siebenjährigen Krieg das Geld ausgeht, dennoch dokumentiert der Rohbau fortan die religiöse Toleranz im Stadtbild der Hauptstadt.

Weder Krankheit noch Überarbeitung können den König von der Musik abhalten. Abends musiziert er mit Philipp Emanuel Bach und Quantz, die schon in Rheinsberg dabeiwaren.

Franz Benda ist neu hinzugetreten, darüber hinaus kommen viele angesehene Musiker von außerhalb. Einmal besucht ihn sogar Johann Sebastian Bach. Er soll dem Preußenkönig ein Gutachten über ein neues Hammerklavier aus der Werkstatt des großen Orgelbauers Silbermann abgeben und widmet Friedrich später sein »Musikalisches Opfer« nach einem Thema, das ihm der König im Potsdamer Stadtschloß vorgespielt hat.

Neben der Musik gehört das geistreiche, das »philosophische« Gespräch zu Friedrichs abendlichen Lieblingsbeschäftigungen. In Berlin und später in Potsdam versammelt sich regelmäßig ein Freundeskreis, nicht so lebenslustig und jugendlich wild wie in Rheinsberg, dafür mit gereiften, auf geistige Auseinandersetzungen erpichten Männern. Zu ihnen gehört der französische Gelehrte Pierre Louis Moreau de Maupertuis, der nach langem Zögern endlich nach Berlin gekommen ist und die Akademie der Wissenschaften wieder auf Trab bringt, die unter Friedrich Wilhelm I. und dem bedauernswerten Gundling sehr gelitten hat.

Häufig, wenngleich nicht so stetig wie der Vater zum Tabakskollegium, lädt Friedrich zur Abendtafel. Es findet sich ein mehr oder weniger fester Kreis zusammen, aber mitunter werden auch Gäste bei Hofe hinzugebeten. Geladen sind ausnahmslos Männer, weil die Herrenrunde, meist Philosophen und Wissenschaftler, auf Anregung des Königs durchweg eine sehr unanständige Rede führen. Es ist schwer vorstellbar, wie sich der italienische Schriftsteller Algarotti, der charmante Plauderer, der französische Arzt und Philosoph Lamettrie, der berühmte Mathematiker d'Alembert und der Direktor der Literaturabteilung der Akademie, d'Argens, einander mit Zoten unterhalten. Dennoch ist Friedrichs Abendtafel dafür berüchtigt. Wahrscheinlich ist es sogar in den Tabakskollegien des Vaters nicht gröber zugegangen.

Neben Maupertuis sitzt lange Jahre der berühmteste dieser Hofclique, nämlich Voltaire. Die beiden schätzen einander nicht, tun so, als sei der andere nicht vorhanden. D'Alembert weiß nur zu gut, warum er nicht nach Berlin übersiedelt, wo Friedrich ihn als Nachfolger von Maupertuis auf dem Präsidentenstuhl der Akademie ausersehen hat. Er bleibt lieber in Paris und unterhält einen liebenswürdigen Briefwechsel mit dem Preußenkönig.

Denn Friedrich ist im Umgang nicht einfach. Zynisch und verletzend, wie er sein kann, nimmt er die Abendtafel auch zum Anlaß, über die Anwesenden herzuzuziehen. Er geht dabei bis zur offenen Beleidigung. Man mag ihn dafür loben, daß das, was andere hinter den Rücken der Betroffenen tun, bei ihm in aller Öffentlichkeit geschieht, aber ein guter Gastgeber, wie in Rheinsberg, scheint Friedrich in älteren Jahren nicht mehr zu sein.

Vielleicht hat er das durchaus berechtigte Gefühl, von vielen seiner Freunde und angeblichen Bewunderer ausgenutzt zu werden. Auf Voltaire trifft dieser Verdacht zu. Die Geistesgröße und der Ruhm eines Großen der Feder sind eine Sache, der dauernde persönliche Umgang mit ihm ist eine andere. Mag Friedrichs Bewunderung der Dramen Voltaires nicht gelitten haben, dem Menschen steht er bald skeptisch gegenüber.

Schon kurz nach seiner Thronbesteigung, bei Voltaires erstem Besuch, beschwert er sich beim getreuen Jordan brieflich: »Von den sechs Tagen, die Voltaire hier gelebt hat, kostet mich jeder 550 Taler. Das nenne ich einen Spaßmacher teuer bezahlen.« Voltaire ist schon zweimal in Sanssouci zu Gast gewesen, aber erst 1750, nachdem seine langjährige Freundin gestorben ist, nimmt er Friedrichs Angebot an, ganz nach Potsdam zu kommen. Er bleibt drei Jahre und läßt sich seine Anwesenheit gut bezahlen: 5000 Taler Gehalt bei freier Wohnung, freier Tafel (Verpflegung) und Bereitstellung einer Equipage.

Natürlich bietet er etwas dafür. Wann immer ein Gast nach Potsdam kommt und zu Tisch gebeten wird, fungiert der geistreiche und dazu berühmte Dichter als Attraktion. Auch überarbeitet er – wie schon den *Antimachiavell* – Friedrichs ausnahmslos französisch geschriebene Texte, Essays und Gedichte. Der König mag zwar ein gutes Französisch sprechen, mit der Grammatik und der Rechtschreibung hat er Schwierigkeiten, auch gelingt ihm nicht jeder Hexameter.

Doch das Genie hat seine Schattenseiten. Bei Voltaire heißen sie Habsucht und Freude an jedweden Verleumdungen. Er ist an etlichen Intrigen beteiligt, wie es sie an allen Höfen gibt. Dann gerät er mit seinem Erzfeind Maupertuis an Friedrichs Tafel in einen heftigen Streit, den er in einer Schrift weiterführt, die auch dem Ansehen der Berliner Akademie der Wissenschaften schadet.

Die Schrift, *Akakia*, läßt Friedrich öffentlich verbrennen. Seine Reaktion in einem Brief an Maupertuis: »Ich habe dem Verfasser angezeigt, daß er auf der Stelle mein Haus verlassen oder auf das niederträchtige Handwerk, Schmähschriften zu verfassen, verzichten muß.«

Voltaire verläßt Sanssouci nach dem Vorfall um Weihnachten erst im Frühjahr 1753, der Abschied fällt kühl aus. Es kommt sogar noch zu einem für Voltaire peinlichen Nachspiel. In Frankfurt am Main durchsucht man, wahrscheinlich auf Geheiß des Königs, das Gepäck des Dichters nach unberechtigt aus dem Schloß mitgeführten Gegenständen. Als Voltaire daraufhin verängstigt einen Fluchtversuch unternimmt, wird er verhaftet. Womit das Kapitel abgeschlossen ist, aber nicht für immer. Wilhelmine, eine ebenso große Bewunderin der Schriften Voltaires wie ihr Bruder, unternimmt es, die beiden wieder zu versöhnen. Fünf Jahre später erneuern sie ihren regelmäßigen Briefwechsel.

Einen Freund wie Jordan haben die Mächtigen nur selten. Ihm, seinem Rheinsberger Sekretär, überträgt der König die Oberaufsicht über Universitäten, Hospitäler und Waisenhäuser in Preußen. Er wird auch Vizepräsident der Akademie der Wissenschaften. Ein herzensguter Mann, der von Schlachten und Kriegen sowie von Schmähschriften nicht viel hält. Als er

Friedrich einmal in einem schlesischen Feldlager besuchte, floh er bei den ersten Schüssen, die er hörte – über den Feind den Freund vergessend –, zurück bis nach Berlin.

Friedrichs Sekretär ist jetzt Claude Etienne Darget, ein humorvoller Untergebener und wohl auch Freund. Denn Friedrich widmet ihm Verse, in denen er sich in der hohen Kunst der Selbsterkenntnis übt:

> Nein, nein, Du hast's schwer
> Ein ärgerlich Amt ist's, der Sekretär
> Eines Herrn zu sein, der ein Dichter gern wär,
> Der als Schöngeist sich fühlt,
> Der bis in die Nacht
> Liest, schreibt und Gedichte macht.

Das ändert sich bald. Im dritten Krieg um Schlesien, der sieben Jahre dauert, geht es für den König und Preußen um Sein oder Nichtsein.

Friedrichs Lästerzunge macht sich nicht nur in Potsdam bemerkbar. Er ist ein glänzender Staatsmann, aber ein schlechter – oder sagen wir, unvorsichtiger – Diplomat. Muß er denn Maria Theresia, die russische Zarin Elisabeth und die Marquise de Pompadour, die Geliebte Louis XV. von Frankreich, »die drei Erzhuren Europas« nennen? Wo doch der agile österreichische Gesandte in Paris und spätere Staatskanzler Anton Graf Kaunitz in den friedlichen Jahren bemüht ist, eine große Koalition gegen Preußen zu zimmern. Man darf sagen, daß ihm Friedrichs taktloser Ausspruch bei diesem Unterfangen die Steigbügel gehalten hat.

Einen weiteren Fehler des Preußenkönigs, der bei den Ursachen zum Siebenjährigen Krieg eine Rolle spielt, spricht sein ihm in Haßliebe verbundener Bruder Heinrich, dem er immerhin Rheinsberg überlassen hat, offen aus: »Mein Bruder wollte immer batallieren, das war seine ganze Kriegskunst.« Das mag übertrieben sein, obwohl Heinrich eine Menge von der Kriegskunst versteht. Aber tatsächlich hat Friedrichs Ungeduld häufig sein strategisches Talent getrübt.

Zumindest leichtfertig erscheint auch sein Einfall in Sachsen, einem Land, das vorgibt, neutral zu sein, aber in Wirklichkeit auf der Seite Österreichs steht. Da wird offensichtlich, worum es Friedrich zu tun ist, zu tun sein muß. Es geht um die Kriegskasse. Und Sachsen gilt als reiches Land, das für die hinterrücks dem Feind gewährte Hilfe hohe Kontributionen zahlen kann.

Als habe er in den Jahren des Friedens das Kriegführen verlernt, handelt der König unüberlegt. Bei Pirna umzingelt er mit seinen Truppen an die 17 000 sächsische Soldaten, hungert sie aus und zwingt sie, als sie sich ergeben, in die eigene Armee. Bei passender Gelegenheit, die im Krieg immer eintrifft, erschießen sie ihre preußischen Offiziere und desertieren.

Kaunitz kann aufatmen. Gegen den »bösen Mann« seiner Kaiserin bringt er eine eindrucksvolle Koalition zustande, der Frankreich, Rußland, Bayern und sogar Schweden angehören. Jetzt stößt Friedrich überraschend gegen Prag vor und belagert die Stadt. Als Karl von Lothringen mit einem Heer vorrückt, um Prag zu befreien, stehen sich zwei gleich starke Gegner gegenüber. Es ist der Reitergeneral von Zieten, dem mit seinen Husaren der Durchbruch gelingt. Zieten trägt den Beinamen »aus dem Busch«, weil er es versteht, stets dort aufzutauchen, wo man es nicht vermutet. Das versucht auch Graf Schwerin, der sich mit seinen Leuten durch einen Sumpf quält. Sein Angriff gerät jedoch ins Stocken, und als er ihn mit dem seltsamen Ausruf: »Frische Eier, gute Eier!« wieder entfachen will, fällt er, von fünf Kartätschenkugeln getroffen. Der Angriff bringt Preußen trotzdem den Sieg. Daran hat auch Feldmarschall Keith einen Anteil. (Der Schotte Keith – nicht jener, der mit seinem Bruder Friedrichs Vertraute in der Jugend waren – ist Mitglied der Berliner Akademie der Wissenschaften und ein gebildeter Gesprächspartner.) Prag gibt dem König, der halb Europa gegen sich hat, neuen Mut.

Die Erleichterung und der Jubel über den Sieg währen nur kurz. Eine Reservearmee unter Graf Leopold Daun, dem Reorganisator des österreichischen Heeres, rückt heran. Friedrich versucht, dem Feind, der jetzt in der Überzahl ist, auszuweichen, greift aber, als das mißlingt, kurz entschlossen an. Die Schlacht bei Kolin beginnt am 18. Juni 1757 mit jener »schiefen Schlachtordnung«, mit der Friedrich als Feldherr bislang so gute Erfolge erzielen konnte. Daun hat vorgesorgt und den bedrohten rechten Flügel verstärkt. Zudem greift der Rest der Truppe ohne Befehl viel zu früh an. Noch einmal versucht Friedrich selbst mit 40 Kavalleristen, die zurückweichende Infanterie anzufeuern – in solchen brenzligen Situationen pflegt er einem Fähnrich die Fahne zu entreißen und seinem Pferd die Sporen in Richtung Feind zu geben. Diesmal ist sein Ziel die gegnerische Artillerie. Der Zuruf des Majors Grant wird sprichwörtlich: »Sire, wollen Sie die Batterie allein erobern?«

Zum geflügelten Wort geworden ist ein Ausspruch des Königs, der bei der gleichen Gelegenheit gefallen sein soll: »Kerls, wollt Ihr denn ewig leben?« Er dürfte wohl kaum so gelautet haben. Viel authentischer klingt die angebliche Antwort aus den Reihen des Fußvolks: »Nee, Fritze – für acht Groschen is heute jenuch!«

Friedrich, laut Haffner ein strategischer Improvisator, hat empfindlich versagt. 392 Offiziere und 13 375 Mann liegen tot oder verwundet auf dem Schlachtfeld, ganz zu schweigen von den vielen Desertionen, die nach derartigen Niederlagen üblich sind. Der Nimbus der Unbesiegbarkeit des Preußenkönigs ist auf spektakuläre Weise zerbrochen. Ihm bleibt nur der Rückzug. Denn nun ziehen sie heran, von links und von rechts. Die Österreicher nehmen Schlesien wieder in Besitz, das nur schwach verteidigt wird. In Ostpreußen stoßen die Russen, die unter der Zarin Elisabeth erst im Frühjahr sich der Koalition angeschlossen haben, auf eine ihnen zahlenmäßig weit unterlegene Truppe. Da sie ihre militärische Ausbildung von preußischen Offizieren – darunter Grant und Keith – erhalten haben, kennen sie die Kampfmethoden des Feindes und schlagen die Preußen bei Großjägersdorf. Durch Thüringen marschieren die Franzosen, die sich vom kommenden Friedensschluß die südlichen Provinzen Hollands, das heutige Belgien, erwarten, auf Preußen zu. Begleitet werden sie von einer Reichsarmee, denn wegen seines Überfalls auf Sachsen hat auch das Reich Friedrich den Krieg erklärt.

Der König trauert. Auch um seine Mutter, die mit 70 Jahren gestorben ist, neben der älteren Schwester wohl das einzige Familienmitglied, das er geliebt hat. Sie erlebt nicht mehr, wie ihr ältester Sohn auf seine Niederlage reagiert – fast wie sein Vater. Er sucht einen Sündenbock und findet ihn in seinem Bruder August Wilhelm, den er grausam behandelt. Daß er damit in Preußen eine schlimme Tradition begründet, wird ihm nicht bewußt gewesen sein. Aber leider ist es so.

Verschärfend hinzu kommt die Tatsache, daß er sich für Geschehen in der Vergangenheit rächt. Friedrich Wilhelm I. hätte nämlich lieber seinen Lieblingssohn August Wilhelm auf dem Thron gesehen als den schwer erziehbaren und widerspenstigen Ältesten. »Befehlige meinetwegen einen Harem von Hoffräuleins«, heißt es in Friedrichs Absetzungsbrief an den Bruder, »aber solange ich am Leben bin, erhältst Du nicht mehr zehn Mann anvertraut. Wenn ich tot bin, mache so viel Dummheit wie Du willst, sie kommen dann auf Deine Rechnung; aber solange ich lebe, sollst Du keine mehr machen, die den Staat in Gefahr bringen. Das ist alles, was ich zu sagen habe.«

Als hätte Friedrich niemals einen Fehler begangen! August Wilhelms Verfehlung bestand darin, daß ihm wegen Ungeschicklichkeit auf dem Rückzug von Prag einige Magazine mit zweifellos kostspieligem Material und sogar ein ganzer Troß verlorengingen.

Der tief gedemütigte Prinz ist, an Leib und Seele gebrochen, ein Jahr später gestorben.

Heinrich, vier Jahre jünger als August Wilhelm, hat das dem Bruder Friedrich nie verziehen. Ihm konnte der König nicht viel anhaben. Er war resoluter als der sensible August Wilhelm. Und er wird es sein, der sich mit einigem Recht zuschreiben kann, er habe dem Großen Friedrich recht eigentlich den Siebenjährigen Krieg allen Notlagen zum Trotz gewonnen.

Aber das liegt in weiter Ferne. Einstweilen ist Preußen in Not.

Gegen die von allen Seiten anmarschierenden feindlichen Heere hat Preußen kaum eine Chance. Es sei denn, daß es die Heere einzeln der Reihe nach zu schlagen vermag. Und es ist beinahe ein Wunder, daß Friedrich ebendies gelingt.

Nein, es ist kein Wunder. Daß das Jahr 1757 mit zwei glänzenden Siegen schließt, beruht allein auf Friedrichs Hartnäckigkeit und seinem vielleicht improvisierten, aber besonders einfallsreichen taktischen Können. Am 5. November werden die Franzosen mitsamt ihrem Kontigent der Reichsarmee bei Roßbach in der Nähe von Merseburg zurückgeschlagen.

In ganz Deutschland singt man Spottverse, denn unabhängig von der kleinstaatlichen Zugehörigkeit ist man allgemein, wie Goethe gesagt hat, »fritzisch« gesinnt.

> Und wenn der große Friedrich kommt
> und klopft nur auf die Hosen,
> dann läuft die ganze Reichsarmee,
> Panduren und Franzosen.

Am 5. Dezember schlägt Friedrich bei Leuthen in Niederschlesien die Österreicher, die wieder von Herzog Karl von Lothringen befehligt werden, unter Verwendung seiner inzwischen berühmten schiefen Schlachtordnung geradezu vernichtend.

Beide Schlachten sind noch lange Jahre in Lehrbüchern für das Militärwesen abgehandelt und auf Kasernenhöfen nachgestellt worden. Napoleon hat Leuthen als »ein Meisterwerk der

Bewegungen, des Manövers und der Entschlossenheit« genannt. »Glück von Anfang an«, erklärt Friedrich, nach Roßbach befragt, und fügt hinzu: »Aber es ist noch immer für mich nötig.«

Das ist es wahrhaftig. Der Choral, den seine erschöpfte Truppe, soweit noch am Leben, auf dem Schlachtfeld von Leuthen anstimmt, »Nun danket alle Gott«, ist ebenfalls viel zitiert und besonders wirkungsvoll im Film in Szene gesetzt worden. Daß die Preußen immerhin den Sieg mit 1100 Toten bezahlen, die Österreicher mit 3000 und an die 7000 so gut wie unversorgt verwundet auf dem Schlachtfeld jammern, steht auf einem anderen Blatt.

Vor der nächsten Schlacht gegen den nächsten Feind, die Russen, fast ein Jahr später, spricht der König mit seinem täglichen Gesellschafter und Vorleser de Catt. In dessen Tagebuch lesen wir: »Lager bei Zorndorf, 25. August 1758. Gegen $^1/_2 1$ war die Schlacht gewonnen. Der König sammelt dreimal das Fußvolk, erscheint mit einer Fahne in der Hand, läuft Gefahr, umzingelt zu werden. Welches Gemetzel und welcher Anblick ist dies Schlachtfeld! (...) Der König läßt mich (am Abend) rufen. ›Nun, hatte ich es Ihnen nicht gesagt? Welch furchtbares Schauspiel (...) Ich sagte Ihnen: ein Führer kann an alles denken, und Sie sehen, es geht doch nicht alles nach Wunsch.‹«

Die Schlacht, die den ganzen Tag bis in die sinkende Dämmerung dauert, dürfte die brutalste und widerlichste sein, die Friedrich geführt hat. Die Kosaken und Baschkiren sind zum Teil betrunken und bringen ihre Offiziere um, leisten aber erbitterten Widerstand gegen den Feind und lassen sich eher hinmetzeln, als daß sie nur einen Schritt zurückweichen. Selbst erfahrene Kampftruppen können sich solcher Berserker nur schwer erwehren.

Einer allerdings behält die Nerven: Seydlitz, der seine 30 Schwadronen zusammenhält. Als der König ihm durch einen Adjutanten bestellen läßt er möge »attackieren, sonst würde er den Kopf verlieren«, antwortet dieser: »Sagen Sie dem König, *nach* der Schlacht steht ihm mein Kopf zur Verfügung. *In* der Schlacht aber muß er mir erlauben, von demselben zu seinem Dienste Gebrauch zu machen.«

Wie bei allen derartigen Aussprüchen wird auch dieser kaum in so wohlgesetzter Rede gefallen sein. Dem Sinne nach dürfte Seydlitz dies indes tatsächlich gesagt haben. Er greift zu einem Zeitpunkt an, den Friedrich – wieder einmal – nicht abzuwarten verstand, der aber taktisch der richtige ist. Seine Husaren reiten die auf engem Raum zusammengedrängten Russen nieder. Ein Massaker findet statt, in dem sich grauenhafte Szenen abspielen. Die Russen fliehen, ziehen sich aus dem von ihnen gebrandschatzten Ostpreußen zurück.

Das war das Ziel dieser dritten Schlacht gegen einen dritten Feind. Aber es ist ein teuer erkaufter Sieg. Der Aderlaß traf nicht nur den Gegner: 355 Offiziere und 12 442 Mann haben die Preußen eingebüßt, beinahe ein Drittel ihrer Mannschaft. Bei den Russen sind es 20 700 Mann, davon 918 Offiziere. Fünf russische Generäle werden gefangengenommen.

Der Vorleser des Königs, Heinrich de Catt, kann in der Nacht nicht schlafen. Obwohl in einiger Entfernung vom Schlachtfeld untergebracht, hört er das Schreien und Stöhnen der Sterbenden und Verwundeten.

De Catt, ein gebürtiger Schweizer, hatte in Utrecht studiert, als er eines Tages auf einem Schiff zwischen Amsterdam und der Universitätsstadt einen Herrn kennenlernte, der sich ihm als Kapellmeister des Königs von Polen vorstellte. Zwischen den beiden entspann sich ein lebhaftes Gespräch über Gott und die Welt. Am Ende fühlten sich die Herren einander so eng verbunden, daß der angebliche Kapellmeister seinen wirklichen Namen preisgab. Es handelte sich um König Friedrich von Preußen.

Das war in den stillen Tagen des zehnjährigen Friedens. Jetzt, im Krieg, beruft ihn der König kurz nach der Schlacht bei Leuthen in sein Breslauer Hauptquartier. De Catt wird Nachfolger der Duhan, Katte, Jordan, Knobelsdorff. Er wird Friedrich den ganzen Siebenjährigen Krieg hindurch begleiten und darüber hinaus bis 1780 ein täglicher Gesellschafter bleiben. Im gleichen Jahr 1758 steht Catt dem König bei Hochkirch und, wichtiger noch, im darauffolgenden Jahr bei Kunersdorf bewundernd oder tröstend zur Seite.

Hochkirch liegt in der Oberlausitz, unweit Bautzen. Um Schlesien erreichen und die noch vorhandenen preußischen Widerstandsnester – Breslau und Neisse – entsetzen zu können, muß Friedrich erneut gegen die Österreicher ziehen. Sie werden wie bei Kolin von Daun kommandiert, was für den Feind einige Vorteile hat. Sein stets ungemein behutsames Vorgehen hat ihm den Ruf eines »Zauderers« eingebracht. Und er ist an Befehle des Wiener Hofes gebunden, was ebenfalls zu Verzögerungen führt.

Friedrich, der ihn nur »die dicke Exzellenz von Kolin« nennt, täte jedoch gut daran, ihn nicht zu unterschätzen. Graf Daun hat die Militärwissenschaften studiert und, gründlich wie er vorzugehen pflegt, hat er auch Friedrichs Taktiken genau analysiert.

Als der König, um sein Ziel Schlesien zu vertuschen, mit seinen Truppen in der Lausitz lagert, warnt ihn Keith vor dem Dorf Hochkirch, das ihm zu offen vorkommt. Die Österreicher gehörten gehängt, sagt er, wenn sie dort nicht angreifen würden. Friedrich entgegnet darauf: »Wir wollen hoffen, daß sie sich mehr vor uns als vor dem Galgen fürchten.«

In aller Herrgottsfrühe, die Dorfkirche schlägt gerade fünf Uhr, überfallen die Österreicher die schlafenden Preußen. Viele werden in ihren Zelten erwürgt, ehe sie zu Gewehr oder Säbel greifen können. Der Widerstand konzentriert sich hauptsächlich auf den Friedhof des Ortes, den eine Mauer umgibt. Friedrichs Armee wäre wahrscheinlich total vernichtet worden, wäre nicht Zieten wieder einmal ungehorsam gewesen. Ein gewisser Ungehorsam hat immer zum Preußentum gehört. Ehrenwertes Verhalten, nicht Kadavergehorsam wird gefordert. Entgegen dem Befehl des Königs hat Zieten die Pferde die

Nacht über gesattelt gelassen. So kann die berittene Truppe sofort den Gegenangriff beginnen, den die Infanterie in den Dorfstraßen fortsetzt. Im Häuserkampf fällt Keith. Die Verteidiger des Friedhofs fallen fast alle bei einem Ausbruchsversuch. Friedrich, wie immer mitten im Kampfgewühle, wird das Pferd unter seinen Schenkeln weggeschossen, dem jüngsten Bruder der Königin Elisabeth Christine reißt eine Kanonenkugel den Kopf ab. Die Preußen verlieren 9000 von 40 000 Mann, die Verluste der Österreicher, die weit in der Übermacht sind, belaufen sich auf 7500 von 75 000 Mann.

Friedrichs Rückzug ist kläglich, geht aber ungestört vonstatten. Daun, 53 Jahre alt, ist ein Feldherr alter Schule. Die Verfolgung geschlagener Gegner gilt ihm als unwürdig, nicht *gentlemanlike*. In seinem Quartier in Doberschütz zeigt Friedrich seinem Vorleser de Catt eine seiner vielen Schnupftabaksdosen. In dieser befindet sich kein Tabak: »Der König sprach von der verlorenen Schlacht. ›Aber ich kann die Tragödie beenden, wenn ich will.‹ Ich sah ihn wenig hoffnungsvoll an. ›Finden Sie es nicht seltsam, daß ich in so vielen Schlachten nie einen Schuß bekommen habe?‹«

Zwei Tage später sieht de Catt den König in Tränen aufgelöst. Er hält einen Brief in Händen. Die Markgräfin von Bayreuth, seine Schwester Wilhelmine, ist am Tag der Schlacht bei Hochkirch im Alter von 49 Jahren an der Schwindsucht gestorben. »Ich sah ihn verzweifelt über diesen Verlust«, berichtet de Catt. »Wir sprachen fast gar nicht. ›Sehen Sie, was mir alles noch zu vollbringen bleibt! Es gibt kein unglücklicheres Dasein. Die Könige sind nicht die glücklichsten Sterblichen.‹ Ich war nachmittags bei ihm. Er war niedergeschlagen, seine Schwester kam ihm immer wieder in den Sinn. Er aß nichts und trank immerfort, so erhitzt war er.« Die letzten Worte Friedrichs, ehe er de Catt wegschickt: »Was mich tröstet, ist dies. Sonst lebte ich nicht mehr.« Dabei klopft er auf die bewußte Tabakdose mit dem tödlichen Gift.

Das wirkliche Unglücksjahr wird das nächste, 1759. Erbarmungslos in die Defensive gedrängt, beschränkt sich Friedrichs Kriegführung nunmehr auf das nackte Überleben. Die Russen rücken von Posen heran, und das Korps, das Friedrich ihnen entgegengeschickt hat, ist bei Kay, unweit Crossen an der Oder, geschlagen worden. Jetzt besteht die Gefahr, daß sich die russischen Truppen mit den Österreichern verbinden, die nach wie vor von einem Korps der Reichsarmee unterstützt werden, das entgegen den Spötteleien des Volksmunds alles andere als eine »Reißausarmee« ist. Von ihr stammen allerdings die meisten Überläufer, die sich im allgemeinen eher für die Preußen entschieden. Bei den Russen gibt es sie nicht – dazu sind die Sprachen und die Volkscharaktere zu verschieden. Überläufer gelten damals als ein wichtiger Teil der Feindaufklärung, wie sie den Preußen bei Kay fehlt, während die Russen ihre Kavallerie in ganzer Breite als Vortrupp zur Beobachtung ausschwärmen lassen.

Gibt es noch eine Möglichkeit, die Vereinigung der beiden feindlichen Heere, die Preußen zu überfluten drohen, zu verhindern? Friedrich, der in diesem Jahr im ganzen 110 000 Mann für den Feldeinsatz hat aufstellen können, zieht mit 49 900 Soldaten durch Frankfurt an der Oder und steht dann an den Höhen bei Kunersdorf – er ist nicht rechtzeitig gekommen, um zu verhindern, daß 50 000 Russen und 20 000 Österreicher unter dem jungen Feldmarschall von Laudon ihm gegenüberstehen.

Mit seiner schiefen Schlachtordnung hat Friedrich diesmal Glück. Er schlägt den linken Flügel der Russen und erobert den Mühlberg, auf dem ein Großteil der feindlichen Artillerie in Stellung gegangen ist. Den Ratschlag seiner Generäle, es dabei bewenden zu lassen, zumal der Gegner schon im Rückzug begriffen ist, schlägt der König in den Wind. Er will mehr und begeht damit erneut einen Fehler. Beim Angriff auf einen weiteren Berg, den Laudon erwartet hat, setzt dieser seine Reiterei ein, die den Preußen in die Flanke fällt. Die Folgen sind verheerend. Von einer Anhöhe versucht Friedrich, dem man schon morgens gleich zwei Pferde unter seinem Leib weggeschossen hat, die wilde Flucht seiner Soldaten aufzuhalten. Vergeblich.

Alles scheint nun verloren. Da kein Ersatzheer mehr vorhanden ist, wird niemand den Feind daran hindern können, bis Berlin vorzudringen. 19 000 Mann sind auf dem Schlachtfeld geblieben, über 1000 werden vermißt, bei denen es sich um Deserteure handeln könnte.

Unter den Verwundeten ist der Dichter Ewald von Kleist. Seit 19 Jahren steht der gebürtige Pommer als Offizier in preußischen Diensten. Der Ohnmächtige wird von Kosaken ausgeplündert und später von russischem Militär auf Befehl des deutsch-baltischen Offiziers Major von Stackelberg nach Frankfurt an der Oder transportiert. Dort ist der Dichter, dem Lessing in seiner *Minna von Barnhelm* in der Figur des Majors Tellheim ein Denkmal gesetzt hat, zwölf Tage später in der Wohnung des Philosophieprofessors Nicolai seinen Verletzungen erlegen.

Auch Friedrich wird von einer Kugel getroffen. Sie prallt jedoch von seiner Tabakdose ab. Es ist dies nicht das einzige Wunder, das sich im Anschluß an seine schlimmste Niederlage zuträgt. Die letzten Reste der preußischen Armee, rund 30 000 Mann, können sich mit dem König am siegreichen Feind vorbei in Richtung Brandenburg stehlen. Man erreicht einen Ort, der 40 Kilometer von Berlin entfernt liegt. Der König gibt dort Anordnung, dem Thronfolger und Prinzen von Preußen, dem Sohn seines in Ungnade gefallenen, verstorbenen Bruders August Wilhelm, zu huldigen und überträgt den Oberbefehl über alle preußischen Truppen seinem Bruder Heinrich.

Diese seine Handlungsweise erweist sich als voreilig. Denn Laudon erhält von Maria Theresia den Befehl, nach Schlesien einzurücken, die Russen ziehen ebenfalls nach Süden ab, und Daun führt seine Truppen nach Sachsen: »Das Mirakel des Hauses Brandenburg.«

Am Jahresende befinden sich die einander feindlichen Brüder Friedrich und Heinrich – auf seine Art ebenfalls ein Mirakel im Hause Brandenburg – in Sachsen schon wieder im Kampf gegen die Österreicher. Die Zusammenarbeit der Brüder ist neu. Sie haben sich nie gemocht und stehen auch jetzt einander skeptisch gegenüber, wie eine Äußerung Heinrichs über Friedrich nach Lektüre des Lageberichts seines Bruders belegt: »Ich traue diesen Nachrichten in keiner Weise; sie sind immer widerspruchsvoll und ungewiß wie sein Charakter. Er hat uns in diesen grausamen Krieg geworfen (...) Seit dem Tage, an dem er zu meinem Heere gestoßen ist, hat er Unordnung und Unglück verbreitet.«

Ähnlich beurteilt Friedrich die Situation. »Er bemerkte, er hätte kein Glück mehr, seine gute Zeit sei vorüber«, schreibt de Catt in sein Tagebuch. Die gemeinsame Sache aber zwingt die beiden Brüder zusammenzuhalten, zumal das Land am Krieg zu leiden beginnt. Im Oktober 1760 fallen die Russen in Berlin ein, plündern die Schlösser in Charlottenburg und Niederschönhausen und verlangen von den Einwohnern zwei Millionen Taler Kontributionen. Friedrich wird sie den Berlinern später zurückzahlen.

Einstweilen läßt sich alles schlecht an. Zwar hat man, nicht zuletzt mit Hilfsgeldern aus England, in aller Eile wieder ein Heer aufstellen können. Aber bei Maxen nahe Pirna kapituliert ein preußisches Korps unter General Finck mit 15 000 Mann, 70 Geschützen sowie 96 Fahnen vor Marschall Daun, der auch nur über 25 000 Mann verfügt. Das hat es in Preußen bislang nicht gegeben und zeigt, wie kriegsmüde das Land ist. Der »Finkenfang von Maxen« bleibt kein Einzelfall. Ein zweites Korps unter General Fouqué wird bei Landeshut in Schlesien geschlagen. Friedrich selbst muß die Belagerung Dresdens im Juli 1760 aufgeben, nachdem seine Kanonen, der einzige Erfolg, den Turm der Kreuzkirche zum Einsturz gebracht haben. Der November bringt wenigstens einen halben Erfolg bei Torgau, dem sogar ein Dreiviertelsieg Zietens bei Liegnitz vorangegangen ist.

Aber Friedrich ist nicht mehr der alte. Obwohl erst 48, sieht er, von Krankheit und Sorgen gebeutelt, aus wie ein Greis. An den Marquis d'Argens, seinen ehemaligen Vorleser, schreibt er: »Ich habe dieses Leben recht satt. Der ewige Jude kann nicht müder geworden sein als ich. Ich habe alles verloren, was ich auf Erden liebte und achtete. Ich bin von Unglücklichen umgeben, denen Hilfe zu bringen die jammervollen Zeiten mich verhindern (...) Ich bin überladen mit Geschäften und führe das Leben eines Einsiedlers.«

Der erschöpfte Feldherr hat seine charakteristische schiefe Schlachtordnung so gut wie aufgegeben. Seit Kunersdorf vorsichtiger geworden, vielleicht auch unsicherer, operiert er nun in gelockerter Kampfordnung mit getrennten Einheiten, die er rasch an Krisenpunkten einsetzen kann. Trotz Torgau und Liegnitz scheint er nicht mehr ganz bei der Sache, überläßt das Oberkommando mitunter seinem Bruder Heinrich.

Dieser nutzt die Gunst der Stunde. Solange er denken kann, hat ihm der ältere Bruder im Wege gestanden. Nie hat er sich, wie er glaubt, seinen Gaben gemäß profilieren können. Womit er wahrscheinlich recht hat und jetzt, sozusagen in letzter Minute, noch einiges nachzuholen versucht.

Das Land hat das tödliche Hin und Her, den Jubel über die Siege und die Trauer über die schmerzlichen Niederlagen, satt. Nicht, daß der Krieg die Zivilbevölkerung damals übermäßig tangierte. Der totale Krieg ist noch nicht erfunden. Aber die Lebensmittelpreise steigen für manche ins Unerschwingliche, hier und da kommt es zu Einquartierungen, auch Plünderungen, je nachdem, wo der Feind einfällt. In manchen entlegenen Gebieten merken die Menschen überhaupt nichts vom Krieg. Auch hat Friedrich niemals während seiner Feldzüge die Steuern oder Abgaben heraufgesetzt.

Nach dem Tod des George II., seines englischen Verbündeten, ist der Preußenkönig allerdings knapper bei Kasse als je. Denn auch der Premierminister Pitt, ein Bewunderer Friedrichs, hat abgedankt, und sein Nachfolger Lord Bute sieht nicht ein, warum er einem fremden Monarchen Jahr für Jahr 670 000 Pfund Sterling schenken soll, wenn dadurch das europäische Gleichgewicht der Staaten doch nicht aufrechterhalten wird.

670 000 Pfund sind vier bis fünf Millionen Taler gutes Geld, das Friedrich bisher in zehn Millionen schlechte Taler mit den Bildnissen des Königs von Polen und des Fürsten von Bernburg hat ummünzen lassen, ein Hokus-Pokus-Trick, um die Staatseinnahmen zu verdoppeln.

Die Erschöpfung, die bei Friedrich oft in Ekel vor dem eigenen Tun umschlägt, befällt allmählich sämtliche Kriegführende Europas. Auch Maria Theresia scheint nicht mehr so unversöhnlich, was Schlesien angeht; selbst ihre schier unerschöpfliche Energie ist diesem endlosen Kampf nicht mehr gewachsen. Einige vorsichtig unternommene Versuche Friedrichs zu einem Friedensschluß hat sie indes abgelehnt.

Da stirbt am 5. Januar 1762 die Zarin Elisabeth von Rußland, eine geradezu fanatische Feindin Friedrichs. Ihr Neffe besteigt als Peter III. den Thron. Peter ist ein großer Bewunderer des Preußenkönigs und schließt sofort Frieden mit ihm. Er gibt ihm nicht nur das von den Russen besetzte Ostpreußen zurück, sondern geht sogar ein Bündnis mit Preußen ein. Das verändert die gesamte Sachlage. Mit einem derartigen Verbündeten ist das angeschlagene Preußen plötzlich wieder erstarkt, und Österreich hat, ähnlich erschöpft und ausgeblutet, seinen mächtigsten Partner verloren.

Ein neuerliches Hohenzollernwunder? Man kann es so sehen. In Wirklichkeit aber kommt Zar Peters Entschluß dem heimlichen Wunsch des ganzen Kontinents entgegen.

Im Oktober des gleichen Jahres erobert Friedrich Schweidnitz in Niederschlesien zurück. Die Stadt ist dynastisch interessiert, weil sie früher Hauptstadt eines selbständigen Herzogtums war. Im gleichen Monat gewinnt Prinz Heinrich die Schlacht bei Freiberg in Sachsen, die letzte des Siebenjährigen Krieges. Sie gleicht zum Abschluß einem Triumph Preußens gegen Österreich und bringt dem Land immerhin den Besitz des Erzgebirges und Thüringens ein.

Heinrich fühlt sich bis an sein Lebensende als der eigentliche Sieger im Siebenjährigen Krieg und zürnt seinem Bruder, von dem er sich um den ihm gebührenden Lorbeer betrogen fühlt. Er igelt sich in Rheinsberg ein, wo er einen Gegenhof zu dem Friedrichs anführt, der sich womöglich noch französischer geriert als der in Sanssouci. Gegenüber dem Schloß Rheinsberg, am entgegengesetzten Ufer des Sees, errichtet Prinz Heinrich ein Denkmal des Siebenjährigen Kriegs, auf dem den großen preußischen Truppenführern Plaketten gewidmet sind. Friedrich erhält keine Plakette. Die Hohenzollern sind eine schwierige Familie.

Der Februar des Jahres 1763 wird zu einem rechten Friedensmonat. Am 6. Februar erklärt das Reich mit großzügiger Geste seine Neutralität. Neun Tage später unterschreiben Preußen, Österreich und Sachsen im Jagdschloß Hubertusburg bei Oschatz im Sächsischen einen Friedensvertrag. Der Vorkriegsstatus wird wiederhergestellt. Preußen behält Schlesien sowie die rheinischen Gebiete.

Geändert hat sich für Preußen etwas Entscheidendes. Es wird als Großmacht neben den anderen europäischen Großmächten anerkannt. »Wert, Würde und Starrsinn der Preußen«, so Goethe, haben sich durchgesetzt.

Das Schicksal meint es wieder gut mit dem Preußenkönig. Als Peter III., ein geistig beschränkter Enkel Peters des Großen, von seiner Frau und Nachfolgerin, der Zarin Katharina II., gestürzt und von deren Günstling Orlow ermordet wird, kommt Preußen in den Genuß einer Gebietserweiterung. Denn Katharina bestätigt die Konvention, die auch eine Teilung Polens, in der historischen Zählung die erste, einschließt. Friedrich streicht, übrigens mit Zustimmung Österreichs, das ebenfalls einen Anteil bekommt, 1772 Westpreußen, wenn auch ohne Danzig und Thorn, sowie das Ermland und den

Netzedistrikt ein, insgesamt 36 000 Quadratkilometer samt 500 000 Einwohnern. Daß es sich um Polen handelt, die kaum oder gar nicht Deutsch können, stört den König nicht. Er spricht und versteht es selbst nicht sehr gut.

Weit mehr interessieren dürfte ihn die Tatsache, daß mit der Übernahme dieser Provinz – es handelt sich um das alte Pruzzenland – die Notwendigkeit wegfällt, als König *in* Preußen zu fungieren. In Zukunft nennt sich Friedrich und alle seine Nachfolger zu Recht König *von* Preußen. Was uns wie eine Lappalie anmutet, hat in diesen Zeiten existentielle Bedeutung. Zum Staat gehört eine metaphysische Begründung, über deren Berechtigung sich streiten läßt, ohne die aber ein derartiges Gebilde einzustürzen droht wie eine Mauer ohne Mörtel.

Nach Beendigung der Schlesischen Kriege ist Friedrich ganz der »Alte Fritz« wie man ihn von Bildern kennt, nur schlampiger in der alten, von Tabakkrümeln bedeckten Uniform, auf den Krückstock gestützt und mit gekrümmtem Rücken. Ist es schon ein Wunder, daß er, sogar als Sieger, die vielen Kriegsjahre überstanden hat, so ist beinahe noch erstaunlicher, daß er in dieser Zeit hervorragend gewirtschaftet hat. Sein Säckel erweist sich trotz der kostspieligen Kriege als wohlgefüllt, und das nicht nur, weil er das Umprägen von gutem in weniger gutes Geld beherrscht. Während alles drunter und drüber zu gehen schien, hat er genaue Rechnung geführt. So kann er die zerstörten Dörfer und Städte seiner Lande wieder aufbauen, eine Staatsbank gründen, die sogenannte »See-Handlung«, die den Export ins Ausland finanzieren soll, die Urbarmachung des Netzebruchs vollenden, und das, ohne Geld leihen zu müssen. Im Gegenteil: Er ist es, der fremden Mächten Subsidien geben oder leihen kann, zum Beispiel den Russen, die finanziell weniger gut gewirtschaftet haben und denen jetzt die Rubel für einen Feldzug gegen die Türken fehlen.

Jahrzehnte zuvor, 1749, hatte man die Nase gerümpft, als der König das Preußische Department für Handel und Wirtschaft selbst in die Hand nahm. Er hätte keine geeignetere finden können.

Wirtschaftlicher Sachverstand paßt wie so vieles nicht ins Bild, das man sich von Friedrich dem Großen macht.

Je älter er wird, desto kauziger gibt er sich. Den altvertrauten Freundeskreis findet er in Sanssouci nicht mehr vor. Maupertuis und viele andere sind gestorben. Als erstes unternimmt er eine Besichtigungsreise durch das arg zerschundene Schlesien, um die Gelder für den Wiederaufbau zu verteilen. Nach Berlin zurückgekehrt, fühlt er sich fremd, obwohl er begeistert begrüßt wird. Seiner Schwester Luise Ulrike, jetzt Königin von Schweden, schreibt er: »Ich befinde mich in einer Stadt, wo ich die Mauern kenne, aber wo ich die Personen, die der Gegenstand meiner Ehrfurcht oder meiner Freundschaft waren, nicht wiederfinde.«

Er sucht einen neuen Präsidenten für die Akademie der Wissenschaften. Da es ein prominenter Franzose sein muß, bittet er d'Alembert, den berühmten Enzyklopädisten, den er von einer Inspektionsreise durch seine westlichen Provinzen nach Berlin mitgebracht hat, den Posten zu übernehmen. Der aber fühlt sich in dem von den Russen geplünderten Schloß Charlottenburg, wo er untergebracht ist, nicht wohl und bietet statt dessen Friedrich seine Brieffreundschaft an.

Der einzige Franzose, der von der alten Tafelrunde übriggeblieben ist, d'Argens, hat die Zeit des Siebenjährigen Kriegs außerhalb Preußens verbracht, und Friedrich holt ihn zurück. Doch verdirbt er es gleich wieder mit ihm, weil er immer noch nicht seine Spottlust zu zügeln versteht; er macht sich so lange über d'Argens Hypochondrie lustig, bis dieser gekränkt wegbleibt. Da sich kein neuer Franzose einfindet, besteht Friedrichs Umgebung bald aus mehr oder weniger langweiligen Landsleuten, mit denen ihn intellektuell wenig verbindet. Er vereinsamt. Auf seinen Spaziergängen in den entstehenden Parkanlagen von Sanssouci begleiten ihn seine Lieblingshunde, schlanke Windspiele, die nicht einmal nachts von seiner Seite weichen und mitunter, wie man erzählt, in seinem Bett schlafen.

Er verliert sogar die Lust an der Musik, da der Verlust der Zähne und die fortgeschrittene Gicht ihm das Musizieren auf der Querflöte verleiden. Zum letztenmal greift er zu seinem geliebten Instrument an seinem 65. Geburtstag, im Januar 1777. Rheuma und Gicht plagen ihn so stark, daß er Wochen im Bett und einmal einen Monat im Lehnstuhl verbringt. Er versucht, seinen Körper zu ignorieren, aber das gelingt keinem auf die Dauer. Trotzdem geht er brav mit seinem Kutscher Pfund, dem einzigen, dem er nie widerspricht, sondern aufs Wort gehorcht, auf Inspektionsreisen, stets mit einem Packen Bücher.

Immer noch steht er in aller Herrgottsfrühe auf, beantwortet die Briefe seiner Untertanen durch Diktat an die zahlreichen Sekretäre, die schon vor den Ministern da sind. Oft greift er auch eigenhändig zur Feder und verfaßt kurze, witzige bis zynische Anweisungen. So schreibt er auf die Anfrage eines Gerichts an den König über ein notwendiges Strafmaß: »Daß der Arrestant Gott gelästert hat, ist ein Beweis, daß er ihn nicht kennt; daß er mich gelästert hat, vergebe ich ihm; daß er aber einen edlen Rat gelästert hat, dafür soll er exemplarisch bestraft werden und auf eine halbe Stunde nach Spandau (auf die Zitadelle) kommen.« Oder auf die Bitte einer Gemeinde, ihren Pfarrer abzulösen, da dieser nicht an eine Wiederauferstehung glaube: »Der Pfarrer bleibt. Wenn er am Jüngsten Gericht nicht mit aufstehen will, mag er ruhig liegen bleiben.«

Bei wachsendem europäischen Ruhm, wachsendem Staatsschatz und wachsender Truppenstärke konzentriert sich der Alte Fritz auf einige Aufgaben, an die heranzugehen ihn die Kriege gehindert haben. Er beauftragt den zum Großkanzler ernannten Grafen von Carmer, einen Rheinpfälzer, der schon in Schlesien Justizminister gewesen ist, mit dem Entwurf einer neuen Prozeßordnung und für ein *Allgemeines Landrecht für die preußischen Staaten*. Die Langwierigkeit und Unberechenbarkeit des Justizwesens ist ihm seit langem ein Dorn im Auge. Das Allgemeine Landrecht wird als letztes Vermächtnis Friedrichs acht Jahre nach seinem Tod in Preußen eingeführt werden. Es ehrt den verstorbenen König und revidiert gleichzeitig ein von ihm begangenes Unrecht.

Eine Anekdote, die sich lange Zeit in deutschen Lesebüchern erhalten hat, handelt vom Alten Fritzen und dem Müller von Sanssouci. Den König soll das Klappern der Mühle gestört haben, und er hat den Müller gebeten, die Mühle abzureißen. Wenn dieser dem Wunsch des Monarchen nicht freiwillig nachkäme, wollte er es selbst tun. Daraufhin der Müller: »Ja, Majestät, wenn es nicht das Berliner Kammergericht gäbe!« Die Antwort soll Friedrich veranlaßt haben, die Mühle stehen zu lassen.

In Wirklichkeit hat sich die Geschichte etwas anders abgespielt. Es handelte sich um eine Wassermühle bei Pommerzig in der Neumark und nicht in Potsdam. Der Müller, Christian Arnold, beklagte sich über einen Karpfenteich, den der Landrat von Gersdorff direkt oberhalb seines Mühlgrabens angelegt hatte. Als aufgrund seiner Beschwerde nichts geschah, zahlte er keine Pacht mehr, woraufhin ihm die Mühle genommen wurde.

Das Kammergericht zu Berlin, das der Müller in der Anekdote so vertrauensvoll anspricht, mußte, nachdem Arnold den Landrat verklagt hatte, tatsächlich tätig werden. Das Urteil fiel nicht zugunsten des Müllers aus, und Friedrich mutmaßte daher, daß die adligen Richter einen Standesgenossen begünstigt hatten. Er griff nun persönlich ein. Am 11. Dezember 1779 verhörte er höchstselbst die beiden Kammergerichtsräte, denen er das Ergebnis der Untersuchung eines von ihm beauftragten Obersten entgegenhielt. Die beiden Richter wanderten ein Jahr in Festungshaft, und der verantwortliche Großkanzler wurde entlassen. Außerdem mußten die Juristen dem Müller Arnold Schadensersatz bezahlen. Sie sind erst nach Friedrichs Tod rehabilitiert worden, als sich herausstellte, daß sie ohne

Zweifel im Recht gewesen waren. Der Müller hatte den angerichteten Schaden gewaltig übertrieben.

Friedrich spielt hier eine ganz andere Rolle, als sie Generationen von Nachfahren überliefert wurde – keine unsympathische in der Parteinahme für den anscheinend Schwächeren, aber auch keine durch und durch integre im Sinne neutraler Gerechtigkeit. Dies eine Position, wie sie der große König häufig bezogen hat, und demgemäß lautet das Urteil der Nachwelt im *Preußen-Ploetz*: »Friedrich II., der Große gehört zu den umstrittensten, aber auch faszinierendsten Persönlichkeiten der neueren Geschichte.« Dem ist nichts hinzuzufügen.

Seine Hauptstadt Berlin meidet er in den letzten Jahren. Er liegt im Sterben, als ihm ein zynisches Pamphlet zugeschickt wird, das in den Berliner Buchhandlungen frei verkauft wird. Sein Minister Hertzberg rät ihm, es zu verbieten, aber das will Friedrich nicht. »Man muß so etwas verachten«, sagt er. Am 16. August 1786 findet, wie Hertzberg sich ausdrückt, »der König die Sprache nicht.«

Sein Tod ist einsam. Nur sein Kammerhusar Strützky ist bei ihm. Da er im Bett sitzen will, muß ihn Strützky stützen. Nachts schlägt eine Uhr. »Was ist die Glocke?« fragt der König. »Ich will um vier Uhr aufstehen!« Seine letzten Worte: *La montagne est passée, nous irons mieux* (Der Berg ist überwunden, jetzt wird es leichter gehen). Zwanzig Minuten nach zwei Uhr stellt Dr. Selle, sein Leibarzt, der in einem Nachbarzimmer gewacht hat, den Tod fest.

»Bis zum letzten Atemzuge werden meine Wünsche dem Glücke des Staates gelten«, lesen wir in seinem Testament. »Möchte er stets mit Gerechtigkeit, Weisheit und Stärke regiert werden! Möchte er durch die Milde seiner Gesetze der glücklichste ...« sein.

Friedrich Wilhelm II.

oder
Ein König läßt fünfe gerade sein

Der neue König ist ein Mann von imposanter Statur, breitschultrig und muskulös, ein Herkules, der die Menschen seiner Umgebung um Haupteslänge überragt. Er besteigt als nicht mehr ganz junger Mann den Thron. Friedrich Wilhelm II. ist 42 Jahre alt, als sein Onkel Friedrich der Große stirbt. Sein Vater war der unglückliche August Wilhelm, der nach Kolin in Ungnade fiel und nach dessen frühem Tod er zum »Prinzen von Preußen«, also Kronprinzen, erhoben wurde.

Inzwischen ein gereifter Mann und von den Berlinern zärtlich-burschikos »der dicke Wilhelm« genannt, ist er alles andere als ein unbeschriebenes Blatt. 300 000 Taler Schulden soll er haben und noch mal soviel im Ausland; das viele Geld hat er mit mehr oder weniger leichten Mädchen durchgebracht. In der Hauptstadt kennt man ihn auch an der Spitze fröhlich lärmender Offiziere auf dem Weg ins nächste Bordell. Kein Mann nach dem Wunsch eines Friedrich des Großen, der den Nachfolger in Potsdam hat kräftig exerzieren lassen, ohne ihn jemals an seine Abendtafel zu laden.

Friedrich hat über ihn genauso schlecht gesprochen wie über den armen August Wilhelm, seinen Bruder. Viel zitiert wird schon damals seine Äußerung beim Abschied von seinem Breslauer Minister Graf von Hoym nach seinem letzten Schlesien-Aufenthalt: »Lebe Er wohl. Er sieht mich nicht wieder. Ich werde Ihm sagen, wie es nach meinem Tode gehen wird. Es wird ein lustiges Leben bei Hofe werden. Mein Neffe wird den Schatz verschwenden, die Armee ausarten lassen. Die Weiber werden regieren, und der Staat wird zugrunde gehen. Dann trete Er auf und sage dem König: ›Das geht nicht, der Schatz ist dem Lande, nicht Ihnen.‹ Und wenn mein Neffe auffährt, dann sage Er ihm, Ich habe es so befohlen. Vielleicht hilft es, denn er hat kein böses Herz. Hört Er's!«

Vehse fügte diesem Zitat hinzu: »Hoym hörte, hütete sich aber wohlweislich, später zu reden.« Denn ganz falsch lag Friedrich mit seiner Prophezeiung nicht. Es kam mehr oder weniger so, wie er es vorausgesehen hatte. Zufrieden waren es hingegen seine Untertanen, allen voran die Berliner. Sie atmen auf, weil Friedrich Wilhelm sofort die sogenannte »Regie« abschafft, die der ebenso sparsame wie rigorose Friedrich der Große 1766 zum Schutz der Einfuhrsteuern geschaffen hatte. Sie trieb nicht nur die Preise für Tabak, Kaffee, aber auch Getreide und daher Brot in die Höhe, sondern machte auch diejenigen, die streng darüber wachten, zumeist Franzosen, unbeliebt. Die »Kaffeeschnüffler«, die nach den heimlichen Röstern geschmuggelter Kaffeebohnen fahndeten, verschwinden.

Friedrich Wilhelm II. gibt sich auf ausdrückliche Weise deutsch. Er spricht bei Hofe nicht französisch, sondern bedient sich der Landessprache mit deutlichem Berliner Tonfall, außerdem ist er der erste preußische König, der einem deutschen Dichter, nämlich Karl Wilhelm Ramler (*Lieder der Deutschen*), einem Professor an der Berliner Kadettenanstalt, eine Pension bewilligt.

Die Berliner haben es gern, wenn der Mann an der Spitze die Zügel lockerläßt und räumen ihm das gleiche Recht für seine Person ein. Seine vielen Mätressen nimmt man ihm jedenfalls nicht übel, solange die Kassen voll sind, das Brot billiger wird und auch sonst einige Reformen Platz greifen, die, wie die Einführung des *Allgemeinen Landrechts für die preußischen Staaten* 1794, noch vom Alten Fritz stammen. Zudem ist der neue Herr über Preußen freundlich zu jedermann, erwidert den Gruß der Leute auf der Straße und nennt keinen mehr »Er« wie der störrische alte König. Er spricht alle mit »Sie« an, was damals bei Monarchen als ungewöhnlich höflich gilt. Man kann davon ausgehen, daß die Menschen merken, wie sehr es dem »dicken Willem« von Herzen kommt. Er handelt dabei nicht aus kühler Berechnung (vielleicht auch), sondern in erster Linie aus ehrlicher Menschenfreundlichkeit.

Was man nicht so bald merkt, ist, daß der von Friedrich hinterlassene Staatsschatz in Höhe von 54 Millionen Taler im Jahre 1797 einer ähnlich hohen Staatsschuld gewichen ist. Und daß der Hof, wie gleichfalls vorausgesagt, von Mätressen und Günstlingen durchsetzt wird. Da letztere meist aus Rosenkreuzern bestehen, denn der König zeigt mystische Neigungen, spielen Logenbrüder wie Johann Christoph von Bischoffwerder eine maßgebliche Rolle bei dem Versuch, der aufklärerischen Vernunft entgegenzutreten. Zum Glück sorgt Karl Abraham von Zedlitz dafür, daß eine umfassende Schul- und Bildungsreform noch aufklärerische Züge zeigt. 1788 führt er in Preußen das Abitur ein.

Was hinter den Kulissen dräut, hat der französische Graf Mirabeau am deutlichsten ausgesprochen, der eben in Berlin seine vierbändige Biographie Friedrichs des Großen vorbereitet. Andere behaupten, er habe als Agent der französischen Regierung dort gewirkt. »Der neue König«, so Mirabeau, »anstatt das Volk zu sich zu erheben, stieg zu ihm herunter (...) Friedrich Wilhelm haßt nichts, und kaum liebt er etwas. Sein einziger Widerwille sind die Leute, die Geist haben. Im Inneren des königlichen Hauses herrscht eine vollkommene Unordnung. Die Bedienten haben das Regiment in Händen. Kein Haushofmeister, kein Chefintendant, für nichts sind Fonds angewiesen. (...) Überall Verwirrung und Zeitverschwendung. Die Bedienten fürchten die Heftigkeit des Königs, und doch sind sie die ersten, die seine Unfähigkeit verspotten. Kein Papier ist in Ordnung, auf keine Eingabe erfolgt ein Bescheid, keinen Brief öffnet der König persönlich, keine menschliche Gewalt wäre imstande, ihn dazu zu bringen, vierzig Zeilen hintereinander zu lesen. Auf stoßweise ausbrechende Heiterkeit folgt Abspannung und gänzliches Nichtstun.«

Und etwas später: »Man staunte, als man sah, daß der König seiner Vorliebe treu blieb für Theater, für Konzert, für die alte und die neue Mätresse. Man staunte, als er Stunden fand, um Bilder, Möbel, Kaufmannsläden zu besehen, um auf dem Violoncell zu spielen, um über die Händel der Hofdamen sich zu unterrichten – und Minuten, um seine Minister zu hören ...«

Das mag überspitzt klingen, wie von einem mißgünstigen Ausländer erdacht, kommt aber offenbar der Wahrheit nahe. Es gibt ganz ähnliche, wenn auch vorsichtiger formulierte Darstellungen von preußischen Diplomaten wie Haugwitz und Lucchesini, selbst vom General Bischoffwerder, der sich als einer der treuesten Anhänger Friedrich Wilhelms erweisen wird.

Der König, der da so lässig fünfe gerade sein läßt, ist zum zweitenmal verheiratet. Seine erste Ehe mit einer Lieblingsnichte Friedrichs des Großen, der damals 19jährigen Prinzessin Elisabeth Christine Ulrike von Braunschweig-Wolfenbüttel, dauerte nur vier Jahre. Die Ehe wurde geschieden, weil Elisabeth, eine lebhafte, schöne und selbstbewußte Frau, dem Prinzen, der ihr pausenlos Hörner aufsetzte, Gleiches mit Gleichem vergalt. Als sie ein Kind bekam und zugab, daß es nicht von Friedrich Wilhelm stammte, wurde die Ehe getrennt und sie selbst mit einer geringen Pension nach Küstrin verbannt. Dort war sie eine stadtbekannte und durchaus geachtete Persönlichkeit, obwohl die Stadt und die Festung ihr auf die Dauer langweilig wurden. Eine geplante Flucht nach Venedig ging leider schief, weil der Husarenoffizier, der sie organisierte – weshalb auch immer – verschwand. Ihr wurde später wenigstens als Aufenthaltsort Stettin erlaubt, wo die Prinzessin 94jährig gestorben ist.

Friedrich der Große liebte diese seine Nichte, die ihm wohl charakterlich ähnlich war, sehr. Er war so erbost über die Ehescheidung, daß er nun dem Hallodri von Nachfolger selbst eine Frau vorschrieb. Dies erfolgte im Einvernehmen mit einer der wenigen Damen, die Friedrich, kein Verehrer des weiblichen Geschlechts, zu seinen Freunden zählte: der resoluten, gleichwohl mütterlichen und charmanten Karoline Henriette von Hessen-Darmstadt, von Goethe in *Dichtung und Wahrheit* als »Große Landgräfin« tituliert, eine Bezeichnung, die sich einbürgerte.

Die Große Landgräfin korrespondierte mit großen Geistern der Zeit, unter ihnen auch Voltaire; sie verschmähte aber auch die deutschen unter ihnen nicht, wie Gleim, Wieland, Herder oder Klopstock. Sie verkehrte an vielen Höfen, denn sie hatte fünf Mädchen, Prinzessinnen, die sie unter die Haube bringen mußte.

Was ihr auch gelang, denn die Töchter hatten von der Großen Landgräfin Charme und Geist geerbt. Bis auf eine namens Friederike Luise. Sie war nicht eben schön zu nennen, doch ansehnlich, ungemein praktisch, humorlos und amusisch, kurz gesagt, grundsolide. Sie wurde dem Prinzen von Preußen als Gemahlin mehr be- als empfohlen, in der Hoffnung, daß sie dem Kronprinzen etwas Solidität beibringen könnte.

Diese Erwartung sollte sich nicht erfüllen. Friedrich Wilhelm gehorchte. Sein Onkel hatte ihm ja selbst vorgemacht, wie man sich seine Königin vom Leibe halten kann. Auch nach der Heirat setzte er sein fröhliches Leben fort.

Schon während seiner früheren Ehe hatte er im Alter von 22 Jahren die erst 14jährige Wilhelmine Encke kennengelernt. Sie war, später zur Gräfin Lichtenau erhoben, seine eigentliche Gemahlin. Mit ihr hat er seine eigentliche Familie. Obwohl nach einigem Zögern – man kann sie verstehen – auch die Königin Kinder von ihm bekam. Schon spielte bei Friedrich dem Großen bisweilen ein quasi Enkelkind an seinem Schreibtisch, wieder ein kleiner Friedrich Wilhelm, der spätere dritte. Der älteste legitime Sohn seines Nachfolgers, so schien ihm, könnte eher in der Lage sein, ihn zu »wiederholen« (so drückte er sich aus).

Wilhelmine war die Tochter eines Militärtrompeters, der

nach seiner Dienstentlassung eine Gastwirtschaft betrieb und nebenher bei Friedrich in Sanssouci das Waldhorn spielte. Er kann kein schlechter Musiker gewesen sein, wenngleich er wohl ein schlechter Vater war.

Das Kind wurde von einer Schwester aufgezogen, die es, nach Friedrich Wilhelms Meinung, schwer mißhandelte. Er ließ es ihr daher wegnehmen und gab Wilhelmine in eine Art Pension. Da sie vorher kaum eine Schule besucht hatte, ließ er sie in Französisch, gutem Benehmen, höfischem Anstand und Musik unterweisen. Er kümmerte sich um sie wie ein Geliebter, der er wohl auch bald wurde und bis zu seinem Lebensende blieb. Er liebte sie ganz einfach und wurde auf selbstverständliche Weise wiedergeliebt.

Dabei wird der Unverbesserliche trotzdem noch eine weitere Ehe eingehen, »zur linken Hand«, die allerdings ein tragisches Ende nimmt. Er wird der Encke, wie die Berliner die Gräfin Lichtenau nach wie vor nennen, auf seine eigene, rokokeske Weise treu bleiben. Darauf hatte er einen heiligen Eid – und einen fürstlichen dazu – geschworen. Ehe er sie gleichsam zum Abschluß ihrer Ausbildung nach Paris schickte, wo sie bei einer berühmten Kurtisane in die Schule gehen sollte, kam es zu einer pathetischen, dennoch wohl aufrichtigen Szene. Der Kronprinz griff zu einem Federmesser und stach sich tief in den linken Handballen. Darauf schrieb er mit seinem Blut folgende Zeilen auf ein Blatt Papier: »Bei meinem fürstlichen Ehrenwort, ich werde dich nie verlassen. Fr. W. Prinz von Preußen.« Dasselbe verlangte er anschließend von ihr. Die Narbe soll die Gräfin Lichtenau noch nach einem wechselhaften Leben mit Stolz vorgezeigt haben.

Sie erhielt wenig später noch einen dritten Namen, nämlich Rietz. Als sie aus Paris wohlausgebildet heimkehrte, kam der Alte Fritz dem Paar auf die Schliche. Er schien irgendwie angerührt, denn seine Reaktion fiel ungewöhnlich liberal aus. Zwar verlangte er eine sofortige formale Verheiratung des Mädchens, stellte sogar eine großzügige Summe als »Aussteuer« zur Verfügung, war aber damit einverstanden, daß sein Nachfolger die Geliebte weiterhin in ihrem ebenfalls vom König zur Verfügung gestellten Haus aufsuchte, das der Angetraute hingegen nicht betreten durfte.

Friedrich Wilhelms Kammerdiener Rietz war ein ziemlich undurchsichtiges Individuum, das der Kronprinz, wenn er ihm allzu frech kam, mit Ohrfeigen traktierte, für die der kraftvolle Muskelmann bei der Dienerschaft berüchtigt war. Trotzdem beförderte er, kaum daß er den Thron bestiegen hatte, Rietz zum Geheimen Kämmerer. Das bedeutete, daß er auch die königliche Privatschatulle verwaltete, was im Grunde bereits eine Sinekure darstellte.

Zu diesem Zeitpunkt war der neue König schon längst zum zweitenmal verheiratet, und Königin Friederike Luise hatte endlich die einzige Bedingung erfüllt, die Friedrich der Große an seinen Nachfolger gestellt hatte, nämlich für einen legitimen Kronprinzen zu sorgen. Am 2. August 1770 wurde ein weiterer Friedrich Wilhelm geboren, der spätere F. W. III. Im gleichen Jahr gebar Madame Rietz dem (damals noch) Kronprinzen einen Grafen Alexander von der Mark, auf ihn folgten 1778 eine Gräfin Marianne von der Mark sowie ein zweiter Sohn, Wilhelm, den der spätere König allerdings nicht anerkannte und der auf den Namen Rietz getauft wurde. Die familiären Verhältnisse Friedrich Wilhelms begannen kompliziert zu werden. Sie sollten derart kompliziert werden, daß nicht einmal die Beteiligten sie völlig durchblickten. Allein die Gräfin Lichtenau hat dem Casanova auf dem Königsthron fünf Kinder geboren.

Geschick im Umgang mit Frauen kann man Friedrich Wilhelm schwerlich absprechen. Im Umgang mit seinen männlichen Zeitgenossen hingegen läßt er psychologisches Geschick vermissen. Sein Hof ist einer der Günstlinge und deren Günstlinge. Nicht nur Rietz macht Karriere, weil er die Konkubine seines Königs geheiratet hat, sondern auch dessen Brüder, die Kammerdiener, Stallmeister und Oberförster werden, also wohldotierte Posten bekleiden. Seine Schwester, zur Gräfin

Mattuschka erhoben, wird mit einer reichen Mitgift einem Hauptmann von Schönberg anverlobt und bekommt ein palaisartiges Haus in der Neuen Leipziger Straße gebaut.

Das schönste, eleganteste (und teuerste) Haus jedoch läßt der König in Charlottenburg der Gräfin Lichtenau erbauen, mit einem großen Garten versehen und eigens eine Chaussee dorthin anlegen. Kein Wunder, daß die anfängliche Sympathie, die die Berliner dem »dicken Willem« entgegenbrachten, bald ins Gegenteil umschlägt.

So wenig Menschenkenntnis er beim Regieren beweist, so viel versteht er auf einem oder zwei anderen Sektoren. Geliebt wird man immer nur von dem, was man selbst liebt. Der König liebt die Liebe und er liebt die Kunst. Auf beiden Gebieten findet seine Liebe Erwiderung.

Über die Liebe wurde bereits ausführlich berichtet. Noch nicht erwähnt wurde die Tatsache, daß Friedrich Wilhelm all das, was er liebt, auch seinen Untertanen gönnt. Unter seiner Ägide erwirbt das bisher so solide Berlin im Land den Ruf eines Sündenbabels. Will man den satirischen Kritikastern der Zeit wie Massenbach oder den anonymen *Vertrauten Briefen* Glauben schenken, so entwickelt sich die Gegend um Schloß, Zeughaus und die Straße Unter den Linden zu einem einzigen Puff. Das mag bewußt übertrieben sein, aber tatsächlich erlaubt Friedrich Wilhelm den betreffenden Damen ausdrücklich am frühen Abend den Korso zu benutzen. Die ersten der von ihm eröffneten »Städtisch privilegirten Häuser«, für die er ein eigenes »Lusthaus-Reglement« entworfen hat, 54 an der Zahl, befinden sich in der Nähe von Kasernen. Aber die 257 öffentlichen Mädchen, die polizeilich registriert sind und ärztlich überwacht werden, sind über ganz Berlin verstreut. Man erkennt sie, einem frühen Baedeker zufolge, der anonym erschienen ist, daran, daß sie »auf ihrer linken Schulter mit einer roten Nessel [Schleife] geschmückt« sind.

Die *Freyen Bemerkungen über Berlin, Leipzig und Prag* berichten: »Die Mädchen wohnen, spinnen, nähen, stricken, singen oder gehen spazieren, solange es nämlich Tag ist, bricht die Nacht herein, so gehen sie auf Verdienst aus, und da ist denn die Lindenallee, der Lustgarten, der Schloßplatz und der Tiergarten ihre Hauptpromenade. Ihre Losung ist gewöhnlich: ›Guten Abend, lieber Junge, so allein?‹ Folgt nun eine günstige Antwort, so ist der Handel bald geschlossen und der Preis beläuft sich selten über zwei Groschen preußische Kurant.«

Nicht allen Berlinern ist das so genehm wie die Einführung des Deutschen als offizielle Hofsprache. Friedrich Wilhelm veranlaßt auch, daß die Schauspielbühne am Gendarmenmarkt, die bisher ausschließlich französischsprachige Stücke aufgeführt hat, sich in Zukunft der deutschen Sprache bedient. Iffland, der in Mannheim Schillers *Räuber* uraufgeführt und selbst den Franz Moor gespielt hat, wird als erster Direktor des Königlichen Nationaltheaters, wie die Bühne jetzt heißt, nach Berlin berufen.

Womit wir bei dem zweiten Gebiet sind, dem Friedrich Wilhelms ganze Liebe gehört – der Kunst. Ein leidenschaftlicher Cellist ist er seit Jugendtagen. Fachkundige Zeitgenossen stellen seinem Können auf diesem Instrument ein hohes Zeugnis aus – ein paar äußern sich auch zurückhaltend, aber ohne Zweifel weiß dieser König auf dem Gebiet der Musik Bescheid. Schon als Kronprinz besitzt er eine eigene Kapelle. Von Haydn, Mozart und Beethoven erbittet er Noten von Kompositionen. Beethoven und Mozart gastieren beide bei ihm in Berlin, und eine Berufung des letzteren an den preußischen Hof hat nur der frühe Tod Mozarts verhindert. Statt dessen ernennt er den Italiener Luigi Boccherini, der selbst ein Virtuose auf dem Violoncello ist, zu seinem Hofkomponisten, was alles in allem seinem musikalischen Geschmack ein vorzügliches, professionelles Zeugnis ausstellt.

Ein ähnliches Qualitätsgefühl besitzt er auf dem Gebiet der bildenden Künste. Er ist darin keineswegs wie Friedrich der Große ein Konservativer, sondern erweist sich als durchaus gut informiert und auf der Höhe seiner Zeit. Auf ihn, der doch selbst wie im rosigsten Rokoko lebt, geht jene stilistische Frühform zurück, die man oft als »preußischen Frühklassizismus« bezeichnet findet.

Eine typische Künstlerfigur seiner Regierungszeit ist der genialische junge Friedrich Gilly, Sohn des Allround-Baumeisters und Leiters einer Schule für Architekten, David Gilly. Der schwärmerische Friedrich Gilly hat auf einem anderthalb Meter langen Blatt ein gewaltiges Denkmal für Friedrich den Großen entworfen, das auf dem Leipziger Platz entstehen soll. Es würde alle bisherige Bauten Berlins bis auf die Kirchtürme überragen. Ein antiker Traum, läßt er es auf einer Pyramide, die über breite Treppen ersteigbar ist, einen griechischen Tempel tragen, der die Größe des Parthenons zu Athen noch übertrifft. Unter den dorischen Säulen, hoch über der Hauptstadt, sollte das Standbild des größten aller Preußen herabblicken, während der Sarkophag erdnah im Untergeschoß, den düsteren »ägyptischen« Grabkammern, seinen Standort gefunden hätte.

Das ideale Projekt wird nie Wirklichkeit werden. Der jüngere Gilly stirbt schon wenig später, 1800, in Karlsbad, wo er Genesung von der Schwindsucht gesucht hat, der Geißel jener Tage. Aber als sein Entwurf 1797 in der Akademie mit den anderen Wettbewerbsentwürfen ausgestellt wird, erregt er großes Aufsehen weit über Berlin hinaus. Der junge Karl Friedrich Schinkel ist von der Magie der Zeichnung so hingerissen, daß er beschließt, Baumeister zu werden und bei den Gillys in die Schule zu gehen. Er wird, was Friedrich Gilly begann, vollenden. Das wiederum ist Friedrich Wilhelm II. zumindest mit zu verdanken, denn er finanziert die alljährlich in Berlin stattfindende einzige Ausstellung in der Akademie der Künste.

Der König gibt auch zwei Gebäude in Auftrag, die stilbildend wirken und geradezu weitere klassizistische Bauten herausfordern: die Münze von Heinrich Gentz am Werderschen Markt, der Johann Gottfried Schadow einen von Gilly entworfenen – ebenfalls stilbildenden – Fries in Sandstein hinzugefügt hat, und hauptsächlich das klassizistische Wahrzeichen Berlins und damit Preußens, das Brandenburger Tor.

Von Carl Gotthard Langhans nach dem Vorbild der Athener Propyläen entworfen, ist dieses Bauwerk den Berlinern doppelt willkommen. Während in Paris die Revolution droht und im Blutvergießen versinken wird, baut man im friedlichen Berlin ein Tor, das keinen Krieg preist oder an ihn erinnert, sondern das, selbst wenn Schadow es später mit einer Viktoria schmückt, als ein Tor des Friedens gedacht ist. Ebendort, am Ausgang der Straße Unter den Linden, versperrte eine häßliche Mauer den Weg nach Charlottenburg. Friedrich Wilhelm I. hatte das Ungetüm, das sich in gehöriger Länge durch die Stadt zog, anlegen lassen, um Desertionen zu verhindern. Nun kann man ungehindert durch das schöne Tor ins Freie spazieren.

Ein solches Zeichen des Übereinkommens wissen die Berliner wohl zu schätzen. Da sie immer etwas zu meckern haben, so auch hier: Was den meisten von ihnen nicht paßt, ist die Baubeauftragte des Königs, keine andere als die Gräfin Lichtenau. Sie finden sich jedoch wohl oder übel mit ihr ab.

Friedrich Wilhelm II. hat nicht nur die besten Komponisten und den besten Theaterintendanten nach Berlin geholt, sondern auch die besten Architekten und den besten Bildhauer. Den führenden deutschen Bildhauer der Zeit, Schadow, einen Berliner, holt er weither aus Rom, den Schlesier Langhans aus Breslau, Erdmannsdorff, der dem Stadtschloß frühklassizistische Innenräume hinzufügt, aus Dessau, wo er das ebenfalls frühklassizistische Schloß Wörlitz gebaut hat, und Gilly aus Pommern. Eine überragende Auswahl, wie sie für ein Land und dessen Hauptstadt nicht besser sein könnte. Vom Elitebauer bis zum Erzfachmann, der notfalls auch Brücken und Pferdeställe entwirft (David Gilly), ist alles vorhanden. Um so mehr, als man damals seine Leute, die handwerklichen Zuarbeiter, mitzubringen pflegt – nicht nur die Kunst blüht unter Friedrich Wilhelm, dem Bruder Leichtsinn, auf, sondern mit dieser zugleich Handwerk und Gewerbe.

Die Kehrseite der Medaille ist die Günstlingswirtschaft, die allerdings in den elf Jahren der Regierung Friedrich Wilhelms offensichtlich eingedämmt wird. Das gilt zumindest für den Einfluß der Rosenkreuzer, Angehörige jener mystischen Bruderschaft mit den vier Rosen im Wappen. Sie muß zu Beginn seiner Regierungszeit große Anstrengungen unternommen haben, den König ganz ihrer Loge zu unterwerfen.

Fontane hat darauf aufmerksam gemacht, daß dergleichen nie gelungen wäre und sich – in seinen *Wanderungen*, im Band Havelland – über einen Vorfall ein bißchen lustig gemacht, der vielleicht ungerechtfertigt viel beschrieben worden sei und ein paar Jahre später in dieser krassen Form nicht mehr möglich gewesen wäre.

Nach einem Besuch im Belvedere-Pavillon hat auch der große Erzähler einen sehr eindrucksvollen Bericht über diese haarsträubende Episode abgegeben.

Das Belvedere hatte sich Friedrich Wilhelm zwei Jahre nach seiner Thronbesteigung als Tee- und Versammlungshaus von Carl Gotthard Langhans neben dem Schloß Charlottenburg an die Spree bauen lassen. Ein pavillonartiger Rokoko- und Klassizismus-Zwitter, in dem die Séancen des Geheimbundes stattzufinden pflegten.

Fontanes Bericht beginnt mit dem König, der allein in einem dunklen Kabinett im dritten Stock sitzt. »Der König hatte den Wunsch ausgesprochen, die Geister Marc Aurels, des Großen Kurfürsten und des Philosophen Leibnitz (sic) erscheinen zu sehen. Und sie erschienen. Wie man dabei verfuhr, darüber bericht' ich an anderer Stelle. Nur dies noch. Dem Könige war gestattet worden, Fragen an die Abgeschiedenen zu richten; er machte den Versuch aber umsonst. Es gelang ihm nicht, auch nur einen Laut über die bebenden Lippen zu bringen. Dagegen vernahm er nun seinerseits von den heraufbeschworenen Geistern strenge Worte, drohende Strafreden und die Ermahnung, auf den Pfad der Tugend zurückzukehren. Er rief mit banger Stimme nach seinen Freunden; er bat inständig, den Zauber zu lösen und ihn von seiner Todesangst zu befreien. Nach einigem Zögern trat Bischofswerder (sic) in das Kabinett und führte den zu Tode Erschöpften nach seinem Wagen. Er verlangte, zur Lichtenau zurückgebracht zu werden, ein Wunsch, dem nicht nachgegeben wurde. So kehrte er noch während derselben Nacht nach Potsdam zurück.«

Das klingt erschreckend. Ein Monarch scheint völlig in den Händen mystischer Fanatiker. Dagegen aber spricht manches. Friedrich Wilhelm hat seine Logenfreunde nur selten durch Beförderungen oder Berufungen anderen vorgezogen. Und Bischoffwerder (wie er sich richtig schreibt) gehört zu den ehrlichen Freunden. Den erfahrenen Militär und Politiker, der drei Jahre älter ist als der König, hat schon Friedrich der Große geschätzt und ihn gern an der Seite seines Nachfolgers gesehen. Es gibt Anzeichen dafür, daß er zum Rosenkreuzer nur geworden ist, um in der Nähe des Gönners zu bleiben und ihm auch dort nützlich sein zu können. Jedenfalls läßt sich seine Tätigkeit als Staatsmann so definieren – er dient als Verbindungsglied zwischen König und Ministern, eine Aufgabe, die er mit großer Loyalität gegenüber beiden Seiten erfolgreich ausführt.

Dem widerspricht wiederum der von Fontane überlieferte Bericht, daß Bischoffwerder auf seinem Herrensitz in Marquardt bei Potsdam, wo ihn der König in seinen letzten Regierungsjahren häufig besucht, den Geister-Firlefanz auf noch kompliziertere Weise fortführt. Obwohl Fontane jene »Grotte«, von der er berichtet, nicht mehr selbst gesehen hat, konnte er noch achtzigjährige Zeitzeugen befragen, die seinen Verdacht bestätigten. Heute ist der Grottenhügel in Marquardt ganz verschwunden.

Fontane über das dortige Zeremoniell: »Man begab sich nach der ›Grotte‹, einem dunklen Steinbau, der im Parke, nach dem rosenkreuzerischen Ritual, zu einem mit Akazien bepflanzten Hügel angelegt worden war. Der Eingang niedrig und kaum mannshoch, barg sich hier hinter Gesträuch. Das Innere der Grotte war mit blauen Lasursteinen mosaikartig ausgelegt, und von der Decke herab hing ein Kronleuchter. In dieser ›blauen Grotte‹, deren Licht- und Farbeneffekt ein wunderbarer gewesen sein soll, trat man ein; der König nahm Platz. Alsbald wurden Stimmen laut; leiser Gesang, wie von Harfentönen begleitet. Dann stellte der König Fragen und die Geister antworteten...«

Es ist dies die Stelle, von der Fontane im vorigen Zitat den Lesern zu verraten versprach, wie man so etwas machte oder gemacht haben könnte: »So die Tradition. Es wird hinzugefügt, die Grotte sei doppelwandig gewesen, und eine Vertrauensperson des Ordens habe von diesem Versteck aus die ›musikalische Aufführung‹ geleitet und die Antworten erteilt. Daß die Grotte eine doppelte Wandung hatte, ist seitdem und zwar durch den jetzigen Besitzer, der den Bau öffnete, um sich von seiner Konstruktion zu überzeugen, über jeden Zweifel hinaus bewiesen worden.«

Tatsächlich scheint Bischoffwerder auch an vielen anderen Orten in und um Berlin weiterhin Geister beschworen zu haben. So zum Beispiel im Palais der Gräfin Lichtenau am Tiergarten, beim König in Sanssouci in einem neben der Großen Terasse errichteten Haus sowie natürlich im Belvedere, das allerdings nach der Angstpartie des Königs fünfzig Jahre lang nicht betreten worden sein soll.

Bei Friedrich Wilhelm dürfte nicht nur eine Art metaphysischer Faszination eine Rolle gespielt haben, sondern auch ein Spieltrieb, der sich immer wieder bei ihm zeigt. Der Spieltrieb äußert sich auch im theatralischen Sinn: seine große, imposante, fast immer schneeweiß gekleidete Figur macht sich prächtig bei Aufzügen und feierlichen Gelegenheiten. Im Städtischen Museum zu Kleve hängt ein Bild des Brühler Malers Wilhelm Joseph Laquy von einem Einzug Friedrich Wilhelms II. in die Stadt und beim Vollzug der Gnadenzeremonie.

Im seit 1614 preußischen Kleve gab es eine alte Sitte, daß beim Besuch hoher Persönlichkeiten bestimmte Straffällige amnestiert wurden. Wer aus der Stadt verbannt worden war, konnte am Schloßhof der Burg den Gast erwarten, der an seinem Wagen oder am Schwanz seines Reitpferdes ein Seil mit sich führte. Ein Verbannter, der es ergriff und sich zum »Blauen Stein« im Schloßhof bringen ließ, war begnadigt.

König Friedrich Wilhelm II. hat die Gelegenheit genutzt, um sich recht in Szene zu setzen. Über der weißen Uniform trägt er eine rote Jacke, und das Gnadenseil hält er, eine wahrhaft rettende Erscheinung, in seiner rechten Hand. Auf die kummervoll schwarzgewandeten Gestalten, die das Seil bereits mit den Fäusten umklammern, blickt er gnädig herab. Derartige Gelegenheiten liebte er, beherrschte sie auch ganz überlegen. Vielleicht ist seine Rosenkreuzerei als ein Versuch aufzufassen, königliche Würde mit Nächstenliebe zu verbinden.

Als Krieger und Staatsmann ist er weniger begabt, entwickelt aber auf diesen Gebieten ein Höchstmaß an Fortune. Die Kriege, in die er eingreift, verliert er wenigstens nicht. Und den Staat Preußen erweitert er – eigentlich ohne eigenes Zutun – zu einer räumlichen Größe, wie sie das Land nie vorher besaß und auch später nicht besitzen wird. Beim Regieren erweist er sich als ein Hans im Glück.

Die hohenzollerischen Fürstentümer Ansbach und Bayreuth kann er vom amtsmüden Markgrafen von Ansbach kaufen. Dabei gewinnt er nicht nur einen Flecken Land in Franken (der allerdings 15 Jahre später an Bayern fallen wird), sondern zugleich einen Staatsmann, wie Preußen bislang keinen gehabt hat und den es in naher Zukunft brauchen wird, einen, der in einer unruhigen und unübersichtlichen Welt klug zu lavieren versteht, einen gewitzten Diplomaten, Hannoveraner, sechs Jahre jünger als der König: Karl August von Hardenberg. Friedrich Wilhelm übernimmt ihn in preußische Dienste zur Verwaltung der beiden neuen Markgrafschaften. In Ansbach und Bayreuth ist er derart populär, daß er selbst noch als Vertrauensmann hinzugezogen wird, als das Land bayerisch und Hardenberg zweiter Mann in Preußen geworden ist. Aber schon Friedrich Wilhelm wird er einen Dienst leisten, den wahrscheinlich keiner sonst in seiner Umgebung hätte leisten können oder wollen. Da sind zwei Füchse aufeinandergestoßen.

Am politischen Horizont ziehen inzwischen dunkle Wolken auf. Ging es bisher um monarchischen Landgewinn, so scheint eine Wende eingetreten: Die gescheiterten Reformversuche in einem der wichtigsten europäischen Länder führen zu einer Volksrevolution, die eine neue, eine antiautokratische Epoche ankündigen. Das alarmiert das restliche Europa. Die beiden deutschen Rivalen Österreich und Preußen verbünden sich gegen das revolutionäre Frankreich und erklären ihm 1792 den Krieg, der als »Erster Koalitionskrieg« (1792–1797) in die Geschichtsbücher eingegangen ist. Sie führen dabei insgeheim ganz selbstverständlich den bisher einzigen Kriegsgrund im Schilde, nämlich Landgewinn, denn die wilden Revolutionsheere glaubt man bald besiegen und jenseits des Rheins das Ancien Régime wiederherstellen zu können.

In Preußen ist man siegesgewiß. Man vertraut auf die Schlagkraft der eigenen Armee, die immer noch, wie zu Zeiten Friedrichs des Großen, als unbesiegbar gilt, und auf die Popularität, der sich Friedrich Wilhelm II. allgemein erfreut. Konnte doch am Vorabend der Französischen Revolution ein preußischer Minister, der Graf von Hertzberg, in der Berliner Akademie unter allgemeinem Applaus verkünden, »daß die preußische Monarchie, ob sie gleich vornehmlich auf der Kriegsmacht und einer uneingeschränkten Gewalt beruht, doch weit sanfter, gerechter und gemäßigter gewesen ist, als die meisten Republiken und eingeschränkten Monarchien«.

Im August 1792 vermeldet eine Nachricht aus Paris, König Ludwig XVI. sei abgesetzt. Da sich der radikale Flügel der Revolutionäre, die Jakobiner, als der richtunggebende herausgestellt hat, muß man nach der mißlungenen Flucht des Königspaares mit dessen Hinrichtung rechnen. Die Königin Marie Antoinette ist eine Schwester des österreichischen Kaisers Leopold II. Das alarmiert die beiden deutschen Alliierten.

Trotzdem sind es nicht die Österreicher, sondern die Preußen, die bei Longwy die französische Grenze überschreiten, um in Frankreich das Königtum wiederherzustellen.

Kommandeur der preußischen Truppe ist nicht, wie unter seinem Vorgänger üblich, der König, sondern Herzog Karl Wilhelm Ferdinand von Braunschweig, der, weil er schon unter dem Alten Fritz gedient hat, als bedeutendster Feldherr Europas gilt, obwohl er noch keine Schlacht gewonnen hat.

Dennoch ist der König mit von der Partie. Sein Troß besteht aus mehreren höfischen Wagen, was in Brandenburg-Preußen nichts Ungewöhnliches darstellt. Auch der Große Kurfürst hat seinerzeit seine zudem kränkliche Frau mit auf seine Feldzüge genommen und deren Hofstaat dazu. Neu ist, daß Friedrich Wilhelm II. gleich einen ganzen Harem mit sich führt. Auch seine Truppe ist mit leichten Mädchen gut versorgt, die in drei Klassen, für Offiziere, für Unteroffiziere sowie für Mannschaften, dem Heerwurm folgen und allesamt unter ärztlicher Überwachung stehen.

Weniger gut klappt der Nachschub. Die Preußen scheinen ihr Organisationstalent ein bißchen eingebüßt zu haben, was am chronischen Geldmangel des Königs liegen mag. Nicht nur gibt es zu wenige Feldbäckereien, auch Munitionswagen dürften in einem Krieg wichtiger sein als solche für das Feldbordell. Der Braunschweiger, aus friderizianischen Zeiten gewohnt, daß dergleichen von selbst und wie am Schnürchen klappt, erweist sich als hilflos. Auch ist die veraltete Taktik des 57jährigen der des Gegners weit unterlegen.

Ein lustiger Manöverzug, wie ihn die zahlreichen französischen Emigranten vorausgesagt haben, wird das Unternehmen nicht. Im Gegenteil: Die schlecht uniformierten Franzosen beweisen eine überlegene Kampfkraft. Zum ersten sind ihre Truppen weitgehend aus Freiwilligen zusammengesetzt, während das preußische Heer aus in letzter Minute von überallher zusammengetrommelten Söldnern besteht. Und zweitens haben sie eine beweglichere Kampftaktik entwickelt, gegen welche die altgewohnte im Nachteil ist. Sie marschieren nicht stur und gleichsam blindlings auf den Feind zu, sondern nutzen die Deckung aus, die das Gelände sowie der Umstand bieten, daß ein Soldat auch im Liegen oder Kriechen schießen kann. Noch werden selten Heerkörper in einzelkämpferische Gruppen oder Verbände aufgelöst, dennoch wird dem Einzelkampf schon größere Bedeutung zugemessen als dem exerzierten Angriff. Hatten die preußischen Truppen einst dank ihrem eisernen Ladestock einen erheblichen Vorteil über den Feind gewonnen, so haben sie jetzt keine waffen- oder kampftechnische Neuerung vorzuweisen. Der Ausspruch, den man der späteren Königin Luise in den Mund legte, den sie aber nie getan hat, umreißt die Situation durchaus: Man ist auf den Lorbeeren Friedrichs des Großen eingeschlafen.

Den Verlauf des Feldzugs stört weiterhin ein fortwährender Hader zwischen den Verbündeten: der Braunschweiger, wie der Oberbefehlshaber kurz genannt wird, der die Österreicher bisher als Erzfeinde Preußens angesehen hat, behandelt die österreichischen Hilfskorps mißtrauisch. Der Marsch auf Paris wird immer langsamer, der Widerstand der Franzosen immer stärker.

Der Heersäule folgt in simpler Reisekutsche ein Minister seinem Herrn, dem Herzog Karl August von Sachsen-Weimar, der preußischer General ist. Der Minister, kein anderer als Johann Wolfgang von Goethe, wird die nutzlose, wenngleich ungeheure Kanonade von Valmy, die unentschieden ausgeht, miterleben und darüber berichten.

»Von hier und heute«, wird er notieren, »geht eine Epoche der Weltgeschichte aus«, und betonen, daß jeder stolz sein könne, dabeigewesen zu sein.

Das sieht ein preußischer Oberst, dessen Kriegstagebuch erhalten blieb, anders. Der 22jährige, der seinen ersten Krieg erlebt, ist zutiefst erschüttert von dem Elend auf den Schlachtfeldern und in den Feldlazaretten. Der unnötige und schlecht geführte Feldzug kostet die Preußen nicht weniger als 20 000

Mann. Die meisten sterben elendig in Lumpen und im Schlamm. »Da lagen drei Musquetiere und ein Tambour [Trommler] mit zerschmetterten Schenkeln und Beinen und wimmerten jämmerlich«, schreibt der junge Oberst. »Ich leugne nicht, daß mich der Anblick heftig erschütterte, und daß mir anfing, etwas wunderlich ums Herz zu werden. – Höchst traurig war der Anblick der zurückgehenden Blessierten, die nachher alle aus Mangel an Anstalten und Pflege gestorben sind.«

Der junge Tagebuchschreiber wird zum Pazifisten, obwohl ihm später nicht erspart bleibt, in Kriege verwickelt zu werden. Es handelt sich um den Prinz von Preußen, den künftigen König Friedrich Wilhelm III.

Das Schicksal einer ungewöhnlich traurigen Kindheit teilt er mit fast allen Kronprinzen der Hohenzollern. Auch er wird weder vom Vater noch von der Mutter geliebt. Der Vater bevorzugt die Kinder der Gräfin Lichtenau. Die Mutter beschäftigt sich fast ausschließlich mit der Ordnung ihrer komplizierten Geldverhältnisse oder dem Wehklagen über die Untreue ihres Gatten. Ein Familienleben gibt es für Friedrich Wilhelm und seine jüngeren Geschwister nicht. Die Kinder bekommen die Eltern nur selten zu Gesicht. Aufgezogen werden sie von ungebildeten Offizieren und bedient von lieblosen und häufig rücksichtslosen Lakaien.

Geborgenheit empfindet der junge Mann fast ausschließlich beim Militär. So sehr er den Krieg zu hassen beginnt, in der Ordnung, der Disziplin, dem pünktlichen und übersichtlichen Tagesablauf in der Kaserne fühlt er sich zu Hause. Des Vaters Leichtfertigkeit und Egozentrik sind ihm fremd.

Der Rückzug erfolgt durch Schlamm und peitschenden Regen. Unterwegs desertiert ein Großteil der auch vom knappen Sold enttäuschten Angeworbenen. Fast wird der Rückzug zur Flucht. Allen voran erreicht der Kriegsberichterstatter Goethe in seiner Kutsche das sichere Weimar. Die Franzosen verfolgen ihren Feind – auch dies eine neue und bisher ungewöhnliche Taktik – buchstäblich auf dem Fuße bis nach Frankfurt am Main.

Sie nehmen die Stadt sogar ein, aber Friedrich Wilhelms sprichwörtliches Glück lächelt ihm wieder in Gestalt einer frisch zusammengestellten Truppe aus Hessen und Preußen, die die Stadt befreit, so daß er – jetzt wieder der »dicke Willem« in der weißen Uniform – wie ein Kaiser in die Stadt am Main einziehen kann. Glücklicherweise halten beide Seiten an der Gewohnheit fest, daß im Winter kein Krieg stattfindet.

Der gefeierte Befreier Frankfurts, Georg von Hessen-Darmstadt, erkennt seine Chance und ergreift die Gelegenheit beim Schopf. Im Winter 1792 wimmelt Frankfurt von Angehörigen des Hochadels, und selbst der preußische König weilt in der Stadt. Dem Darmstädter Held geht es um seine beiden Nichten, die mutterlos bei ihrer Großmutter in Darmstadt aufwachsen. Im Winterquartier dreht es sich ohnehin wieder um das alte dynastische Spiel, wer wen am günstigsten und politisch zweckmäßigsten heiraten sollte. Warum nicht die 16jährige Luise und ihre zwei Jahre jüngere Schwester Friederike als Heiratskandidatinnen lancieren? Man hört gewiß auf den Rat eines Siegers.

Die ältere der Mecklenburger Prinzessinnen, die da in Süddeutschland aufwachsen, ist sogar dem fürstlichen Adel bereits bekannt, nachdem der begabte junge österreichische Staatsmann Fürst Klemens von Metternich auf dem Ball anläßlich der letzten Kaiserkrönung in Frankfurt den Eröffnungswalzer mit ihr getanzt hat.

Für eine wirklich gute Partie bedürfen die bildhübschen, fast schon Schönheiten zu nennenden Mädchen aber einiger Hilfe. Der Vater ist kein regierender Fürst, sondern Statthalter Großbritanniens in Hannover, gilt jedoch als Anwärter auf den Herzogtitel von Mecklenburg-Strelitz, wo sein kauziger Bruder regiert. Der vom Volk »Dörchläuchting« (Durchlauchtchen) genannte Weiberfeind hat keine Kinder.

Einen Friedrich Wilhelm II. stört das nicht, ebensowenig daß der Vater der hübschen Prinzessinnen relativ arm und auf sein englisches Einkommen angewiesen ist. Für zwei reizvolle junge Damen stehen sein Herz und seine Kassen stets offen. Eine Mitgift brauchen die Bräute seiner Söhne nicht mitzubringen.

Wahrscheinlich ist er, als sie in Begleitung ihrer Großmutter in Frankfurt eintreffen, verliebter in sie als seine Söhne. Louis, der Jüngere, ist bereits anderweitig gebunden, hat aber dem Vater versprochen, sich zu fügen. Welche Frau er heiraten soll, ist ihm egal. Ganz anders sein etwas schüchterner älterer Bruder, der Thronfolger Friedrich Wilhelm. Von Natur ein Zauderer, kann er sich zunächst nicht zwischen den Prinzessinnen entscheiden. Ein Problem, das auch der Vater, den er um Rat fragt, nicht löst, der ihn lediglich mit einem zungenschnalzenden Kommentar abspeist: »Frische Fische, gute Fische!«

Das soll wohl heißen: Mir wären beide recht. Der Kronprinz empfindet die Bemerkung reichlich obszön. So befragt er den alterfahrenen Diplomaten Lucchesini, einen Italiener, der sowohl für Preußen als auch Rußland arbeitet oder gearbeitet hat. Und erhält prompt, wenn auch anständiger vorgebracht, die gleiche Antwort.

Sein Zaudern währt freilich nicht lange. Es dürfte Luises Charme sein, dem er verfällt. Auch strahlt sie jene menschliche Wärme aus, die er immer vermißt hat. Aus dem skeptischen Abstand wächst, was selten ist in diesen Gesellschaftskreisen: Liebe, und das von jener Art, für die man gern das Wort »unsterblich« wählt. Daß es in Preußen, und außerdem mit dem ewig mißmutigen Kronprinzen sowie einer als Walzertänzerin bekannten Prinzessin von Mecklenburg eine ausgesprochene Liebesheirat wie aus dem Märchen geben wird, gleicht nicht nur am Berliner Hof einer Sensation.

Dem König gefällt das; zum erstenmal entdeckt er an seinem Sohn eine sympathische Seite. Er fördert sie nach Kräften, indem er ihn, soweit es geht, vom Kriegsdienst verschont und ihn, weniger aufgrund seiner militärischen Verdienste als wegen seiner Brautwahl, zum Generalmajor ernennt. Während man das von den Franzosen besetzte Mainz belagert, wechselt das Paar nicht weniger als 79 Briefe, obwohl Friedrich Wilhelm sich mit seinem Adjutanten von Schack häufiger auf dem Ritt nach Darmstadt befindet oder bei seiner Braut im Alten Palais weilt als vor Mainz.

Denn damit, daß zwei Fürstenkinder zueinander in Liebe entbrannt sind, ist der Krieg natürlich nicht zu Ende. Nach der Hinrichtung Ludwigs XVI. in Paris flammt er wieder heftig auf. Denn jetzt schließen sich auch Großbritannien, Holland, Spanien, Sardinien, Neapel und Portugal sowie das Reich der Koalition an. Die österreichischen Niederlande werden zurückerobert und die Franzosen zurückgedrängt. Friedrich Wilhelm II. nutzt die Atempause überraschend zu einem politischen Coup, den der Marchese Girolamo Lucchesini mit in die Wege geleitet hat. Der König reist gen Osten, wo er in einem »Petersburger Vertrag« mit Rußland die »Zweite Teilung Polens« beschließt. Über den Kopf der Bevölkerung hinweg wird sie sofort vollzogen.

Ein solcher Akt wäre heute eine Ungeheuerlichkeit. Vom historischen Standpunkt aus mag er zwar nicht gerade ehrenvoll gewesen sein, erschien aber den Zeitgenossen keineswegs derart räuberisch wie uns Nachfahren. Noch sind die Staaten nicht an Nationen gebunden. Nicht Sprache noch Volkszugehörigkeit bilden die staatlichen Einheiten, sondern der territoriale Herrscher. Das bedingt andere moralische Beurteilungen, als sie uns selbstverständlich sind. Der Nachteil war, daß Wechsel der staatlichen Zugehörigkeit häufiger vorkamen als später. Der Vorteil war eine weitaus größere Toleranz, die man Anderssprachigen, Andersrassigen und selbst Andersgläubigen entgegenbringen mußte.

In Polen, seit dem 16. Jahrhundert eine Adelsrepublik mit Wahlkönigtum, wurde im 18. Jahrhundert zunächst der sächsische Kurfürst Friedrich August I. vom polnischen Adel zum König von Polen gewählt, das er als August II., der Starke, regierte. Sein Sohn (August III.) konnte sich nur mehr mit russischer Hilfe gegen den von Frankreich unterstützten Rivalen Stanislaus I. Leszczynski durchsetzen. In seiner Nachfolge setzten sich für die Anlehnung an Rußland plädierende Magnaten durch. Der letzte polnische König Stanislaus II. August Poniatowski gelangt durch die Protektion der russischen Zarin Katharina in Absprache mit Preußen auf den Thron.

Der Versuch, das Land zu teilen, ist, obgleich rechtlich reichlich weit hergeholt, nicht ganz unberechtigt. Sowohl Rußland als auch Preußen besitzen dynastische Ansprüche. Sie gilt es nun durchzusetzen. Und darauf versteht sich Friedrich Wilhelm II. vorzüglich. Ohne jedes Gefecht und das geringste Blutvergießen erwirbt er die Städte Danzig und Thorn sowie die Distrikte Posen, Gnesen und Kalisch. Damit gewinnt er insgesamt 55 000 Quadratkilometer, die zur neuen Provinz Südpreußen zusammengefaßt werden.

Es werden, um dies vorwegzunehmen, zwei Jahre später bei einer Dritten Teilung noch einmal einige hinzukommen, insgesamt rund 140 000 Quadratkilometer, Teile Litauens, Masuren mit Warschau und die Provinz Krakau, eine neue preußische Provinz namens Neuostpreußen. Ganz Preußen wird dann 7,5 Millionen Einwohner, davon 3,5 Millionen Polen zählen. Preußen ist nahe daran, ein zweisprachiger Staat zu werden. Und Friedrich Wilhelm stellt sich eben darauf bewußt ein. Sprachschwierigkeiten mögen unbequem sein. Ein Hemmnis für Gemeinsamkeit sind sie nicht. An den Höfen spricht man sowieso Französisch und in den Kirchen, jedenfalls im Osten, Lateinisch.

Das Schicksal läßt bei dem fünfe gerade sein, der es selbst so hält. Friedrich Wilhelm II. erobert keine Gebiete. Sie fallen ihm in den Schoß.

Doch das Kriegsglück hat, wie es scheint, Preußen endgültig verlassen. Dem Feldmarschall von Möllendorff, der den Oberbefehl vom Braunschweiger übernommen hat, geht es nicht besser als dem König. Im Westen wie im Osten macht man

Fehler, wie sie eigentlich nicht einmal bei Manövern vorkommen sollten. Preußische Truppen erweisen sich als zu langsam, zu unentschlossen, und die Generäle scheinen unorientiert. Am Rhein und in den wieder von Franzosen besetzten Niederlanden klappt es ebenso wenig wie vor Warschau.

Das eine wird der König auf überraschende Weise regeln, das andere regeln russische Truppen, die die Kastanien aus dem Feuer holen. Die tapferen Polen erweisen sich jedenfalls als ebenso freiheitsbewußt wie die revolutionären Franzosen.

So stehen dem König und seinem Thronfolger ein weiterer Feldzug bevor, der sich als ebenso sinn- und nutzlos herausstellen wird wie die meisten Kriege.

Eines der wenigen erfreulichen Ereignisse findet inzwischen in Berlin statt, zur großen Freude der schaulustigen Einwohnerschaft dieser Stadt. Sie erlebt den Einzug der beiden Prinzessinnen aus Darmstadt, denen die Königin Elisabeth, die Witwe Friedrichs des Großen, dafür eigens den traditionellen goldenen Galawagen der königlichen Familie zur Verfügung stellt. Der Jubel, mit dem die Mädchen empfangen werden, ist groß. Trotzdem bleiben die Berliner so diszipliniert, daß sich der König am nächsten Tag ausdrücklich bei ihnen bedankt.

Die Hochzeitsfeierlichkeiten finden in den Weihnachtstagen 1793 statt. Am Heiligen Abend heiratete Friedrich Wilhelm seine Luise im Dom, am ersten Weihnachtstag der weniger enthusiastische Prinz Louis die unglückliche Friedrike. Sie wird zwei Ehemänner verlieren und sich mit etlichen Liebhabern trösten, aber als Königin von Hannover sterben – auch ein preußischer Werdegang.

Im Stadtschloß findet man sich anschließend im Weißen Saal zu jenem merkwürdigen Fackeltanz ein, der auf keiner Hohenzollern-Hochzeit fehlen darf. Im verdunkelten Raum tanzt man eine Art Polonaise, bei der die am Brautpaar Vorüberziehenden brennende Kerzen in den Händen tragen. Angeführt wird sie, ein altmodisches und bereits etwas lächerlich gewordenes Relikt, vom Grafen Hertzberg und jenem Grafen Haugwitz, der mit Goethe und Stolberg zwanzig Jahre zuvor die Schweiz bereist hat.

Die Lage ist eher mulmig als vielverheißend. Voran geht es weder im Westen noch im Osten. Außerdem werden die finanziellen Mittel allmählich knapp. Die reichen Engländer, die bisher fast alle Feinde Frankreichs offen oder verdeckt finanziell unterstützt haben, verlangen von Preußen auf einmal eine Garantie für die Verteidigung der Niederlande und Süd-Hollands, wie man das heutige Belgien noch nennt. Eine derartige Garantie kann der König nicht geben, ohne die eigene Verteidigung empfindlich zu schwächen.

Was tun? Friedrich Wilhelms Interesse hat sich längst auf den Osten verlagert. Was geht ihn, den deutsch-polnischen Monarchen, der lästige Krieg mit den Revolutionsfranzosen und das noch lästigere Gezänk unter den Alliierten an? Unter solchen Umständen helfen nur radikale Mittel. Gordischen Knoten rückt man, wie einst Alexander, am besten mit einem Schwerthieb zu Leibe.

Am 5. April 1795 schließt Friedrich Wilhelm II., völlig überraschend für die staunende Mitwelt, einen Separatfrieden mit den Franzosen. Der neue Staatsmann in seinen Diensten, der ihn vorbereitet hat, Minister von Hardenberg, unterzeichnet ihn in Basel. Preußen muß die linksrheinischen Gebiete räumen, ist aber das Zweifrontenproblem los und kann sich ganz und gar ostwärts orientieren.

Der Baseler Frieden mag Preußen aus einer Zwickmühle befreien. Die europäischen Herrscher, die im französischen Revolutionsheer eine Gefahr für den Fortbestand ihrer Monarchien sehen, betrachten den Rückzug Preußens in die Neutralität als Verrat. Sie werden nicht ruhen, ehe sie es nicht in die Front der Gegner jeder grundsätzlichen politischen Veränderung zurückgeholt haben.

Es ist kennzeichnend für die preußische Staatsführung, daß man an sogenannte gemeinsame Interessen nicht glaubt. Allianzen sind mit Vorsicht zu genießen. Sie lassen sich nicht immer vermeiden, man sollte sich aber durch sie nicht in Probleme hineinziehen lassen, die man allein nicht bewältigen kann.

Der junge Pazifist in Generaluniform, der sich mit seinem Vater vor Warschau schon wieder auf einem ruhmlosen Rückzug befindet, kann ein Lied davon singen. Er nimmt sich vor, keine Bündnisse zu schließen, erst recht keine, die einen Krieg zur Folge haben könnten.

Kein Wunder, daß der glücklose Preußenkönig, der immer als lachender Dritter einen guten Teil der Beute einstreicht, allmählich das bekommt, was man eine schlechte Presse nennt. Er hat allerdings rechtzeitig vorgesorgt. Im Gegensatz zu seinem Vorgänger vertritt er keineswegs die Ansicht, daß Gazetten nicht »geniret« werden sollten. Da die Pressefreiheit seiner Meinung nach allmählich in »Preßfrechheit« ausartet, hält er die Berliner Organe unter strenger Zensur und ebenso die Literatur. Seine Zensurstelle stellt sogar die *Allgemeine Deutsche Bibliothek*, die der Buchhändler und Aufklärer Friedrich Nicolai herausgibt, unter das Verdikt von »gefährlichen Büchern wider die christliche Religion«. Der Mann, der Berlin zum kritischen Mittelpunkt der deutschen Literatur gemacht hat, muß mit seiner Zeitschrift, die jede Buchveröffentlichung in deutscher Sprache rezensiert, vorübergehend nach Hamburg ausweichen.

Friedrich Wilhelm fördert die Künste und fürchtet die Federn. Sie lassen sich jedoch nicht im Zaum halten. Im Gegenteil: Je mehr man sie unterdrückt, desto intensiver ihre Wirkung. Als Memoiren getarnt, wie beim Oberst Massenbach, oder in unzensierten Pamphleten, die auf der Straße verkauft werden, erreicht die Kritik ein um so aufnahmebereiteres Publikum. Zugegeben, nicht alles, was dieser König tut und treibt, ist für die Öffentlichkeit von Interesse. Er sorgt jedoch immer wieder selbst dafür, daß er, wenn schon nicht in die Gazetten, so doch ins öffentliche Gerede kommt.

Seit Friedrich Wilhelm II. sich von Warschau zurückgezogen hat, das zu erobern er dem russischen General Suworow überließ, geht es ihm nicht gut. Bischoffwerder soll ihm den unpreußischen Rat gegeben haben abzuziehen, aber nicht zu weit, um beim Sieg wieder dabeizusein. Diesem Staatsmann wurde im nachhinein jedoch vieles von dem aufgebürdet, was die Massenbachs an bitteren Anekdoten kolportiert haben.

Wahrscheinlich hat auch die beginnende Krankheit den König zur Passivität gezwungen. Seine Beine sind angeschwollen, er leidet an Kreislaufstörungen und ist, eben fünfzig geworden, auf erschreckende Weise gealtert. In Potsdam läßt er sich von seiner Wilhelmine pflegen und hofft auf baldige Genesung. Sein bisheriges Leben gibt er noch keineswegs ganz auf. Dem hämischen Massenbach zufolge, richtet er es sich »zurückgezogen im Innern seines Serails mit seinem Harem und Sklavinnen« ein. Einer Lästerzunge wie Massenbach ist freilich nicht rückhaltlos zu trauen. Wie wir aus anderen Quellen wissen, hat ihn seine Gemahlin (und das war sie ja, die Gräfin Lichtenau alias Wilhelmine Encke) im Marmorpalais, das Friedrich Wilhelm von Carl von Gontard hatte erbauen lassen, gehörig abgeschirmt. Sogar die Prinzen und Prinzessinnen mußten bei ihr nachfragen, ob dem Kranken ein Besuch genehm sei oder nicht. Auf jeden Fall wird der »dicke Willem« von ihr liebevoll betreut.

Gegen Pläne abzudanken und den Rest des Lebens unter einem Pseudonym in Italien zu verbringen, sprechen sich Wöllner und Bischoffwerder aus, auch machen die Schmerzen des Königs, der sich nur noch im Rollstuhl bewegen kann, sie hinfällig. Ein Heer von Ärzten, deutschen und englischen, aber auch rosenkreuzerische Quacksalber, Adepten und Magnetiseure bemühen sich um den Kranken. Unter ihnen ist ein Laborant aus Magdeburg, dem Bischoffwerder Zutritt verschafft hat. Er rät, den König die Ausdünstung ungeborener Kälber einatmen zu lassen. Es werden dazu Polsterkissen hergestellt, auf denen Friedrich Wilhelm Tag und Nacht zubringen muß. Doch nicht einmal der berühmt-berüchtigte Magnetiseur de Beaunnoir, der aus Paris herbeigerufen wird, kann helfen.

Es ist ein sehr schlechtes Omen, daß der König an der Mittagstafel ausgerechnet beim Knall eines Champagnerkorkens vom Stuhl fällt und ohnmächtig herausgetragen werden muß.

Am 15. November 1797 nimmt Friedrich Wilhelm Abschied von seinem Thronfolger. Er ist so schwach, daß ihn die Gräfin Lichtenau, auf dem Kopfende seines Bettes sitzend, in den Armen halten muß. So empfängt er auch die Königin, bei der er sich für allen Harm, den er ihr zugefügt hat, entschuldigt. Die Königin ist so gerührt, daß sie draußen im Vorzimmer die Rivalin, die sie herausbegleitet hat, umarmt und sich bei ihr für die Pflege bedankt, die sie dem gemeinsamen Mann zuteil werden läßt. Dann wendet sie sich ihrem Sohn, dem Kronprinzen, zu, der sie hinausführt.

Die Gräfin Lichtenau berichtet später, der sterbende König habe sie gefragt, was die Königin draußen zu ihr gesagt habe. Und nachdem sie es ihm mitgeteilt, wollte er wissen, was der Sohn ihr gesagt habe. »Keine Silbe«, sei ihre Antwort gewesen. »Mein Sohn hat Ihnen kein Wort des Dankes gesagt!« habe er ungläubig erwidert und hinzugefügt, dann wolle er ihn auch niemals wiedersehen.

Das sollte er auch nicht. Sein Tod ist schrecklich und einsam. Die Lichtenau ist nicht bei ihm, weil sie, selbst erkrankt, auf Anordnung des Arztes das Bett hüten muß. In seinem Bericht über *Die Reise nach Berlin* schreibt Beaunnoir: »Friedrich Wilhelm, der so gut und edelgesinnt war, mußte alle Bitterkeit des Sterbens erdulden, die ihn umso härter betraf, als ihm in den letzten Augenblicken noch die volle Besinnung wiederkam. Er suchte da mit unsteten Blicken nach irgendeiner teilnehmenden Seele, aber kein Verwandter, kein Freund, kein Priester mit tröstenden Worten war um ihn, nur Rietz, die gemeinste aller Seelen, und gedungene Diener.«

Der Tod tritt am 16. November um neun Uhr morgens ein. Der König ist 53 Jahre alt. Der neue König kommt um 13 Uhr mit seinem Adjutanten von Köckeritz und trifft im Sterbezimmer auf Bischoffwerder sowie Haugwitz.

Die Beisetzung findet spät, erst am 11. Dezember, im Berliner Dom statt. Anwesend sind fast alle Fürsten der deutschen Kleinstaaten. Der König von Preußen gab sich jovial und war daher sehr beliebt.

Die Zeremonie fällt sparsam aus. Schlichtere Staatsbegräbnisse hat der Verstorbene noch selbst angeordnet, weil in letzter Zeit zuviel Geld für Trauerfälle ausgegeben worden sei. Nun trifft sein Sparsamkeitsgebot als ersten ihn selbst. Acht Generalmajore tragen den Sarg in den Dom. Dann wird eine einfache Kantate gesungen und die Trauerrede gehalten. Bischoffwerder legt dabei seine Hand auf den Sarg und läßt diesen auch nicht los, als er in die Gruft gefahren wird. Für ihn geht eine Epoche zu Ende. Die pathetische Szene wird insgeheim belächelt, kopfschüttelnd oder mitleidig, je nachdem.

Massenbach sieht es rigoroser. »Bei seinem Tod«, schreibt er in seinen Erinnerungen, »hieß es: Wohl ihm!, wohl uns!, daß er nicht mehr ist. Der Staat war seiner Auflösung nahe.«

Friedrich Wilhelm III.

oder
Die Nachteile der Friedfertigkeit

Daß Geschichte nichts Totes, Abgestorbenes ist, beweist die Tatsache, daß der Zeiten Lauf sich fortwährend wandelt. Sitten und Gebräuche, Sympathien und Spielregeln ändern sich; die Geschichte mit ihnen. Das gilt auch für die Menschen, die sie machen oder entscheidend beeinflussen. Der Abscheu der einen Epoche kann sich in der nachfolgenden ohne weiteres in das höchste Lob umkehren.

Daß »Männer die Geschichte machen«, glaubt man freilich längst nicht mehr. Aber Männer symbolisieren sie bisweilen, wenn man eine Epoche nach ihren Umwandlern benennt.

Massenbachs Urteil über Friedrich Wilhelm II. ist das eines Zeitgenossen. Es hat lange, wenn auch nicht immer in dieser krassen Art, in den Geschichtsbüchern vorgeherrscht. Erst in jüngster Zeit betrachtet man diesen Preußenkönig aus einem anderen Blickwinkel. Friedrich Wilhelm II. war kein Veränderer wie der Große Kurfürst, Friedrich Wilhelm I. und Friedrich der Große. Erst in unseren Tagen hat man die Vollender den Beginnern vorgezogen. Sebastian Haffner meint sogar: »Man hat ihm seine Mätressen und Nebenfrauen nicht verziehen. In Wirklichkeit war er so übel nicht; es läßt sich sogar die These vertreten, daß er einer der erfolgreichsten Hohenzollernkönige gewesen ist.«

Bei seinem Tod reicht Preußen von Köln bis Warschau. Und den Polen geht es unter der milden preußischen Erbuntertänigkeit besser als vorher in der noch mittelalterlichen Leibeigenschaft. Im Laufe der Zeit hat sich das Mißfallen der Nachwelt gelegt, der Blick richtete sich mehr und mehr auf die Verdienste des Staats- als auf die Schwächen des Privatmanns. Um so kritischer betrachtet man seinen Nachfolger, der in der älteren Historiographie auch nicht viel besser wegkam.

Ebenfalls von Haffner stammt die These, Preußen – kein Nationalstaat, sondern ein Rationalstaat – sei »von einer besonderen Elastizität«, ja, sogar »einer gummiartigen Ausdehnungsfähigkeit« gewesen. Das trifft auf das Land genauso wie auf seine Könige zu. Man kann sich kaum eine gegensätzlichere Reihenfolge vorstellen. Angesichts der Verschiedenheit dieser Herrscher kommt einem der Ausspruch des auf seine Weise preußischen Bertolt Brecht in den Sinn: »Es geht auch anders, aber so geht es auch.«

Der dritte Friedrich Wilhelm ist so ziemlich das Gegenteil des zweiten. Er ist scheu, gehemmt und schüchtern. Pompöses Auftreten, wie es seinem Vater liegt, haßt er geradezu und ist froh, daß er eine Frau besitzt, die es ihm abnehmen kann, vor der Öffentlichkeit zu prunken. Die Schüchternheit äußert sich auch in der von ihm bevorzugten knappen Sprache, in der mehr Infinitive vorkommen, als es die deutsche Grammatik eigentlich erlaubt. Zwar ist bei Hofe die Umgangssprache immer noch Französisch, das er fließend beherrscht, aber in der Rolle, die ihm mehr liegt als die eines Kronprinzen oder gar Königs, die eines Soldaten unter Soldaten, spricht er selbstverständlich Deutsch im Berliner Tonfall und mit jenen kessen Verkürzungen, die man später an preußischen Offizieren so gerne karikiert.

Der Ausspruch »Mir fatal«, der am häufigsten fällt, muß zum Beispiel Erklärungen ersetzen, deren Kompliziertheit er durchaus erkennt – er ist keineswegs dumm, im Gegenteil –, die ihm aber partout nicht über die Zunge gehen. Im Gegensatz zu den meisten Vorgesetzten bevorzugt er nicht die Schweiger, die höflich zuhören, sondern die Vielredner, die ihm die Mühsal der Konversation abnehmen. Von allen Berühmtheiten in Preußen schätzt er Alexander von Humboldt am meisten, nicht wegen dessen wissenschaftlicher Bedeutung, sondern weil er stundenlang fließend Schriftdeutsch oder Schriftfranzösisch aus dem Stegreif zu reden versteht. An zweiter Stelle steht der Kanzler Hardenberg, der es beinahe so gut kann.

Unähnlich ist er auch seinem Urgroßvater Friedrich Wilhelm I. Selten poltert er unbeherrscht los. So stockgerade wie seine Körperhaltung, so tadellos ist sein Benehmen. Wenn ihm allerdings der Kragen platzt, dann reagiert auch der dritte Friedrich Wilhelm hohenzollerisch-derb. Obwohl stets um Gerechtigkeit bemüht, bringt er seine Minister zur Verzweiflung, weil er ungern Entscheidungen fällt und nur nach langem Hin und Her und reiflichem Überlegen. Nichts bricht er übers Knie, keine These, für die er nicht sogleich die Antithese entdeckt. Ein Skrupulöser. Ein Zauderer, der sich stets seiner größeren Verantwortung bewußt ist. Und der sich daher mehr Gedanken über die Auswirkungen seiner Handlungsweise macht, als den Staatsdienern notwendig erscheint.

Beim Volk ist er beliebt, nicht zuletzt wegen der vorbildlichen Ehe, die er führt. Im Kronprinzenpalais Unter den Linden, einem schlichten zweistöckigen Bau mit Kammern unterm Dach für die Bediensteten, lebt er mit seiner Luise ein bieder-behagliches Leben, das er zunächst auch als König nicht aufgibt, denn er liebt, was er gewohnt ist, und hat einen durchaus bürgerlichen Geschmack. Während die Königin Luise sich vom Baumeister Schinkel ein Schlafzimmer im neuesten klassizistischen Stil entwerfen läßt, schläft er in einem Feldbett unter einer gewöhnlichen Roßhaardecke. Als man ihn fragt, ob Seine Majestät nicht statt derber brandenburgischer Kost raffinierter zubereitete Mahlzeiten und mehr Delikatessen speisen möchte, entgegnet er, daß sein Appetit sich seit seiner Krönung nicht vergrößert habe. Am liebsten weilt er mit Luise und dem Adjutanten von Köckeritz in Paretz, einem Dorf, das ihm sein Vater geschenkt und das ihm David Gilly ausgebaut hat. Dort ist er Gutsherr und tanzt mit der Königin im Erntetanz mit.

Ähnlich benimmt er sich auch in Berlin. Zwar benutzt er oft

die Kutsche, aber er geht auch, Luise am Arm, bisweilen, ein Flaneur unter Flaneuren, im Tiergarten spazieren. Untertanen, die Friedrich Wilhelm I. begegnet wären, hätten Reißaus genommen, Friedrich Wilhelm II. hätten sie devot mit tiefer Verbeugung vorüberschreiten lassen. Jetzt lüftet man den Hut zu einem höflichen »Guten Tag, Herr König«, wie es Luise selbst einmal in einem Brief beschrieben hat. Das Spiel, die große Leidenschaft der Zeit, gilt auch an seinem kargen Hof als vornehmste Unterhaltung. Des Königs und der Königin größtes Vergnügen ist in Paretz Blindekuh oder Topfschlagen.

Das heißt: Luise widmet sich auch manchmal den Karten. Sie ist mondäner als Friedrich Wilhelm und muß es wohl auch sein, Botschaftern der auswärtigen Mächte und den führenden Köpfen des eigenen Staats zuliebe. Der König hat es gern, wenn seine Frau glänzt oder sogar den verpönten Walzer tanzt, den sie eingeführt hat, obwohl die älteren Damen und Herren die Nase rümpfen. Der Walzer, der noch kein Wiener Walzer ist – Johann Strauß Vater und Sohn sind noch gar nicht geboren –, gilt als unanständig, weil die Tänzer umschlungen über das Parkett schweben.

In ihrer Zeit sind Friedrich Wilhelm und Luise ein ganz modernes Paar. Um es anachronistisch zu formulieren: Der Leichtsinn des Rokokos ist *out*, die neue Bürgerlichkeit ist *in*. Seine Modernität hat der sonst so zurückhaltende Friedrich Wilhelm sogar schon auf modischem Gebiet bewiesen. Als erster an seinem Hofe trägt er keine Kniehosen mehr, sondern solche mit langen, nach amerikanischer Sitte bis auf die Schuhe hinabreichenden Hosenbeinen.

Auch seine pazifistischen Neigungen nimmt man dem jungen Thronfolger nicht übel. Noch sieht man allenthalben in preußischen Landen die Krüppel des Siebenjährigen Krieges. Kriegslüstern ist die preußische Bevölkerung, vor allem die brandenburgische, nie gewesen. Jetzt ist man der vielen Kriege mit den unübersichtlichen Bundesgenossenschaften sattsam müde. Seit dem Sonderfrieden von Basel bleibt Friedfertigkeit Trumpf – und, wenn man so will, modern.

Während einer Erkrankung des Vaters hatte Friedrich Wilhelm einmal seine Gedanken über die Pflichten eines Königs in Preußen schriftlich niedergelegt. In seiner Beschreibung dieser beiden Niederschriften hat Paul Bailleu, Luises Biograph, einen gewissen patriarchalischen Grundzug des Ganzen hervorgehoben. Tatsächlich kann man Häuslichkeit, Ordnung, Gerechtigkeit und Sparsamkeit, Qualitäten, die der künftige König preist, als althergebrachte Tugenden ansehen. In jenen Tagen aber sind sie etwas Besonderes, Neues, Begehrenswertes. Man ist der rokokoesken Freizügigkeit überdrüssig.

Der junge Mann stellte weniger einen Katalog dessen zusammen, was er in seiner künftigen Regierung anzustreben gedachte, er präsentierte vielmehr ein Manifest, mit dem er kundtat, daß er alles grundsätzlich anders machen werde als sein Vater. Vor allem keinen Krieg mehr: »Das größte Glück eines Landes«, heißt es wörtlich, »besteht zuverlässig in einem fortdauernden Frieden.« Die Einkünfte, »die nicht dem Landesherrn, sondern dem Lande gehören«, dürften nicht mehr für unsinnigen Aufwand verwendet werden, sondern nur für eine »gute Wirtschaft«. Fortan wird es »keine verschwenderische Hofhaltung mit lächerlichem, steifem Zeremoniell« mehr geben, denn ein Fürst müsse nicht nur »den reicheren und angeseheneren«, sondern auch »den nützlicheren und arbeitsameren gemeineren Teil des Volkes seiner Gnade und Aufmerksamkeit teilhaftig« werden lassen. Dafür solle er den Rat »rechtschaffener, biederer, einsichtsvoller und uninteressierter« Männer einholen.

Um Mißverständnisse zu vermeiden: »gemein« steht damals für »allgemein« und »uninteressiert« für »nicht an den Einkünften beteiligt«. Am ungewöhnlichsten und mutigsten dürfte der offene und eindeutige Hinweis darauf sein, daß der arbeitende Teil der Bevölkerung auch der nützlichere ist. Solch eine Meinung ist unter Monarchen auch wenige Jahre nach der Französischen Revolution alles andere als gang und gäbe.

Diese Einstellung des Preußenkönigs kommt dem Volkswillen, allem voran den aufgeklärten bürgerlichen Schichten, durchaus entgegen. Der Dichter Novalis preist im *Jahrbuch der preußischen Monarchie* schon ein bürgerliches Utopia: »Die glücklichen Ehen werden immer häufiger, die Häuslichkeit wird immer mehr Mode werden. (...) Verwandelt sich nicht der Hof in eine Familie, ein Thron in ein Heiligtum, eine königliche Vermählung in einen Herzensbund? Wer den ewigen Frieden jetzt sehen und liebgewinnen will, der reise nach Berlin und sehe die Königin.«

Friedrich Wilhelm, der solchen Überschwang verabscheut, reagiert darauf reichlich rüde. Er schreibt dem Herausgeber des Almanachs, er bitte sich aus, »solchen Unsinn nicht wieder zu drucken«.

Das ist ungerecht. Aber jene friedvolle Gerechtigkeit, die er proklamiert hatte, ließ der 28jährige König mit seiner 21jährigen Frau fürs erste nicht walten. Seine Regierung begann mit einer wenig schönen, wenngleich ebenfalls populären Rache an einer Kranken. Er erntete dafür nur den Beifall der Mißgünstigen und gab einem künftigen Gegner Gelegenheit, den König von Preußen bei seiner Ehre zu packen.

Am Abend vor dem Tod König Friedrich Wilhelms II. hatte sein Sohn das Potsdamer Marmorpalais von Truppen umstellen lassen, mit der Maßgabe, die erkrankte Gräfin Lichtenau dort festzuhalten. Gleichzeitig wurde deren Palais im Tiergarten und weiterer Besitzstand streng bewacht. Die Lichtenau alias Wilhelmine Encke wurde nach dem Tod des Königs sofort unter Arrest gestellt, mit ihr – ebenso unrechtmäßig – ihre Mutter, ein Sohn, Halbbruder des Königs, und ihr Hofmeister Dampmartin. Da man ihr die rechtmäßigen Geschenke des verstorbenen Königs ebensowenig vorwerfen konnte wie politische Einflußnahme, die sie immer abgelehnt hatte, war die Rede von Unterschlagung der Kronjuwelen und geheimer

Staatspapiere. In eine kleine Wohnung in Potsdam gepfercht, erwarteten die Verhafteten das Urteil des Gerichts.

Da sich die Kronjuwelen rasch unangetastet wiederfanden und sich die Staatspapiere als Liebesbriefe des jungen Friedrich Wilhelms II. herausstellten (die sein Sohn ungelesen verbrennen ließ), fiel das Urteil zu ihren Gunsten aus.

Trotzdem setzte der König auf eine Ungerechtigkeit eine weitere. Wie die Lichtenau nicht an der Bestattung ihres Ehemannes teilnehmen durfte, befahl er die Konfiskation ihres gesamten Besitzes, und ließ sie auf die Festung Glogau in Schlesien bringen.

Nun ist es am König, einiges über die Gerechtigkeit in Preußen zu lernen. Daß die Justiz unabhängig zu sein hat, weiß er von seinem Lehrer Svarez, dem Mitschöpfer des *Allgemeinen Preußischen Landrechts*. Das ist drei Jahre vor dem Tod des alten Königs in Kraft getreten und funktioniert auf preußisch-korrekte Art. Noch auf der Festung wird der Gräfin Lichtenau eine Jahrespension von ansehnlichen 4000 Talern zugesprochen. Und als sie von der Feste Glogau aus den König verklagt, erzielt sie beim Berliner Kammergericht einen totalen Freispruch und erhält sowohl ihre Häuser und Ländereien als auch ihr nicht unbeträchtliches Vermögen zurück. Es gibt also tatsächlich Richter in Berlin.

So wagt sie es dann auch, zurück in diese Stadt ihres steilen Aufstiegs und tiefen Falls zu ziehen, eine patente Frau, die trotz ihres Alters noch 23 Heiratsanträge bekommen haben soll.

Vollends rehabilitiert wird sie später von einem Feind des Landes. Als Napoleon Berlin besetzt, befiehlt er, der Lichtenau eine Entschädigung für widerrechtlich erlittene Haft sowie Zinsen für die Beschlagnahme ihrer Gelder zu zahlen. Da hat Friedrich Wilhelm III., den Napoleon wohl damit demütigen wollte, längst seinen Frieden mit der Mätresse seines Vaters gemacht. Denn auf das Urteil des Kammergerichts hat er ebenso preußisch und wie ein Svarez-Schüler reagiert, indem er offen bekannte, vorschnell gehandelt zu haben. Ein bei ihm sehr seltenes Delikt. Sein Zugeständnis, so steht zu befürchten, wird seine Langsamkeit verstärkt haben.

Wilhelmine Encke-Lichtenau-Rietz ist erst 1820 in Berlin, 67 Jahre alt, gestorben.

Es liegt an seinem friedfertigen Charakter, daß der König seinen Vorsatz, alles anders zu machen als sein Vater, nur teilweise verwirklicht. Zwar beseitigt er die von Friedrich dem Großen geschaffene und von Friedrich Wilhelm II. gemilderte Tabak-»Regie«, die im Volk besonderen Unwillen erregt hat. Aber aus dem Kabinett scheiden nur Wöllner und Bischoffwerder, die besonderen Günstlinge, aus. Beide haben zumindest kein Hehl aus ihrer Rosenkreuzerei gemacht. Der hauptsächliche Intrigant, der Minister des Äußeren, der erst 1786 geadelte Graf von Haugwitz, bleibt im Amt. Er hat geholfen, mit Hardenberg den Baseler Sonderfrieden diplomatisch vorzubereiten, aber er bleibt undurchsichtig in seinen Handlungen. An den preußischen Hof gekommen ist er als Günstling der Lichtenau, in deren Palais er rosenkreuzerische Sitzungen veranstaltet hat. Beim neuen König machte er sich damit Liebkind, daß er seine einstige Gönnerin anschwärzte. Manche der Verdächtigungen, die das Kammergericht als unbegründet abwies, dürften von ihm ausgegangen sein.

Trotzdem wäre es falsch, Haugwitz zu verteufeln. Er wird, einer der vielen Sündenböcke, die Preußen im Laufe seiner Geschichte an den Pranger gestellt hat, in der Emigration in Venedig sterben. Dabei hat sein diplomatisches Geschick dem Staat in der Frühzeit der Regierung Friedrich Wilhelms III. entschieden geholfen.

Sehr viel Menschenkenntnis wird man dem König kaum zuerkennen können. Aus einer gewissen Menschenscheu heraus duldet er nur Gesichter in seinem Umkreis, die er seit langem kennt. Neue Bekanntschaften sind ihm unangenehm, und er behandelt sie mit wenig Geschick.

Es dürfte dies jene Lücke sein, die von der Königin, gewollt oder ungewollt, ausgefüllt wird. Nicht, daß sie sich in die Politik zwängt. Bei offiziellen Gelegenheiten und Hofbällen in Berlin und in der Provinz, sogar während der Herbst- und Frühjahrsmanöver, die traditionell in Potsdam stattfinden, steht sie ihm zur Seite und nimmt ihm ab, was ihm schwerfällt: das Repräsentieren. Da sie ebenso populär ist wie er – man könnte ohne Übertreibung sagen, populärer als er –, erregt das keinen Unwillen, sondern größte Zufriedenheit. Nicht zuletzt beim König selbst, dem man die Erleichterung über die Befreiung von der unangenehmen Pflicht anmerkt, und der sichtbar die Freude über den Erfolg seiner Frau erkennen läßt.

Liebe schafft Liebe. Man könne, läßt ein Zeitgenosse verlauten, von einer Herrschaft des Königs Luise und der Königin Friedrich Wilhelm sprechen. Die beiden sind so sehr ein Herz und eine Seele, daß Privatleben und Staatsaffäre ineinander übergehen. Der junge König, der einige Angst vor seiner Berufung gezeigt hat, vertraut, wenn er ehrlich ist, keinem anderen als seiner Luise, die zwar ungebildet, aber klug – man könnte sagen gewitzt – ist, die Praktisches schnell lernt, wo immer es ihrem Mann hilft. Aus dem walzertanzenden Flatterwesen entwickelt sich eine Gattin und Vertrauensperson, mit der man alles besprechen kann, was man nicht einmal Ministerohren offenbaren könnte. Das Königspaar ist, was selten genug vorkommt, wirklich ein Paar. So wird Luise dem König nicht nur Königin und – einzige – Geliebte, sondern auch einziger Freund. Er hat sonst keinen Freund, wenn man den Generaladjutanten Karl Leopold von Köckeritz nicht rechnet. Der ist nach dem frühen Tod des Grafen Schack in Friedrich Wilhelms Dienst getreten und war froh, damit dem anstrengenden Kasernendienst entronnen zu sein. Der gutmütige, aber einfältige Mann, der als »sehr korpulent und phlegmatisch« beschrieben wird, beschränkt seine Interessen seither – laut Massenbach – »auf Whist, gute Küche, Tabak und Hofklatsch«. Man kann ihn, obwohl er vielleicht der sympathischste preußische Günstling überhaupt ist, vergessen. Ausgerechnet ihn hat Friedrich Wilhelm in einer seiner ersten Amtshandlungen als König zum Oberstleutnant befördert und damit beauftragt, »ihm dreimal wöchentlich die Wahrheit zu sagen«. Was aber aus dem einfachen Grund nicht möglich ist, weil Köckeritz – wiederum Massenbach zufolge – »gar keine Meinung hat«.

Sympathisch ist der dicke Köckeritz, der, wie es in einem Nachruf heißt, »in Gunst bei Friedrich Wilhelm III. wol auch« stand, »weil der immer hülfbereite Mann gern die Gesuche Anderer unterstützte«. So einmal eines Heinrich von Kleists, obwohl er dessen literarische Tätigkeit (»Was haben Sie gemacht? Verschen?«) nicht zu goutieren vermochte. Und überhaupt, wie Boyen berichtet, sich einmal bei ihm beklagte: »Ich bin recht unglücklich, wenn zwei Parteien über eine Sache mit mir sprechen, dann wissen sie es immer so einzurichten, daß ich gar nicht weiß, wer recht hat.«

Friedrich Wilhelm bewundert die Sorgfalt, mit welcher der aus armem Kleinadel stammende Freund aus der ersten Militärzeit seine uralte Uniform pflegt und sie immer wie neu herrichtet. Aber Ratschläge erhält er von ihm nicht einmal für seine königliche Uniform, die – für seine Sparsamkeit viel zu früh – schäbig wirkt.

Es gibt einen Brief Luises, in dem sie – wenn auch um einiges später – den König darauf hinweist, daß er keinen Freund habe, wie Herrscher sie haben müßten. Den sie ihm damals anpreist, hat sie wohl schon sehr viel früher ins Visier genommen: Karl August Fürst von Hardenberg. Die Hardenbergs gehörten in Hannover zum Freundeskreis der Eltern Luises. Karl August war, als sie noch in der Wiege lag, Kammerrat, eine Art Vertrauensmann des Königs George III. von England in Hannover. Dem gewandten, überlegen agierenden Staatsmann vertraut sie aus einem gewissen Instinkt heraus, wie ihn wahrscheinlich nur Frauen besitzen.

Dabei geht es nicht um Äußerliches. Im Aussehen nimmt es Friedrich Wilhelm spielend mit Hardenberg auf. Beide gelten sie als ausgesprochen gut aussehende Männer. An Friedrich Wilhelm schätzen die Frauen den Charakterkopf und die schlanke Reiterfigur, an Hardenberg die strahlend blauen Augen, die hohe Stirn und die leicht gebogene Nase, die, wie man meint, den alten Adel verrät. Mag sein, daß Hardenberg sich stets jugendlicher kleidet, als es seinem Alter entspricht.

Aber darum geht es ja nicht. Für den besten Berater, den ihr Mann finden kann, hält ihn Luise, weil er auf jedem Parkett sicher ist, ein vortrefflicher Staatsmann, der taktisch bis an die Grenzen des Rechtmäßigen zu gehen versteht, ohne diese jemals zu übertreten. Er sei »halb Fuchs, halb Bock«, hat sein immerwährender Rivale, der Freiherr vom Stein, über ihn gesagt. Und zumindest einen listigen Fuchs wird Preußen, wie Luise zu ahnen scheint, bald bitter nötig haben.

Friedrich Wilhelm hat er für sich eingenommen, da er die von ihm vollzogene Übergabe der Markgrafschaften von Ansbach und Bayreuth mit einigen Reformen verknüpft hat. Ähnliche Vorschläge hatte Friedrich Wilhelm schon in seinen Niederschriften als Kronprinz formuliert – der Schüchterne und der Weltgewandte ziehen, was die Politik betrifft, an einem Strang. Neben Haugwitz ist es Hardenberg, der, von der Königin in ihren abendlichen Gesprächen mit dem König stets in den Vordergrund geschoben, die von Friedrich Wilhelm strikt eingehaltene Neutralitätspolitik leitet.

In dieser Beziehung hält der König hundertprozentig, was er versprochen hat. Getreu dem von Hardenberg abgeschlossenen Baseler Frieden, beharrt er auf völliger Neutralität Preußens, auch als es den französischen Revolutionstruppen 1799 schlecht geht und sie von den Österreichern und den Russen aus Italien herausgedrängt werden. Als Zar Paul I., der in erster Ehe mit Wilhelmine, einer Tochter der Darmstädter »Großen Landgräfin« verheiratet war, den Preußenkönig allzu sehr bedrängt, äußert er unmutig: »Ich neutral bleiben. Und wenn Paul mich zu einem Kriege zwingt, dann einen gegen ihn.« Einer erneuten Koalition, die sich im Jahr 1800 gegen England wendet, schließt er sich nicht an.

Ringsum in Europa wird Krieg geführt. Da wirkt Preußen mitsamt den 17 norddeutschen Kleinstaaten, die sich ihm angeschlossen haben, wie eine friedliche Insel in einem Meer von Kanonendonner. Berlin wird kurze Zeit zur Lichterstadt, wovon besonders Luise profitiert. Sie begeht den Karneval fröhlich nicht nur mit Bällen und Tanzvergnügen, sondern auch mit Pantomimen im Berliner Opernhaus, in denen sie die Hauptrolle spielt. Einmal tanzt sie mit einem Gefolge von fünfzig Damen und Herren in Kostümen der Tudorzeit an der Seite ihres englischen Vetters, des Herzogs von Cambridge, ein Menuett im Solo und im Ensemble eine Quadrille und einen Contredanse im Dreivierteltakt.

Dergleichen Festivitäten sind in den anderen Metropolen Europas, die von weniger friedfertigen Monarchen regiert werden, längst nicht mehr möglich. Die Berliner sind es zufrieden. Nur die Gräfin von Voß schreibt mürrisch und prophetisch in ihr Tagebuch: »Man denkt an nichts als die Redoute [den Maskenball], während die Könige von Sardinien und Neapel auf der Flucht sind und Ehrenbreitstein genommen wird. Gott weiß, wie das alles gehen wird; gebe der Himmel, daß die Reihe nicht an uns kommt.«

Die Voß ist für Luise das, was Friedrich Wilhelm sein Köckeritz. Sie wurde ihr als Oberhofmeisterin noch vom Schwiegervater vor die Nase gesetzt. Aber aus der resoluten Aufpasserin ist bald eine mütterliche Freundin geworden. Sie gehört zum preußischen Hof wie die Kroninsignien und ist berühmt dafür, daß sie es gewagt hat, Friedrich Wilhelm I., dem Soldatenkönig, der sie auf einer Treppe zu küssen versuchte, eine schallende Ohrfeige zu versetzen. Damals war sie zwölf Jahre alt. Später wurde sie, da sie den Prinzen August Wilhelm, den Vater Friedrich Wilhelms II., nicht heiraten durfte, mit einem ungeliebten Vetter vermählt, während Friedrich Wilhelm II. ihre Nichte als vierte Frau zur linken Hand ehelichte, gegen ihren offen ausgesprochenen Willen – kurzum, die Gräfin Voß hat einiges am preußischen Hof mitgemacht. Sie lebte, schon hoch in den Sechzigern, auf ihrem Gut bei Werneuchen, als Friedrich Wilhelm II. sie zurück an den Hof rief, und sollte trotzdem die schöne junge Königin, die sie unter ihre Fittiche genommen hat, noch überleben. *69 Jahre am Preußischen Hof* lautet der Titel ihrer Memoiren.

Wie viele Frauen, die in ihrer Jugend auf Etikette pfiffen, ist sie zur Wahrerin preußischer Etikette geworden und zur Wächterin jener Moral, gegen die sie in der Jugend so eifrig zu verstoßen pflegte. Für Luise ist sie Schutz und Schild, Freundin und Kinderfrau, Warnerin in der Freude und Trösterin in der Not. Eine Unersetzliche.

Friedenszeiten haben ihre eigenen Aufregungen. Die Geschichte zollt ihnen allerdings ungleich weniger Aufmerksamkeit als den kriegerischen Vorkommnissen. Die Friedenszeiten pflegten im damaligen Europa auch nicht lange zu dauern. Zwischen dem Baseler Frieden und dem Jahr 1806 liegt ein gutes Jahrzehnt, mehr nicht.

Die königliche Ehe bleibt in ihrer fast bürgerlichen Idylle ungetrübt glücklich und biedermeierlich dazu. Das heißt, man lebt auf karge Weise gemütlich, wie es das aufstrebende Bürgertum der deutschen Städte, nicht zuletzt Berlins, vormacht. Verkörpert der König das Karge des Biedermeiers, so lebt Luise in dessen rokokoesken Nachhall. Wenn sie des Morgens – genaugenommen erst mittags – aufsteht, kehrt er, der schon in aller Herrgottsfrühe sein Feldbett verlassen hat, vom Dienst zurück wie ein Handwerksmeister: erschöpft und mürrisch. Dann muß er aufgeheitert werden, was nur allein der Königin gelingt.

Sie hat nach wie vor ihre koketten Allüren, die er merkwürdigerweise schätzt, wahrscheinlich weil er da stolz auf seine Frau sein kann. Als, noch zu Kronprinzessinzeiten, dem alten König ihre burschikosen Freiheiten, die sie sich nahm, nicht paßten, stellte er sich so resolut auf ihre Seite, daß der »dicke Willem«, ausgerechnet er als Tugendwart, seinen Erziehungsversuch aufgab. Das Techtelmechtel mit dem vielbewunderten Prinzen Louis Ferdinand, einem Neffen Friedrichs des Großen, bleibt ohne Folgen. Schon prekärer ihre Affäre mit dem Zaren Alexander von Rußland. Auf einem Ball kam es zu einem hysterischen, tränenreichen Auftritt, aber auch davon bleibt nichts zurück als eine allerdings nachhaltige und politisch wichtige Männerfreundschaft mit dem Preußenkönig. War es überhaupt eine Affäre?

In Friedenszeiten nimmt man nicht alles so genau. Die Schwägerin Friederike, deren unliebenswürdiger Ehemann früh gestorben ist, bekommt ein uneheliches Kind, das heißt, sie kann den Schuldigen noch heiraten, ehe sie mit ihm in die Verbannung geht. Wieder fließen die Tränen, aber Friedrich Wilhelm ist im Grunde weichherzig, jedenfalls was seine Frau und deren Familie angeht. Man versöhnt sich wieder.

Auch die Familie wächst. Viele Kinder gehören ebenfalls zum Biedermeier, das die Liebe im ehelichen Schlafzimmer goutiert. Das erste Kind, das dem Paar geboren wird, kommt tot zur Welt. Dann aber erblickt zur großen Freude Gesamt-Preußens ein weiterer Friedrich Wilhelm, 1795, das Licht der Welt, zu dem sich zwei Jahre später ein kleiner Wilhelm gesellt. In der Wahl der Vornamen für den Stammhalter zeigen sich die Hohenzollern wenig einfallsreich. Eine Charlotte, die einmal Zarin von Rußland werden wird, legt man 1798 in die Wiege, eine Friederike stirbt schon nach einem Jahr, dann folgen Karl, Alexandrine und ein Ferdinand, der nur zwei Jahre alt wird. Solange die Friedenszeit, ihre »Stille Zeit«, dauert, wachsen fünf Kinder heran. Zwei weitere werden noch dazukommen.

Obwohl alles beim alten bleibt, das heißt Friedrich Wilhelm kurz angebunden und Luise lebensfreudig, ändert das doch einiges. Die Familie rückt in den Mittelpunkt des Lebens; sie spielt die Hauptrolle. Was man im Bürgertum einschließlich der Namensgebung und Menge der Nachkommen rasch ko-

Links oben: Friedrich III., Kurfürst von Brandenburg, der spätere König Friedrich I. von Preußen (Kupferstich von Samuel Blesendorff, 1696). Rechts: Sophie Charlotte, Kurfürstin von Brandenburg (Kupferstich von Samuel Blesendorff).

Unten: Das Schloß Charlottenburg (Kupferstich, 1733).

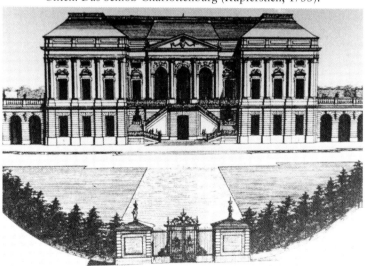

Oben links: König Friedrich Wilhelm I. (Kupferstich). Rechts: Königin Sophie Dorothea von Preußen (Gemälde von Antoine Pesne, 1737).

Unten: Das Tabakskollegium Friedrich Wilhelms I. (zeitgenössisches Gemälde).

Oben links: Friedrich II., der Große, im Alter von 69 Jahren (Gemälde von Anton Graff). Rechts: Elisabeth-Christine von Braunschweig-Bevern.

Unten links: Hans Hermann von Katte (Gemälde von Georg Lisiewsky, 1730). Rechts: Prinz Heinrich (Gemälde von Anton Graff).

Die »Tafelrunde« in Sanssouci (Gemälde von Adolph von Menzel, 1850).

Oben links: König Friedrich Wilhelm II. (Kupferstich). Rechts: Wilhelmine Encke, die spätere Gräfin Lichtenau (Gemälde von Anton Graff, 1787).

Unten: Das Berliner Schloß (Kupferstich von Pieter Schenk, ca. 1702).

Oben links: Friedrich Wilhelm III. (zeitgenössischer Stich). Rechts: Königin Luise im Jagdkleid (Pastell des mecklenburgischen Hofmalers Ternite, 1810).

Unten links: Karl August Fürst von Hardenberg. Rechts: Heinrich Freiherr vom und zum Stein (Schablonenkunstblatt von P. J. Lützenkirchen).

Oben links: Karl Friedrich Schinkel (Gemälde von Carl Begas, 1826). Rechts: Wilhelm von Humboldt (Lithographie von Franz Krüger).

Unten links: Heinrich von Kleist (nach einer Miniatur von Peter Friedel, 1801). Rechts: Napoleon I. (Ausschnitt aus einem Gemälde von Alphonse Legros).

Oben links: Friedrich Wilhelm IV. als Kronprinz (Lithographie von Franz Krüger). Rechts: Prinzessin Elisabeth Ludovika von Bayern (Bleistiftzeichnung von Johann Peter Melchior, 1812).

Friedrich Wilhelm IV. in seinen letzten Lebensjahren (Daguerreotypie von Hermann Biow).

Der feierliche Umritt König Friedrich Wilhelms IV. am 21. März 1848 (Lithographie von Wilhelm Bülow).

Prinz Wilhelm (Kohlezeichnung von Franz Krüger, 1827).

Unten links: Wilhelm I. (Gemälde von Franz von Lenbach). Rechts: Kaiserin Augusta in späteren Jahren.

Bismarck am Schreibtisch in seinem Arbeitszimmer in Friedrichsruh am 27. Dezember 1886.

Oben links: Friedrich III., Deutscher Kaiser und König von Preußen.
Rechts: Kronprinzessin Victoria, die spätere Kaiserin Friedrich.

Unten: Ausfahrt Kaiser Friedrichs im Schloßpark von Charlottenburg.

Kaiser Wilhelm II. (Studie von Max Koner, 1891).

Kaiserin Auguste Viktoria, 1910.

Wilhelm II. in Kürassieruniform.

Vier Generationen Hohenzollern: Sitzend Wilhelm I. mit dem 1882 geborenen Prinzen Wilhelm, links: Kronprinz Friedrich Wilhelm, der spätere Friedrich III., rechts: Prinz Wilhelm, der spätere Wilhelm II.

Wilhelm II., Deutscher Kaiser, im Jahr 1901.

Wilhelm II. im Exil.

piert. Kaum eine Familie, die ohne einen Friedrich oder Wilhelm bleibt. Es müssen Tausende dieses Namens gleichzeitig aufgewachsen sein.

Friedrich Wilhelm III., den der Luisen-Biograph Bailleu als »mißtrauisch gegen die Menschen, aber am meisten gegen sich selbst« charakterisiert hat, hält auch weiter am Neutralitätskonzept fest. Besonders mißtrauisch ist er gegen die »Adler« an seinem Hof. So nennt man diejenigen, die vor der Fortsetzung seiner Politik warnen; wir würden sie heute eher als »Falken« bezeichnen. Zu ihnen gehört Prinz Louis Ferdinand, der heute als ein Star gelten würde. Er ist ein gutaussehender Offizier, ein Bruder Leichtsinn im Umgang mit Frauen – unter anderem Luises Schwester Friederike – und ein Komponist und Pianist, den selbst Beethoven, ein eingefleischter Republikaner, hochschätzt. Der König läßt den Neffen ungnädig wissen, daß auch königliche Prinzen vor der Festung nicht gefeit sind. Mag sein, daß er dem jugendlichen Liebhaber nach wie vor die vielen Walzer mit der Königin und etwas Verwerflicheres mit deren Schwester übelnimmt. In der Hauptsache dürfte es ihm aber auf die Neutralität Preußens ankommen, das er auf jeden Fall aus dem Dauerkrieg mit den Franzosen heraushalten will.

Wie kommt es, daß ausgerechnet er mit einer derartigen Haltung in einen Krieg verwickelt wird?

Aus den wilden französischen Revolutionstruppen sind mittlerweile schmuck uniformierte Elitetruppen geworden, die von einem ehemaligen Brigadegeneral und »Ersten Konsul« der Republik geführt werden. Am 2. Dezember 1804 hat Napoleon Bonaparte in der Kirche Notre Dame zu Paris etwas getan, was ihm der erste Preußenkönig, Friedrich I., einst vorgemacht hat, nämlich sich selbst die Kaiserkrone aufs Haupt gesetzt. Ein Jahr später übrigens wiederholte er den Akt in Mailand mit der Krone Italiens.

Der kleinwüchsige, genial begabte Schlachtenlenker und Staatsmann bedient sich der Französischen Revolution geschickt als Mittel zum Zweck. Im Namen der freiheitlichen Gedanken überrennt er mit seiner Armee die Länder Europas. Er will Europa einigen, im Grunde keine schlechte Idee. Und er will es, obwohl Korse, also mehr Italiener als Franzose, unter französischer Vorherrschaft tun. Was ebenfalls nicht unvernünftig klingt, denn Frankreich ist auf dem Kontinent neben Österreich der einflußreichste Staat, seine Sprache und Kultur die der Oberen Zehntausend Europas. Er hat begonnen, eine eigene Dynastie und einen eigenen, neu gegründeten Adel an die Stelle des alten zu setzen, der entweder auf der Guillotine geendet oder ins Ausland emigriert ist.

Ein seltsam faszinierender und erfolggekrönter Mann. Auf der einen Seite sehr modern im Sinne der Aufklärung, auf der anderen ein Reaktionär, der das Rad der Geschichte zurückdreht oder doch zumindest anhält, indem er die eben abgeschaffte Adelsstruktur seines Staates künstlich neu belebt.

Man muß bezweifeln, daß die »Adler« am Berliner Hof aus diesem Grund für einen Eintritt Preußens in die Reihe seiner Gegner plädieren. Sie sehen in ihm wohl eher den Mann mit dem Schwert, der den gesamten Kontinent seinem neu gegründeten Kaiserreich einverleiben will. Es gibt zweifellos weltgeschichtliche Augenblicke, in denen es eine Neutralität nicht mehr gibt, weil der andere, früher oder später, über einen herfallen wird.

Getreu seinem Standpunkt lehnt Friedrich Wilhelm auch Präventivkriege ab. Mit dem schlauen Hardenberg und dem skrupellosen Haugwitz laviert er sich fürs erste durch. Kurze Zeit scheint es sogar so, daß er wie sein Vater der lachende Dritte sein kann. 1803 erhält er bei der großen deutschen Flurbereinigung unter dem komplizierten Namen »Reichsdeputationshauptschluß« auf französischen Druck als Entschädigung für die an Frankreich abgetretenen linksrheinischen Gebiete einen erheblichen Landgewinn aus aufgehobenem kirchlichen Besitz: die Bistümer Paderborn, Hildesheim mit Goslar, Erfurt und den Hauptteil des Bistums Münster darunter – fast das ganze Gebiet des heutigen Westfalens und ein gehöriges Stück Thüringen dazu.

Ein erfreulicher Landgewinn, dem Napoleon drei Jahre später ein Danaergeschenk hinzufügt: Hannover. Über Hannover herrscht seit 1714 der britische König zugleich als Kurfürst. Friedrich Wilhelm hat zwar Hannover weder verlangt noch angenommen. Trotzdem erklären ihm die Engländer den Krieg. Wahrscheinlich eine Finte Napoleons, der die »Armee Friedrichs des Großen« gern auf seiner Seite hätte und der dem König darum diese Falle gestellt hat. Österreich und Rußland sind von Napoleon soeben bei Austerlitz geschlagen worden; Österreich mußte einen Sonderfrieden eingehen, der Zar sich zurückziehen. Geblieben von der einst so mächtigen Koalition gegen Frankreich ist nur England. Und wer steht in diesem Konflikt als einziger dem korsischen Eroberer zur Seite? König Friedrich Wilhelm III. von Preußen, der Pazifist.

Ginge es nicht um Krieg oder Frieden, Blutvergießen und Völkerelend, man könnte die Sachlage kurios finden. Sie wird sogar noch kurioser. Einige Monate später findet sich der König nicht mehr im Krieg gegen England, sondern gegen Frankreich.

Auch dies eine Mischung aus hinterhältiger Diplomatie und unüberlegter Reaktion darauf. Jedenfalls ist Friedrich Wilhelm, wie Haffner es burschikos ausdrückt, »in den Krieg aus gekränkter Friedensliebe gestolpert«.

Was ist geschehen? Nicht viel. Französische Truppen sind ohne Erlaubnis durch Ansbach marschiert. Im Glauben, es handele sich da um ein verbündetes Land (was ja auch seit dem Vertrag zu Schönbrunn 1805 der Fall war), haben sie dort auch Lebensmittel requiriert. Außerdem melden geheime Agenten aus London, Napoleon habe dem neuen Außenminister Fox schriftlich die Rückgabe Hannovers angeboten. Hannover hat Napoleon eben erst Preußen zugesprochen. Es ist dieses falsche Spiel, das im sonst so vorsichtigen Friedrich

Wilhelm III. den hohenzollerschen Jähzorn weckt. Er stellt dem Franzosen ein Ultimatum und ordnet die Mobilmachung an. Preußens »Adler« triumphieren. Wieder wird dem Herzog von Braunschweig, der immer noch als bedeutendster Feldherr in preußischen Diensten gilt, und der noch immer keine Schlacht gewonnen hat, das Oberkommando anvertraut. Die Truppe ist enttäuscht. Sie hat gehofft, der König selbst würde sie wie einst sein Großonkel, der Alte Fritz, zum Sieg führen.

Wie nicht anders zu erwarten, läßt Napoleon überlegen das Ultimatum verstreichen und läßt dem König noch eine Karenzzeit zum Einlenken, die dieser seinerseits verstreichen läßt. Dann rückt man, wie in deutschen Landen üblich, mit frohem Übermut ins Feld. Im Troß zieht eine Wagengruppe der Königin mit, die samt Gräfin Voß mit von der Partie ist. Das hat bei den Preußen Tradition, auch wenn diese bei den letzten zwei Königen ins Stocken geraten ist: Friedrich der Große mochte die Frauen nicht und Friedrich Wilhelm II. mochte sie zu sehr. Letzteren ahmt immerhin der 72jährige Herzog von Braunschweig nach, der im Troß seine Mätresse mit sich führt. Umjubelt von der Truppe wird jedoch allein die Königin, wo immer sie in der Etappe oder später sogar an der Front auftaucht. Die Stimmung schlägt um, als bekannt wird, daß Prinz Louis Ferdinand in einem Vorhutgefecht bei Saalfeldt gefallen ist. Kein gutes Omen.

Auf die erste Schlacht hat sich Napoleon wie gewohnt sorgfältig vorbereitet. Ein Heer von Spionen unterrichtet ihn und seine Generäle über jeden Zug der preußischen Armee, die man immer noch als diejenige Friedrichs des Großen fürchtet. Aber das ist sie nicht mehr. Während Napoleon das in Aussicht genommene Schlachtfeld – es sind zwei Schlachtfelder – genau in Augenschein nimmt, sogar noch die Ausgangspunkte verändert, schickt der Herzog von Braunschweig nicht einmal Kundschafter oder Spähtrupps aus. Unterstützt nur von einem Hilfsregiment aus Sachsen, stehen den Preußen unter anderem

Angehörige der mit Napoleon verbündeten deutschen Rheinbundländer gegenüber.

Die langen Friedensjahre haben dem Heer nicht eben gut getan. Man ist, was die Taktik betrifft, bei Friedrich dem Großen stehengeblieben. In den Manövern sind stur dessen Schlachten nachgestellt worden, ungeachtet der Tatsache, daß sich bei Freund und Feind inzwischen vieles geändert hat. Noch hat man das mittelalterliche Prinzip Zwei-Heere-marschieren-aufeinander-los nicht ganz aufgegeben, dennoch ist die Taktik allgemein erfindungs- und abwechslungsreicher geworden. Und einer der erfindungsreichsten Taktiker ist Napoleon, gegen den im Augenblick kein Kraut gewachsen scheint.

Am 14. Oktober 1806 bereitet er bei Jena Preußen eine empfindliche Niederlage. Zugleich tobt eine zweite Schlacht bei Auerstedt, die der französische Marschall Davout gegen eine mehr als doppelte Übermacht zu seinem eigenen Erstaunen ähnlich glanzvoll gewinnt. König Friedrich Wilhelm versucht bei Auerstedt vergeblich, die Truppen, die zu fliehen beginnen, zusammenzuhalten. Er zieht den Säbel, um mit seinen Adjutanten die Fliehenden aufzuhalten.

Der Herzog von Braunschweig kann noch in letzter Sekunde dem Wagen der Königin einen Fluchtweg zeigen, der sie nach Weimar und von dort nach Berlin bringen soll. Dann trifft ihn ein Kartätschensplitter, der ihm beide Augen wegreißt. Ein großer Feldherr ist er nicht, aber er stirbt wie ein Held.

Die Franzosen machen bei Jena 15000 Gefangene, bei Auerstedt 3000. Auf den beiden Schlachtfeldern verlieren die Preußen je 10000 an Verwundeten und Toten, nur knapp die Hälfte sind es bei den Franzosen.

Die einst hochgepriesene preußische Armee befindet sich in wilder Flucht. Dem König und den Generälen ist jegliche Übersicht verlorengegangen. Es ist kaum glaublich, was geschieht, und noch unglaublicher, was nicht geschieht. Friedrich Wilhelm ist derart verstört, daß er das Wichtigste vergißt, nämlich für den gefallenen Herzog von Braunschweig einen neuen Oberkommandierenden zu ernennen. Vierundzwanzig Stunden bleiben die preußischen Truppen ohne direkte Befehle. Der Wagen mit der Königin jagt nach Weimar. Kurz vor der Stadt bricht das Gefährt zusammen, im Wagen ihres Kammerherrn von Buch erreicht sie Braunschweig, wo der Hof Trauer trägt, noch nicht für den Herzog, sondern für Louis Ferdinand.

Die Fluchtwege der preußischen Truppen kennzeichnen leichte und schwere Waffen, die, noch brauchbar, von den Soldaten weggeworfen wurden, sowie verbrannte Nachschubwagen, die die schlechter versorgten sächsischen Hilfstruppen geplündert haben. Dem König ist sogar sein Adjutantenfreund Köckeritz verlorengegangen. Man findet ihn in einem thüringischen Dorf bei dem lange vermißten Verzehr einer gebratenen Gans.

Die Niederlage wirkt sich wie eine ansteckende Krankheit aus. Große Truppenteile kapitulieren ohne Notwendigkeit. Auch Festungen wie Erfurt, Magdeburg und Hameln ergeben sich kampflos und ohne Not dem Feind. Da weder die Militärs noch die Beamten irgendwelche Richtlinien für Notfälle erhalten haben, bleibt etwa den allein gelassenen Berliner Honoratioren – der Stadtkommandant von der Schulenburg ist geflohen – nichts anderes übrig, als mit den Franzosen zu paktieren. Die Berliner begrüßen Napoleon, als er wenig später durchs Brandenburger Tor einzieht, mit lauten »Vive l'Empereur«-Rufen, um ihn milde zu stimmen.

Luise sucht ihre Kinder in Berlin vergebens, findet sie schließlich in Schwedt und ihren Mann in Stettin. Sie soll ihm dort empfohlen haben, den Fürsten Hohenlohe zum Oberkommandierenden der kaum noch existierenden preußischen Armee zu ernennen, was auch geschieht.

Ein Mann in Preußen behält die Nerven, das ist der Reichsfreiherr Heinrich Friedrich Karl vom und zum Stein. Der nassauische Reichsfreiherr, der Letzte aus altem Adelsgeschlecht, war 1780 in den preußischen Staatsdienst eingetreten. Das eigentliche Fachgebiet des studierten Juristen ist der Bergbau. Er hat das Herz auf dem rechten Fleck, läßt den königlichen Goldschatz sowie die Schatulle der Staatsgelder auf einen Wagen verladen und bringt diesen dem König nach Stettin. Er bekommt den Befehl, ihn per Schiff an das mutmaßliche Ziel des Königspaares und der preußischen Regierung zu bringen, nach Königsberg.

Dort, in ihrem östlichsten Landesteil, endet fürs erste der Rückzug der preußischen Regierung. Von diesem entfernten Ort aus ist das Land nur schwer zu regieren, um so mehr, als es vom Feind besetzt ist. Im Gegensatz zu preußischen Usancen zahlen die Franzosen nichts für Einquartierung und Verpflegung ihrer Truppen. Sie bluten Land und Leute aus, kaum daß sie der Bevölkerung gestatten, den einquartierten Besatzern statt des gewohnten täglichen Weins das in Mitteleuropa gängigere und weniger kostspielige Bier vorzusetzen.

Friedrich Wilhelm durchlebt eine Phase tiefer Resignation, gegen die seine Königin Luise mit aller Energie ankämpft. Obwohl es ihr im kälteren Klima Ostpreußens nicht gutgeht, sucht sie seine Selbstvorwürfe, nicht bei der einzig richtigen Neutralitätspolitik geblieben zu sein, zu entkräften. Die anderen waren schuld, Haugwitz, Lombard, Lucchesini, der Herzog von Braunschweig und seine fehlende Kampfkonzeption. Sie wehrt sich gegen den Gedanken, den er, enttäuscht und verzweifelt, erwägt: Rücktritt und Bitte an Napoleon, in Berlin ein zurückgezogenes Leben führen zu dürfen. Sie macht ihm Mut, obwohl auch ihr zuweilen bänglich zumute gewesen sein muß: angesichts der Verwundeten, die sie in Königsberg pflegen hilft, der amputierten Bettler auf der Straße, die über das Pflaster kriechen, oder auf der erneuten Flucht vor den nach Königsberg vorstoßenden Franzosen über die Kurische Nehrung bei eisigem Wetter bis Memel.

Den König reißt jedoch weniger die Liebe der Königin aus

seiner Lethargie als eine Aufgabe, die der Gerechtigkeitsfanatiker in ihm immer schon hatte anpacken wollen. Sie liegt auf der Hand, scheint jedoch in dieser Situation undurchführbar: jene Reformen nachzuholen, die sich seit der Französischen Revolution und ihren Folgen als notwendig erwiesen haben. Eine Revolution von oben statt von unten. Eine Änderung zum Besseren und Gerechteren, die gleichzeitig das Gute des Althergebrachten bewahrt.

Für dieses Unterfangen hat er zwei Bundesgenossen, die ihm nahestehen und jederzeit Zugang zu ihm haben: Hardenberg, Luises Favoriten, und den Freiherrn vom Stein, der allerdings kein sehr umgänglicher Mann ist, preußischer als die meisten Preußen, selbst die Hohenzollern.

Es sind dies freilich nicht die einzigen Bundesgenossen. Reinhard Koselleck, der die Reformbestrebungen im besiegten Preußen genau unter die Lupe genommen hat, schreibt: »Die Reformpartei, die sich innerhalb der preußischen Verwaltung seit langem schon in lockerer Weise zusammengefunden hatte, wurde von der Flut des Zusammenbruchs nach oben getragen.«

Hinzu kommt die bittere Notwendigkeit, das fürs Überleben des Staates notwendige Geld zusammenzutragen. Die Bedingungen des Friedens von Tilsit am 9. Juli 1807 sind hart genug. Man hat versucht, Napoleon zu besänftigen, indem man ihn zum erstenmal mit der schönen Luise konfrontiert, die er für seine »gefährlichste Feindin« hält. Die berühmte Begegnung in Tilsit endet mit einem Unentschieden. Sie entdeckt, daß Napoleon keineswegs, wie von ihr behauptet, der leibhaftige Satan ist, und er behält sie als tapfere Frau in der Erinnerung, die nie wieder in einem Artikel in seinem Regierungsblatt *Moniteur*, das ganz Europa liest, geschmäht wird. Seine Friedensbedingungen fallen trotzdem schlimmer aus als erwartet.

Nachdem Preußen schon im Vertrag von Memel das ungewollte Hannover an England zurückgegeben hat, verliert es nun die Hälfte seines Staatsgebiets und seiner Bevölkerung, alles Land westlich der Elbe, alle Erwerbungen aus den Teilungen Polens, darunter Danzig, Thorn und Südpreußen. Eine saftige Kontribution, deren Höhe schwankt, nie endgültig festgesetzt, sondern immer nur erhöht wird, ist faktisch unbezahlbar, wobei das Besatzungsgeld nicht einmal angerechnet wird. Das bedeutet Zwangsanleihen bei den besitzenden Schichten, höhere Abgaben auf Handels- und Produktionsgüter sowie landwirtschaftliche Erzeugnisse, vor allem für die Junker, die bisher keine Steuern zahlten.

Es hätte allerdings auch noch viel schlimmer kommen können. Ohne weiteres wäre es Napoleon möglich gewesen, Preußen kurzerhand aufzulösen. Er spielte wohl auch mit dem Gedanken, es dem Königreich Westphalen einzuverleiben, dem sein Bruder Jérôme als gekröntes Haupt vorsteht. Preußen gerettet hat Luises ungetreuer und Friedrich Wilhelms getreuer Freund, Zar Alexander von Rußland. Gewiß nicht ganz ohne Eigennutz: ein Pufferstaat zwischen seinem Land und dem Machtbereich Napoleons scheint ihm immer noch günstiger als eine gemeinsame Grenze.

»Nur um Gottes willen keinen schändlichen Frieden!« war Luises erste Reaktion auf die Niederlagen von Jena und Auerstedt. Jetzt ist er da, der schändlichste Frieden, der sich denken läßt. Friedrich Wilhelm reagiert resignativer und zugleich realistischer. Mag seine Kriegserklärung an Napoleon eine Kurzschlußhandlung gewesen sein. Jetzt schwankt er zwischen passiver und aktiver Reue. Die passive Reue äußert sich darin, daß er Preußens Versagen und sein eigenes kühl und wie unbeteiligt am Geschehen analysiert. »Es scheint als spräche er vom Unglück anderer Leute«, berichtet ein englischer Besucher der kargen Hofstatt zu Memel nach Hause.

Die aktive Reue äußert sich in einer Aktivität, die ihm Svarez einst eingetrichtert hat. Er plant für sein Land ein Reformwerk, eine bessere Zukunft. Scherzhaft hat er Luise schon vorgemacht, was er darunter versteht, indem er ihr von einer Truppenschau mit dem Zaren seinen abgeschnittenen

Zopf schickte. Den Zopf, den die preußischen Soldaten bis vor kurzem trugen, will der König nun auch im übertragenen Sinn abschneiden.

Fernab von seinem Stammland und seiner Hauptstadt geht er ans Werk. Der Zar, sein letzter Freund und, wie er hofft, als Verbündeter Napoleons sein Rettungsanker, schüttelt den Kopf. Aber wenn Friedrich Wilhelm Alexander I. auch seit jüngstem kopiert – er trägt jetzt sowohl einen Schnurrbart als auch ein Tschako –, so denkt er doch liberaler als dieser. Die Franzosen haben bewiesen, wie weit man kommen kann, wenn man einem Volk etwas mehr Freiheit unter humaneren Bedingungen gestattet. Aus diesem Grund hat auch Napoleon nichts gegen derartige Reformen im besiegten Staate Preußen einzuwenden. Eine Emanzipation der Bevölkerung kann nicht schaden. Ein künftiges Preußen dürfte, nach Napoleons Vorstellung, ohnehin dem mit Frankreich befreundeten Rheinbund deutscher Klein- und Mittelstaaten angehören. Schließlich hatte auch Napoleon viele alte Zöpfe erbarmungslos abschneiden lassen.

Federführend bei dem geplanten Reformwerk sind Stein und Hardenberg. Beide Staatsmänner haben ihre jeweiligen Vorstellungen in einer Denkschrift vorgelegt. Hardenberg hat seinen Entwurf in Riga verfaßt, den Karl von Altenstein, der spätere langjährige preußische Kultusminister nach Memel schmuggelt. Denn Napoleon hat Hardenberg eine weitere Tätigkeit für den preußischen König untersagt, und der hat sich rechtzeitig vor seiner Verhaftung auf russisches Hoheitsgebiet abgesetzt.

Hardenbergs Schriftstück ist das ausführlichere. Es berührt neben Rechtsfragen solche der Wirtschaft, von der Stein ebenfalls einiges versteht, und des Militärs, das Stein nach eigenem Eingeständnis für »vollkommen unnütz« hält. Die jüngsten Ereignisse haben ihn in seiner Meinung noch bestärkt.

Stein konzentriert sich in seinem Entwurf auf die Innenpolitik. Sein Fazit ist eindeutig: »Demokratische Grundsätze«, so schreibt er, seien »in einer monarchischen Regierung (...) die angemessene Form für den gegenwärtigen Zeitgeist.«

Das ist starker Toback selbst für Sympathisanten der Reform. Zwar hat die Amerikanische Revolution mit ihrem demokratischen System viel Sympathie in preußischen Landen gefunden. Einer der führenden Köpfe unter den preußischen Militärs hat, auch wenn er den Befreiungskrieg um ein Haar verpaßte, einige amerikanische Ideen mit zurückgebracht: Graf Neidhardt von Gneisenau. Aber im großen und ganzen hat das Wort »demokratisch« den Ruch eines Schimpfworts.

Stein schwebt ein Preußen vor, das entweder die alte Ständeordnung, die die absolutistischen Herrscher abgeschafft haben, wiederbelebt oder auf einer konstitutionellen Monarchie mit einem Zweikammern-Parlament nach englischem Vorbild beruht. Die alte Ständeordnung, in der nicht nur Adel und Bürgerschaft, sondern auch die staatsbildenden Stände wie Handwerker, Kaufleute, in Ostfriesland und Tirol auch die Bauern gewisse Rechte besaßen und die Steuern mitbestimmten, kennt Stein aus dem heimatlichen Westfalen. Die englischen Verhältnisse hat er auf einer Instruktionsreise durch das Land eingehend studiert. England ist Steins Vorbild geblieben, auch wenn er dort nicht allzu gut behandelt worden ist, denn man hat ihn bei dem erwischt, was man heutzutage Industriespionage nennt. Man ist in England stolz auf die Errungenschaften der industriellen Revolution und gibt sie selbst einem verbündeten Staat ungern preis.

Stein übergibt seine Denkschrift persönlich in Ostpreußen. Verfaßt hat er sie im heimischen Nassau, grollend, denn er ist eben vom König Friedrich Wilhelm III. gemaßregelt worden. Da er sich geweigert hatte, mit den alten Vertrauten Friedrich Wilhelms, die er alle für Nichtskönner hält, zusammenzuarbeiten, hat dieser ihn mit dem nicht sehr schmeichelhaften Vermerk, er sei »ein widerspenstiger, trotziger, hartnäckiger und ungehorsamer Staatsdiener«, ungnädig entlassen.

Wenn er ihn jetzt trotzdem wieder beruft, dann aus mehreren Gründen. Erstens ist Stein neben Hardenberg der einzige, auf den der König gelegentlich hört. Zweitens lebt Hardenberg, wenngleich in erreichbarer Nähe, so daß er konsultiert werden kann, im Ausland. Und drittens hat merkwürdigerweise Napoleon Steins Rückberufung empfohlen. Scharfe Zungen behaupten, weil der Herrscher der Franzosen dem preußischen König einen derart schwierigen Mitarbeiter gönnt.

Der sogenannte preußische Hof im unwirtlichen Memel gleicht nach den Worten Scharnhorsts »Schiffbrüchige(n) auf einer öden Insel«. Für eine Aufgabe, wie sie Friedrich Wilhelm gestellt hat, nicht einmal der verkehrteste Ort: Mangels Abwechslung und Zerstreuung kann man sich ganz auf eine Sache konzentrieren.

Hardenberg und Stein sind nicht die einzigen, die in der Einöde am Reformwerk arbeiten. Für die Heeresreform sind Gneisenau und Scharnhorst zuständig, die Umwandlungen auf ihrem Gebiet verlaufen am reibungslosesten: Neuerungen können als Befehl erteilt werden, dem bedingungslos gehorcht werden muß. Ihnen steht General Hermann von Boyen zur Seite, der die Gesetze für die allgemeine Wehrpflicht entwirft, die ebenfalls nach französischem Vorbild eingeführt werden soll, weshalb Napoleon keinen Verdacht schöpft. Scharnhorsts Erfindung des »Krümpersystems«, der kurzen Ausbildung für um so mehr Rekruten, ermöglicht es den Reformern, die im Friedensvertrag festgelegte Zahl der Soldaten mit jenen in der Reserve weitaus höher zu halten, als es der französische Kaiser erlaubt. Wilhelm von Humboldt plant eine Schul- und Universitätsreform, und weitere Sachverständige gibt es genug, unter ihnen der Oberpräsident des östlichsten Landesteils Preußens, Theodor von Schön, berühmt für den Wiederaufbau der Marienburg, und den Reichsfreiherrn von Schrötter, der schon unter Friedrich dem Großen, auch einem Reformer, gedient hat.

Nicht alle Blütenträume reifen. Neben einer »Reformpartei« gibt es im Lande, ohne fest umrissenes Programm, eine mächtige Gegenfront hauptsächlich des Adels. Ihr steht der Graf Yorck von Wartenburg nahe, von dem noch ausführlich die Rede sein wird. Ihr Wortführer ist jener witzig-überlegene Friedrich Ludwig von der Marwitz, dessen Memoiren noch heute zu den besten Quellenwerken der Zeit gerechnet werden. Das sind Leute ohne Fehl und Tadel, auch wenn sie – ihr gutes Recht – anderer Meinung sind.

Weniger vorbildlich ist die Rolle, die ein Großteil der Beamtenschaft spielt. Sie setzt sich aus Junkern und Leuten, die von adligen Herren abhängig sind, zusammen. Die meisten sympathisieren mit den Reformgegnern. Und da gibt es seit jeher die vorzügliche Methode der passiven Resistenz: Man läßt Verfügungen oder Anordnungen, die einem nicht passen, so lange wie möglich auf dem Schreibpult liegen. Wirksamer als der offene Widerstand hat diese einfache Methode vor allem in abgelegenen Landstrichen einige Reformbestrebungen verlangsamt, verwässert oder sogar verhindert.

Auch ist man nicht eben zurückhaltend oder zimperlich im Streit um seine Prinzipien. Auf diesem Feld tun sich die Konservativen mehr hervor als die Reformer. Ihr Hauptangriffsziel ist der Freiherr vom Stein, der, nicht ganz zu Unrecht, als radikaler Reformer gilt. Er tritt unbeugsam für all das ein, was auch der König will, nur nicht derart vor sich herträgt. Es geht um die Bauernbefreiung von Erbuntertänigkeit unter die adligen Gutsherren und von der Fron. Darin ist Friedrich Wilhelm vorausgegangen. Auf staatlichen Gütern sind die Hand- und Spanndienste seit 1804 abgeschafft. Die Gleichstellung von Adel und Bürgertum ist ein weiterer Stolperstein für die Reformer. Daß Bürgerliche in Zukunft Land besitzen dürfen, ist dem König recht. Daß auch jemand ohne »von« vor dem Namen Offizier werden darf, geht ihm dagegen fast zu weit, ebenso wie die Gleichstellung der jüdischen Mitbürger, für die Hardenberg eintritt und die er durchsetzt.

Ein langer Katalog, der im Land manchen Beifall hervorruft und nicht minder Entsetzen erregt. Stein treibt sein Reformwerk energisch voran. Er hat es eilig, weil er weiß, daß ihm nicht viel Zeit bleibt. Lange hält es, mit Ausnahme der Königin Luise, keiner mit ihm aus, und überdies treibt er ein gefährliches Doppelspiel. Auf der einen Seite sorgt er dafür, daß die Kontributionen pünktlich an Frankreich gezahlt werden. Er ist ein altmodischer Wirtschaftler: Napoleon hat den Krieg gewonnen, also steht ihm das Geld zu. Andererseits ist Stein Patriot. Er konspiriert gegen die Besatzer und fällt alsbald wieder in Ungnade, als dem Kaiser der Franzosen ein beschlagnahmter Brief Steins in die Hände fällt. Er muß sich, abenteuerlicher noch als ehedem Hardenberg, bei Nacht und Nebel nach Österreich durchschlagen.

Selbst ein aufrechter Mann wie Yorck von Wartenburg läßt sich dazu verleiten, dem verfemten Reformer nachzurufen, er gleiche einem »unsinnigen Kopf«, der bereits zertreten sei. Nun werde sich auch »das andere Natterngezücht (...) in seinem eigenen Saft auflösen«.

Das Reformwerk, so unvollständig es bleibt, gehört zu den großen Leistungen eines preußischen Königs, das zivile Gegenstück zur kriegerischen Leistung Friedrichs des Großen im Siebenjährigen Krieg. Welcher Staat hätte es je geschafft, sich in Zeiten äußerster Erniedrigung von innen heraus zu erneuern?

Nach der Beendigung des napoleonischen Spuks wird von Reformen allerdings kaum mehr die Rede sein und manches rasch wieder korrigiert werden. Selbst ein Reformer wie Hardenberg wird sich nicht scheuen, das einst so großherzig Gepflanzte zu beschneiden.

Die Bewunderung bleibt. Es bleibt auch, vom deutschen Standpunkt aus, ein bitterer Nachgeschmack. Warum muß immer erst ein Krieg verlorengehen, ehe die Vernunft siegt?

Napoleon ist es, der das preußische Königspaar nach Berlin zurückholt. Er bittet am Ende sogar Friedrich Wilhelm, Ostpreußen den Rücken zu kehren. Es geht um das abgebröckelte Ansehen der französischen Besatzungstruppen und ihrer Offiziere. Seit die tapferen Spanier gezeigt haben, daß ein zum Partisanenkrieg entschlossenes Volk für ein noch so glänzend trainiertes Heer eine schwere Belastung sein kann, gilt Napoleon nicht mehr als unbesiegbar. Der mit ihm zwangsverbündete preußische König könnte in der preußischen Hauptstadt als Ordnungsfaktor fungieren. Zu Übergriffen gegen Franzosen ist es in Berlin bereits gekommen.

Die Königin kränkelt nach zwei weiteren Geburten, darunter eine ungemein kritische, und glaubt, allein durch den Anblick des Schlosses Charlottenburg gesunden zu können. Am 23. Dezember 1809 ist es soweit. Die Berliner empfangen Friedrich Wilhelm und Luise, die abends in die Stadt einziehen, mit Jubel und einer bescheidenen Illumination.

Das Weihnachtsfest begeht die königliche Familie im Stadtschloß. Und auf Wunsch Luises besucht man am Weihnachtstag das Panorama des Karl Wilhelm Gropius neben der Hedwigskirche, nur einen Steinwurf weit vom Schloß entfernt. Zur Weihnacht geht man in Berlin ins Panorama wie man später ins Kino geht, dessen Frühform die Panoramen oder Dioramen darstellen: gemalte Riesenbilder, die mit Kulissen und Lichteffekten verändert und von Musik hinter der Leinwand, Klavier und gemischten Chören, untermalt werden. Der Entwerfer, ein junger Architekt namens Karl Friedrich Schinkel, sitzt zwischen dem Königspaar und erläutert die Vorführung. Sie könnte wie folgt abgelaufen sein: »Die einsame Ansicht des morgenrothen Aetnas (im tiefen Vordergrund die öde Ruine) mit Waldhorns-Echo. Das Innere der alten Domkirche zu Mantua (die unzählige Menge von Menschenfiguren unten durchs Fernglas ganz täuschend), Kreuzeserleuchtung in der Peterskirche etc.« Das Programm hat ein Dichter besucht und überliefert, der damals im Kultusministerium arbeitende Joseph von Eichendorff.

Der junge Architekt schlägt sich, da unter den augenblicklichen Umständen in Preußen niemand zu bauen bereit ist, als Landschafts- und Panoramenmaler durch. Einen ersten Auftrag erhält er gleich von der Königin. Er ist innenarchitektonischer Natur, ein Schlafzimmer à la mode, das heißt im Empire-Stil. Er wird des Königs Lieblingsarchitekt und bleibt es bis zu seinem Tode. Wenn in der Zukunft der Name des einen fällt, läßt der des anderen meist nicht lange auf sich warten.

Die ersten offiziellen Handlungen Friedrich Wilhelms bezeugen den Wandel, der durch die Reformen eingetreten ist. Die neue »Hofordnung« trägt auch handschriftliche Züge der Königin. Schon zu den ersten Bällen, die sie gibt, ergehen Einladungen an großbürgerliche Familien, die jetzt offiziell als ebenso »hoffähig« gelten wie nichtadlige Offiziere. Luise selbst erscheint in betont einfachen Kleidern und statt in vollem Schmuck mit einer einzigen Perle im Haar. Erstaunen erregt ferner, daß eine neue Ordensklasse geschaffen wird, die verdienten Zivilpersonen vorbehalten bleibt. Der erste, dem der Orden verliehen wird, ist der Theaterdirektor Iffland. Er ist an Luises letztem Geburtstag, den zu begehen die Franzosen streng verboten hatten, schweigend mit einem Riesenblumenstrauß auf der Opernbühne erschienen, was ihm eine Ovation sowie eine Haftstrafe von einem Tag einbrachte.

Ein mildes Urteil für eine Besatzungsmacht. Die Franzosen scheinen generell milde gestimmt. Es ist Luise, die es fertigbringt, den derzeitigen Gesandten, Marquis de Saint-Marsan, und den König zu einem heimlichen Treffen im Haus ihrer Oberhofmeisterin, Gräfin Voß, zu überreden. Zu ihm, einem wohlmeinenden Mann, einem gebürtigen Sardinier, hat Friedrich Wilhelm Vertrauen. So treibt er, was er bei anderen zutiefst verabscheut, nämlich eine Geheimdiplomatie hinter dem Rücken sowohl des französischen Kaisers als auch der eigenen Minister.

Was bei Friedrich Wilhelm ebenfalls selten vorkommt: der Coup klappt sogar. Durch ihren Erfolg ermutigt, greift die inzwischen intrigengewandte Königin Luise neuerlich ein. Metternich, ihre Schwester Therese, die Fürstin von Thurn und Taxis, die am französischen Hof eine gewisse Rolle spielt, und nicht zuletzt Saint-Marsan werden geschickt eingesetzt, bis Napoleon einer neuerlichen Berufung Hardenbergs zustimmt.

Am 4. Juni 1810 kommt der Langersehnte und nimmt, auf Anraten Luises, als erster Staatskanzler die Leitung der Politik Preußens in seine Hand. Er wird dem König praktisch gleichgestellt, man kann sogar sagen, über ihn, denn dessen altvertraute Minister, unter ihnen Altenstein, müssen gehen.

Es ist dies die letzte und wahrscheinlich einschneidendste Errungenschaft, die Königin Luise, die populärste aller preußischen Königinnen bisher, ihrem Land hinterläßt. Und noch auf dem Totenbett wird sie ihrem Mann Hardenberg erneut ans Herz legen.

Sie stirbt überraschend während eines Besuchs bei ihrem Vater, dem inzwischen von Napoleon zum Großherzog erhobenen Herrn über Mecklenburg-Strelitz. Wo dieses Land und Preußen zusammenstoßen, bei Hohenzieritz, besitzt er ein Schloß am See. Dort bricht sie mit Kreislaufstörungen und Hustenkrämpfen zusammen. Ihr Zustand, der sich zunächst gar nicht gefährlich ausnimmt, verschlechtert sich rasch. Am Abend des 18. Juli 1810 wird der König, der Hohenzieritz inzwischen verlassen und die Kranke der Pflege ihrer besten Freundin, der Frau von Berg, anvertraut hat, von den Ärzten gerufen.

Er trifft auf eine Sterbende. Die beiden ältesten Söhne, Friedrich Wilhelm und Wilhelm, sind bei ihm. Als er Luise seine Verzweiflung mitteilt und um ihr Leben betet – »Du bist ja mein einziger Freund« –, wirft sie ein: »... und Hardenberg!«

Ihr Tod beendet nicht nur für Friedrich Wilhelm eine Epoche. Selten hat Preußen derart einmütig um einen Menschen getrauert, der unersetzlich schien. Und es für den König ganz gewiß war.

Friedrich Wilhelm nimmt die letzten Worte Luises wie einen Schwur ernst. Nichts hätte den Staatskanzler auf einen sichereren Sockel stellen können, als die letzten Worte der Königin.

Zwölf Jahre lang lenkt weniger der König die Geschicke in Preußen, sondern Hardenberg. Ihn hat Luise, gewollt oder ungewollt, über Friedrich Wilhelm gestellt. Das bringt einige Vorteile. Dem König ist nach seinen bitteren Erfahrungen, die ihn gelehrt haben, wohin reine Friedfertigkeit einen Gutwilligen in dieser friedlosen Welt bringen kann, wenig nach Regieren zumute. Die politische Klaviatur beherrscht Hardenberg ja auch in der Tat besser als er. Es gibt andere Dinge, auf die er sich nur zu gern konzentriert. Dazu gehören Bereiche, die man gewöhnlich nicht mit ihm verbindet wie Architektur, Kunst und religiöse Fragen.

In dieser modernen Biedermeierzeit muß man rigoroser und skrupelloser zu Werke gehen, wenn man Erfolg haben will – so stöhnt man damals schon. Und in der Tat lasten die Probleme schwer auf Friedrich Wilhelms Schultern. Der undurchsichtige Wilhelm Fürst zu Sayn-Wittgenstein ist der richtige, um die Zwangsanleihen für die immer wieder heraufgesetzten Zahlungen an die Franzosen einzutreiben. Und Hardenberg muß selbst wissen, was er tut, wenn er, wahrscheinlich im Hinblick auf die hohen Schulden und die Drohung Napoleons, zu ihrer Begleichung das Land Schlesien abzutrennen, ein Bündnis mit Napoleon eingeht.

Es mag dem König fatal sein, er hält sich an Luises Rat und überläßt dem Staatskanzler die Entscheidung. Der hat das Für und Wider bis zum Abschluß des Pakts im Februar 1812 reiflich erwogen. Er ahnt, daß der Kaiser der Franzosen, der den Kampf gegen die spanischen Partisanen, den er nicht gewinnen kann, klugerweise aufgegeben hat, etwas Mächtigeres, Gewaltigeres plant: den Angriff auf Rußland. Wie alle Welt glaubt er, daß auch dies dem Unbesiegbaren gelingen wird.

Die Zeichen stehen tatsächlich auf Erfolg. Napoleon stellt mit Hilfe fast aller europäischen Staaten mit Ausnahme von Rußland, England und Schweden das größte Heer der modernen Zeit auf die Beine; seit den Perserkriegen hat es dergleichen nicht mehr gegeben. In den Bereitstellungsgebieten, das sind

Westphalen, Sachsen, Preußen und Polen, stehen insgesamt 619 000 Mann der Grande Armée zur Verfügung, darunter das 20 000 Mann starke preußische Hilfskorps unter dem Kommando des franzosenfreundlichen Generals Grawert.

Ihm hat Scharnhorst noch rechtzeitig einen Stellvertreter an die Seite gestellt, den er, weil kein Freund Napoleons, für verläßlicher hält. Es handelt sich um den Grafen Ludwig Yorck von Wartenburg, der 1806 nach der vernichtenden Niederlage Preußens das einzige siegreiche Gefecht gegen die Franzosen geführt hat. Der inzwischen 53jährige erzkonservative General war in früheren Jahren eher rebellisch gewesen. Als junger Leutnant wurde er wegen Insubordination, also Ungehorsams, nach einjähriger Festungshaft aus der preußischen Armee ausgestoßen. Erst nach dem Tod Friedrichs des Großen ist er aus Fremdenlegionsdiensten bei der Ostindischen Handelskompanie zurückgekehrt und reaktiviert worden. Aus kaschubischem Kleinadel stammend und ohne Landbesitz oder sonstiges Vermögen, hat er versucht, durch verdoppeltes Friderizianertum, aber auch bessere Leistungen all seine Nachteile wettzumachen.

Mit Erfolg. Im Rahmen der Heeresreform von 1807 hat er die leichten Truppen umgeschult und mit dem freieren infanteristischen Einsatz in den Schlachten vertraut gemacht. Und seit 1811 ist er Generalgouverneur der Provinz (Ost)Preußen. Kein voreiliger Patriot wie der Major Schill, der drei Jahre zuvor auf eigenes Risiko mit seinen Husaren gegen Napoleon zu Felde zog und elendig in Stralsund endete. Eher einer vom Typus seines obersten Kriegsherrn, nämlich ein übervorsichtiger Zauderer.

Auf dem Vormarsch des gigantischen Heeres erkrankt General Grawert, und Yorck übernimmt den alleinigen Befehl über die preußischen Truppen. Während die Hauptarmee über Wilna und Smolensk direkt auf Moskau marschiert und es nach einem Sieg in der blutigen Schlacht von Borodin auch ohne weiteren Aufenthalt erreicht, gehört der preußische

Truppenteil zur Nordarmee. Sie sichert dem Haupteer die linke Flanke und verwickelt sich nur in kleinere, wenngleich erfolgreiche Einzelgefechte.

Zu den Russen hält man engeren Kontakt als zwischen Feinden üblich. Nicht nur leitet General Karl von Clausewitz, Scharnhorsts ehemaliger Bürochef, den Rückzug der russischen Truppen von St. Petersburg aus, auch unter den Frontoffizieren sind viele Preußen. Daß die Könige der beiden keineswegs feindlichen Länder befreundet sind, ist allgemein bekannt, auch daß Zar Alexander befohlen hat, die preußischen Hilfstruppen nicht wie Feinde zu behandeln.

Grawert hatte bereits mit einem General Essen über Gefangenenaustausch und wohl auch diffizilere Angelegenheiten verhandelt. Und dies, wie aus den Akten hervorgeht, sogar mit insgeheimer Genehmigung des Königs. Ein gleichzeitiger Brief Hardenbergs, demzufolge man im Augenblick keine derartigen Verhandlungen führen solle, mag die Vermutung nahelegen, daß Friedrich Wilhelm III. zumindest in Kriegszeiten nicht ganz so passiv ist, wie es nach außen den Anschein hat. Beider Verhalten kennzeichnet zugleich die Lage der bedauernswerten Preußen, die, obwohl sie und ihre Vorgesetzten mit den Russen sympathisieren, gegen diese zu Felde ziehen müssen.

Der Zwiespalt verstärkt sich noch, als das Haupteer Moskau von der Bevölkerung verlassen und bald darauf lichterloh brennend vorfindet und sich wieder nach Westen zurückzieht. Schon auf dem Hinmarsch hatte sich gezeigt, daß ein derartiges multinationales Heer nicht mehr die Disziplin und folglich nicht die Schlagkraft der alten Grande Armée besitzt. Mit Ausnahme der polnischen und deutschen Kontingente hapert es vor allem am Gehorsam der nichtfranzösischen Truppen. Es kommt zu nächtlichen Überfällen von marodierenden Soldaten auf verlassene Dörfer und nur noch von Frauen und Alten bewohnte Städte.

Der Rückzug stellt die ursprünglich so glanzvolle Armee vor noch größere Probleme. Lebensmittel sind nirgends vorhanden. Kosaken verfolgen die Truppen und greifen von links und rechts an. Man versucht, noch im Herbst die rettende Grenze zu erreichen. Vergebens. Die Armee wird aufgerieben, der zähe Morast, in dem die Wagen hilflos steckenbleiben, verwandelt sich mit Einbruch des Winters in eine eisige weiße Wüste. Die größte Armee seit Menschengedenken löst sich auf in zerlumpte, für das Klima und die Entfernungen nicht gerüstete verlorene Haufen. Offiziere lassen ihre Leute im Stich und flüchten wie ihr Anführer, der große Napoleon. Es geht alles drunter und drüber.

Auch im Norden, in Kurland, wo Yorck den Rückzug in gemilderter Form mitmacht. Als die Katastrophe auch dort mit Eis, Schnee, mangelnder Verpflegung und ohne wärmende Kleidung hereinbricht, drängen Yorcks Offiziere zu Verhandlungen mit den Russen. Sie gehen auch vor sich, sogar mit Offizieren der von Stein gebildeten Russisch-Preußischen Legion. Aber Yorck zögert. Er verhandelt mit Graf Dohna, dem Schwiegersohn Scharnhorsts, schickt Seydlitz nach Berlin mit der Bitte um Befehle, die dieser nach langer Wartezeit in nur vager Form bekommt und erst nach siebentägiger abenteuerlicher Reise überbringen kann. Major Dörnberg, Kampfgenosse Yorcks aus den 1806er Tagen und Graf Diebitsch, gebürtiger Schlesier, greifen ein, endlich auch ganz offiziell Scharnhorst und sogar Stein. Mit letzterem kommt es zu einem erregten Auftritt zwischen zwei Eisenfressern. Yorck verlangt nur nach dem Befehl des Königs. Oder des Staatskanzlers. Diese befinden sich allerdings in der gleichen Klemme wie er.

Sie sind Verbündete ihres eigentlichen Feindes und betreiben ein ebenso kompliziertes wie gefährliches Doppelspiel wie Yorck. Darüber verrinnt viel Zeit, die von den Franzosen dazu genutzt wird, möglichst viele ihrer angeschlagenen Truppen in Sicherheit zu bringen. Ein schnelleres Eingreifen Preußens auf russischer Seite hätte, wie viele Historiker meinen, Napoleon schon 1812 endgültig bezwungen und das Blutvergießen in den Schlachten bei Leipzig und später Waterloo verhindert.

Mit Wenn und Wäre läßt sich die Geschichte nicht korrigieren. Der Weg hin und zurück zur Befehlszentrale in Berlin ist lang, sowohl König Friedrich Wilhelm als auch General Yorck sind keine Freunde schneller Entscheidung. Man weicht den Problemen vielleicht zu lange aus, verärgert den künftigen Freund, die Russen, und macht den späteren Feind, den Franzosen, der in der Heimat immer noch am stärkeren Hebel sitzt, mißtrauisch. Abgesehen davon, daß das Hilfskorps dank dem peripheren Einsatz der Nordarmee einigermaßen unversehrt dasteht, eine jämmerliche, dazu beschämende Situation.

Wahrscheinlich ist es Clausewitz, der Yorck gegenüber den rechten Ton trifft. Er macht ihm klar, daß man mit Ausweichen nichts löst. Als Soldat muß man zu einer Entscheidung kommen und zu dieser stehen, koste es, was es wolle, selbst das eigene Leben. Auf welche Seite Preußen gehört, wissen beide, der Preuße im französischen und der Preuße im russischen Dienst.

Yorck läßt sich überzeugen. Damit sind die Würfel gefallen. Am 30. Dezember 1812 kommt es in einer ländlichen Mühle zwischen dem General Diebitsch und ihm nach langer Diskussion mit Dohna und Scharnhorst über die einzelnen Vereinbarungen zur berühmten Konvention von Tauroggen: bis zum Entscheid des Königs über die Zukunft der Hilfstruppe wird diese als neutral erklärt. Damit scheidet sie aus der französischen Nordarmee und zugleich aus dem Kampf gegen die Russen aus, als deren künftige Verbündete sie sich betrachtet.

Das ist Hochverrat und kann den General den Kopf kosten. Aber es ist die richtige Richtung, in die Preußen marschieren muß, wenn es überleben will. In einer offenen Rede teilt Yorck den Offizieren seinen Entschluß mit und stellt es jedem frei, das Korps ehrenvoll zu verlassen, der den kühnen Schwenk nicht mit seinem Gewissen vereinbaren kann. Kein einziger Offizier macht von dieser Möglichkeit Gebrauch. Man stellt sich damit einhellig hinter den General.

So einfach macht es ihm Berlin nicht. Dort hält man es,

wohl aus Furcht vor dem Zorn des Kaisers Napoleon, für notwendig, das doppelte Spiel noch eine Weile weiterzutreiben. Yorck wird seiner Funktion enthoben. Aber nur pro forma gegenüber dem Franzosen, weshalb man ihm die Absetzung gar nicht erst mitteilt. Durch einen Zufall erfährt er davon, fühlt sich gekränkt und nimmt jetzt keine Rücksicht mehr. Beim Übertritt auf ostpreußischen Boden ignoriert er Neutralität wie Absetzung und tritt, von den Landständen begeistert begrüßt, als Advokat eines deutsch-russischen Bündnisses auf.

Selbst dem König gegenüber bewahrt er eine trotzige, fast herausfordernde Haltung in einem Brief: »Jetzt oder nie«, lesen wir, »ist der Zeitpunkt, wo Ew. Majestät sich von den übermütigen Forderungen eines Alliierten losreißen können, dessen Pläne mit Preußen in einem mit Recht besorgniserregenden Dunkel gehüllt waren, wenn das Glück ihm treu geblieben wäre.«

Als das Yorcksche Korps, immer noch kriegsbereite 20 000 Mann umfassend, bei Elbing die Weichsel überquert, wird es von der Bevölkerung als Befreier Ostpreußens gefeiert. Der König scheint nicht ganz davon überzeugt. Er bleibt bei seiner Meinung, daß Rußland und Preußen zusammen nicht in der Lage sind, dem napoleonischen Heer Paroli zu bieten. Trotzdem schickt Hardenberg den Generaladjutanten des Königs, Karl Friedrich Freiherrn von dem Knesebeck, nach St. Petersburg, um einen Waffenstillstand mit dem Zaren zu schließen. Knesebeck ist kein Reformer, aber einsichtig genug, am 28. Februar 1813 gleich einen Bündnisvertrag zu schließen. Zwei Wochen darauf erklärt Preußen Frankreich den Krieg.

Der König behält übrigens, wie so oft, mit seinem Pessimismus recht. Rußland und Preußen verlieren auf ihrem ersten Feldzug gegen die Franzosen zwei Schlachten, und mit der Zukunft Preußens sieht es auf einmal wieder düster aus. Die Rettung kommt diesmal aus südöstlicher Richtung, von Österreich. Dort kümmert sich Klemens von Metternich um die außenpolitischen Belange, alles andere als ein Reformer, der aber weiß, was die Stunde geschlagen hat. Man kann, wenn man will, in ihm sogar den ersten bewußten Europäer sehen. Ihm kommt es auf das Gleichgewicht der Kräfte auf dem Kontinent an, das durch jedes Übergewicht einer Großmacht gestört wird. So lehnt er sogar Napoleons Angebot auf Rückgabe Schlesiens ab und schließt sich der russisch-preußischen Koalition an.

Damit ist der Krieg gewonnen. In der viertägigen »Völkerschlacht« vom 16. bis 19. Oktober 1813 bei Leipzig wird der bedeutendste Feldherr seines Jahrhunderts durch eine Übermacht besiegt. Nach einem kurzen Winterfeldzug des Jahres 1814 ziehen die Sieger, an der Spitze Kaiser Franz I. von Österreich, Zar Alexander I. von Rußland und König Friedrich Wilhelm III. in Paris ein. Napoleon wird auf die Insel Elba verbannt. Heimlicher Herrscher von Europa ist fortan der eigentliche Sieger von Leipzig: Metternich. Er leitet jenen Kongreß in Wien, der das zukünftige Europa gestalten soll. Ihm, sowohl Metternich als auch dem Kongreß, steht noch ein Schreck bevor, als Napoleon nach Frankreich und auf seinen Thron zurückkehrt. Aber der kurze belgische Feldzug von 1815 ist nur ein Nachspiel. Frankreichs Kräfte sind erschöpft. Die Schlacht bei Belle Alliance, wie sie in Berlin oder bei Waterloo, wie sie – je nach dem Hauptquartier der Feldmarschälle – in London genannt wird, bringt, mit Hilfe Englands, die Entscheidung. Napoleon entschwindet nach St. Helena und mit ihm auch ein guter Teil der Errungenschaften der Französischen Revolution und damit der preußischen Reformen.

Die Freiheitskriege Preußens begannen mit Tauroggen. Yorcks Ringen um den rechten Weg zwischen Gehorsam und Gerechtigkeit bleibt eine eindrucksvolle preußische Parabel. Gehorsam und Toleranz sind in Preußen oberstes Gebot. Seit Yorck besteht zwischen beiden eine feste Verbindung. Gehorsam kann das Gegenteil von Kadavergehorsam sein. Das war Stein, Ernst Moritz Arndt und Clausewitz bewußt, als sie ohne Befehl des Königs den Widerstand in Ostpreußen organisierten. Auch die letzten Preußen, die als solche in der deutschen Geschichte am 20. Juli 1944 hervortraten, handelten nach Yorcks Vorbild.

»Mein Blut erstarrte fast, als ich es hörte«, versichert eine alte Hofdame und, ebenfalls in Berlin, schreibt der Chronist Karl August Varnhagen von Ense am 11. November 1824 in sein Tagebuch: »Heute Nachmittag und Abend durchlief wie ein Lauffeuer die ganze Stadt das Gerücht und die zuverlässige Nachricht ›Unser König hat sich vorgestern verheiratet‹. Wie ein Donnerschlag traf die Nachricht unter die Leute, und die meisten verweigerten ihr allen Glauben.«

Die Zeremonie hat in aller Heimlichkeit in der Kapelle des Charlottenburger Schlosses stattgefunden, nicht weit entfernt von jenem Mausoleum, das der König seiner Luise errichten ließ. Den Grund für die Geheimnistuerei hat Friedrich Wilhelm dem Bischof Eylert verraten: Er geniert sich. Dem Geistlichen, der die Trauungszeremonie leiten soll, gesteht er: »Eine Luise bekomme ich nie wieder. Eine Königin geniert mich, und ich geniere mich nicht gern. Eine junge Fürstin nimmt mich aus wahrer Liebe nicht, und eine alte Hagebutte, die einst eine Rose war, will ich nicht.«

So schließt der 54jährige König eine morganatische Ehe mit der 24jährigen Gräfin Auguste von Harrach, die er gleichzeitig zur Fürstin von Liegnitz erhebt. Der offizielle – und auch wohl zutreffende – Grund für die ungleiche Heirat wird merkwürdigerweise in einem Artikel einer Hamburger Zeitung die »Trennung des Königs von seinen sämtlichen Prinzessinnen-Töchter bei Höchst-Desselben herannahendem Alter als ein notwendiges Bedürfnis« genannt. Tatsächlich wird demnächst die jüngste Tochter Luise den Prinzen Friedrich der Niederlande heiraten. Da überkommt ihn die Angst vor einem einsamen Alter.

Als einziger der sieben Kinder aus erster Ehe nimmt der Kronprinz Friedrich Wilhelm an der Trauung teil. Die wenigen

Geladenen nehmen anschließend im Schloß Charlottenburg ein leichtes Frühstück – übrigens im Stehen – zu sich. Dann begibt sich der König allein zurück in sein Palais, und die Braut fährt mit ihren Eltern in einer simplen Mietskutsche zurück ins Hotel Unter den Linden.

Friedrich Wilhelm hatte schon eine Weile mit dem Gedanken einer Wiederverheiratung zur linken Hand gespielt und ein paar diesbezügliche Verbindungen angeknüpft. Als die letzte, ein Fräulein von B. aus Mecklenburg, ihn in einem Brief als »Lieber Fritz« anredete, kommentierte er in seiner abgehackten Redeweise: »Deutlich zu sehen. Dumme Pute. Soll nur wieder hingehen, wo sie hergekommen ist!«

Der König hat Auguste in Teplitz kennengelernt, wo die Oberen Zehntausend kuren. Zurückgezogen in Dresden aufgewachsen, stammt sie väterlicherseits aus einem in Österreich angesehenen Geschlecht, die Mutter kommt aus sächsischem Kleinadel. Auguste ist katholisch erzogen, tritt aber zwei Jahre nach der Vermählung zum evangelischen Glauben über.

Sie lebt diskret und ein bißchen verschüchtert an der Seite des ihr angetrauten Mannes, ist aber keine Königin, besitzt nicht einmal einen »Hofstaat« mit den üblichen Bediensteten in der üblichen Rangordnung. Auch rangiert sie hinter allen geborenen Prinzen und Prinzessinnen. Nie hat sie sich beklagt, nie von sich reden gemacht. Es ist erstaunlich, daß sie sich trotzdem viel Sympathie in militärischen und höfischen Kreisen erwerben kann.

Nicht einmal das Schloß Charlottenburg steht ihr zur Verfügung. Obwohl sie sich nie danach gedrängt hat, an dem Andenken der Königin Luise zu rütteln, läßt ihr der König gleich neben dem Schloß von Karl Friedrich Schinkel ein bescheidenes Palais nach dem Vorbild einer italienischen Villa bauen, in der er einmal auf einer Südlandreise gewohnt hat, den heutigen »Schinkel-Pavillon«. Auguste von Liegnitz wird ihren Gemahl um ein Menschenalter überleben.

Karl Friedrich Schinkel ist Friedrich Wilhelms Favorit unter den Baumeistern. Da er mit allen anderen schlechte Erfahrungen gemacht hat, gibt er ihm alle Bauten in Auftrag, die er aus seiner Privatschatulle bezahlen muß. Das reicht von einer Neuen Wache Unter den Linden, die heute noch so heißt, bis zum Neuen Museum am Lustgarten, das heute unter der Bezeichnung Altes Museum fungiert, vom Schauspielhaus auf dem Gendarmenmarkt, bis in die Gegenwart der heimliche Mittelpunkt der Mitte Berlins, bis zur Bauakademie, der er einst vorstand. Letztere wurde nach dem Zweiten Weltkrieg in der DDR-Zeit, obwohl wiederaufbaufähig, kurzerhand abgerissen.

Der fleißige, fast überfleißige Mann, der es als Beamter zum Oberbaudirektor Preußens bringt, ist für Friedrich Wilhelm und Preußen mehr als nur ein Architekt. Kein höfisches Fest, das er nicht ausschmückt, keine Erinnerungsvase, die er nicht entwirft, kein Denkmal, das nicht er mit dem von ihm ausgewählten Bildhauer an einen von ihm ausgewählten Ort stellt. Den Tapferen der Befreiungskriege entwirft er, der unsoldatische Ästhet, das Eiserne Kreuz, die erste Tapferkeitsauszeichnung, die nicht nur Offizieren verliehen wird, und für die Berliner Hautevolee die schönen Kachelöfen des Ofenbauers Feilner. Er unterrichtet auch den Kronprinzen, der sich für Architektur interessiert, im Zeichnen. Der junge Friedrich Wilhelm zeigt darin sogar einige Begabung.

Der alte Friedrich Wilhelm hat auch seine schlechten Erfahrungen mit Schinkel gemacht. Zum Ärger des Königs geht sein Baumeister stets vom teuersten Material aus, wo er doch weiß, daß die Kassen leer sind und daß gespart werden muß. Berühmt in Berlin wird ein Ausspruch Friedrich Wilhelms, als er erfährt, daß Schinkel einem Lutherdenkmal in Wittenberg von Schadow noch einen eigenen Entwurf eines schmiedeeisernen Baldachins hinzugefügt hat. »Dem muß man«, sagt er, »einen Zaum anlegen!«

Derartige Aussprüche des einsilbigen Königs machen ihn bei den außerordentlich vielsilbigen Berlinern populär. Und es kann gut sein, daß er solche Bonmots nicht immer ganz absichtslos ausspricht. Das zeigt sich, als er 1827 in seinem Palais hinfällt und sich ein Bein bricht. Auguste pflegt ihn ein paar Wochen lang, und die Berliner Schusterjungen singen unter seinem Fenster: »Heil dir im Siegerkranz, Beene sind wieder janz!«

Die Popularität des Königs beschränkt sich freilich in der Hauptsache auf das Bürgertum. Von seinen ursprünglichen reformerischen Absichten ist nicht mehr viel zu spüren. In Europa herrscht das europäische Staatenbündnis, das sich »Heilige Allianz« nennt und die christliche Brüderlichkeit der Völker auf seine Fahnen geschrieben hat, aber sich nicht sehr christlich benimmt. Metternich hat 1819 die Karlsbader Beschlüsse durchgesetzt. Seither sind der Aufklärung und der Liberalität auch in Preußen Fesseln angelegt. Die Zeitungen werden in allen Staaten des Deutschen Bundes streng zensiert. Leute wie Görres, Heine und Börne emigrieren ins Ausland, entweder nach Frankreich oder England: nur ein früher Tod erspart einem unabhängigen Geist wie E. T. A. Hoffmann die Verhaftung und Einkerkerung. Wer gegen den Stachel löckt, wird zum gefährlichen »Demagogen« erklärt, selbst so patriotische Leute wie der Franzosenfresser und Turnvater Jahn oder Ernst Moritz Arndt, der wegen seines Lieds »Was ist des Deutschen Vaterland?« Schwierigkeiten bekommt, und Hoffmann von Fallersleben, der 1841 das Deutschlandlied schreiben wird.

Friedrich Wilhelm III. zeigt der restaurativen Entwicklung die kühle Schulter. Seit Hardenberg 1822 in Genua gestorben ist, kümmert ihn die leidige Politik nicht mehr. Um so mehr interessiert ihn das Bauen im Lande. Im Biedermeier ist der Klassizismus modern geworden, dem auch Friedrich Wilhelm – und Schinkel – anhängt. Auf seine – und Schinkels – Anregung tritt zum neuen Bauen die Erhaltung des Alten, der Denkmalschutz.

Eine große Rolle, je älter er wird, spielt die Religion. Da ihn immer gestört hat, daß er als reformierter Christ nie mit der Königin Luise, einer Lutheranerin, das Abendmahl einnehmen konnte, konzentriert er sich auf eine Wiedervereinigung beider Kirchen. Er entwirft dafür sogar eine Liturgie – als Friedrich Wilhelm Prinz von Preußen 1971 ein Buch über Preußens Herrscher herausgibt, wählt er für Friedrich Wilhelm III. die Überschrift »Der Theologe unter den Königen.« Das scheint nicht übertrieben. Die Liturgie bleibt zwar Dilettantenwerk und wird von Schleiermacher heftig kritisiert, aber der König gibt keine Ruhe: »Die sollen mich nicht erst Luthern kennenlernen!« 1829 erscheint die erste Ausgabe seiner Königlichen Agenda (Gottesdienstordnung), gegen die selbst Schleiermacher nichts mehr einzuwenden hat.

Warum hat man Friedrich Wilhelm III. so oft als bourgeois, ungeistig und amusisch bezeichnet? Das einzige, was zu diesen Attributen passen will, mag sein theatralischer Geschmack sein. Je älter er wird, desto häufiger verbringt er seine Abende im Theater. Am liebsten sieht er freilich sentimentale Erfolgsstücke und seichte Possen, weshalb er auch das Königstädtische Theater, eine Privatbühne am Alexanderplatz, dem von ihm selbst finanzierten Schauspielhaus vorzieht. Rümpfe die Nase, wer will. Es gibt ein berechtigtes Unterhaltungsbedürfnis, und dafür hält das Biedermeier noch keineswegs eine verwirrende Angebotspalette bereit.

Es findet sich aber eine gehörige Anzahl kultureller Verdienste des Königs auf dessen Haben-Seite. 1810 wurde unter seiner Ägide die Berliner Universität in der ehemaligen Villa des Prinzen Heinrich Unter den Linden gegründet. Auch Jahre später inaugurierte er eine zweite Gründung – die Universität in Bonn, nachdem er schon 1811 die Universität von Frankfurt an der Oder, die zur Bedeutungslosigkeit abgesunken war, nach Breslau verlegte, wo sie wieder florierte. 1822 wurde auf seine Initiative hin die Kunstakademie in Düsseldorf erneuert, die seitdem erst internationale Geltung erlangte. Ähnliches gilt für die neugegründete und von Schinkel errichtete Bauakademie. Als erstes deutsches Staatsoberhaupt schenkte Friedrich Wilhelm III. seiner Hauptstadt ein allen zugängliches Kunstmuseum, das ebenfalls Schinkel gebaut hat. Mit diesem Gebäude, das zugleich einer seiner Höhepunkte darstellt, setzte sich der klassizistische Zeitstil endgültig durch.

So ungeistig und amusisch kann der Mann, der dies alles zu seinen Verdiensten zählt, gar nicht gewesen sein. Auch nicht, wenn man bedenkt, daß es dazu einer Menge aktiver Fachleute als Berater (oder Überzeuger, wie Schinkel einer ist) bedurft hat: bei den Universitätsgründungen Wilhelm von Humboldt, beim Museum Schinkel und dessen Schüler Waagen, um nur einige Namen zu nennen.

Aber wie der Geist weht, wo er will, so kümmern sich die Musen selten um politische Zusammenhänge, sondern formen ihre eigenen Zeitläufte. Am eindeutigsten hat Sebastian Haffner seine diesbezügliche Verwunderung zum Ausdruck gebracht. »In den letzten zwanzig Jahren Friedrich Wilhelms III.«, lesen wir, »erwarb es [Preußen] sich einen schlimmen Ruf als Zensur- und Polizeistaat.« Er fügt hinzu: »Das Merkwürdige war, daß es gleichzeitig eine durchaus respektable Kulturblüte erlebte.« Sie ist romantisch, steht aber der klassizistischen von Weimar nur wenig nach, wie eine erneute Aufzählung beweist.

Während an der Berliner Universität Hegel, Schelling, Savigny, Ranke und Humboldt lehren, veröffentlichen Schlegel, Ludwig Tieck, Arnim, Brentano, Kleist, Chamisso und Eichendorff ihre Werke, die in den Salons der Rahel Varnhagen, Henriette Herz oder Bettine von Arnim eifrig diskutiert werden. Die Berliner Bildhauerschule umfaßt ebenfalls eine Reihe international erfolgreicher Künstler wie Schadow, Rauch, Begas, Friedrich Tieck. Die preußische Hauptstadt wird unter Friedrich Wilhelm III. ihrem Spitznamen »Spree-Athen« langsam gerecht. Man mag sagen, daß der Monarch dafür wenig kann. Ganz zufällig kann das Zusammentreffen zwischen diesem König und den Geistesheroen des Landes aber auch nicht gewesen sein. Kunst und Kultur bedürfen der

Pflege, und die hat damals nur einer fest in der Hand: das Staatsoberhaupt, der König.

Friedrich Wilhelm muß eben einen leichten Schlaganfall erlitten haben, als auf seinen ausdrücklichen Wunsch oder gar Befehl hin Schinkel und Rauch nach unendlich vielen vergeblichen Versuchen, dem größten König Preußens in seiner Hauptstadt ein Denkmal zu setzen, nachkommen. Die Grundsteinlegung des Reiterdenkmals Friedrichs des Großen an prominenter Stelle auf der Straße Unter den Linden erfolgt durch den Bischof Eylert im Mai 1840. Man hat dem fast siebzigjährigen König einen Sessel an das Fenster seines Palais' gerückt, von wo aus er den feierlichen Akt verfolgen kann. Eylert, Rauch und Schinkel verbeugen sich zum Fenster hin, als sie mit ihren Hämmern, wie es die Tradition erfordert, auf den Grundstein schlagen. Friedrich Wilhelm winkt ihnen zu.

Er stirbt einige Tage später, am 7. Juni 1840 nach fast 43jähriger Regentschaft. Die Familie ist um ihn versammelt, voller abergläubischer Furcht – die Gräfin Hacke, eine Hofdame der Kronprinzessin, hat im Berliner Schloß die »Weiße Frau« gesehen. Man scheint sich mit dieser schon traditionellen Todesankündigung der Hohenzollern mehr befaßt zu haben als mit dem Sterbenden. Denn der Arzt muß die Umstehenden darauf aufmerksam machen, daß der Tod des Königs bereits eingetreten ist.

Merkwürdigerweise hat Friedrich Wilhelm III. sein Leben lang gefürchtet, daß er im Jahre 1840 sterben müsse, und das nicht nur wegen einer Prophezeiung, die ihm eine weise Frau in Paris gemacht hat. Sie war wahrscheinlich in eine unter den Hohenzollernherrschern verbreitete Zahlenmystik eingeweiht. Die Zahl 40 hatte für sie eine besondere Bedeutung. Mit ihr begann jeweils eine neue Ära: 1640 hat der Große Kurfürst seine Regierung angetreten und 1740 Friedrich der Große. 1840 folgt nun Friedrich Wilhelm IV. seinem Vater auf den Thron.

Auch von ihm erwartet man den Anbruch einer neuen Ära.

Friedrich Wilhelm IV.

oder
Der preußische Zwiespalt

Er hat seine Lobredner gefunden und – wie alle Preußenkönige – seine Verächter. Gerecht geworden sind ihm weder die einen noch die anderen.

Sein Ruhm gipfelt bis heute in dem Schlagwort, er sei der »Romantiker auf dem Königsthron« gewesen. Gewiß, er hat einen (unvollendeten) romantischen Roman geschrieben, ließ sich politisch unter anderem von einem Dichter, Friedrich de la Motte-Fouqué, beraten und von seinem Zeichenlehrer Schinkel Preußens wohl romantischste Schloßanlage, Charlottenhof mit den Römischen Bädern, erbauen. Aber als König, auf dem Thron, war er eher ein altmodischer Herrscher von Gottes Gnaden. Auch ist er der erste preußische König, der sich in freier Rede – sogar in sehr langer – ausdrücken kann. Aber seine Reden bleiben blaß, bigott und voller Gemeinplätze.

Was ihn seit jeher sympathisch gemacht hat, ist die Tatsache, daß er als einziger Hohenzoller auf dem Thron keinen Krieg geführt hat, nicht einmal, wie sein Vater, einen ihm aufgezwungenen. Einen Kampf hat er allerdings geführt, sogar den verhängnisvollsten, den es gibt, nämlich den gegen das eigene Volk. Klug genug, den Versuch einer Revolution durch vernünftige Zurückhaltung zu unterlaufen, ließ er danach auf die Rebellen im eigenen Land, aber auch in anderen deutschen Ländern schießen.

Dabei wird leicht übersehen, daß seine Kindheit alles andere als glatt verlaufen ist. Er war nicht weniger gestört als manche seiner Vorgänger, Friedrich den Großen eingeschlossen. Daran war nicht sein Vater schuld, der zu den zärtlichsten Kinderfreunden unter den Preußenkönigen zählt, sondern die kriegerischen Ereignisse und die Verzweiflung der Eltern.

Geboren wurde Friedrich Wilhelm IV. 1795, rund ein halbes Jahr nach Abschluß des Baseler Sonderfriedens. Er wächst auf in einem friedlichen, geradezu bürgerlich-soliden Elternhaus. Als die Familie aus Berlin fliehen muß, ist er elf Jahre alt und seit seinem zehnten Geburtstag, wie in Preußen üblich, »Seconde-Lieutenant« des ersten Garderegiments zu Fuß. Als Ältester der Kinder dürfte er der einzige gewesen sein, der die Not der Eltern begriff. Die jüngere Schwester Charlotte schreibt später als russische Großfürstin in einem Brief: »Für uns war die Freude zu reisen größer als der Kummer zu flüchten.«

In Königsberg, Memel, Tilsit ist Friedrich Wilhelm Luises Sorgenkind. Er hat Launen und Anfälle von beinahe krankhafter Aufsässigkeit. Was man hauptsächlich seinem und seines Bruders Wilhelm Erzieher Johann Friedrich Delbrück zur Last gelegt hat. Dem sanften Schwarmgeist ist der cholerische und zügellos aufbrausende Liebling Luises längst entglitten. Ganz gewiß aber übertreibt man damals wie später die Versäumnisse des bei den beiden Prinzen außerordentlich beliebten Pädagogen.

Am meisten erregt sich über den Gelehrten einer, den die Erziehung der Prinzen eigentlich gar nichts angeht, und der, sollte man meinen, anderweitig genug zu schaffen hat, der Freiherr vom Stein. Stein ist zwar mindestens ebenso unkontrolliert aufbrausend wie der junge Friedrich Wilhelm, aber er muß der Königin Luise ernsthaft Vorhaltungen gemacht haben. In einem Brief an ihre Freundin Frau von Berg schreibt diese, man müsse Delbrück loswerden, und geht so weit zu formulieren: »sonst schlägt mich Stein«.

Als Nachfolger ausersehen ist Johann Peter Friedrich Ancillon, ebenfalls ein Theologe und berühmt für seine Predigten in der Berliner französischen Gemeinde. Ihn hat Stein in Aussicht genommen, der, wenn er kommandiert, alles und jeden kommandiert. Aber Ancillon, stellt sich heraus, kann diese Aufgabe erst übernehmen, nachdem das Königspaar samt Familie wieder nach Berlin zurückgekehrt ist. Denn als Delbrück, dem man zwei Offiziere als »Gouverneure« prophylaktisch an die Seite gesetzt hat, mit denen er Streit bekommt, nun wirklich entlassen und nach Hause geschickt werden soll, spielt der Kronprinz geradezu verrückt. Er fleht den Vater unter Tränen an, ihm »seinen Delbrück« zu lassen und bekommt, als dieser den Wunsch ablehnt, Heulkrämpfe. Der Leibarzt Hufeland steckt ihn ins Bett und empfiehlt dringend, Delbrück bis zur Heimkehr im Amt zu lassen.

Delbrück, mit dem Friedrich Wilhelm auch nach der Rückkehr noch eifrig korrespondiert, hat sogar der Flucht ins Exil einen positiven Aspekt abgewonnen; er war ein unverbesserlicher Optimist. Der Zusammenbruch Preußens habe »eine wertvolle Frucht getragen: das Fürchten haben die Prinzen für ihr ganzes Leben verlernt.« Walter Bußmann dagegen, Historiker unserer Tage, hält »das Gegenteil [für] richtig« und sieht den »Gewinn der Erlebnisse (...) in der Erfahrung von Angst und Sorge, die den Kronprinzen sicher nachhaltiger geprägt hatte als den jüngeren Bruder Wilhelm, den späteren Kaiser.«

Wenn ein solches Leben unter beschränkten Verhältnissen in einem kalten Land und in ständiger Angst vor einem drohenden Angriff des Feindes Los und Bestimmung eines Königs ist, wird solch eine Zukunft einem jungen Kronprinzen nicht allzu verlockend vorkommen. Die Thronbesteigung hat dann auch, wie aus Briefen des Kronprinzen selbst hervorgeht, Friedrich Wilhelm wie eine Drohung bevorgestanden.

Er hat nicht nur davor Angst gehabt, sondern auch vor der Liebe. Der 24jährige, wundert sich Gneisenau, sei noch unschuldig gewesen. Er hat, wie es scheint, auch Angst vor den Frauen. Mit Ausnahme seiner früh verstorbenen Mutter Luise, die er schwärmerisch verehrt, und seiner Lieblingsschwester Charlotte wird es nur einer einzigen Frau gelingen, ihm nahezukommen; und sie wird er heiraten. Hufeland, der schon vier Jahre vor Friedrich Wilhelm III. gestorben ist, hat Friedrich

Wilhelm IV., den er ja nun als königlicher Leibarzt im ostpreußischen Exil genau kannte, ganz offen als impotent bezeichnet.

Der Angst vor der Krönung und der Scheu vor den Frauen steht, ein eher psychischer Zwiespalt, eine gewisse Maßlosigkeit der Emotionen entgegen, vielleicht ein Nachklang der schwärmerischen Ausdrucks- und Empfindungsweise des Lehrers Delbrück. Denn im Gegensatz zu seinem eher nüchternen Vater hält er seine monarchische Aufgabe für einen Gottesauftrag, den er mit einer Art eiserner Frömmigkeit anpackt. Empfänglich für Mythos und Mystik, bricht er, als er zum erstenmal den Rhein sieht, in Tränen aus. Und Frauen verehrt er aus gleichsam mittelalterlicher Perspektive keusch wie ein Minnesänger.

Das ist Anfang des 19. Jahrhunderts nun trotz romantischer Dichtung und Musik doch nicht mehr der Brauch. Friedrich Wilhelm, der künftige Preußenkönig, gilt schon in jungen Jahren als Einzelgänger und Außenseiter. Da ein König eine Königin besitzen muß, begibt er sich eines Tages auf eine regelrechte Brautschau, auch das entspricht nicht mehr allgemeiner Sitte. Eigentlich steht ihm der Sinn nach Italien, das er – Sehnsucht jedes deutschen Romantikers – in Augenschein nehmen will. Doch da winkt der Vater ab. Das andere geht vor. So bekommt Friedrich Wilhelm 1819, mit 25 Jahren, Prag und Nürnberg, Frankfurt am Main und Koblenz, endlich auch Baden-Baden zu sehen. Die Suche gilt einer deutschen Prinzessin, die evangelischen Glaubens sein muß. Seit Friedrich Wilhelms I. Testament ist höfisches Gesetz, daß kein preußischer Thronfolger eine katholische Braut heimführen darf.

Deutsch ist die 17jährige bayerische Prinzessin Elisabeth Ludovice, in die er sich in Baden-Baden verliebt, sehr wohl. Aber sie ist katholisch, und das aus tiefster Überzeugung. Die Brautschau geht zwar weiter, denn neben dem Preußenprinzen werden gleich drei heiratsfähige Prinzen etlichen heiratswilligen Prinzessinnen, die in den Kurbädern weilen, vorgestellt (oder umgekehrt). Für Friedrich Wilhelm ist diese Reise jedoch beendet. Nach einem Besuch der Ruine des Schlosses Hohenzollern fährt er mit den anderen rheinaufwärts bis Schaffhausen und beschließt die Reise im preußischen Neufchâtel. Dort wird Friedrich Wilhelm als Thronfolger empfangen und zeigt sich von seiner anderen, höchst selbstbewußten Seite, indem er – was ihm als Kronprinz gar nicht zusteht – neue Fahnen der Exclave weiht. Seinem Vater gesteht er auf romantische Weise verbrämt in einem Brief, daß er sein Herz in Baden-Baden an eine Münchnerin verloren habe.

»Noch ist keine Not«, schreibt er, fügt jedoch hinzu: »Aber ich stehe für nichts, wenn ich lange in München bleibe: ein liebliches, eirundes anmutiges Antlitz. Augen so klar wie der Neapolitanische Himmel, schwarze Brauen, dunkles Haar, dabei ein Anstand, wie ich ihn träumen kann – also Hilfe, Hilfe!«

Friedrich Wilhelm III. macht sich berechtigte Sorgen. Sehr ernst und völlig unromantisch-realistisch antwortet er dem Sohn: »Gott gebe, daß alles zu Deinem Besten und Wohl sich entscheiden möge.«

Der Sohn läßt sich natürlich nicht davon abhalten, schon im Juli des gleichen Jahres in München aufzutauchen, wo er sich des ausgesprochenen Wohlwollens der Wittelsbacher Königsfamilie erfreut und die liebenswürdigen Sitten und Gebräuche bei Hofe genießt, die in Berlin seit dem Tod der Königin Luise bedeutend steifer geworden sind. »Alle Mittags fuhren wir nach Nymphenburg«, berichtet der Kronprinz, »wo ich mir trotz meiner großen anscheinenden Gleichgültigkeit immer mehr die Flügel verbrannte.«

Daß es sich um eine gegenseitige Liebe handelt, wie sie dynastisch selten genug vorkommt, stellt sich bald heraus. Aber es wird vier Jahre dauern, ehe es gelingt, die konfessionelle Hürde zu nehmen, die sich auf beiden Seiten zusehends höher auftürmt. Eine Reihe von Vermittlungsversuchen sowohl von politischer als auch kirchlicher Seite schlagen fehl.

Elisabeth, meist Elise genannt, hält sich streng an ihre Zwillingsschwester Amalie, die brav einen katholischen Prinzen von Sachsen geheiratet hat und die ihrerseits die Schwester gern an der Seite des Herzogs Bernhard von Meiningen gesehen hätte.

Gefahr scheint in Verzug, so daß Georg, der Bruder der beiden bayerischen Prinzessinnen, Friedrich Wilhelm, der sich gerade in Pommern aufhält, heimlich aufsucht. Er fragt den Kronprinzen nach seiner Haltung. Die Antwort erfolgt prompt: seine Liebe, erklärt er dem künftigen Schwager, sei unerschütterlich, aber die Entscheidung liege bei seinem Vater.

Beinahe sieht es so aus, als käme es zu einem neuen Romeo-und-Julia-Skandal, mit dem Unterschied, daß die Häuser Wittelsbach und Hohenzollern im Gegensatz zu denen der Montagues und Capulets vor 400 Jahren mit der Heirat grundsätzlich nur allzu einverstanden sind. Die Prinzessin verschlimmert die Sache sogar noch, als sie dem Preußenkönig in einem persönlichen Brief resigniert erklärt, daß sie notfalls auch das Opfer eines Übertritts zum Protestantismus bringen wolle. Was Friedrich Wilhelm schier zur Empörung treibt: Ein Opfer! Das will er nicht, von keinem Menschen. Ein Opfer zu fordern ist heidnisch und nachgerade gottlos, schon das bloße Angebot gleicht ihm einem Sakrileg.

Damit scheinen die wirklichen oder vermeintlichen Gegensätze endgültig das Übergewicht zu bekommen. Merkwürdigerweise wird sich aber gerade daraus eine positive Lösung des Falls entwickeln. Auf sie kommt der gute, weil mitunter gerissene Bischof Eylert, indem er das Problem auf ein rein philologisches reduziert. Wenn ein Opfer ein zu hohes Wort für diesen Zusammenhang darstellt, argumentiert er, möge doch die Prinzessin erklären, daß sie es nicht als Opfer ansehe, einen protestantischen Prinzen zu heiraten. Da sich gleichzeitig beide Kirchen auf eine Einigung in der konfessionellen Frage einlassen, steht einer Eheschließung nach vierjährigem Hin und Her plötzlich nichts mehr im Wege.

Das verliebte Paar hat sich in diesen Jahren nur ganz selten gesehen und noch seltener gesprochen. Jetzt gibt es gleich zwei Vermählungszeremonien, die eine in München, bei der sich der Bräutigam allerdings durch den katholischen Herzog Karl Theodor von Bayern vertreten lassen muß, und eine evangelische im Berliner Stadtschloß vor dem eigentlichen Ehestifter, Bischof Eylert.

König Friedrich Wilhelm III. ist über dieses Happy-End so glücklich, daß er, der so oft als Geizhals Geschmähte, dem Paar ein altes Bauernhaus an der Grenze zum Potsdamer Parkgelände schenkt. Das nach einer Vorbesitzerin Charlottenhof benannte Anwesen behält den Namen bei. Schinkel baut es aus und um in ein romantisches Juwel. Die Inneneinrichtung basiert auf den Farben Weiß und Blau, was die kommende Herrin des Schlosses an ihr heimisches Bayern erinnern soll.

Das werden sie, wenn auch auf eher melancholische Weise, wohl getan haben. Wenn nicht alles täuscht, hat sich Königin Elisabeth aber weder in Preußen noch in Charlottenhof wohl gefühlt, und ebenso fraglich ist, ob sie in der Ehe glücklich geworden ist.

Elise hat seit ihrer Jugend ein Beinleiden, das ihren Gang als leicht hinkend erscheinen läßt, ihr aber nichts von ihrer weiblichen Grazie genommen haben soll. Sie tritt nur selten hervor, eine Eigenschaft, die man übrigens auch ihren drei Schwestern nachsagt, die alle ihrem Stand gemäß geheiratet haben. Diese treiben jedenfalls mit ihrem Nachwuchs die übliche und vorwiegend weibliche dynastische Politik. Doch auch daran wird sich Königin Elisabeth nicht beteiligen. Ihre Ehe bleibt kinderlos.

Friedrich Wilhelm ist 45, als er König wird. Den Vater, Friedrich Wilhelm III., betrauert man nicht sehr in Preußen. Er hat sein Versprechen, dem Land eine Verfassung zu geben, nicht wahr gemacht und – wie alle in der »Heiligen Allianz« Verbündeten – zu sehr nach Metternichs Pfeife getanzt. Seine stereotype Ausrede für die inzwischen schmerzlich vermißte Verfassung hatte man ihm längst nicht mehr abgenommen. Sie lautete (hier in der Formulierung Carl Eduard Vehses): »Nicht jede Zeit sei die rechte, eine Veränderung in der Verfassung eines Staates einzuführen, und er, der die Verheißung gegeben, behalte sich auch das Recht vor, wann die Zusage einer landständischen Verfassung in Erfüllung gehen solle.«

Jetzt richten sich alle Hoffnungen auf seinen begabten Sohn. Dessen erste Amtshandlung findet am Morgen des 8. Juni 1840 im Rahmen der Familie statt. Da öffnet Friedrich Wilhelm das Testament seines am Tag zuvor verstorbenen Vaters. Das wurde bereits vor zwei Jahren geschrieben und Ergänzungen, die der Verstorbene wünschte, waren dem Minister Wittgenstein zur Redaktion übergeben worden. Für das Ausbleiben dieser Ergänzungen findet sich zwar ein geeigneter Sündenbock in der Person der Fürstin Liegnitz, die Wittgenstein den Zutritt zum Sterbezimmer des alten Königs verweigert hatte. Aber da auch die Unterschrift unter das Gesamtkonvolut der umfangreichen Urkunde fehlt, bleibt die Frage, ob und welche Bedeutung sie hat, offen. Friedrich Wilhelm IV. interpretiert sie nach seinem Gutdünken, vor allem den Satz, »daß repräsentative Verfassungen für das Wohl des Landes nicht notwendig, oft sogar nachteilig sein« können. Denn was die Verfassung angeht, ist er der gleichen Meinung wie sein Vater.

Allerdings beseitigt er die schlimmsten Verfehlungen, die während der Regierung seines Vaters und dem unheilvollen Einfluß Metternichs in der »Heiligen Allianz« entstanden sind. Er erläßt eine Generalamnestie für die »Demagogen«. Ernst Moritz Arndt, der sein Leben lang Freiheit und Einheit für die Deutschen gefordert und den letzteres, das Eintreten für die deutsche Einheit, schon vor zwanzig Jahren sein Amt als Bonner Geschichtsprofessor gekostet hat, wird zurückberufen. Und die ebenso patriotischen wie aufsässigen Brüder Grimm, die Germanisten und Märchenforscher, werden nach Berlin an die Akademie der Wissenschaften geholt. Der von aller Welt hochgeschätzte Alexander von Humboldt wird zum Staatsrat ernannt und sich als einer der wertvollsten Berater König Friedrich Wilhelms IV. erweisen. Zu guter Letzt erhält auch der etwas wirrköpfige »Turnvater« Jahn eine Pension für seine vaterländischen Verdienste. Friedrich Wilhelm empfängt sogar den radikal linken Dichter Georg Herwegh, einen Adelshasser, der seit jeher für eine Republik eintritt. Der König erklärt ihm: »Ich liebe eine charaktervolle Opposition.«

Das macht jedoch auf Herwegh wenig Eindruck, wie überhaupt die Dichter, einige wenige wie de la Motte-Fouqué ausgenommen, ihn bald bei aller Sympathie nicht gerade ins Herz schließen. Kennzeichnend sind Heinrich Heines Verszeilen:

> Ich habe ein Faible für diesen König;
> ich glaube, wir sind uns ähnlich ein wenig.
> Ein vornehmer Geist, hat viel Talent.
> Auch ich, ich wäre ein schlechter Regent.

Seine Regierung, erweist sich bald, ist noch weit schwankender als die seines Vaters. Er liebt die Menschen und möchte es möglichst allen recht machen. Manchen redet er nach dem Mund, oft gegen seine Überzeugung. Wenn in seinem Vater ein überpenibler Zauderer steckte, so in ihm ein unbekehrbarer Dickkopf. Des Vaters Testament erfüllt er nur in zwei Punkten: er verweigert dem Land eine Verfassung und hält sich streng an die Mahnung, die von allem, was Friedrich Wilhelm an Ratschlägen weitergibt, am modernsten wirkt: »Verabsäume nicht, die Eintracht unter den Europäischen Mächten, so viel in Deinen Kräften, zu befördern; vor allem aber möge Preußen, Rußland und Oesterreich sich nie voneinander trennen; ihr Zusammenhalten ist als der Schlußstein der großen Europäischen Allianz zu betrachten.« Das erste Bekenntnis zu Europa, das sich nicht auf das »Gleichgewicht der Kräfte« beschränkt.

Das eigentliche Verhängnis und wohl auch der Grund zur

Skepsis selbst romantischer Dichter wie Heinrich Heine dürfte Friedrich Wilhelms Doppelnatur sein. Er ist durchaus intellektuell veranlagt und bereit zu vernünftigem Überlegen und Handeln. Auf der anderen Seite lebt er in einer reinen Traumwelt.

Das zeigen schon die Huldigungszeremonien, die er nach der Thronbesteigung in Berlin und Königsberg inszenieren läßt. Huldigungen der Stände, in geschlossenem Kreis vorgenommen, gehören zur preußischen Tradition wie der Fackeltanz bei königlichen Hochzeiten und der Königsbesuch beim einzigen Berliner Volksfest, dem Stralauer Fischzug. Es handelt sich um eine symbolische Angelegenheit, aber Friedrich Wilhelm nimmt sie wörtlich. Am 15. Oktober 1840 findet vor dem Berliner Schloß eine pompöse Veranstaltung statt, die der König als eine »Vermählung von Thron und Volk« ansieht. Auf einer Tribüne versammelt ist auch die geistige Prominenz der Hauptstadt, Alexander von Humboldt, Ludwig Tieck, Friedrich Schelling und die Brüder Grimm darunter. Das Volk jubelt und macht gleichzeitig seine Witze darüber.

Als sich bald darauf Unwillen breit macht, versteht Friedrich Wilhelm die Welt nicht mehr. »Das kann nicht sein!«, ruft er aus, als ihm die ersten Pamphlete gegen ihn auf den Tisch flattern, »mein Volk liebt mich!« Er versucht zwar, das Drängen jetzt nicht nur der Demagogen nach einer Verfassung zu unterlaufen, indem er einen »Vereinigten Landtag« einberuft, eine Versammlung sämtlicher Provinzstände, erklärt aber gleich in seiner Eröffnungsrede, daß keine Macht der Welt ihn zwingen könne, daraus eine verfassungsmäßige Einrichtung zu machen. Selbst sein Schwager, Zar Nikolaus von Rußland, spottet daraufhin: »Merkwürdiges neues Regime, der König gewährt eine Verfassung und leugnet, daß es eine ist.«

Der Vereinigte Landtag wird flugs wieder aufgelöst. Als unauflösbar erweist sich der Freundeskreis, der sich um den zwiespältigen König versammelt hat, eine Kamarilla, der die Gebrüder Gerlach vorstehen. Leopold von Gerlach ist ein einflußreicher konservativer Politiker, sein Bruder Generaladjutant des Königs. Ihr weitgehend pietistisch frommer Kreis begleitet Friedrich Wilhelms Tun und Treiben mit Wohlwollen und Kritik und läßt ihn als schwankendes Rohr im Winde erscheinen. Dabei stehen die Zeichen auf Sturm.

Das tun sie in ganz Europa, ein politischer Konflikt, der sich aus einem Spannungsverhältnis zwischen Staat und Gesellschaft entwickelt hat. Man kann den zwar nicht mehr jungen, wohl aber relativ unerfahrenen Mann auf dem preußischen Thron nur bedauern. Das Problem hat sich bereits vor Jahren abgezeichnet mit der französischen Julirevolution von 1830, als der reaktionäre Karl X. vom »Bürgerkönig« Louis Philippe von Orléans ersetzt wurde.

Damals war der »Romantiker« noch nicht auf dem Thron. Und wer hätte ihn jetzt, zehn und mehr Jahre später, auf die drohenden Gewitterwolken aufmerksam machen können, die sich 1848 entladen sollten? Die Brüder Gerlach und ihre Kamarilla? Sie halten den König eher uninformiert. Da wäre vielleicht einer, der es hätte tun können oder sogar müssen: Alexander von Humboldt. Aber der war zur Zeit der Julirevolution auf Expeditionsreise in Sibirien und schreibt seither, tief in seine wissenschaftliche Arbeit versunken, an seinem Hauptwerk, dem fünfbändigen *Kosmos*, der 1845 zu erscheinen beginnt.

Nein, Friedrich Wilhelm sitzt gutgläubig und gewiß auch ein bißchen zu eingebildet auf seinem Thron. Er sieht auf eine Welt, die es in der von ihm bevorzugten Ritter- und Ständeromantik längst nicht mehr gibt. Mag er geistig noch so interessiert und auf dem laufenden sein, was nützt es einem Regenten, wenn es sich nicht um den Geist der Gegenwart handelt, sei er ihm sympathisch oder nicht? Selten dürfte ein derart gutwilliges Staatsoberhaupt so allein gelassen worden sein.

Allerdings macht er es Leuten, die es gut mit ihm meinen, auch schwer. Oft benimmt er sich höchst merkwürdig. Fürst Pückler, trotz seines hohen Adels ein heimlicher Republikaner und Mitglied der (verbotenen) Schriftstellervereinigung »Junges Deutschland«, ist zwar kein großer Freund dieses Königs, dennoch gibt er ihm, so gut er kann, wohl gemeinte und, wie es sich aus heutiger Sicht darstellt, auch richtige Ratschläge. Einmal spricht er ihn auf einem öffentlichen Empfang unter vier Augen auf die notwendige und lang erwartete Verfassung an. Sein Argument ist stichhaltig: Das Volk habe die großen Opfer der Befreiungskriege nicht für die Erhaltung der krassen Standesunterschiede und die fortwährende Bereicherung der Begüterten gebracht, sondern weil es von der Monarchie verlange, was die Französische Revolution am Ende doch nicht hatte geben können, nämlich Freiheit und Gleichheit für alle Staatsbürger. Statt einer Antwort läßt der König seinen Gast ganz einfach stehen und sucht sich einen anderen Gesprächspartner. Wenig später verläßt er den Raum und würdigt Pückler beim Passieren keines Blickes, macht aber vor ihm zum allgemeinen Erstaunen einen kuriosen Tanzsprung.

Galanter benimmt er sich gegenüber der burschikosen Bettine von Arnim. Seit dem Tod ihres Mannes, des Dichters Achim von Arnim, hat die springlebendige Schwester Brentanos in der preußischen Hauptstadt die Rolle einer mahnenden Sibylle übernommen. Schon den Kronprinzen hatte sie 1839 gebeten, sich für die vom König von Hannover entlassenen »Göttinger Sieben«, darunter die Brüder Grimm, einzusetzen. Jetzt veröffentlicht sie ein ganzes Buch mit den Versäumnissen des Königs, das sie geschickterweise gleich im Titel – *Dies Buch gehört dem König* – Friedrich Wilhelm widmet. Dadurch entgeht es der Zensur, vielleicht aber auch deshalb, weil ihr Schwager, der erzkonservative Friedrich Karl von Savigny, Justizminister von Preußen ist.

Ob der König ihr Buch jemals gelesen hat, darf man bezweifeln, denn er bedankt sich geschmeichelt bei der Autorin. Durch die kesse Bettine hätte er einiges über die Wirklichkeit erfahren können, in der er lebt und für die er – das Buch erscheint 1843 – seit einigen Jahren mitverantwortlich ist.

Das politische Unbehagen, das besonders in Berlin um sich greift, wird zu offener Rebellion, als Preußen zwei Jahre nacheinander extrem dürre Sommer zu verzeichnen hat, die katastrophale Mißernten zur Folge haben. Als die Getreide- und sogar die Kartoffelpreise ins Unerschwingliche steigen und in den beiden am heftigsten betroffenen Provinzen Schlesien und Ostpreußen der Hungertyphus ausbricht, kommt es in Berlin am 18. April 1847 zum »Kartoffelkrieg«. Erboste Hausfrauen, die ob ihrer Klage über die hohen Preise von Kartoffelverkäufern verspottet werden, verprügeln die Händler und plündern deren Marktstände. Anschließend ziehen sie durch die angrenzenden Straßen, wo sich ihnen Revoluzzer, aber auch reines Gesindel anschließt, Fensterscheiben klirren, Geschäfte werden ausgeraubt, nicht zuletzt Bäcker- und Fleischerläden. Zu ihrem Schutz wird Kavallerie eingesetzt, was das unbeteiligte Bürgertum verdrießt, das nicht gerne blutige Köpfe in seinen Straßen sieht. Es ist nicht allein der König, der alles falsch macht. Es gibt historische Zeiten, da machen alle alles falsch. Die vierziger Jahre des 19. Jahrhunderts gehören dazu.

Der König hat kein Geschick, die richtigen Mitarbeiter zu gewinnen. Er wählt stets die ihm Sympathischen. Sein Vater hätte niemals Stein und wohl nicht einmal Hardenburg berufen, wäre er nach diesem Grundsatz verfahren. Friedrich Wilhelm wechselt seine Berater ständig, wobei er sie einmal aus dem liberalen Lager holt und dann wieder aus dem konservativen. Fast noch häufiger wechselt er die Ministerpräsidenten, die man damals noch »Erstminister« nennt. Kaum einer bewährt sich in den kommenden kritischen Tagen. Einer von ihnen ist übrigens der General Graf Friedrich Wilhelm von Brandenburg, ein unehelicher Sohn Friedrich Wilhelms II. und Wilhelmine Enckes. Er hält sich relativ lange für einen Erstminister – zwei Jahre.

Auf das Hungerjahr 1847 folgt ein sehr langer und strenger Winter. Jetzt spüren auch die betuchteren Kreise die Knappheit der Lebensmittel. »Der Magistrat«, berichtet der liberale

Republikaner Robert Springer, »errichtete zur Abhülfe der Noth ›städtische Sparkassen‹ nach derselben Logik, wie man einen Beinbruch durch eine Verordnung von Ballettsprüngen kuriren will.«

Der Unwille der Berliner entlädt sich zunächst in endlosen Diskussionen. Freigeister, Revolutionäre, Liberale, Republikaner, aber auch Konservative, Königstreue und Loyalisten gründen Clubs, versammeln sich Unter den Zelten, den Ausfluglokalen im Berliner Spreebogen, und in den Lesestuben der Cafés und Kneipen. Dort liegen die neuesten Zeitungen aus, meist zu wenige für die vielen Interessenten, so daß einer von ihnen die wichtigsten Nachrichten und Leitartikel vorliest.

Es gärt ja überall. In Hannover, Hessen und Sachsen hat man den dortigen Regenten abgepreßt, was der vorige preußische König seinen Untertanen fünfmal versprochen und nie gehalten hat: eine Verfassung. Der niederländische König gewährt dem südlichen Teil des Landes, das jetzt Belgien heißt, Souveränität. Und zum drittenmal rebellieren die Franzosen, indem sie nun auch den einst so gefeierten »Bürgerkönig« Louis Philippe verjagen und eine Republik ausrufen. Das weckt dann gleichsam einen Ehrgeiz »im Andenken jener Zeit«, wie der Republikaner Robert Springer höhnt, »wo Preußen sich endlich nach langer Schmach aufraffte, und, indem es ein eingegangenes Bündniß brach, einen halb ruinirten Feind, mit Hülfe einer verbündeten Uebermacht vernichten half«. Und dahinter sollte »dieses Preußen, diese Perle Deutschlands« zurückstehen?

Die Nachrichten überschlagen sich: In München gelingt es den seit jeher aufmüpfigen Studenten, die Ausweisung von Lola Montez, der Mätresse des Königs, zu erreichen. Woraufhin Ludwig I. abdankt. Gegen die Monarchie zu sein wird plötzlich Mode, obwohl das Wort »Republikaner« immer noch als Schimpfwort gilt. Schon schlägt Ludwig Uhland in Tübingen für die unzähligen deutschen Länder einen schwarz-rot-goldenen Bundesstaat vor. Es knackt vernehmlich im Gebälk der morschen alten monarchistischen Welt. Die Höfe müssen das Schlimmste befürchten: ihre Abschaffung.

In Berlin herrscht eine besonders hektische Stimmung. Der König ruft – etwas anderes fällt ihm nicht ein – den »Vereinigten Landtag« zusammen, das im Jahr zuvor gegründete Pseudoparlament aus Mitgliedern der acht Provinziallandtage in Preußen. Da es aus zwei Häusern besteht, einer »Herrenkurie« aus Prinzen, Fürsten, Standesherren, und einer Art Unterhaus mit »Rittern, Bürgern und Bauern«, den »drei Ständen«, sucht es in puncto Schwerfälligkeit seinesgleichen.

Als die Unruhen auch Österreich nicht verschonen, lange Jahre Europas Musterstaat restaurativer Politik, sogar der allmächtige Metternich gestürzt wird und der Kaiser dem Volk allen Ernstes eine Verfassung verspricht, hält es die Berliner nicht mehr. Im Anschluß an eine Kundgebung Unter den Zelten zieht eine vieltausendköpfige Menge durchs Brandenburger Tor zum Schloß – ein erster Protestmarsch. Jetzt versammeln sich jeden Abend Berliner auf dem Schloßplatz vor den verrammelten Toren. Als man versucht, das Zeughaus zu stürmen, um Waffen für den Aufstand zu bekommen, fallen die ersten Schüsse, gibt es die ersten Toten.

Den Abgeordneten und Deputationen, die sich bei ihm melden, verspricht der erschrockene Friedrich Wilhelm, ohne weiter nachzudenken, so gut wie alles, was von ihm gefordert wird: Verfassung, Abzug des Militärs und Bewaffnung der Bürgerschaft, die selbst wieder Frieden und Ruhe herstellen soll. Mehrmals versucht er, in seiner Kalesche nach Potsdam, der traditionell königstreuen Stadt, auszuweichen, und jedesmal muß der Wagen, von Sympathisanten des Aufstands bemerkt, wieder umkehren. Als es bei Nacht und Nebel dann doch einmal klappt, bekommen König und Königin Angst vor einigen Schatten, die sie für Mörder halten, und kehren ins Schloß zurück.

Der Funken, dessen es bedarf, um eine Explosion auszulösen, entspringt einem Mißverständnis. Am Nachmittag des Tages, an dem die Stadtverordneten vom König alles erreicht hatten, was sie verlangten, versammelt sich wiederum eine gewaltige Menge vor dem Schloß, diesmal hauptsächlich in friedlicher Absicht. Die Leute wollen sich für die Genehmigung gewisser Freiheiten bedanken und dabei eine vorübergehende Krise beenden. Als der König auf dem Balkon erscheint, wird er mit Jubel begrüßt. Aus der Menge heraus fordern einzelne Sprechchöre: »Weg mit den Soldaten!« und übertönen mit ihren Rufen die Rede des Königs. Das Infanteriebataillon des zum Schutz des Schlosses abkommandierten Regimentes »Kaiser Franz« sieht darin eine Provokation und rückt mit gezücktem Bajonett gegen die Menge vor. Als die empört aufschreit, lösen sich zwei Schüsse. Sie treffen zwar keinen Menschen, aber die bislang friedliche Szene verwandelt sich in einen Kriegsschauplatz.

In der Stadt werden Barrikaden errichtet. In der Nacht vom 18. zum 19. März 1848 kommt es zu den ersten Kämpfen. Soldaten versuchen, die Barrikaden zu erobern, können aber in den engen Straßen kaum etwas ausrichten. Da die Aufständischen nur über wenige Schußwaffen verfügen, bewerfen sie die anrückenden Grenadiere von den Dächern der mehrstöckigen Häuser aus mit Dachziegeln und schweren Steinbrocken. Die grauenhaften Wunden der Toten und Verwundeten kann man sich vorstellen. Auch die schreckliche Revanche, die manche Truppen an den Aufständischen üben.

Auf beiden Seiten gibt es zahlreiche Verletzte und Tote, deren genaue Zahl nie ermittelt wurde. Sie gehen auf das Konto des Königs und seiner – man kann es nicht anders nennen – Tolpatschigkeit. Es ehrt ihn wiederum, daß er sich später zu allen seinen Fehlern rückhaltlos bekannt hat. Das entschuldigt jedoch nicht sein Verhalten, das bitter wenig vom Mut und der Überlegenheit der meisten seiner Vorgänger zeigt.

Man kann sein Verhalten als töricht, lächerlich, tragikomisch, aber ebenso als klug oder bauernschlau, sogar als überlegen werten, wenngleich man von einem preußischen König anderes erwarten mag.

Als man die meist gräßlich zugerichteten Toten zum Teil auf offenen Wagen zum Schloßplatz karrt, um sie dem König zu zeigen, erscheint er und verbeugt sich vor den Leichen. Vielleicht hat ihm der herbeigerufene Alexander von Humboldt diesen Rat erteilt. Auch an der später auf dem Gendarmenmarkt stattfindenden Totenfeier nimmt der König teil.

Zur Farce wird sein überflüssiger Ritt durch Berlin mit einer schwarz-rot-goldenen Schärpe, den republikanischen Farben. Das bleibt simple Anbiederei, ein bißchen zuviel des Zugeständnisses. Aber es besänftigt wie sein in der ganzen Stadt plakatierter Aufruf »An meine lieben Berliner«, der reichlich schmalzig gerät, die Hauptstadt. Klugheit und Feigheit liegen oft genauso dicht beieinander wie guter und schlechter Geschmack.

Ein Mißverständnis hat rasch einen Aufstand entflammt, der ebenso rasch in einer Versöhnung endete: Revolutionen sind der Deutschen Sache nicht und schon gar nicht der Preußen. So ist es vielleicht ein Glück, daß der Aufruhr unter einem schwachen König stattfand und daher ohne übermäßiges Blutvergießen abging. Nach dem Ritt mit den ungeliebten Farben gewährt der König alle Forderungen, die ihm die Delegationen vortragen, die ihn jetzt auch von seiten der Liberalen aufsuchen. Eine allgemeine Amnestie soll erlassen, alle Gefangenen freigesetzt und die Volksbewaffnung endlich durchgeführt werden. Vor allem aber soll der Prinz von Preußen, Friedrich Wilhelms jüngerer Bruder Wilhelm, des Landes verwiesen werden. Er befindet sich bereits in der Verkleidung eines Kutschers auf der Flucht nach Hamburg, von wo aus er nach England übersetzen will. Dort weilt inzwischen auch der einst so mächtige Fürst Metternich.

Nun mag sich Wilhelm damals durchweg als überzeugter Monarchist geäußert haben. Aber die Bezeichnung »Kartätschenprinz«, die ihm seit 1848 anhaftet, ist ungerecht. »Man glaubte allgemein«, so der Barrikadenkämpfer Moritz Steinschneider, »daß der Prinz von Preußen auf Vorschreiten des Militärs mit Kartätschen [mit Bleikugeln gefüllte Artilleriegeschosse] und Granaten gedrungen« habe. Aber das stimmt nicht. Weder er noch einer seiner Untergebenen hat sich dergleichen zuschulden kommen lassen.

Prinz Wilhelm weiß wahrscheinlich nicht, wie ihm geschieht. Er hat lediglich seinem Bruder zur Seite gestanden und wird nun von ihm, preußisches Schicksal, als Sündenbock in die Wüste geschickt, wenn man denn das grüne England als eine solche bezeichnen kann. In Preußen ist selbst der Adlige für den Staat da und nicht wie in vielen anderen Ländern umgekehrt.

Klüger fängt es General Friedrich von Wrangel an, obwohl auch er völlig ungerechtfertigt als »Bluthund« in die Zeitgeschichte eingegangen ist. Er war alles andere als das und verließ sich, ein waschechter Berliner, lieber auf seine Burschikosität als auf ein martialisches Auftreten. Mit nicht weniger als 30 000 Soldaten rückt er, nachdem sich Friedrich Wilhelm entschlossen hat, Widerstand gegen alles Schwarz-Rot-Goldene zu leisten, am 10. November durch das Hallesche Tor in Berlin ein. Ein Major tritt ihm entgegen und verkündet, er würde nur der Gewalt weichen. »Dann mach ma' Platz«, antwortet Wrangel, »ick bin die Jewalt!« Er besetzt Berlin nahezu kampflos.

Dies weniger dank dem anekdotenträchtigen General als einem Bedürfnis der Bevölkerung nach Ruhe und Ordnung. Es gibt Zeiten kurzlebiger und langlebiger Entscheidungen. Die derzeitige ist von kurzlebigem Charakter. Hat noch gestern der Wind von der aufständischen Seite geweht, weht er jetzt wieder von der royalistischen.

Denn die großen Hoffnungen, die Königstreue wie Demokraten auf die deutsche Nationalversammlung in Frankfurt gesetzt haben, sind nicht in Erfüllung gegangen. Dort hat man sich statt mit deutscher Einheit mit professoralen Reden befaßt und endet mit dem Meuchelmord zweier Abgeordnete durch die extreme Linke. Fürst Pückler hat das eindeutige zeitgenössische Fazit gezogen: »Am erbärmlichsten«, schreibt er seiner Freundin, der Germanistin Ludmilla Assing, »war unsere große Frankfurter Revolution, wo alle deutschen Fürsten wie mit Schwefel angeräucherte Fasanen aus Schreck vom Stengel fielen und dennoch die über ihren wohlfeilen Sieg verdutzten Professoren nur ein Strohfeuer anzuzünden wußten, das in sich selbst kläglich erlosch. Keinen einzigen Mann hatte Deutschland in dieser Krisis von beiden Seiten aufzuweisen, wie Frankreich, wie England Hunderte in ihren Revolutionen. Wo hätten sie auch herkommen sollen? Auf Flugsand kann kein Weizen wachsen. Große Diener sind bei uns noch möglich, kein großer Patriot.«

Pückler ist ein vortrefflicher Kronzeuge, weil er beiden Seiten angehört, der monarchischen durch Geburt und Erhebung zum Fürsten, der demokratischen aus Überzeugung. Er hat darum 1848 auf keiner der beiden Seiten aktiv teilgenommen. Sein trauriges abschließendes Urteil teilen damals viele Intellektuelle. Als er den König nach der Unterdrückung der Aufstände in Potsdam wieder aufsucht, findet er ihn »jetzt wohlgenährt und munter, mitunter lustig und in ganz gemeine Späße übergehend«. Wie er Varnhagen mitteilt, spricht der König von seinen »lieben Berlinern« mit Verachtung als einer »Racaille« (Pack, Pöbel).

Es hat sich, wie sich zeigt, nichts geändert, man hat aus dem Geschehen nicht gelernt. Der König entläßt das liberale Kabinett des Generals Pfuel und holt den erzkonservativen entfernten Verwandten Graf Brandenburg. Auch erlaubt er seinem Bruder großzügig die Rückkehr in die Heimat. Was er aufgrund vielfachen Verlangens tun zu können glaubt. Nach der Melodie »Prinz Eugen, der edle Ritter«, ziehen die Grenadiere der Regiments »Kaiser Franz« mit einem Lied ihres Leutnants Fritz von Gaudy durch die Stadt:

> Prinz von Preußen, ritterlich und bieder,
> Kehr zu deinen Truppen wieder,
> Heißgeliebter General.
> Weilst du gleich am fernen Strande,
> Schlagen doch im Vaterlande
> Herzen für dich ohne Zahl.

Daraufhin protestieren die Zeitungen und werden von der Opposition Flugblätter verteilt. Flugs kommt auch ein Lied auf, das Gaudys Verse ins Gegenteil verkehrt:

> Schlächtermeister, Prinz von Preußen,
> Komm doch, komm doch nach Berlin!
> Wir wollen dich mit Steinen schmeißen
> Und die Barrikaden ziehn.

Er bleibt noch zwei Monate in der Obhut der Königin Victoria und ihres deutschen Prinzgemahls Albert und kommt erst im Juni wieder nach Berlin, wo man keine Barrikaden gegen ihn baut, sondern ihn, das allerdings in Potsdam, mit einem Fackelzug auf dem Wasser, »Prinz von Preußen, ritterlich und bieder« singend, empfängt. Seinem martialischen Ruf verdankt er dann wohl die Bitten des Großherzogs von Baden und des Königs von Bayern, ihnen mit preußischen Truppen bei der Gegenrevolution zu helfen.

In Baden besiegt er den Aufstand in einer einzigen gewaltigen Anstrengung. Man hat das oft in Geschichtsbüchern als erste Maßnahme Preußens interpretiert, sich an die Spitze eines späteren und geeinigten Deutschen Reiches zu setzen. Clausewitz hatte es ja gesagt, daß nicht noch so gute Reden zu solcher Einheit führen könnten, sondern nur das Schwert. Wilhelm bleibt nach dem einen Monat, den sein Feldzug erfordert hat, als Kommandeur in Baden, das dadurch zu einer Art von preußischem Vorposten wird.

Als der Thronfolger jetzt nach Berlin zurückkommt, wird er mit Jubel begrüßt, und – die Zeiten haben sich wirklich im Nu gewandelt – er findet sein Palais statt mit Steinen beworfen, wie noch kürzlich angedroht, mit Eichenlaub und Lorbeer geschmückt.

So mit sich selbst zufrieden wie sein königlicher Bruder scheint er jedoch nicht. Er prägt einen Aphorismus, wie man ihn sonst von siegreichen Feldherrn kaum zu lesen bekommt. Er lautet: »Bajonette sind nur gut gegen die Bündnisse der Zeit, aber nicht gegen die Wahrheit, die in der Zeit liegt.« Damit wird der Prinz von Preußen recht behalten.

Friedrich Wilhelm denkt in anderen, wenn auch nicht weniger realistischen Kategorien. »Wenn man ein Feuer löschen will«, verteidigt er oft seine selbst eingestandenen Fehler, »und es steht nur verschmutztes Wasser zur Verfügung, wird man auch damit vorlieb nehmen.«

Womit er ebenfalls hätte recht behalten können, wenn er nicht einen Plan gefaßt hätte, der dem widerspricht. Er will, um dem lästigen Geschrei um eine Verfassung vorzubeugen, selbst eine solche entwerfen und diese seinem Volk, wie er sich ausdrückt, »oktroyieren«. Das heißt allerdings, für Löscharbeiten eigens schmutziges Wasser zuzubereiten.

Es tagt freilich noch immer in der Frankfurter Paulskirche die deutsche Nationalversammlung. Und am 28. März 1849 wählt sie, eine Verlegenheitslösung, mit 290 Stimmen bei 248 Stimmenthaltungen Friedrich Wilhelm IV. zum Kaiser der Deutschen. »Wenn ich mein Großonkel wäre«, sagt er dazu, »so würde ich mich auch nicht besinnen; ich bin es aber nicht.« Das ist an Alexander von Humboldt gerichtet, der festgestellt hat, daß Friedrich der Große sich bei solch einem Angebot keine Sekunde besonnen hätte. Für den König sind die Abgeordneten jedoch nichts anderes als »greulich kreißende 1848er«, und er läßt sie wissen, daß er eine Krone nur von einem ordentlichen Fürstentag annehmen könne.

Trotzdem läßt er die Abordnung des Frankfurter Parlaments freundlich empfangen und gibt ihr ein festliches Essen als gute

Gelegenheit, eine weitere grundsätzliche Rede halten zu können. Bezeichnenderweise hat er für sie zwei Fassungen vorbereitet, die er beide, anscheinend unentschlossen in der Hand hält – ein wenig geschmeichelt ist er wohl doch durch die Wahl der Nationalversammlung. Nach den Tagen tiefer Demütigung wird sie ihm bei allen Vorbehalten gut getan haben. Aber dann siegt der alte Adam, und er liest nicht die milde, sondern die schroffe Fassung seiner Rede. Vergeblich versucht der Leiter der Delegation, Eduard Simson, den Sieg der Arroganz in letzter Stunde zu verhindern. Friedrich Wilhelm lehnt die Kaiserwürde, auf diese Weise angeboten, rückhaltlos ab. Als Ernst Moritz Arndt, der dem König seine Rehabilitation verdankt, ihn deswegen rügt, antwortet dieser, eine solche Krone trage nicht »das Zeichen des Heiligen Kreuzes«.

Ein derartiges Anklammern an einen märchenhaften Mythos ist selbst bei einem romantischen Charakter wie Friedrich Wilhelm sonderbar. Zur Romantik mit ihrer nostalgischen Mittelalterverehrung gehört gleichzeitig eine in sich durchaus realistische Ironie. Über die verfügt der König leider nicht. Er nimmt sein Gottesgnadentum bitter ernst.

In der Innenpolitik macht er sich dadurch viele Feinde. In der Außenpolitik nimmt er einige spätere preußische Erfolge mit erstaunlichem Geschick vorweg.

Seine Verfassung erließ – oder oktroyierte – Friedrich Wilhelm seinem Volk am 5. Dezember 1848. Sie ist soso lala, behält aber, da sie die Grundrechte wie unabhängige Justiz, Presse- und Versammlungsfreiheit sowie ein frei gewähltes Abgeordnetenhaus garantiert, ihre Gültigkeit bis 1918. Einschließlich der von diesem Abgeordnetenhaus beschlossenen Änderung des normalen bürgerlichen Wahlrechts in ein Dreiklassensystem. Das heißt, jene berüchtigte preußische Einteilung der Bevölkerung in drei Klassen, je nach Maßgabe ihrer abgeführten Steuerbeträge, ist keine Erfindung des preußischen Königs, sondern auf quasi demokratische Weise einer von ihm inaugurierten Verfassung nachträglich eingemogelt oder oktroyiert worden.

Verheerend für den Ruf Preußens erweisen sich auch die Nachwehen der Revolution, die in den westlichen deutschen Staaten in einer Art Spätzündung die dortigen Fürsten erschrecken. Sie rufen den Preußenkönig zu Hilfe, der seine bewährten Truppen unter dem Befehl seines inzwischen ebenfalls bewährten Bruders an den Rhein, nach Westfalen, nach Baden und Frankfurt am Main schickt. Dort sorgen sie bald für Ruhe und Ordnung, wobei unter Ruhe nicht selten diejenige eines Friedhofs verstanden wird. Das Wort »Preuße« nimmt eine Weile den Charakter eines Schimpfworts an im deutschen Südwesten, vor allem in Baden. Die dort besonders aktiven Standgerichte fällen und vollziehen zwar Urteile im Namen des badischen Großherzogs, sie bestehen aber ausschließlich aus preußischen Offizieren und Soldaten.

Eines der ersten Opfer, die bei Morgengrauen im Festungsgraben von Rastatt erschossen werden, ist Ernst Elsenhans, der Redakteur des Rastatter *Festungsboten*. Seine Zeitung war es, die den Prinzen von Preußen mit dem Verdikt »Kartätschenprinz« belegte, Prinz Wilhelm soll allerdings versucht haben, zum Beweis des Gegenteils Elsenhans zu retten, aber aufgrund der Übereifrigkeit seiner Leute zu spät gekommen sein.

Strafexpeditionen gehören eigentlich nicht zur preußischen Tradition. Als wenig später ein Attentat auf Friedrich Wilhelm IV. verübt wird – ein unzurechnungsfähiger Artillerist namens Sefelog schießt ihm, als er das Berliner Schloß verläßt, in den Arm –, geht es preußischer zu. Der König bleibt Herr seiner selbst und verlangt nur ärztliche Behandlung. Bettine von Arnim schreibt ihm sofort einen Brief, in dem sie Friedrich Wilhelm vorschlägt, dem Schützen zu verzeihen und ihn aus der Haft zu entlassen – das würde ihm die Liebe des Volkes augenblicklich zurückbringen.

Daß er keinen Krieg geführt habe, wie man häufig hört, stimmt nicht ganz. Wer auf Badener, Rheinländer und Westfalen schießen läßt, führt ebenso Krieg, wie wenn er auf Ausländer zielt.

Vor dem törichten Krimkrieg bewahrt Friedrich Wilhelm allerdings sein Land. Es kommt zu neuen Auseinandersetzungen mit seinem Bruder Wilhelm, der einen Eintritt auf englischer Seite empfiehlt. Leopold von Ranke, der große Historiker, den der König häufig um seine Meinung befragt, plädiert hingegen für eine Neutralität Preußens, die er auch im Hinblick auf das europäische Gleichgewicht für angemessener hält. Was Österreich und England mit den Russen abzumachen haben, geht die Preußen wenig oder nichts an. Es ist dies der Zeitpunkt, an dem der Nachfolger des verstorbenen Grafen von Brandenburg, Otto von Manteuffel, ebenfalls ein radikalkonservativer Ministerpräsident, den Berliner Journalisten und Englandkenner Theodor Fontane nach London schickt. Er soll eine Aktion der Gegenpropaganda entfalten, denn Preußen hat eine schlechte Presse an der Themse. Fontane findet dort zahlreiche deutsche Kollegen vor, die ihm empfindliche antipreußische Konkurrenz machen. Es sind Flüchtlinge und Emigranten der 48er Revolution, die auf eine Amnestie der diversen deutschen Staaten warten und in vielen Fällen noch lange ausharren müssen. Sie schreiben eifrig für deutsche Blätter und haben bessere Verbindungen als Fontane, der übrigens kein Freund seines reaktionären Gönners Manteuffel ist.

Seine Friedfertigkeit zahlt sich für den vierten Friedrich Wilhelm ebensowenig aus, wie sie sich für den dritten ausgewirkt hat. Österreich nimmt an der »Deutschen Union«, wie sie jetzt in der Erfurter Augustinerkirche in Angriff genommen wird, nicht teil. Mit Ausnahme Bayerns, Württembergs und Schleswig-Holsteins vereinbaren die Fürsten der deutschen Staaten unter Führung des Königs von Preußen einen Bundesstaat. Preußen, Sachsen und Hannover schließen ein Dreikönigsbündnis und verabschieden die Erfurter Reichsverfassung als politische Grundlage der Union.

Österreich empfindet, man kann es verstehen, die »kleindeutsche« Lösung als unfreundlichen Akt. Am Ende gleicht Friedrich Wilhelms Union dem Deutschland, das Bismarck dereinst schaffen wird, aufs Haar. Der König, den in letzter Zeit wieder die Weinkrämpfe seiner Jugend heimsuchen, vergießt Tränen, als es zu einer halben Mobilmachung beider Länder kommt. Einen Krieg mit den beiden europäischen Giganten Rußland und Österreich, die gegen ein zu starkes Preußen oder gar Deutsches Reich zu Felde ziehen, kann er sich nicht leisten. So macht er unter erneuten Tränen einen Rückzieher, was klug ist. In der sogenannten »Olmützer Punktation« vom 29. November 1850 einigen sich Preußen und Österreich, die kürzlich gegründete deutsche Union wird wieder aufgelöst, und Preußen verzichtet auf eine kleindeutsche Lösung, das heißt eine deutsche Einigung ohne Österreich.

Das Jahr 1850 wird zur Scheide, auch für die Regierung Friedrich Wilhelms IV. Außenpolitisch hat er geschickt gehandelt und sich, man kann es nicht anders nennen, durchgewurstelt, was in der Politik das Schlechteste nicht immer ist. Im Inneren hat die Reaktion weitgehend gesiegt. Otto von Manteuffel schränkt, sobald er im Dezember 1850 an die Macht kommt, die Pressefreiheit empfindlich ein, schafft neue und strengere Disziplinargesetze für die Beamtenschaft und beschneidet sogar die Selbständigkeit seiner Fachminister (was seiner eigenen Machtvollkommenheit zugute kommt). Nach vier Jahren im Amt des Ministerpräsidenten wird Manteuffel abgelöst. Eine liberalere »Neue Ära« bricht an, die sich liberalkonservativ gibt.

Auf ihr ruhen jetzt alle Hoffnungen der im Lande verbliebenen Fortschrittlichen. Sie richten sich auf eine Person, die bislang nicht eben als ein Ausbund von Liberalismus und Freiheitlichkeit hervorgetreten ist, auf den Prinzen Wilhelm.

Es hat dies mit der Stimmung im Lande und mit dem tragischen Fall des Berliner Polizeipräsidenten Hinkeldey zu tun. Der König schätzt ihn, der unter den hochmütigen Adligen als

»Emporkömmling« gilt, weil er einer der wenigen Berliner Honoratioren ist, der ihm zu widersprechen wagt.

Zwischen Hinkeldey und den streng konservativen Kreisen um die sogenannte *Kreuz-Zeitung* herrscht eine feindselige Spannung. Der Polizeipräsident läßt den adligen Offizieren und sonstigen Privilegierten nichts durchgehen. Man kann sagen, er kujoniert demokratisch alle Bürger ohne Ansehen der Person mit seiner uniformierten und mehr noch seiner geheimen Polizei. So inszenieren einige Offiziere eine Verschwörung gegen ihn, wie sie in Zeiten polizeilicher Vorherrschaft nicht selten vorgekommen sein soll. Man läßt einen versierten Pistolenschützen, wie es in derartigen Kreisen vorkommt, den Betreffenden auf so ehrenrührige Weise demütigen, daß dem nichts übrigbleibt, als den Beleidiger zum Duell zu fordern. In diesem Fall wählt man dazu den Gardeleutnant und Mitglied des preußischen Herrenhauses Hans von Rochow aus. An der Verschwörung sollen sich sogar Mitglieder des Kabinetts beteiligt haben.

Eines Abends erscheint Hinkeldey mit einigen seiner Leute bei einem Karusselreiten der Hof- und Gardeoffiziere mit ihren Damen, einer gesellschaftlichen Veranstaltung, die – vermutlich aufgrund einer Spitzelmeldung – polizeilich überprüft werden soll.

Nun herrscht zwischen dem Militär und der Polizei ohnehin ein äußerst gespanntes Verhältnis. Die obersten Polizisten nennen sich zwar ebenfalls Offiziere, werden aber als solche von den Militärs nicht anerkannt. Die Leibgardisten sind sogar so weit gegangen, ihre Mitglieder aufzufordern, auf keinen Fall mit den Frauen der »Konstabler« zu tanzen.

So verwehrt Rochow Hinkeldey den Eintritt zum Karusselreiten (einem Wettspiel mit Lanzen und Ringen). Seine erste Beleidigung: Er will vom Polizeipräsidenten eine Eintrittskarte sehen. Daraus folgen weitere Beleidigungen immer üblerer Art, bis Hinkeldey nichts anderes übrigbleibt, als den unverschämten Gardeoffizier zum Duell herauszufordern, obwohl er gegen den Meisterschützen keine Chance hat. Da aber in Preußen Duelle streng verboten sind, trägt man diese entweder im Ausland aus, oder man kann sich darauf verlassen, daß die Sache sich herumgesprochen hat und rechtzeitig ein Konstabler oder ein Adjutant erscheint und die Streithähne einstweilen festnimmt. Womit die Angelegenheit meist als geregelt gilt.

Hinkeldey soll, allen Berichten zufolge, auf dem Kampfplatz in der Hasenheide bis zuletzt verzweifelt Ausschau nach dem Flügeladjutanten des Königs gehalten haben, den er vereinbarungsgemäß erwartete. Daß er nicht kam und Rochow Hinkeldey den Todesschuß setzen konnte, dafür gibt die Volksmeinung dem königlichen Adjutanten von Gerlach die Schuld. Gerlach hat versucht, sie auf den Prinzen Hohenlohe abzuschieben, der ihn bei seinem Vortrag vor dem König »abgelenkt« haben soll. In Wirklichkeit schützen beide pflichtgemäß einen dritten, der wohl auch geschützt werden muß, der Staatsräson wegen.

Denn mag der Polizeipräsident nicht überall beliebt gewesen sein, sein Tod, fast schon eine Ermordung, erregt die Öffentlichkeit bis zur Weißglut. Seine Aufbahrung in seinem Haus am Molkenmarkt besuchen Tausende, was den Biographen Walter Bußmann veranlaßt hat, geradezu von verkehrten Fronten zu sprechen: »Der gefürchtete Generalpolizeidirektor wurde als Märtyrer des ›Junkertums‹ beweint und gefeiert.«

Schuld am Tod Hinkeldeys und von seinen Adjutanten geschützt ist der König. In einem Brief an den Minister von Westphalen hat Friedrich Wilhelm IV. gestanden, von dem Anschlag auf Hinkeldey und sogar um Ort und Zeit des Zweikampfes gewußt zu haben. Sein Zaudern einzugreifen sei durch die Tatsache entstanden, daß der Polizeipräsident als Mann gegolten habe, der »kein Pulver riechen« könne. Solches Vorurteil »nicht unwiderruflich zu etablieren« sei sein Einschreiten unterblieben. In seinem Brief fügt er hinzu: »Die Sache ist nicht gut gelaufen – der Sieg seiner Feinde ist zu mildern.«

Der Skandal bleibt an ihm haften. Er ist nicht der einzige Grund, dürfte aber einer der hauptsächlichen für den ersten Zusammenbruch des Königs gewesen sein. Mehr aufgeregt als notwendig hat er sich auch über Neufchâtel, Neuenburg, das sich als 21. Kanton der schweizerischen Eidgenossenschaft angeschlossen hatte, ohne übrigens zunächst das Fürstentum des Hauses Hohenzollern abzuschaffen. Er plant wegen des klimperkleinen Ländchens einen militärischen Angriff auf die Schweiz. Die 50 000 Preußen, die in drei bis vier Tagen vor Basel stehen sollen, stehen unter dem Oberbefehl des Generals Karl Graf von Groeben, was der Prinz von Preußen, der sich übergangen fühlt, übelnimmt. Der König scheint überfordert. Er hat schon vor Jahresfrist bei einem Besuch seiner sächsischen Verwandten im Schloß Pillnitz bei Dresden einen leichten Schlaganfall erlitten, der zu Sprachstörungen führte. Einmal kann er das Wort »Nase«, ein andermal das Wort »Köln« nicht finden: »Mein Gott, kann mir denn keiner helfen und sagen, wie die große Stadt am Rhein heißt?« Er ist, wie die ersten Fotografien, eigentlich Daguerreotypien, zeigen, die es von einem preußischen König gibt, vorzeitig gealtert und hat an Leibesfülle ungeheuer zugenommen. »Der Butt« hat man ihn schon als kleines dickes Kind scherzhaft genannt. Jetzt aber wirkt sein aufgeschwollener Leib krankhaft.

Es ist Königin Elisabeth, die jetzt, stärker als bisher gewohnt, in die Belange ihres Mannes eingreift. Sie beschränkt sich nicht auf eine liebevolle Krankenpflege, sondern ordnet die Verhältnisse, wie es vernünftig und zugleich Rechtens ist. Als der König einen einigermaßen gesunden Eindruck macht, legt sie ihm die Ordre für die Stellvertretung zum Signieren vor. Das hat sich keiner von der Kamarilla Gerlachs getraut. Friedrich Wilhelm ist nicht empört, sondern offensichtlich erleichtert. »Das habe ich schon lange gewollt«, sagt er, »aber ich habe nicht die Worte gefunden.«

Die königlichen Brüder Friedrich Wilhelm und Wilhelm sind zwar nicht miteinander zerstritten, aber ihre in jungen

Jahren enge Verbindung ist seit längerem in Mißtrauen erstickt. Dem König ist Wilhelm zu liberal und zu sehr von seiner Frau Augusta beeinflußt. Und Wilhelm, der dem Bruder bereitwillig als Sündenbock gedient hat, ist enttäuscht über die ihm nur halbherzig zugestandene militärische Karriere.

Jetzt hält er sich als Stellvertreter seines Bruders bewußt zurück – fürs erste jedenfalls. Das Leiden Friedrich Wilhelms scheint in Wellen fortzuschreiten, mal bessert sich sein Zustand, um sich bald darauf wieder zu verschlechtern. Das Staatswohl erfordert eine dreimalige Verlängerung der Stellvertreterschaft.

Die rechte Stimmung will deshalb im Weißen Saal des Berliner Stadtschlosses nicht aufkommen, in dem traditionell die Hochzeitsfeiern der Hohenzollern stattfinden. Die eigentliche Trauungszeremonie zwischen Prinz Friedrich Wilhelm, dem ältesten Sohn des Prinzen Wilhelm, und der ältesten Tochter der Königin Victoria von England, die nach ihrer Mutter ebenfalls Victoria getauft wurde, aber zur Unterscheidung »Vicky« genannt wird, hat zwar schon am 25. Januar 1858 in St. James-Palast in London stattgefunden. Aber auf eine Gala für die deutschen Fürsten und Verwandten kann man nicht verzichten. Prinz Wilhelm bringt auf dem Fest einen Toast auf die »glückliche Allianz zwischen Großbritannien und Preußen« aus. Der König, der schon nicht mehr sprechen kann, ist nicht erschienen. Er kann seinen Neffen und die junge Braut nur kurz im Schloß Bellevue empfangen, um ihnen Glück zu wünschen.

Als sich das Leiden des Königs verschlechtert, wird dann doch eine volle Regentschaft durch Prinz Wilhelm notwendig. Wieder ist es Elisabeth, die dem König, der bei vollem Bewußtsein ist, die Urkunde zur Unterschrift vorlegt. Nach der Unterschrift schlägt er weinend die Hände vor das Gesicht.

Die unfriderizianische Szene findet im Schloß Sanssouci in Potsdam statt, das Friedrich Wilhelm als erster König nach Friedrich wieder benutzt. Für Wilhelm bedeutet dies, daß er nun der allein Verantwortliche im Staat ist und es wohl auch bleiben wird. Jetzt reagiert er aktiver. Er entläßt den reaktionären Ministerpräsidenten Otto Freiherr von Manteuffel und holt sich aus dem liberal-nationalen Lager den Fürsten von Hohenzollern-Sigmaringen. Er entläßt auch die Höflinge, die zur Kamarilla zählen und bereitet das, was als »Neue Ära« bekannt und gerühmt wird, vor.

Das ist ein erster Schritt zu einem moderneren Preußen. Wilhelm Courage abzusprechen, wäre absurd, aber er bemüht sich um größtmögliche Loyalität gegenüber seinem älteren Bruder. So dürfte seine schroffe Handlungsweise sich nur aus der Abwesenheit des Königs erklären. Dessen Gesundheitszustand hat sich wieder einmal gebessert, und er kann, einen Rat der Ärzte befolgend, den Winter im Süden zubringen.

So machten Elisabeth und Friedrich Wilhelm sich auf nach Rom und Neapel, besuchten unterwegs Verwandte in Sachsen und erregten mit ihrem stattlichen Gefolge in 19 Wagen allgemeines Aufsehen. Höhepunkt der Reise ist ein Empfang bei Papst Pius IX., der das Gefolge, in der irrigen Meinung, es handele sich um Franzosen, zunächst französisch begrüßt. Wenig später bei einem Treffen in den Vatikanischen Gärten spricht er dem preußischen König persönlich seinen Dank für die Freiheit der katholischen Kirche in seinem Lande aus, die, wie er bekennt, größer sei als in jedem katholischen Lande. Bei der Heimkehr beweint der König die während seiner Abwesenheit Verstorbenen, darunter Alexander von Humboldt, und vergißt darüber, sich nach der »Neuen Ära« zu erkundigen.

Über familiären Zusammenhalt kann sich Friedrich Wilhelm IV. nicht beklagen. Als die Ärzte dem Prinzregenten verkünden, es gehe mit dem König zu Ende, strömt die Sippe von allen Seiten herbei, die meisten per Sonderzug, so daß es in Berlin laut *Vossischer Zeitung* bald an Lokomotiven fehlt. Prinz Wilhelm kann Potsdam erst in letzter Minute erreichen, und Prinz Friedrich Karl behilft sich mit einem Schlitten. »Das Sterben«, so der Biograph Walter Bußmann, »vollzog sich fast öffentlich« am Neujahrstag 1861. Als Prinz Wilhelm seine Schwägerin, Königin Elisabeth, am Morgen des 2. Januar schweigend in die Arme nimmt, hat sich das Leben Friedrich Wilhelms IV. vollendet.

Wie in seinem Testament bestimmt, wird er in der Potsdamer Friedenskirche im Schloßpark von Sanssouci beigesetzt. Die Kirche haben zwei Schinkel-Schüler erbaut, Ludwig Persius und nach dessen frühem Tod Friedrich August Stüler, unter tatkräftiger architektonischer Mitarbeit eines Königs, der nirgends ganz zu Hause war, wie er in allem, wofür er Begabung hatte, ein Dilettant blieb.

Sein Lieblingsbild war Caspar David Friedrichs *Mönch am Meer*, das den Menschen vereinsamt vor einer über die Maßen gewaltigen Natur zeigt. Der preußische Hof hat es auf seine Veranlassung, als er noch Kronprinz war, angekauft. Der *Mönch am Meer* ist bis heute eines der ergreifendsten romantischen Bilder geblieben.

Wilhelm I.

oder
Wie ungern man Kaiser wird

Als er am 2. Januar 1862 seinem Bruder auf den Thron folgt, ist Wilhelm I. bereits 63 Jahre alt. Ein gutaussehender, hochgewachsener Mann von einem Meter 88, der ein ereignisreiches Leben hinter sich hat.

Als Preußen in die Katastrophe stolperte, war er neun und beging den zehnten Geburtstag in der Verbannung in Memel. Liebling der Mutter war sein älterer Bruder, der schwierige und rechthaberische Friedrich Wilhelm. Wilhelm spielte bei den Eltern, wie er es selbst einmal ausdrückte, die »zweite Geige«. Diese Rolle besetzte er auch nach deren Tod, jedenfalls bis 1861.

Beim Tod seiner Mutter war er 13. Noch dem Greis wird man bei Geburtstagen und feierlichen Gelegenheiten mit einem Strauß Kornblumen Freude machen. Die bescheidene Kornblume war ihre und bleibt lebenslang seine Lieblingsblume. Die literarische blaue Blume der Romantik, die sein Bruder so hoch schätzt, ist seine Sache nicht.

Daß man von diesem braven und grundsoliden Charakter ausgerechnet im Alter so etwas wie Höhenflug verlangt, könnte man als Laune des Schicksals betrachten. Aber auch die Aufgabe wird er mit Anstand, wenngleich ohne innere Begeisterung, bewältigen.

Dem Bruder und ständigen Konkurrenten gegenüber glänzte er in der Jugend auf dem höfischen Parkett, ein flotter Tänzer. Sein Bruder galt als Tolpatsch, aber das könnte ein Familienerbe sein: Auch er stolpert häufiger als andere Menschen oder stößt sich so heftig den Kopf, daß er wegen einer Gehirnerschütterung behandelt werden muß. Beim weiblichen Geschlecht beliebt, scheint er kein Kostverächter; die Namen einiger Hofdamen werden vom Berliner oder Potsdamer Schloßklatsch mit ihm in Verbindung gebracht.

Als er mit der 20jährigen bildschönen Prinzessin Elisa Radziwill in »Lebenden Bildern« nach *Lalla Rookh* auftritt, wenn auch nur in einer Nebenrolle, ist er 26. Wie merkwürdigerweise alle Hohenzollern verkleidet er sich gern und tritt in Charaden auf sowie in jenen pantomimischen Aufführungen, die König Friedrich Wilhelm III. auf Hofbällen vom Baumeister Schinkel mit Bühnenbildern, von Spontini, dem ersten internationalen Dirigenten und Komponisten, mit der notwendigen Musik versehen und vom Theaterintendanten Graf Brühl inszenieren läßt. Beim Star des Abends, Elisa, spielt Wilhelm seit einiger Zeit im realen Leben eine Hauptrolle.

Am 27. Januar 1824 machen beide Brüder mit. Die orientalischen Geschichten des irischen Romantikers Thomas Moore sind in den vier Jahren seit ihrem Erscheinen ein weltweiter Bestseller geworden. Ins Deutsche hat sie Friedrich Wilhelms Lieblingsdichter de la Motte-Fouqué übersetzt, und man sagt, daß der Kronprinz sich jeden Abend ein Exemplar unter das Kopfkissen legt, weil er davon träumen möchte. In *Lalla Rookh* treten die Brüder mit viel preußischer Prominenz in Pluderhosen und Turban vor der geladenen feinen Gesellschaft Berlins im Weißen Saal des Schlosses auf. Sie geben die Söhne des Kaisers von Indien, während Elisa als Peri, gute Fee, glänzt.

In Elisa ist Wilhelm schon seit Jahren verliebt – er kennt sie seit seiner Jugend, denn die Familie Radziwill ist mit dem preußischen Königshaus seit den Tagen Friedrich Wilhelms II. befreundet, hat ganz in Schloßnähe ein Palais gebaut und ist inzwischen sogar mit den Hohenzollern verwandt.

Letzteres durch Elisas Mutter, jene Prinzessin Luise, die eine Freundin der frühverstorbenen Königin gleichen Namens war, mit ihr das Exil in Ostpreußen teilte und ihr die vielen Kinder zu versorgen half. Luise, die Schwester des bei Saalfeld gefallenen berühmten Prinzen Louis Ferdinand, ist eine Tochter Ferdinands, eines jüngeren Bruders Friedrichs des Großen, die sich entschloß, einen reichen polnischen Fürsten zu heiraten, der nach Preußen tendiert. Fürst Radziwill, dank seiner Güter in Polen und Litauen unermeßlich reich, widmete sich ausgiebig seinen kulturellen Interessen. Nachdem er eine Bühnenmusik zu Goethes *Faust* komponiert hatte, wurde in seinem Berliner Palais erstmals der *Faust II* öffentlich aufgeführt, übrigens mit dem vielseitigen Karl Friedrich Schinkel am Klavier. Seit 1815 betätigte sich Radziwill allerdings vorwiegend politisch als Statthalter Preußens in Posen. Er versuchte, einer der wenigen Adligen aus dem Osten, die Grundlagen für ein Zusammenwachsen des weitgehend polnischen Ostpreußens mit dem Mutterland zu legen. Ein verdienstvoller Mann.

Daß ausgerechnet dieser preußische Fürst aus dem Ur-Preußen als nicht ebenbürtig gilt und es Schwierigkeiten gibt mit der von beiden Verliebten gewünschten Ehe, ist selbst nach damaligen Begriffen schwer verständlich. Der Grund dürfte in Vorurteilen zu suchen sein, um so mehr, als die Braut – Elisa und Wilhelm halten sich eine Weile für verlobt und wechseln miteinander Ringe – zumindest zur Hälfte von Geblüt eine Hohenzollern ist.

Obwohl Wilhelm wie immer brav bleibt und den von Elise erhaltenen Ring nicht am Finger, sondern an einer Uhrkette trägt, handelt es sich um eine große Liebe, keine Liebelei. Wilhelm nimmt den Kosenamen, den Elisa seit frühester Jugend trägt, wörtlich. Warum das Mädchen »Ewig« genannt wird, weiß keiner; es ist selbst der Familie entfallen. Ihren Wilhelm nennt Ewig »Wimpus«, wofür ebenfalls keine etymologische Herkunft überliefert wurde.

Man sieht sich nur selten. Wimpus ist auf der Karriereleiter des Militärs höher und höher geklettert bis zum Generalleutnant, was auch repräsentative Aufgaben im In- und Ausland mit sich bringt. Und Ewig pendelt zwischen Berlin, Posen, den litauischen Familiengütern sowie, da früh für Krankheiten anfällig, den Aufenthalten in Heilbädern. Die Brautzeit dehnt sich in die Länge und verleiht dem Verhältnis, das so wenig Gegenliebe bei den Oberen im Staate findet, gleichzeitig etwas Schwärmerisches. In sternenklaren Nächten betrachtet Ewig, manchmal voll Hoffnung und manchmal verzweifelt, das Sternzeichen der Kassiopeia. Es steht am Himmel wie ein großes W für Wilhelm – oder Wimpus.

Jahre vergehen in einem verzweifelten Hin und Her. Komissionen werden einberufen und fällen Entscheidungen, die von anderen Komissionen wieder annulliert werden. Hoffnungen werden geweckt, die in Rauch aufgehen. Einmal sitzt auch Neidhardt von Gneisenau in einem vom König einberufenen siebenköpfigen Gremium und stimmt als einziger für die Ebenbürtigkeit der Radziwills. Gneisenau, der als junger Offizier in Amerika gewesen ist, hat von dort seinen reformerischen Freiheitsbegriff mitgebracht.

Die Ungewißheit zerrt nicht nur an den Nerven des Brautpaars. Ihre Liebe wird zur Staatsaffäre, in der sich die Parteien pro und kontra wild bekriegen. Wilhelm scheint den hoffnungslosen Ausgang zu ahnen. Von einer Italienreise mit Vater und jüngerem Bruder Karl bringt er Elisa einen Efeuzweig vom Grabmal Romeos und Julias in Verona mit.

Der Vater-Sohn-Konflikt, der bei Friedrich Wilhelm I. und Friedrich dem Großen noch einen tragischen Ausgang nahm, hat hier traurige und dabei leicht tragikomische Aspekte. Der Vater, Friedrich Wilhelm III., ist kein Tyrann. Mal verbietet er dem Sohn, kaum daß wieder eine Komission die Ebenbürtigkeit der Radziwills in Abrede gestellt hat, strengstens den Verkehr mit dieser Familie. Dann wieder tut ihm der traurige Sohn leid, und gutmütig, wie er von Grund auf ist, erlaubt er eine Reise nach Posen, und alles – Hoffnung und Verzweiflung – fängt von vorne an. Denn der Sohn zeigt sich durchaus gehorsam, oft wahrscheinlich sogar zum Kummer oder zur

Enttäuschung des Vaters. Wie hätte Friedrich Wilhelm III. reagiert, wenn sein Zweitgeborener einfach mit seiner heimlichen Braut ausgerissen wäre? Schwer vorstellbar, daß er länger als ein Jahr lang dem Sohn der Luise gegrollt hätte. Aber Wilhelm nimmt nicht nur Liebe und Treue ernst, sondern auch seine militärische, vaterländische Aufgabe und nicht zuletzt seine christliche als Sohn, der zu gehorchen hat. Auf solche Weise erholt sich die flackernde Flamme immer wieder.

Am Ende erwägt der König – vielleicht bewegt durch die Ausdauer seines Sohnes –, den gordischen Knoten durch eine Adoption zu lösen. Der Prinz August von Preußen stünde dafür zur Verfügung. Nun legt sich auf einmal der ältere Bruder und Thronfolger quer. Er ist durchaus für eine Ehe zwischen Ewig und Wimpus, lehnt aber eine Adoption ab, zumal der Onkel, ein Bruder Luise Radziwills, als unverbesserlicher Lebemann gilt.

Damit fühlt Wilhelm sich auch von seinem Bruder im Stich gelassen. Endgültig zur tragikomischen Farce gerät diese preußische Liebesgeschichte, als Prinz Karl, der Drittgeborene der Brüderschar, in Weimar um die 17jährige Prinzessin Marie wirbt. Wilhelm, der ihn dorthin begleitet hat, findet die künftige Schwägerin recht sympathisch, besser gefällt ihm allerdings deren 14jährige Schwester Augusta.

Als führe der Teufel Regie, erwächst aus der Weimarer Brautwerbung ein weiteres Hindernis für Wilhelms Verbindung mit Elisa. Die Mutter der beiden Prinzessinnen von Sachsen-Weimar ist eine geborene Großfürstin von Rußland, und als solche eine sehr resolute Persönlichkeit. Für sie ist eine Heirat, ganz im Sinne der Zeit, keine Herzenssache, sondern eine dynastische Angelegenheit. Sie wünscht sich als Schwiegersöhne zumindest erst- oder zweitgeborene Prinzen. Mit einem drittgeborenen wird sie sich keinesfalls zufriedengeben, dann müßte ihre Tochter womöglich hinter der Gemahlin eines Zweitgeborenen zurückstehen oder, schlimmer noch, hinter einer nicht ebenbürtigen. Nein, einer Eheschließung zwischen

Karl und Marie könne sie erst zustimmen, wenn sich herausgestellt habe, ob Wilhelm die Radziwill heiratet oder nicht. Das kommt nicht nur einer vorläufigen Absage, sondern für ihn, Wilhelm, auch einem Ultimatum gleich. Jetzt hat er neben einem weiteren Bruder auch den Hof von Weimar gegen seine Verbindung mit Ewig.

Es kommt noch zu einem romantischen Wiedersehen in Posen. Beide wissen, daß es das letztemal sein wird. Wilhelm befindet sich wieder auf einer offiziellen Reise. Zar Alexander I., der Freund seines Vaters, der Napoleon geschlagen und Preußen gerettet hat, ist gestorben. Nur zwölf Stunden, von Mittag bis Mitternacht, bleiben den Liebenden füreinander. Dann geht die Reise weiter bei minus 15 Grad ins frostklirrende Rußland.

Über die Kälte schreibt Elisa in einem Brief: »Wie, dachte ich, wenn sie dir den Tod brächte? Indem fuhr Wilhelms Wagen fort und rollte durch das Tor. Mein Herz wurde weit, und ich rief ihm, innerlich aufgeregt, heimlich zu: ›Nimm mein Leben!‹«

Ironischerweise erweckt der traurige Anlaß seiner Rußlandreise in ihm neue Hoffnung. Er tröstet die Zarenmutter, die ihn schon als Kind gekannt hat, und diese verspricht ihm, dafür sorgen zu wollen, daß Karl seine Marie bekommt, ohne daß eine Heirat zwischen ihm und Elisa dem im Wege stünde. Der Hoffnungsstreifen verflüchtigt sich bei der Heimkehr nach Berlin. Der ewig zögerliche Vater hat sich endlich zu der Entscheidung durchgerungen, die unebenbürtige Ehe seines Zweitgeborenen zu verbieten. Mag Friedrich Wilhelm III. ein Zauderer sein, einmal gefaßt, ist sein Entschluß endgültig.

Am 3. Juni 1829 heiratet Wilhelm in Berlin Prinzessin Augusta von Sachsen-Weimar. Er ist 32 Jahre alt.

Elisa-Ewig stirbt – nach einer zweiten vergeblichen Liebe zu einem österreichischen Fürsten Schwarzenberg – fünf Jahre später an der Schwindsucht.

> Alle Pappeln, hoch in Lüften,
> jeder Strauch in seinen Düften,
> alle sehn sich nach dir um...

Diese Verse, nicht seine besten, stammen von keinem Geringeren als Johann Wolfgang von Goethe. Sie sind der siebenjährigen Prinzessin Augusta von Sachsen-Weimar-Eisenach gewidmet. Die ist Weimarerin durch und durch, intelligent, musisch und eigensinnig. Schon von der Zweijährigen sagt die Witwe Schillers: »Die Prinzessin hat einen kräftigen Willen und ist so stark und fest; sie läßt nichts los, was sie anfaßt.«

Als starke und feste Persönlichkeit ist sie auch in die preußische Geschichte und die deutsche Kulturgeschichte eingegangen. Franz Herre, dessen Wilhelm-I.-Biographie die beiden Zitate entstammen, bemerkt zusammenfassend über Augusta: »Sie war (...) überdurchschnittlich begabt und gebildet, von lebhaftem, ja heftigem Temperament, und je schwerhöriger sie wurde, desto lauter sprach sie und desto selbstherrlicher trat sie auf.«

Dem ist nichts hinzuzufügen außer dem Hinweis, daß es überdurchschnittlich begabte und gebildete Frauen in Preußen nicht immer leicht haben. Die galant-philosophischen Tage einer Sophie Charlotte sind Vergangenheit. Man zieht inzwischen einen sehr ungebildeten, dafür charmanten Frauentyp vor. Solche wie Augusta werden leicht als Blaustrumpf oder Xanthippe diskreditiert. Daß Augusta keinen ganz einfachen Umgang darstellt, steht fest. Aber sie steht zu ihrer Überzeugung. Das schätzt sogar der Fürst Pückler an ihr, ein notorischer Frauenheld, den ihre scharfe Zunge und Lust am Kommandieren manches Mal an den Rand der Verzweiflung treibt.

Ebenbürtig ist sie zweifellos. Ihr Vater ein regierender Großherzog, ihr Großvater der berühmte Karl August, der Mäzen Goethes, Schillers, Herders und preußischer General dazu. Durch ihre Mutter, eine russische Großfürstin, ist sie zudem eine Enkelin Katharinas der Großen – mit einem solchen Stammbaum kann nicht jede Prinzessin aufwarten.

Wilhelm entwickelt sich an ihrer Seite in entgegengesetzter Richtung. Je mehr sie ihn umzuerziehen versucht, desto preußischer wird er. Ein bißchen bleibt er sein Leben lang ein Leutnant, interessiert am Militär und in jungen Jahren an Frauen, später an Kasinowitzen über solche, die die eigenen Frauen nicht hören durften. Augustas Rechthaberei mag auch schlecht zu ertragen gewesen sein.

Obwohl sich die beiden in Berlin und auf dem Babel, einem sandigen Berg in der Nähe von Potsdam, zwei Domizile schaffen, ein eher einfaches in Berlin und ein um so voluminöseres, burgartiges Gebäude mit zahllosen überflüssigen Türmen, das Schloß Babelsberg bei Potsdam, leben sie sich im Laufe der Zeit immer mehr auseinander. Das Stadtpalais Unter den Linden 9, das ihnen Karl Ferdinand Langhans baut, ein Sohn des Erbauers des Brandenburger Tors, wird später täglicher Anlaufplatz einer Menschenmenge, die am berühmten Eckfenster Wilhelm sehen will, wie er die Wachablösung an der gegenüberliegenden Neuen Wache beobachtet. Das Schloß auf dem Sandhügel baut Schinkel, dem Augusta so oft in seinen Entwurf hineinredet und wenn er eine ihrer Ideen ablehnt, seine Schüler vorzieht, daß er den Bau nicht in das Verzeichnis seiner Werke aufgenommen hat. Lenné und Pückler legen den dazugehörigen Park an. Pückler arbeitet bis spät in die Nacht, dennoch besteht Augusta darauf, anschließend mit ihm Tee zu trinken und ausgiebig zu politisieren, wobei er »dem Zufallen der Augen mit Energie widersteht«. Als es aber um seinen Bestseller *Tutti frutti* geht, dessen Hauptthema Preußen ist, ergreift sie in einer Diskussion, die das Buch kritisiert, für ihn Partei »und bedauert, daß ein so hervorragender Mann wie Pückler kein öffentliches Amt bekleidet«, wie ein Zeuge berichtet.

Wilhelm ist 34, Augusta 19, als zur Erleichterung ganz Preußens ihr erstes Kind geboren wird, ein Sohn, der nach dem Großvater Friedrich Wilhelm genannt wird. Die Wehen dauern dreißig Stunden, aber man nimmt es als ein Zeichen des Himmels, daß die Geburt am 18. Jahrestag der Völkerschlacht bei Leipzig erfolgt, am 18. Oktober 1831. Jetzt ist die Erbfolge gesichert, zumal die Ehe des Kronprinzen kinderlos zu bleiben scheint.

Es folgt noch eine Luise 1838, die mehr nach der Mutter schlägt und später den liberalen Großherzog Friedrich I. von Baden heiratet. Augusta steht noch zwei Fehlgeburten durch, die in ihr einen Hang zur Schwermut auslösen, der sich darin äußert, daß sie mehr denn je Berlin und alles Preußische verabscheut. Das geht so weit, daß ihr zeitweiliger französischer Vorleser, der Schriftsteller Jules Laforgue, erstaunt feststellen wird, daß die (dann schon) deutsche Kaiserin es ablehnt, deutsch zu sprechen, und sich mit ihm und den anderen Mitgliedern ihres Hofes ausschließlich in französischer Sprache unterhält.

Wilhelm, so berichten andere Quellen, hat nach der Geburt des Erben seine höfischen Amouren wieder aufgenommen.

Er ist 51, als er, der verhaßte »Kartätschenprinz«, nach England fliehen muß, und 61, als sein Sohn die englische Kronprinzessin heiratet, eine Ehe nach dem Gusto seiner Frau, die sie auch zustande gebracht hat. Zwei Jahre darauf ist er, kein junger Mann mehr, was er nie werden wollte: König.

Daß er sich nicht zum König geboren fühlt, hat Wilhelm häufig in Briefen an Vertraute, vor allem die Schwester Charlotte, zum Ausdruck gebracht. Seine Aufgabe sah er vor allem im Militärischen. Am 1. Januar 1857 hat er sein fünfzigjähriges Militärjubiläum begehen können. Da war er als preußischer Militärgouverneur am Rhein tätig, weniger seine hohe Zeit, als die seiner immer noch ehrgeizigen und oppositionell eingestellten Gemahlin Augusta. Im Schloß zu Koblenz, in dem die beiden residierten, versammelte sie eine Art Gegen-Hof um sich, von dem auch Wilhelm nicht ganz unbeeinflußt blieb, der in diesen Jahren wieder enger Kontakt zu den englischen Verwandten aufnahm.

König zu werden hoffte er nicht mehr, die Kamarilla in Berlin hatte sich längst angewöhnt, ihn im Staatsbetrieb für nebensächlich zu halten. Weder wurde er über die politische Entwicklung informiert noch um seine Meinung befragt, da man davon ausging, eher Augustas Meinung als die seine zu bekommen.

Auch seine militärische Karriere ließ, jedenfalls für einen ehrgeizigen Offizier, zu wünschen übrig. Bei einem Gratulanten zum Fünfzigjährigen entschuldigte er sich, daß ihm keine Gelegenheit vergönnt worden sei, sein Können unter Beweis zu stellen: »denn der Krieg für Preußen scheint abgeschafft zu sein, und ein zweiundvierzigjähriger Frieden macht die Waffen zu demselben stumpf«.

Inzwischen mit einem Embonpoint behaftet, geriet er überhaupt etwas außer Form. Seine Neigung zu kleinen Unfällen hatte sich verstärkt; einmal fiel er vor seinem versammelten Offizierskorps der Länge nach hin. Auch meldeten sich jene Anzeichen des Älterwerdens, die man durch Kuren in Heilbädern abzumildern hofft.

Mit anderen Worten: Es ist kein Mann in den besten Jahren, der nach Friedrich Wilhelm IV. auf den Thron rückt. Daß er sofort den reaktionären Freiherrn von Manteuffel als Ministerpräsidenten entläßt und unter ihm die gemäßigt liberale Periode der »Neuen Ära« beginnt, hat man oft dem Einfluß Augustas zugeschrieben. Dagegen spricht allerdings, daß er sie an seiner künftigen Regierung so gut wie gar nicht teilhaben läßt. Sie behält zwar ihre Nebenresidenz auch später als Kaiserin bei, zum Teil sogar im geliebten Koblenz in der unmittelbaren Nähe Frankreichs. Und sie bleibt eine entschlossene Gegnerin der konservativen Grundtendenz ihres Zeitalters. Aber kein direkter Einfluß auf ihren Mann wird in Zukunft sichtbar werden. Ein solcher scheint nicht vorhanden, oder bleibt auf familiäre oder geringfügige Angelegenheiten beschränkt.

Merkwürdig und zugleich bezeichnend jedoch, daß Augusta

als hauptstädtische Residenz das altertümliche – oder altertümelnde – Schloß Babelsberg vorzieht, während Wilhelm lieber im moderneren und schlichteren Stadtpalais auf eher bürgerliche Weise wohnt.

Ein gewisses Hin- und Herschwanken zwischen Konservativismus und Liberalität hat sich schon beim jungen Wilhelm gezeigt. Es hängt vielleicht mit seiner Gutmütigkeit zusammen und einem sehr empfindlichen und darin erzpreußischen Gerechtigkeitsgefühl. Wie sein Vater ist er trotz oder vielleicht sogar wegen seiner Vorliebe für das Soldatentum bestrebt, so wenig Unrecht wie möglich zuzulassen und für einen allgemeinen Ausgleich zu sorgen.

Als König entwickelt er Talente, die kein Mensch in ihm vermutet hätte. Was seinem Bruder zum Beispiel mißlang, versteht er beinahe zu gut, nämlich die richtigen Männer am richtigen Platz zu halten und vor allem, sie gewähren zu lassen. Er führt ein Regiment wie in einer modernen konstitutionellen, das heißt verfassungsmäßig eingeschränkten, Monarchie. Ja, wenn ein Bismarck in der preußischen Verfassung vorgesehen gewesen wäre, handelte es sich bereits um eine solche: der Ministerpräsident macht die Politik einschließlich der Kriege, und der König fungiert als oberste Instanz, wird aber mehr und mehr zum bloß nationalen Symbol, was auch seine guten Seiten hat. Das betreffende Kapitel in seinem Buch *Preußen ohne Legende* hat Sebastian Haffner sogar »König Bismarck I.« genannt.

Aber es geht nicht nur um Bismarck, mit dem er in nicht wenigen Punkten anderer Meinung sein dürfte als mit Augusta. Es geht auch um den bisherigen, sechs Jahre jüngeren Generalfeldmarschall Roon, der ein besserer Kriegsminister ist, als Wilhelm je einer wäre, um Moltke, den Typ eines konservativen Intellektuellen, der ein besserer Militärreformer und Stratege ist, als er einer wäre, und eine Reihe anderer, vor denen er einen Schritt zurücktritt, eine Fähigkeit, die jemand, der Menschen führen will, ebenfalls beherrschen muß. Kein

Wunder, daß dieser alternde Monarch im Volk immer populärer wird – und das nicht nur in seinem eigenen. Es ergeht ihm wie dem österreichischen General Radetzky, der mit 82 seine erste Schlacht schlug und zum Liebling der Massen avancierte.

So friedlich allerdings, wie es kurz umrissen erscheint, ist die Arbeitsteilung zwischen König und Machtvollstrecker nicht vor sich gegangen. Bismarck und Wilhelm regieren Preußen in einem fortwährenden Zweikampf, einem ständigen Gerangel. Bismarck, ein gewaltiger Redner und, wie seine *Gedanken und Erinnerungen* beweisen, ein überzeugender Formulierer, gelingt es keinesfalls immer, den König umzustimmen, während dieser in fast allen Fällen nachgibt, zumindest so weit, daß Bismarck, der jedesmal mit seinem Rücktritt droht, in seiner Richtung weiter vorgehen kann. Ein beiderseitiger Nervenkrieg.

Wer ist dieser pommersche Landjunker, der kurz und erfolglos Jura studiert und dann, ebenso erfolglos, eine Beamtenlaufbahn als Gerichtsreferendar angetreten und wieder aufgegeben hat? Bis zu seinem dreißigsten Lebensjahr gilt er als eine verkrachte Existenz, dann kehrt er seinem Gut, wo er ein unübersichtliches Junggesellenlotterleben führt, den Rücken und zieht in die Hauptstadt. Bald gehört er zum Kreis der Kamarilla um Friedrich Wilhelm IV.; keiner der engeren Berater, doch ein vom König wohlgelittener und in seinen Urteilen hochgeschätzter Teilnehmer an den Ratsversammlungen – ein Günstling, nicht viel mehr. In Wilhelms »Neuer Ära« ist für ihn kein Platz, deshalb wird er abgeschoben zum Bundestag nach Frankfurt am Main. Dort soll er Preußen vertreten, und das bedeutet, gegen eine Tendenz aufzutreten, die Bismarck selbst den »deutsch-nationalen Schwindel« genannt hat. Der Politiker, der als Exzentriker belächelt wird, vollzieht in Frankfurt eine unvermutete Kehrtwendung: Er tritt plötzlich für eine deutsche Reichsidee ein. Was man später als erstes Zeichen seiner vielzitierten »Realpolitik« ansieht, ist eine Taktik, die er sein Leben lang verfolgt, nämlich immer das anzustreben, was zum unmittelbaren Zeitpunkt Erfolg verspricht, und dann weiterzusehen. Auf ähnliche Weise wird er auch Wilhelms Ministerpräsident.

Wilhelm befindet sich mitsamt seiner »Neuen Ära« in erheblichen Schwierigkeiten. Die Wahl im Dezember 1861 glich einem Erdrutsch. Die bisher staatstragenden Konservativen bekamen nur 14 Sitze und die Fortschrittspartei, die erste politische Partei im modernen Sinne mit einem festumrissenen Parteiprogramm, brachte es auf 109 Mandate. Durchgefallen war auch der Kriegsminister Roon. Als Wilhelm das Abgeordnetenhaus auflöste und eine Neuwahl ansetzte, kam es noch schlimmer: die Konservativen landeten bei elf Sitzen, während sich die der Fortschrittspartei auf 133 erhöhten. Wilhelm, der eben seine Militärreform durchführt, ohne die die späteren Erfolge der preußischen Truppen nicht denkbar gewesen wären, liebäugelt mit seiner Abdankung. Er ist über das Rentenalter längst hinaus und hat sein Bestes versucht. Die »Neue Ära« ist vorbei. Ihre Minister haben freiwillig abgedankt, weil sie nicht liberal genug sind. Die Zeit scheint reif für den erzliberalen Sohn Friedrich Wilhelm. Wäre er jetzt König geworden, so meint Haffner, wäre es »denkbar, daß Preußen eine Art kleineres kontinentales England geworden wäre«. Er fügt hinzu: »Durchaus denkbar auch, daß es heute noch existierte. Für einen Bismarck wäre in solch einem Staat kein Platz gewesen.«

Doch es kommt anders. Wilhelms engster – vielleicht einziger wirklicher – Freund Albrecht Graf von Roon, der Kriegsminister, weiß Rat. Er hat schon lange mit sympathisierenden Konservativen hinter dem Rücken des Königs die heikle Lage Wilhelms diskutiert und ist dabei auf den fast einmütigen Vorschlag gestoßen, es einmal mit einem Mann aus Eisen zu versuchen, jenem Bismarck, den manche für einen Scharlatan, andere für ein Genie halten.

Den hat der König auch bereits im Visier gehabt. Gleich nach der ersten Erdrutsch-Wahl schien ihm Bismarck ein Kandidat für das Kabinett, aber er hatte den Gedanken verworfen. Den Bock, so oder ähnlich ließ er Roon wissen, mache man nicht zum Gärtner. Nach dem zweiten deprimierenden Wahlgang ist selbst der Bock willkommen.

Der befindet sich inzwischen als preußischer Botschafter in Paris, steht aber mit Roon in ständigem Kontakt. Als der König seine Abdankungsurkunde, zunächst ohne Datum, abgefaßt hat und sie herumzuzeigen beginnt, scheint Not am Mann. Roon telegrafiert nach Paris das abgesprochene Codewort. Es lautet: »Die Birne ist reif.«

Bismarck trifft am 20. September 1862 in Berlin ein und überzeugt als raffinierter Taktiker zunächst den Sohn, daß er noch nicht König werden sollte, bevor die Militärreform abgeschlossen ist. Als er am 22. September dem König im Schloß Babelsberg gegenübersteht, zeigt sich dieser mißtrauisch. Kann das der für ihn richtige Mann sein, der zuerst seinen Nachfolger aufsucht?

Wilhelm trägt seine Abdankungsurkunde unterm Arm und erklärt dem 47jährigen die Gründe für seinen Rücktritt. Bei der derzeitigen Zusammensetzung des Parlaments sei eine Ablehnung des für das Heer vorgesehenen Etats so gut wie sicher. Die notwendige Heeresreform müsse also abgebrochen werden, denn ohne ein vom Parlament genehmigtes Budget zu regieren wäre ein Verfassungsbruch.

Bismarck ist anderer Meinung. Er kennt keinerlei Skrupel, beim Regieren auch List und Tücke einzusetzen, wenn Überredungsversuche nicht helfen. Im Grunde bietet er sich dem König an, als jemand, der auch ohne ein abgesegnetes Budget regieren kann. Man müsse ihn nur zum Ministerpräsidenten machen. Das Scheitern der Vereinbarung zwischen dem König und dem Parlament über den Staatshaushalt zwinge die Regierung zu einer Notmaßnahme. Da in der Verfassung für diesen Fall keine Regelung vorgesehen ist, liege das Gesetz des Handelns bei der Regierung.

»Dann«, erklärt König Wilhelm, »ist es meine Pflicht, mit

Ihnen die Weiterführung des Kampfes zu versuchen, und ich abdiziere nicht.«

Den Bock als Gärtner wird er sein Leben lang nicht mehr loswerden. Und er lebt noch über 25 Jahre.

Die ersten sieben Jahre sind zwar erfolgreich, aber schwierig. Bismarck ist es, der regiert, nachdem er zunächst nur »interimistischer Vorsitzender des Staatsministeriums« geworden ist, was zwar auf dasselbe herausläuft wie »Ministerpräsident«, aber die liberalen Bismarck-Gegner, die schon von einem Staatsstreich reden, doch etwas dämpft. Den Titel bekommt er trotzdem bald und tritt nun ganz bewußt als konservativer Buhmann auf. Im Landtag erklärt er, 1848 hätte Preußen mit »Blut und Eisen« durchgreifen müssen. Indem er seine Gegner verteufelt, wirkt er selbst wie ein Teufel. Und er erreicht damit, daß man ihn zwar angreift, aber zugleich anerkennt und fürchtet.

Das gilt selbst für den König. Und Bismarck weiß das. Berühmt ist die Szene, als Wilhelm, von Baden-Baden kommend, in Jüterbog von Bismarck erwartet wird. In Baden-Baden hat man Augustas Geburtstag begangen und von »seinem Bismarck« wie vom Gottseibeiuns gesprochen. Der erwartet den Zug zwischen allen Reisenden der unteren Klassen am Bahnsteig auf einer umgestürzten Schubkarre sitzend. Er besteigt das Abteil erster Klasse, in dem er Wilhelm alleine antrifft. In kurzer Zeit hat er den bedrückten König aufgemuntert. Einen Teil des Dialogs hat Bismarck selbst überliefert.

Wilhelm: »Ich sehe ganz genau voraus, wie das Alles endigen wird. Da vor dem Opernplatz, unter meinen Fenstern, wird man Ihnen den Kopf abschlagen und etwas später mir.«

Bismarck: »Et après, Sire?« (Und danach, Hoheit?)

W.: »Ja, après, dann sind wir tot!«

B.: »Ja, dann sind wir tot, aber sterben müssen wir früher oder später doch, und können wir anständiger umkommen?

Ich selbst im Kampfe für die Sache meines Königs. Und Eure Majestät, indem Sie Ihre königlichen Rechte von Gottes Gnaden mit dem eigenen Blute besiegeln, ob auf dem Schafott oder auf dem Schlachtfelde, ändert nichts an dem rühmlichen Einsetzen von Leib und Leben für die von Gottes Gnaden verliehenen Rechte.«

»Je länger ich in diesem Sinne sprach«, berichtet Bismarck, »desto mehr belebte sich der König.«

So wird es immer sein, ein Vierteljahrhundert lang. Die beiden sind keine Freunde, nicht einmal ein auf gegenseitigem Respekt beruhendes Team, in ihrem völligen Aufeinander-Angewiesensein bilden sie eher eine Symbiose. Mag kommen, was will, einmal mit diesem Mann verbunden, gibt der König ständig nach und erlebt zunächst ein deutliches Absinken seiner Popularität. Im Abgeordnetenhaus, wo er eine Rede hält, wird er ausgepfiffen, bei der Einweihung des Denkmals Friedrichs des Großen zollt man nicht ihm, wohl aber seinem liberalen Sohn Beifall. Mit diesem gerät er aneinander wegen Bismarcks teilweiser Aufhebung der Pressefreiheit (die dieser nach einem neuerlichen Wahlsieg der Fortschrittspartei wieder zugestehen muß). Es ist nicht viel mehr als Ärger, den er sich mit Bismarck eingeheimst hat. Aber die Heeresreform geht vonstatten. Und als Wilhelm auf Anraten Bismarcks nicht am Frankfurter Fürstentag teilnimmt, den Österreichs Kaiser Franz Joseph I. einberufen hat, zeigt sich, daß der Staat Friedrichs des Großen noch oder wieder etwas gilt. Da die kleineren Staaten ohne Preußen nichts beschließen wollen, kommt ein vorgelegter Reformplan, der eine Art Großdeutschland anstrebt, nicht durch.

Bismarck ist gegen ein Großdeutschland. Er will ein preußisches Deutschland, kein österreichisches. Das ist beileibe nicht Wilhelms Meinung und Einstellung. Aber sie wird ihm aufgedrückt, sogar der Krieg gegen den anderen führenden Staat deutscher Zunge. Zunächst allerdings gibt es einen Krieg an der Seite Österreichs.

Im Jahre 1863 hat Dänemark wieder einmal versucht, sich über eine neue Verfassung den Landesteil Schleswig einzuverleiben. Daß die beiden Herzogtümer Schleswig und Holstein »up ewig ungedeelt« bleiben sollen, war aber 1852 in einem Londoner Protokoll von Österreich und Preußen erneut bestätigt worden.

Nach Verfassungsfrage und Fürstentagpolemik nun also die Schleswig-Holstein-Frage, die auf das Jahr 1460 zurückgeht. Damals schlossen sich die beiden Herzogtümer zwar dem dänischen Königreich an, beschlossen aber gleichzeitig, immer beieinander zu bleiben. Jetzt will der neue dänische König per Verfassung wenigstens Schleswig Dänemark einverleiben. Die unübersichtlichen Rechtsfragen habe, so behauptet Prinzgemahl Albert von England, nur ein einziger deutscher Professor verstanden, und der sei darüber verrückt geworden.

Ein Ultimatum Preußens und Österreichs, den Annexionsplan aufzugeben, wird zurückgewiesen, und es kommt zu einem Krieg – nicht ganz fair – von zwei Großmächten gegen das kleine Dänemark.

Den Schlachtplan hat Helmuth von Moltke entworfen, der seine Karriere einst als Elfjähriger in Kopenhagen auf der Kadettenschule begonnen hat. Allerdings sind seine Erinnerungen an Dänemark nicht sehr liebevoll; er hat dort »keine Erziehung, sondern nur Prügel« bekommen. Jetzt ist er, der eher wie ein Wissenschaftler aussieht, 64 Jahre alt. Clausewitz hat ihn nach Preußen geholt und Wilhelm, der ein Gespür für außergewöhnlich tüchtige Männer hat, ihn zum Chef des Generalstabs ernannt.

Das war, wie sich herausstellen wird, eine zukunftentscheidende Tat, obwohl es schwerfällt, dem »großen Schweiger«, wie man ihn bald nennt, auch nur ein einziges Wort zu entlocken. Er spricht nicht gern. König Wilhelm läßt jeden zu sich rufen, den er mit Moltke im Gespräch gesehen hat und fragt: »Was hat er gesagt?«

Für Moltke ist dies der erste Test seiner Theorien in der

Praxis und für den 66jährigen König und Oberbefehlshaber der preußischen Truppen der erste richtige Krieg, in dem er kommandiert. Freilich nur von Berlin aus. Da der österreichische Kaiser in Wien bleibt, findet er es wohl besser, ebenfalls in der Hauptstadt zu bleiben. Die 46 000 Preußen kommandiert ein alter Bekannter, nämlich Generalfeldmarschall von Wrangel, der mit dem kessen Berliner Mundwerk; er hat inzwischen seinen achtzigsten Geburtstag hinter sich.

Die Dänen machen es den Eroberern so leicht nicht. Die Düppeler Schanzen, die sie errichtet und hinter denen sie sich zurückgezogen haben, sind ein Meisterwerk des modernen Festungsbaus. Es handelt sich eigentlich um zehn Schanzen, die auf ausdrücklichen Befehl des Königs erstürmt werden müssen. Die Preußen beklagen 1188 Tote und Verwundete, die Dänen gar 4846. Ein hoher Blutzoll aus militärischem Ehrgeiz. Man hätte das Bollwerk ebensogut umgehen und bis zur Aufgabe belagern können.

Aber siehe da! König Wilhelm, der am 18. April 1864 morgens noch auf dem Kreuzberg ein Bataillon des Regiments »Kaiser Franz« besichtigt hat, erhält am Abend vor seinem Palais Unter den Linden die Ovationen einer versammelten Menge. Das ist ihm lange nicht geschehen; er ist in letzter Zeit entweder Pfeifkonzerte oder schweigendes Publikum bei öffentlichen Festakten gewohnt gewesen.

Der Preußenkönig als umjubelter Sieger – das könnte den Beginn eines Umschwungs der öffentlichen Meinung andeuten. Bismarck sieht das als einen ersten Erfolg seiner Politik an und setzt diese konsequent fort. Sein nächstes Ziel scheint erstaunlich, denn es handelt sich offensichtlich um eine Auseinandersetzung mit dem Konkurrenten im Ringen um die Führung in Deutschland, mit Österreich. Und mit Österreich hat man eben gemeinsam Dänemark besiegt.

Um die Vorherrschaft im Deutschen Bund gibt es zwischen den beiden Großmächten seit Jahren Gezänk. Bismarck steckt nicht hinter allem, was sich aus der gemeinsamen Verwaltung Schleswig-Holsteins an kleinen und großen Meinungsverschiedenheiten ergibt. Aber er schürt das jeweilige Feuer. So verlegt Preußen seinen Kriegshafen von Danzig nach Kiel, was fast einer Annexion österreichisch verwalteten Gebiets gleichkommt. Auch wird dort mit dem Bau eines Kanals begonnen, der Nord- und Ostsee miteinander verbinden soll und von vornherein unter preußische Verwaltung gestellt wird. Das sind Kleinigkeiten, Nadelstiche, aber sie weiten sich mit anderen Problemen, etwa dem Anschluß an das preußische Zollsystem oder die preußische Post, rasch zu einem Konflikt.

Warum der Unfrieden mit dem Waffengefährten von Jütland? Bismarcks Ziel ist ein vereintes Deutschland. Das ist eigentlich ein linker Traum, ein schwarz-rot-goldener, der eine neue Ordnung einbezieht und eine Republik, auf jeden Fall eine demokratische Regierung verlangt. Leute wie Arndt, Görres und Uhland, aber auch der Arbeiterführer Ferdinand de Lassalle, den Bismarck übrigens kennt und als Gesprächspartner schätzt, haben ihn geträumt. Er ist mitnichten von jenem nationalen Mythos à la Kyffhäuser umwabert, wie spätere Dichter in ihren Liedern und Historiker in ihren Kommentaren unterstellen. Er war im Gegenteil auf revolutionäre Weise realistisch, wie sich 1848 gezeigt hat. Jetzt greift Bismarck ihn auf, ohne es auszusprechen, und mit realpolitischer Unsentimentalität. Der Traum vom vereinigten Deutschland wandelt sich zum Traum vom Reich, aus links wird rechts.

Schon spaltet sich von den Liberalen ein Bismarck-freundlicher Flügel ab, die Nationalliberalen.

Dies alles mag dem »König Bismarck« durchaus bewußt sein, und er leidet sogar daran. So eisern, wie er sich, der im Parlament fast immer in Uniform auftritt, zu geben pflegt, ist er nicht. Ihn quälen Migräneanfälle und Schlaflosigkeit. König Wilhelm ahnt nichts von den Plänen seines Ministerpräsidenten, der ihn vorwiegend mit Kommentaren auf dem laufenden hält. Wenn er die Absichten Bismarcks kennen würde, wäre er wahrscheinlich entsetzt. Schon haben sich die Auseinandersetzungen fast bis zur Mobilmachung verschärft – Friedrich Wilhelm und seine Mutter warnen, nicht zu Unrecht, vor einem »Bruderkrieg«.

Einmal im Jahrhundert, das hat Bismarck selbst bekundet, sei es nötig gewesen, mit Österreich einen Krieg zu führen. Eine großdeutsche Lösung des alten Traumes vom einigen Deutschland scheint ihm ausgeschlossen. Er strebt eine kleindeutsche Lösung an, ohne Österreich. Als sich der Kaiser in Wien beim lockeren und wackligen Deutschen Bund über die preußischen Machenschaften beklagt, tritt Preußen aus dem Deutschen Bund aus.

Am 7. Juni 1866 marschieren preußische Truppen in Holstein ein. Vorher hatte Italien Preußen für den Kriegsfall mit Österreich seine Unterstützung zugesagt und sich bei einem Sieg Venetien ausbedungen (was es auch bekommen wird). Am 7. Juni erfolgt die Kriegserklärung Italiens und Preußens an Österreich.

König Wilhelm tut sich schwer, seinem Volk klarzumachen, warum seine Männer erneut in einen Krieg ziehen müssen. Österreich, sagt er, wolle Preußen »mit Füßen treten« und deshalb müsse man »zum Schwert greifen«.

Es sind eher die Preußen, die Österreich mit Füßen treten, was am genialen Feldherrn von Moltke liegt sowie am neuen Zündnadelgewehr, einem Hinterlader, mit dem sich fünf gezielte Schüsse in der Minute abfeuern lassen.

Die Entscheidung fällt in der Schlacht bei Königgrätz am 2. Juli.

Die allgemeine europäische Meinung über diesen Krieg faßte ein Leitartikel in einem Satz zusammen, der, Fontane zufolge, »tausendfach citirt« wurde: »Der preußische Schulmeister hat den österreichischen geschlagen.« Fontane fand das ungerecht, denn seine Meinung ist:

»Wir siegten nicht, weil wir unsern Gegnern im Einzelnen, in dem einen oder andern über jeden Vergleich hinaus überlegen waren;

Wir siegten noch viel weniger, weil wir ihnen in all und jedem überlegen waren (dies war einfach nicht der Fall);

Wir siegten vielmehr lediglich deshalb, weil wir ihnen *im Ganzen* überlegen waren.«

Das scheint tatsächlich der Fall gewesen zu sein. Moltke, der den Schlachtplan entworfen hatte, bezog nur die reguläre Armee und keine Freiwilligen ein. Obwohl an Österreichs Seite Hannover, Sachsen, Bayern, Württemberg, Baden, Hessen-Darmstadt und sogar Reuß ältere Linie sowie Lichtenstein getreten waren, ging der Vormarsch durch Sachsen und Kurhessen rasch vonstatten. Die Siegesmeldungen versetzten die Berliner in eine Art Freudentaumel, der erneut Wilhelm traf, denn man versammelte sich neuerdings zu patriotischen Anlässen automatisch am Denkmal Friedrichs des Großen. Die Armee Hannovers ergab sich bei Langensalza, und Kronprinz Friedrich Wilhelm siegte bei Soor über Österreicher und Sachsen. Darum beneidete Wilhelm seinen Sohn. Solch einen Sieg hatte er sich in seiner eigenen Jugend immer gewünscht.

Etwas später war er dann als Oberkommandierer dabei. Am 3. Juli bei Sadowa ritt er eine braune Stute, die seitdem »Sadowa« hieß, zusammen mit Roon, Friedrich Wilhelm, Moltke und Bismarck, der letztere in Majorsuniform, er war immerhin Reserveoffizier. Der König befahl die Schlacht bei Königgrätz, aber er befahl klugerweise nur, was Moltke ihm vorher empfohlen hatte. Das Schlachtenglück wogte, wie üblich, zunächst hin und her. Als Bismarck wissen wollte, wie es darum stand, ritt er zu Moltke hin und hielt ihm statt einer Frage seine Zigarrentasche vor, in der nur zwei Zigarren steckten, eine gute und eine schlechte. Als er bemerkte, mit welcher Sorgfalt Moltke sich die gute heraussuchte, wurde ihm bewußt, so berichtete er später, daß die Schlacht gewonnen war.

Ob Anekdote oder Wahrheit: Königgrätz oder Sadowa beendete einen Krieg, für den Friedrich der Große sieben Jahre brauchte, in sieben Wochen. Wilhelm wird umjubelt, sogar die Offiziere, die vorbeireiten, küssen ihm die Hand. Und in Berlin gehen bei Neuwahlen die Mandate der Liberalen von 247 auf 148 zurück.

Das Jahr 1866 möge kein Ende nehmen, erklärt der König scherzhaft im intimen Kreis. Es sei sein erstes wirklich erfolgreiches. Tatsächlich hat er im Juli 1866 sowohl außen- als auch innenpolitisch einen Sieg errungen. Er möchte ihn voll genießen und an der Spitze seiner Truppen in Wien einziehen. Aber davon hält Bismarck ihn zurück. Man darf einen Feind, den man eventuell später noch einmal als Verbündeten brauchen könnte, nicht allzusehr demütigen. Zum erstenmal widerspricht Wilhelm heftig. Es kommt zu einem bitterbösen Streit, und Bismarck, dem es ernst ist, droht mit seinem Rücktritt. Erst Kronprinz Friedrich Wilhelm, sein auch bei Königgrätz erfolgreicher Sohn, muß begütigend eingreifen, wohl zum erstenmal auf Seiten Bismarcks, dessen Entscheidung er für vernünftig hält. Der König, der dem Sohn noch auf dem Schlachtfeld den Orden Pour le Mérite verliehen und Bismarck zum Generalleutnant befördert hat, gibt grollend nach.

Eine Weile sieht es so aus, als hätten König und Bismarck die Rollen vertauscht. Der rasche Sieg über den alten Rivalen hat Wilhelm Auftrieb gegeben und nach mehr Lorbeeren hungrig gemacht. Bismarck dagegen scheint vorsichtiger und friedlicher geworden. Wilhelm ist es, der für einen Frieden harte Bedingungen stellt, härtere als dem Ministerpräsidenten für seine politischen Ziele günstig sein können. Bismarck ist inzwischen nicht nur Kabinettschef, sondern auch sein eigener Außenminister.

Ihm gehen die Bedingungen des Vorfriedens von Nikolsburg zu weit, während Wilhelm diese im endgültigen Frieden von Prag sogar noch verschärft. Österreich muß 20 Millionen Taler Kriegsentschädigungen zahlen, Venetien an Italien abtreten und nicht nur Schleswig-Holstein Preußen überlassen, sondern auch die Auflösung des Deutschen Bundes anerkennen. Preußen annektiert Hannover, Kurhessen, Nassau sowie Frankfurt. Außerdem muß Österreich die Gründung des Norddeutschen Bundes zulassen, zu dem auch Sachsen gehört. Er wird von Preußen dominiert und bedeutet so etwas wie eine Vorform deutscher Einigung.

Das ist, da muß man Bismarck recht geben, etwas viel auf einmal. Eine Zeitlang spielt Wilhelm, der von Haus aus eher ein Pechvogel sein dürfte, den Hans im Glück. Sogar Königin Augusta hat in seinen Augen während des Krieges Gutes getan und, wie es sich für die Gemahlin eines Staatsoberhauptes gehört, in einem Rot-Kreuz-Hospital Verwundete gepflegt. Aber die vielen Annexionen werden dem König noch oft vom Abgeordnetenhaus vorgehalten, auch wenn dieses nachträglich das Regieren ohne verfassungsmäßig verabschiedeten Etat als Notlage und damit als Rechtens anerkennt, ebenso wie die Kosten des eben abgeschlossenen Deutschen Krieges.

Preußen sieht jetzt so aus, wie es sich die früheren Könige nur hatten wünschen können. Die einzelnen Provinzen grenzen aneinander, das Land hängt – unvorstellbar bisher – zusammen und es gibt sogar eine Landbrücke zwischen Ostelbien und dem Land Brandenburg, von dem einst alles ausgegangen ist. Schlagartig hat sich die Bevölkerungszahl von 19,5 auf 24,4 Millionen erhöht und sich das Königreich von 279 000 auf 352 000 Quadratkilometern ausgedehnt, ein gehöriger Zugewinn, auch wenn er spät kommt, denn es wird nicht lange dauern, dann sind Preußens Grenzen vergessen.

Im folgenden Jahr werden bei Wilhelm einige Skrupel wach. Verjagt hat er den König von Hannover, den Kurfürsten von Hessen und den Herzog von Nassau. Hat er damit nicht genauso gehandelt wie ein revolutionärer Linker? Er wird Bismarck gegenüber wieder mißtrauischer und besucht jetzt häufiger Augusta, die sich fast ständig in Koblenz aufhält. Sie wirft ihm, wie er manchmal findet, zu Recht vor, daß er zuwenig regiere und dem undurchsichtigen Bismarck zuviel überlasse.

Allerdings beginnen die Präliminarien zum nächsten Krieg, den er mit Bismarck führen wird, mit der Beschuldigung, der Ministerpräsident und Außenminister habe ihn allein gelassen und zuwenig praktische Ratschläge gegeben.

Anlaß ist eine Affäre, die aus einer französischen Situationskomödie stammen könnte und die als »Emser Depesche« in die Geschichte eingegangen ist.

Allein gelassen hat Bismarck seinen Herrn, das heißt, dieser hat sich nach Ems zur Kur begeben, während der Ministerpräsident, dem es selbst nicht gut geht, ebenfalls kurt, wenn auch nur in Varzin, seinem pommerschen Rittergut, wo er sich ungern stören läßt.

Vorangegangen ist eine gelinde Verstimmung zwischen Preußen und Frankreich. Merkwürdigerweise hat sich das Schlagwort »Rache für Sadowa«, also Königgrätz, in Frankreich weit mehr durchgesetzt als etwa in Österreich, vielleicht weil man ahnt, daß es das nächste Land sein wird, das Bismarck aufs Korn nehmen will. Ganz unschuldig an der Verstimmung ist Bismarck nicht, denn er war es, der den Erbprinzen von Hohenzollern-Sigmaringen als Kandidaten für den spanischen Königsthron vorgeschlagen hat. Prinz Leopold ist katholisch und mit einer portugiesischen Infantin verheiratet. Das mag ihn beides qualifizieren, aber ein Hohenzoller, selbst aus einer Nebenlinie, bleibt ein Hohenzoller und erscheint den Nachbarn, vor allem Frankreich, gefährlich. Vor kurzem hatte ein Hohenzoller den rumänischen Königsthron eingenommen, und nun droht auch der spanische, von dem man eben die bourbonische Königin Isabella vertrieben hat, den Preußen in die Hand zu fallen.

Also schickt man den französischen Gesandten nach Bad Ems, wo er dem preußischen König, der auch das Familienoberhaupt der Hohenzollern ist, den Protest Frankreichs gegen die Kandidatur vortragen soll. Der Gesandte, er heißt Benedetti, ist dem König, den er in Bad Ems am Heilbrunnen stört, wohlvertraut. So wird er höflich empfangen, und er liefert seinen Protest, den der König überlegen entgegennimmt, in ebenso gepflegten Worten ab.

Weniger freundlich geht es zu, als Benedetti kurz darauf ein zweites Mal erscheint und den königlichen Kurgast im Auftrag der französischen Regierung auffordert, die Kandidatur kurzerhand zu verbieten. Eine solche Forderung kann Wilhelm nur schroff ablehnen, wobei er zwei Dinge grundsätzlich klarstellt und anschließend in einem offiziellen Brief wiederholt. Erstens sei dies keine Angelegenheit des preußischen Königs, sondern eine familiäre. Und zweitens sei er persönlich für einen Verzicht des Prinzen auf den Thron.

Damit glaubt der König, die Sache auch ohne Bismarck erledigt zu haben. Er ist reichlich verärgert über seinen Ministerpräsidenten, der ihm gewöhnlich alles, was er sagen soll, in den Mund legt, und der sich jetzt in Varzin totgestellt hat.

Doch wer beschreibt Wilhelms Erstaunen, als ihm der französische Gesandte auf der Kurpromenade von Ems ein drittes Mal gegenübertritt. Diesmal verlangt er vom König eine Entschuldigung sowie das Versprechen, niemals wieder seine Zustimmung zu einer Kandidatur des Hohenzollernprinzen zu geben, falls diese wiederaufgenommen würde.

Das geht nun in der Tat zu weit und gleicht einer bewußten Beleidigung. Wilhelm, in Gehrock und Zylinder, jeder Zoll ein Herr, weist die Unverschämtheit kühl, doch unmißverständlich zurück, zieht den Zylinder und wendet sich von Benedetti ab. Selbst die franzosenfreundliche Augusta, die er abends in Koblenz besucht, ist empört, als er sich über den Affront beklagt: »Hat man je eine solche Indolenz gesehen? Ich soll als reuiger Sünder vor der Welt auftreten in einer Sache, die ich gar nicht angeregt, geführt und geleitet habe!«

Es ist wahrscheinlich Augusta, die ihn trotzdem dazu bewegen kann, einen Vertrauten zu Benedetti zu schicken, um die Angelegenheit gütlich zu regeln. Wiederum vermißt er den Ratschlag Bismarcks, fürchtet er doch, den Franzosen schon etwas zu weit entgegengekommen zu sein. Außerdem hat man ihm verraten, Bismarck habe sich darüber beklagt, daß man ihm »zuviel Tinte in seinen Karlsbader Brunnen« gieße. König Wilhelms Kommentar: »Ja, so sind die Herren. Und was uns hier in unseren Emser gegossen wird, das kümmert niemanden.«

Aber Bismarck weiß genau, wann er eingreifen muß und wie. Er fährt von Varzin nicht nach Bad Ems, sondern nach Berlin. Dort findet er ein Telegramm vor, mit dem ihn der König über das Geschehen unterrichtet. Ehe es an die Öffentlichkeit geht, redigiert Bismarck das Schriftstück freilich und zieht auch einige Vertraute hinzu. Sogar Moltke muß sich diesmal geäußert haben, denn von ihm stammt die Kritik, der Bericht des Königs klinge »wie das Signal zum Rückzug«.

In der Fassung, die Bismarck ihm gibt, wirkt der Text wie eine Provokation. Was er da als »Emser Depesche« an die Presse weiterleitet, empört sowohl die »Rache für Sadowa«-Schreier in Frankreich als auch die Preußen, die ihren guten alten König Wilhelm tödlich beleidigt sehen. Der König liest den Wortlaut »seiner« Depesche in der Zeitung. Er hat eben Augusta versprochen, für den Frieden einzutreten. Jetzt schlägt er die Zeitung zu und ruft aus: »Das ist der Krieg!«

Womit er recht behält. Eben noch hat er sich beklagt, von Bismarck keine Anleitung bekommen zu haben. Jetzt hat der ihm eine Kriegserklärung in den Mund gelegt.

Die Heimfahrt von Bad Ems nach Berlin gerät zum unvermuteten Triumphzug. Der deprimierte König begreift zunächst kaum, daß Jubel, Hochrufe und Gesang auf den Bahnhöfen ihm gelten. Der Krieg scheint populär. In Potsdam erwartet ihn der Kronprinz, der in einer viel zu flammenden Rede die Mobilmachung erklärt. Das ist dem König alles doch zu überstürzt, läßt sich aber nicht mehr korrigieren.

Die Berliner sind völlig aus dem Häuschen. Er habe so etwas nicht für möglich gehalten, berichtet der König dann doch überwältigt der Königin nach Koblenz: »Eine solche Masse Menschen und Wagen alle aufgefahren nebeneinander vom Bahnhof Anhaltstraße (...) bis zum Brandenburger Tor und Unter den Linden auf der anderen Seite alle Fenster voller Menschen.« Die halbe Nacht schreien und singen die Massen vor seinem Palais, wobei sie ein Lied, das er nicht kennt, besonders oft wiederholen. Der Kronprinz rezitiert es ihm: »Die Wacht am Rhein« heißt es, und bei »Lieb Vaterland magst ruhig sein!« rollen ihm die Tränen über die Wangen. Als der Lärm zum Gebrüll wird, läßt er einen Adjutanten vom Balkon aus um Ruhe bitten – der König halte Kriegsrat! Da wird es still Unter den Linden, und die Menge zerstreut sich.

Nicht überliefert ist, was er Bismarck unter vier Augen gesagt haben dürfte, der ihm all den Jubel eingebrockt hat. Dabei ist er gegen Jubel allergisch. Er mißtraut ihm – zu Recht: »Wenn es der Jubel allein machte, so wären wir geborgen«, läßt er Augusta wissen, »aber der allein macht es nicht.«

Augusta ist von Koblenz nach Berlin zurückgekehrt und sieht sehr schwarz in die Zukunft, denn sie schwärmt für Napoleon III. Trotzdem ruft sie alle preußischen Frauen pflichtgemäß auf, vaterländisch zu denken und zu handeln. Der Krieg hat bei König Wilhelm wenigstens den familiären Frieden gefördert. Der Kronprinz Friedrich Wilhelm führt die III. Armee auf dem linken Flügel.

Was vorher gleichsam hinter den Kulissen geschehen ist, hat Golo Mann knapp umrissen: »Frankreich war schwach, Preußen stark. Die preußischen Heerführer wußten das, die Franzosen wußten es nicht, obgleich Napoleon [III.] es ahnte. Drei Wochen nach Kriegsausbruch wußte es jedermann. Die Präzision und Wucht der preußischen Kriegsmaschine übertraf alles, was man auf diesem Gebiet bisher erlebt hatte. Seit Jahren hatten preußische Stabsoffiziere, als malfreudige Touristen verkleidet, die Schauplätze zukünftiger Schlachten studiert; den Armeen folgten eiserne Brücken in der Länge, welche den zu überquerenden Flüssen entsprach. Nie war ein Krieg mit so viel Liebe vorbereitet worden.«

Bei den Franzosen klappt dagegen so gut wie nichts. Der Aufmarsch der Armeen zögert sich so lange hin, daß der geplante Einfall in rechtsrheinische Gebiete nicht zustande kommt. Statt dessen beginnen die preußischen Armeen ihre Offensive, von Moltke geplant und von Wilhelm befohlen. Bald jagt eine Siegesmeldung die andere. Die Erstürmung von Weißenburg am 4. und die Schlacht bei Wörth am 6. August sowie auf den Spicherer Höhen werden fast augenblicklich legendär, obwohl oder weil sie im ersten Kampfrausch unprofessionell, das heißt mit viel zu großem Risiko, geführt werden, wofür sich das Wort »heldenhaft« einbürgert. Es fließt entsetzlich viel Blut; die Schlachtfelder sind mit Leichen übersät. Die I. Armee unter dem leichtfertigen General von Kameke verliert allein auf den Spicherer Höhen bei Saarbrücken 223 Offiziere und 4648 Mann. Der König, der dies mißbilligt und sich nach dem Kampf unter seine Soldaten mischt, erfährt von ihnen, daß jeder preußische Soldat »nur zu gern für Seine Majestät zu sterben bereit« sei. »Aber eben deswegen tut es mir so wehe«, antwortet König Wilhelm.

Der Dichter Theodor Fontane, der im September als Kriegsberichterstatter an die Front aufbrechen wird, formuliert das schärfer. Er hat in einem Brief an einen Freund schon die nationale Begeisterung als »unendlich viel Blech« bezeichnet. Später schreibt er seiner Frau: »Mein Herz schlug mir höher (...), und doch konnte ich ein Schmerzgefühl nicht loswerden. Wozu das alles? Um nichts! Bloß damit Lude Napoleon festsitzt oder damit der Franzose sich ferner einbilden kann, er sei das Prachtstück der Schöpfung – um solcher Chimäre willen der Tod von Tausenden!«

Der König hält sich hinter der Front auf. Er ist in einem Alter, in dem kein preußischer Herrscher vor ihm unmittelbar an einem Krieg teilgenommen hat. Der 73jährige fährt in einer Equipage hinter den vorrückenden Truppen her und reitet am Abend zwischen den Biwakfeuern hindurch, um die Soldaten bei Laune zu halten. Als er doch einmal in eine Schlacht eingreift, geht sie beinahe verloren, bei Gravelotte. Bei St. Privat stürmt ein Gardekorps, das zu stolz ist, sich von der Artillerie unterstützen zu lassen, das Dorf ohne jede Vorbereitung und verliert dabei 307 Offiziere und 7923 Mann. Es ist wieder einmal Moltke, der mit einer gewissen Vernunft Strategie betreibt. Er treibt die Armee Mac-Mahons mitsamt Kaiser Napoleon III. und 130 000 Mann in die Festung Sedan an der belgisch-französischen Grenze. Die Belagerung dauert nicht lange. Bei St. Privat hat Prinz Kraft zu Hohenlohe-Ingolfingen vergeblich versucht, die Infanteristen von einem Sturm abzuhalten, ehe seine Artillerie sie unterstützen kann. Als er jetzt die Beschießung beginnt, kapituliert Sedan. Unter den 39 Generälen, 1230 Offizieren und 93 000 Mann, die gefangengenommen werden, befindet sich auch der glücklose Kaiser. Er wird daraufhin von der Provisorischen Regierung, die inzwischen in Paris die Republik ausgerufen hat, abgesetzt.

König Wilhelm spricht gut über Napoleon. Er sei am Willen des Volkes gescheitert, habe den Krieg nicht gewollt und überdies Frankreich besser regiert als irgend jemand vor ihm; aber er behandelt den von einer schweren Nierenkolik Geplagten unrühmlich. Während seine Offiziere gegen ihr Ehrenwort nach Hause geschickt werden, kommt er in die Gefangenschaft nach Kassel, ins Schloß Wilhelmshöhe. Der 2. September aber wird als großer nationaler Feiertag – Sedantag – des späten Preußens und dann auch des Deutschen Reichs bis zum Ende des Ersten Weltkriegs, wie von Fontane vorausgesehen, mit schlagenden Herzen und »unendlich viel Blech« begangen.

König Wilhelm reagiert auf Sedan eher pessimistisch. »Auch dieses weltgeschichtliche Ereignis«, gesteht er Bismarck, »fürchte ich, bringt uns den Frieden noch nicht.« Und zu seinem Vorleser Louis Schneider, dem Verfasser der *Schauspieler-*

novellen und Herausgeber der Zeitschrift *Soldatenfreund*: »Warten wir nur ab, jetzt fängt der Krieg erst richtig an!«

Was das Warten betrifft, hat er recht. Ist der erste Ansturm rasch und ungestüm verlaufen, so zieht sich der zweite Teil des Unternehmens in Belagerungsgraben und Abwartestellungen hin.

Paris ist eingeschlossen, ergibt sich aber nicht. Im Gegenteil: die Provisorische Regierung unter Gambetta scheint den Krieg erbitterter noch fortführen zu wollen als vorher Napoleon, der ihn begonnen hat. Die Festung Paris gilt aufgrund der vielen Forts, die die Stadt umgeben, als uneinnehmbar. Zudem halten im besetzten Teil Frankreichs die Franktireurs, Partisanen, die nicht immer ihre Armbinden als Kennzeichen auf den Mantelärmeln tragen und vorzügliche Schützen sind, zuweilen als Heckenschützen den Feind in Atem. Bismarck hat Verhandlungen mit der Provisorischen Regierung aufgenommen, er verlangt die Abtretung der Provinzen Elsaß und Lothringen.

Wilhelm verbringt den Herbst und frühen Winter in Versailles, wo er in einer Präfektur Napoleons III. sein Quartier einrichtet. Das berühmte Schloß des Sonnenkönigs ist ihm viel zu pompös. Er scheint sich vorgenommen zu haben, den Welschen zu zeigen, wie sich anständige Preußen benehmen. Der französischen Bevölkerung hat er mitgeteilt, daß seine Truppen die französischen Truppen bekämpfen, aber keinen Krieg gegen die Zivilbevölkerung führen, auch wenn Requirierungen erforderlich seien. Und in einem früheren Quartier, in einem Schloß der Rothschilds, hat er bewußt mit dem Badezimmer des Hauses vorliebgenommen, allerdings die Badewanne als Chaiselongue verkleiden lassen. Nach wie vor schläft der alte Herr auf einem aufklappbaren Feldbett unter dünner Decke aus Kommißwolle. Nur einen Luxus gönnt er sich beim Einzug in die bescheidene Präfektur: Er läßt die vielbewunderten gewaltigen Springbrunnen im Schloßpark Louis XIV. anstellen, die er vom Fenster aus sehen kann.

Maß hält er auch mit der Vergabe von Orden. Hat er Friedrich Karl, der Metz genommen hat, wie auch dem Kronprinzen den Pour le Mérite verliehen, so verleiht er sich selbst erst jetzt – für Sedan – das Eiserne Kreuz Erster Klasse. Seine Frau, Königin Augusta, der er im Alter wieder nähergekommen ist, bedrängt ihn, er solle jetzt, nach dem Ende der napoleonischen Regierung, Frieden mit der Republik Frankreich schließen, und erbittet Pardon für die Partisanen, denen, ohne Uniform gefaßt, nach Kriegsrecht die Erschießung droht. Wilhelm stimmt ihr in allem zu, stößt aber mit beiden Vorschlägen auf den Widerstand seines Kriegsrats, dem er täglich vorsitzt und, wie bei ihm üblich, dessen Mehrheitsmeinung er respektiert.

Das alles deprimiert den König, obwohl ihn sein Vorleser Schneider allmorgendlich darüber unterrichtet, welche Stadt wieder gefallen ist und wer wo kleinere Gefechte gewonnen hat. Erfolge gibt es genug: Toul, Straßburg, Orléans fallen, Metz kapituliert, und in Paris, in das man hineinsehen kann, steht es nicht gut. Die Meinung im Kriegsrat ist geteilt. Manche möchten die Stadt beschießen, andere, unter ihnen Moltke, sind fürs Aushungern. Wie man aus Nachrichten erfährt, die mit Ballons aus der belagerten Hauptstadt rausgeschmuggelt werden, verspeist man dort bereits die freilich reichlich vorhandenen Katzen und Hunde sowie sonstige Haustiere.

Über der Frage Beschießen oder Aushungern zerstreiten sich Bismarck und Roon. Bismarck hält seinen König diesmal nicht von einem Einzug in die besiegte Hauptstadt des Feindes ab, er drängt im Gegenteil zur Eile. Er sieht in dem steckengebliebenen Feldzug einen Prestigeverlust, der den Staat teuer zu stehen kommen kann. Roon, der gegenteiliger Meinung ist, regt sich so sehr auf, daß er erkrankt und das Bett hüten muß. Der König, trüberer Laune denn je, wird von der Königin Elisabeth, der Witwe Friedrich Wilhelms IV., mit einem Wunsch behelligt. Sie wünscht sich zu ihrem Geburtstag, daß Paris ein Bombardement erspart bleibt. Die Frage quält ihn, wie und ob überhaupt er Bismarck und dem Kriegsrat einen derartigen Vorschlag machen darf.

Es wird ein kalter, schneearmer Winter. Daß man ihn an französischen Kaminen verbringen muß, hat man nicht geahnt, auf jeden Fall kaum Vorkehrungen getroffen. Die eben noch so stolzen Sieger scheinen auf einmal vom König bis herab zum letzten Schützen deprimiert und heimwehkrank.

Zum Glück naht etwas, dem alle Deutschen erwartungsfroh entgegensehen, und das sie selbst im Feindesland mit Sorgfalt vorbereiten: Weihnachten. Die erstaunten Franzosen sehen die *Boches*, die in ihr Leben eingefallen sind, Adventskränze winden, Kuchen und Plätzchen backen, im Wald Tannen schlagen, die sie liebevoll in ihren requirierten Unterkünften aufstellen. Die Verkäufer von Geschenkartikeln können sich nicht über die Besatzungsmacht beklagen: ihre Umsätze steigen, denn Französisches ist als Geschenkartikel unter den Deutschen sehr begehrt, die jetzt plötzlich fromme und melodiöse Weisen singen. Sogar der König geht in Versailles Präsente für die Lieben daheim einkaufen. Die Gaben für seine Leute hier an der erstarrten Front hat er in Berlin bestellt.

Die Idylle ist vorbei, als die Christbäume gebrannt und die Bescherungen stattgefunden haben. Am 27. Dezember detonieren die ersten Granaten in der belagerten Stadt. Es herrschen neun Grad minus.

Am 1. Januar 1871 konzentrieren sich dann die Gedanken des Königs, Bismarcks und der deutschen Fürsten weniger auf Paris und sein Bombardement als auf die Tatsache, daß an diesem Tag die neue Bundesverfassung in Kraft tritt, die vom Deutschen Bund mit den übrigen deutschen Staaten vereinbart worden ist. Zwar ergeben sich da noch einige Schwierigkeiten, vor allem Bayern war und ist dagegen. Aber ab sofort gibt es ein Staatsoberhaupt über Deutschland, das sich jetzt »Reich« nennt. Das Oberhaupt ist kein Präsident, sondern nennt sich »Kaiser«, und Kaiser ist laut Verfassung jeweils der König von Preußen. Wilhelm paßt der neue Titel gar nicht, denn von Gottes Gnaden gilt er allein als König von Preußen. Kaiser, erklärt er Bismarck, der dies alles mit eingefädelt hat, wäre dann ja weniger als König, denn als Kaiser sei er nur gewählt, wenn auch in diesem Fall von Fürsten, die ein Recht dazu haben.

Er denkt auf einmal, was er sonst nie tut, sehr kompliziert und ein wenig verquer. Das mögen der zähe Winter und das noch zähere republikanische Paris mit verursacht haben, der Einwand einiger deutscher Fürsten, die ebenfalls gern Kaiser geworden wären, oder der ebenso unentbehrliche wie lästige Bismarck, der genug um die Ohren hat, weil die Würfel für einen deutschen Bundesstaat unter einem preußischen Kaiser zwar grundsätzlich gefallen sind, aber wichtige Einzelheiten noch ausgehandelt werden müssen.

Das ist mühsam und nur zu erreichen, wenn man in vielem nachgibt. Was nicht eben zu Bismarcks Stärken gehört, aber er bemüht sich. Jetzt geht es ja um das künftige Schicksal Deutschlands. So bekommen die meisten, was sie verlangen. König Ludwig II. von Bayern, der wegen seiner vielen Bauten ständig in Geldnot ist, wird mit einer Vier-Millionen-Spende bei der Stange gehalten, Württemberg behält die eigene Post, das Königreich Bayern sogar eine eigene Diplomatie und, jedenfalls in Friedenszeiten, die Oberhoheit über das Militär.

Dann erst sind die Fürsten mit dem neuen Titel und der Machterweiterung des preußischen Königs einverstanden, was Ludwig II. in einem »Kaiserbrief« bestätigt. Schwerer zu befriedigen ist Wilhelm, der inzwischen gemerkt hat, daß er um den Titel nicht herumkommt. Den im Kaiserbrief gewählten Titel »Deutscher Kaiser« lehnt er, als sei dieser eine Zumutung, kategorisch ab und fordert von Bismarck, wenn auch vergeblich, daß dieser sich für »Kaiser in Deutschland« einsetzt.

Auch weigert er sich zunächst, die Reichstagsdeputation zu empfangen, die Wilhelm offiziell die Krone anbieten soll. Sie wird von demselben Abgeordneten geführt, der 1849 das gleiche Anerbieten Friedrich Wilhelm IV. überbracht hat, dem Parlamentspräsidenten Eduard Simson, einem Ostpreußen, der im Reich Karriere machen wird: ihm steht der Adelsrang bevor und die Berufung zum ersten Präsidenten des neugeschaffenen Reichsgerichts.

Wilhelm empfängt die weitgereiste Kommission natürlich trotzdem und gibt ihr in seiner Präfektur ein prächtiges Diner. Da sich unter den Abgeordneten solche befinden, die unverhohlen republikanisch denken, gestattet man ihnen – merkwürdig genug – übrigens nicht, den Haupteingang über eine Marmortreppe zu benutzen, sondern führt sie durch eine rückwärtige Tür. Der König, im Alter nahe am Wasser gebaut, bricht in Tränen aus, wenn ihn einer auf seine kommende Rangerhöhung anspricht – er nimmt sie eher als eine Erniedrigung hin –, aber er hat für die eigentliche Proklamation ein listiges Datum ausgesucht: den 18. Januar. Kenner der preußischen Geschichte wissen, daß sich Friedrich I. am 18. Januar vor genau 170 Jahren in Königsberg die Königskrone aufgesetzt hat. Wenigstens etwas Preußisches kann er in diese Angelegenheit einmogeln: das Datum.

Am 18. Januar 1871 versammeln sich die deutschen Könige, Fürsten, die großen und die kleinen Herzöge, die noch aus der Duodezzeit übriggeblieben sind, sowie die Vertreter der Freien Städte im Spiegelsaal des Versailler Schlosses. Für Wilhelm ein schwerer Tag. Man hat ihn wegen seiner Tränen einen vertrottelten Alten gescholten, das ist ungerecht. Ihm geht der Abschied von Preußen zu Herzen – er fühlt sich nicht als Deutschland-über-alles-Deutscher, sondern als schlichter Preuße, was er liebend gern bliebe. Er behält ja letztlich recht mit seinem Skeptizismus, denn Preußen geht im »Reich« auf wie eine Prise Salz: man schmeckt es zwar noch, aber es ist eigenständig nicht mehr vorhanden. Preußen endet an diesem Tag; es gibt zwar noch etwas, das so heißt, aber es gehört in Zukunft zu Deutschland, das für ihn, Wilhelm, bislang nur ein abstrakter Begriff ist.

Ein Trauertag eigentlich, dieser 18. Januar. Die feierliche Proklamation, die Bismarck allerdings wenig feierlich verliest, hat Kronprinz Friedrich Wilhelm organisiert, der das Deutsche Reich, dessen Krone er auch einmal tragen wird, positiver sieht als sein Vater. König Wilhelm, der Punkt zwölf Uhr mittags den Spiegelsaal im Schloß von Versailles betritt, moniert, pingelig, wie er sein kann (er bleibt eben ein Preuße), zweierlei: daß vor dem Schloß keine Soldaten Spalier stehen und Bismarck, der ewige Zivilist, die falsche Uniform angelegt hat.

Die Soldaten, stellt sich heraus, werden anderweitig dringender gebraucht: ein Ausbruch aus dem bedrängten Paris steht, wie man glaubt, unmittelbar bevor. Und Bismarck dürfte die weiße Uniform gewählt haben, weil sie unter allen Uniformen, die den Raum beherrschen, hervorsticht. Es ist ihm gleich, daß die Militärs die Nase rümpfen, was sie auch täten, wenn er die richtige Uniform anhätte.

Seine weiße Uniform tritt sogar auf dem Bild Anton von Werners, den man aus Berlin herangeholt hat, in den Vordergrund. Werner, einer der wenigen Zivilisten, die an der Feier teilnehmen, hat sein wohl berühmtestes Gemälde mehrere Male kopiert; es dürfte eines der meistreproduzierten im Kaiserreich gewesen sein.

So feierlich, wie es den Anschein hat, ist es wohl nicht zugegangen. Statt Militärmusik singt ein Soldatenchor einen Psalm (Nr. 66 – »Jauchzet vor Gott, alle Länder der Erde«). Außerdem herrscht drangvolle Enge, denn 57 Fahnen und etliche Standarten waren unterzubringen.

Wilhelm hatte vorher seinen Schwiegersohn, den Großherzog Friedrich von Baden, dringend gebeten, ihn beim anschließenden Hoch als »Kaiser in Deutschland« hochleben zu lassen. Das setzt diesen sehr in Verlegenheit. Wenn er dem Schwiegervater gehorcht, zieht er sich den Unmut seiner Standesgenossen zu. Er grübelt die ganze Zeremonie hindurch darüber nach und zieht sich am Ende mit einem »Seine Kaiserliche und Königliche Majestät lebe hoch, hoch, hoch!« aus der Affäre. Der frischgekürte Deutsche Kaiser bedankt sich bei jedem Anwesenden mit Handschlag und einigen unverständlichen Worten.

Einen nur übergeht er – Bismarck. Beim abendlichen Diner, wieder in der Präfektur, trinkt er dem neu ernannten Generalleutnant, der jetzt die richtige Uniform trägt, jedoch demonstrativ zu. Wilhelm grollt leicht, ist aber nicht nachtragend.

Er gewöhnt sich sogar an den Kaisertitel, den Bismarck ihm eingebrockt hat. Nicht als König, sondern als Kaiser Wilhelm wird er in die Geschichte und, vielleicht wichtiger noch, in den Anekdotenschatz seines Volkes eingehen. Noch unter dem Hitler-Regime tönt bisweilen nach einem preußischen Militärmarsch mit verändertem Text aus manchen Wirtshäusern trunken das Lied: »Wir wollen unsern alten Kaiser Willem wiederhaben«, mit dem Zusatz: »aber den mit'm Bart!« Das war selbstverständlich zeitkritisch oder, wie man heute sagen würde: nostalgisch, gemeint. Aber es kam hörbar von Herzen.

Zehn Tage später ergeben sich die Pariser Forts. Der Krieg ist zu Ende. Ein dreiwöchiger Waffenstillstand wird vereinbart, damit Frankreich eine neue Nationalversammlung wählen kann. Dann schließt Bismarck mit dem gewählten neuen Staatspräsidenten Adolphe Thiers einen Vorfriedensvertrag in Versailles. Frankreich muß fünf Milliarden Francs, zahlbar in drei Jahren, an Kriegsentschädigungen entrichten, Elsaß und Lothringen fallen an das Reich, dessen neue Farben – Schwarz-Weiß-Rot – über dem Schloß von Versailles wehen. An einer großen Siegesparade nimmt Kaiser Wilhelm nicht teil. Thiers drängt auf baldigen Abzug der Besatzungstruppen, nur einige sollen bleiben, bis die Reparationszahlungen geleistet sind. Und Bismarck kommt ihm darin entgegen. Er behandelt den geschlagenen Feind nach altpreußischer Sitte wie einen zukünftigen Freund und sorgt für eine rasche Heimkehr der Truppen.

Der Kaiser, dem das viel zu schnell geht, nimmt auf der Rennbahn von Longchamps noch eine Heeresparade ab, die er anschließend wie auf einem Manöver vor den versammelten höheren Offizieren kritisiert. Er ist beim Reiten ein wenig gehandikapt, weil er einen seltsamen Unfall erlitten hat. In seiner Präfektur hatte er, wie sich der Kronprinz ausdrückt, »auf einer Stuhllehne die Stellung eines Reiters« versucht und war dabei der Länge nach auf den Rücken gefallen. Der ungewöhnliche Ritt in der Stube trug ihm einen schweren Hexenschuß ein, der, kaum daß er abgeklungen ist, wiederkehrt. Am Ende läßt sich Wilhelm in einem Rollstuhl an den Schreibtisch zur Erledigung der Arbeit fahren. Es handelt sich dabei wahrscheinlich um denselben Stuhl, von dem er gefallen ist, denn »der Stuhl steht (...) auf Rollen«, wie es im Bericht des Kaisers heißt. »Der Fall und die Erschütterung waren so heftig, daß ich die Besinnung verlor.«

So besteigt der Kaiser nach einigen Tagen, die er im Bett verbracht hat, am 13. Februar 1871 nicht ungern in Lagny die Eisenbahn, die ihn, freilich in Etappen, über Nancy, Metz, Saarbrücken, Mainz nach Frankfurt am Main und schließlich nach Berlin bringt. Louis Schneider schreibt in seinen Erinnerungen: »Welche Unterschiede auf dieser Reise von Versailles nach Berlin! In Frankreich alles Verwüstung, Haß, Unsicherheit, von Saarbrücken an alles Jubel, Ruhe, Sicherheit, Siegesfreude und Anhänglichkeit! Wer diese Fahrt bis Berlin nicht mitgemacht hat, hat wirklich keinen Begriff vom Enthusiasmus eines ganzen Volkes!«

Der entfaltet sich vor allem in der Hauptstadt. Die große Siegesparade findet allerdings der Kaiserin wegen, die in Baden-Baden kurt und eine französische Niederlage ohnedies nicht gerne feiert, erst am 16. Juni statt. Da ist es in Berlin mörderisch heiß, reihenweise fallen die an der Parade Beteiligten um, darunter auch die Prinzen Karl und Albrecht. Der Kaiser, 74 Jahre alt, sitzt wieder hoch zu Roß, auf dem er, wenn er keinen Hexenschuß hat, immer noch eine eindrucksvolle Figur macht. An der Spitze von 42 000 Soldaten zieht er unter den Klängen des »Pariser Einzugsmarschs« des Militärmusikers und -komponisten Piefke durchs Brandenburger Tor und Unter den Linden entlang.

Zu diesem Zeitpunkt hat Frankreich die erste Rate von 200 Millionen Francs schon längst bezahlt. Wie der Freiherr vom Stein einst bei aller Franzosenfeindschaft dafür Sorge trug, daß die Reparationszahlungen pünktlich nach Paris abgingen, achtet jetzt umgekehrt Thiers darauf, daß die Ehrenpflicht dem Sieger gegenüber pünktlich geleistet wird. Das Geld bringt Preußen und seiner Hauptstadt nicht nur Glück. Die »Gründerzeit«, die mit dem »welschen Gold«, wie es der Dichter Ernst von Wildenbruch nennt, finanziert wird, steht auf tönernen Füßen. Sie führt zwar zur verstärkten Industrialisierung, aber auch zu leichtfertig in Angriff genommenen Projekten, die in Konkursen und Pleiten enden. Die allgemeine Konjunktur läßt die Preise steigen. Vom Bauboom profitieren weniger die soliden Unternehmer als die Parvenüs. Das junge Reich verfällt in einen Tanz ums Goldene Kalb; jeder möchte möglichst schnell reich werden, und da es immer wieder einigen gelingt, geht der Tanz weiter. Kein gutes Omen, daß die Hauptstadt darin vorangeht.

Der alte König und jetzt Kaiser in Deutschland wirkt mitten in diesem Berlin wie Preußens letztes Denkmal. Er ist nicht ins Stadtschloß und nicht nach Sanssouci gezogen, sondern in den vertrauten Räumen seiner schlichten Palais-Wohnung geblieben, ein bescheidener Mann, der dem Luxus abhold ist. Verfügt er doch nicht einmal über ein eigenes Badezimmer, sondern läßt sich einmal in der Woche eine Badewanne aus dem Hôtel de Rome, das schräg gegenüber dem Palais liegt, ins Haus bringen. Erst als sich einer seiner Diener bei einem derartigen Transport das Bein bricht, läßt er sich eine Salle-debains einbauen.

Tiefer in den Säckel gegriffen hat er für seine engen Mitarbeiter. Roon und Moltke erhalten aus den französischen Geldern beide 900 000 Mark, und Bismarck bekommt, jetzt zum Fürsten erhoben, die Herrschaft Friedrichsruh im Sachsenwald als wertvolles Geschenk.

Hat sich der greise Wilhelm nicht geändert – er schläft nach wie vor in seinem eisernen Bettgestell und trägt die alten Uniformen auf, bis sie fadenscheinig geworden sind –, so scheint sich Bismarck auf erstaunliche und beinahe unwahrscheinliche Weise gewandelt zu haben. Er betreibt nach 1871 eine konsequente Friedenspolitik und dies nicht nur – zumindest außenpolitisch – für sein Land, sondern für ganz Europa. Der Mann, der in kurzer Zeit drei Kriege in Kauf genommen, geführt und gewonnen hat, ist zum Friedensapostel geworden.

Sein Meisterstück für die Erhaltung des Friedens gelingt ihm 1878, als die Russen vor Konstantinopel stehen und die Engländer nahe dran sind, auf seiten des Sultans einzugreifen. Aus diesem Konflikt hätte ohne weiteres ein Weltkrieg entstehen können. Ihn hat Bismarck verhindert – man darf das nicht vergessen, wenn stets nur seine Skrupellosigkeit hervorgehoben wird.

Sogar die Stadt Berlin darf sich dank dieser Aktivität mit einem Olivenzweig, Symbol der Friedenstaube, schmücken. Denn im Berliner Kongreß fungiert Reichskanzler Bismarck als Schiedsrichter zwischen den Parteien und ordnet die Verhältnisse auf dem Balkan neu. Alle Teilnehmer, Rußland, Großbritannien, Deutschland, Österreich-Ungarn, Griechenland und die Türkei erhalten – mit Ausnahme Deutschlands – Landgewinne, so Rußland Teile Bessarabiens, Großbritannien Zypern, die Türkei Mazedonien, Österreich Bosnien und die Herzegowina, während Serbien, Montenegro und Rumänien selbständig werden.

Die Anwesenheit bedeutender Staatsmänner in Berlin erregt allgemeines Aufsehen. Benjamin Disraeli, der konservative britische Außenminister, ist persönlich erschienen, der achtzigjährige russische Fürst Gortschakow, der in einer Sänfte getragen wird, verhandelt im Auftrag des Zaren, Graf Andrassy vertritt Österreich-Ungarn und Mohammed Ali Pascha, der Vizekönig von Ägypten, den türkischen Sultan. Aus dessen Delegation wird die Feststellung überliefert: »Der Kongreß wurde vollständig vom Fürsten Bismarck beherrscht.«

Der Reichskanzler bemüht sich auch um ein besseres Verhältnis zu Österreich, mit dem er ein Zweierbündnis schließt, wie auch um Frankreich, obwohl die Abtretung von Elsaß-Lothringen dort nie ganz verwunden werden wird. Es lassen sich nicht alle Fehler, die er begangen hat, in den zwanzig Jahren, die Bismarck nach Versailles noch an der Regierung bleibt, wiedergutmachen.

In der Innenpolitik, mit der er sich fortan vorwiegend beschäftigt, begeht er sogar einige neue. Da ist der »Kulturkampf«, wie ihn Rudolf Virchow bezeichnet hat, der bedeutende Pathologe und engagierte Liberale, einer von Bismarcks wirkungsvollen Gegnern im Parlament. Dabei lag der Konflikt auf der Hand: ausgerechnet als die europäischen Führungsschichten des alten Adels erkannt haben, daß die Zeiten des Absolutismus vorbei sind, verkündet Papst Pius IX. auf dem Vatikanischen Konzil 1870 das Dogma der päpstlichen Unfehlbarkeit. Das hätte Bismarck vermutlich kaum gestört, wenn sich die deutschen Katholiken nicht in einer Partei, dem Zentrum, politisch organisiert hätten. Als er gegen sie und die »Ultramontanen« den Kampf aufnimmt, begibt er sich auf ein Gelände, von dem er erstens nicht genug versteht und das zweitens als innenpolitisches Schlachtfeld absolut ungeeignet ist. Oft zum Ärger des darin toleranteren Kaisers Wilhelm zieht das eine Unmenge von Gesetzen, Verordnungen und Zwangsmaßnahmen nach sich. Aber Bismarck kann damit weder den Widerstand der 15 Millionen Katholiken meist in Süddeutschland brechen noch gar die römisch-katholische Kirche und ihre Organisationen spalten. Das einzige Ziel, das er erreicht, ist mager genug: die für alle Preußen, Katholiken wie Protestanten, obligate Zivilehe.

Er erreicht freilich noch etwas: daß die Angegriffenen enger zusammenrücken und, da sie in der Minderzahl bleiben, an Sympathie gewinnen. Am Ende gelingt es dem Kanzler, sich mit einem Minimum an Prestigeverlust aus dem unsinnigen Streit zurückzuziehen.

Den zweiten, den selbst er nicht gewinnen kann, beendet er nie. Mit seinem Sozialistengesetz kommt er dem Kaiser zwar eher entgegen, nicht jedoch der Kaiserin Augusta, die über die in Preußen seit jeher weit gezogenen Grenzen der *suumcuique*-Toleranz wacht. Der Kampf gegen die Sozialisten hat ähnliche Folgen wie der Kulturkampf, mit einschränkenden Polizeimaßnahmen, Zensurgesetzen, gegen die wackere Abgeordnete der Linken einschreiten, und Beleidigungsklagen sowie Strafen. Man darf das aber auf keinen Fall mit jener Verfolgung vergleichen, die später im NS-Reich die Sozialdemokratie trifft. Gesetz und Recht herrschen immer noch eiserner als jederlei Ideologie.

Bismarck kann sogar etwas ins Feld führen, das Haffner »die positive Kehrseite zur Verfolgung« genannt hat. Es handelt sich dabei um den wohl wertvollsten Beitrag, den Bismarck zur Innenpolitik geleistet hat, ein Geschenk an die Nation von unübertrefflicher Nachwirkung: die Einführung einer allgemeinen Versicherung für alle Staatsbürger. Was heute in allen europäischen Staaten selbstverständlich ist – wenn auch nur selten so ausgeprägt wie in Deutschland –, war eine geniale Tat, zumal für die damaligen sozialen Verhältnisse: eine umfassende Kranken-, Unfall-, Invaliden- und Altersversicherung für die Arbeiterschaft. Entstanden, um die Sozialdemokraten auf ihrem eigenen Gebiet zu schlagen, entwickelt sich diese sozialpolitische Frucht an einem ansonsten ziemlich kahlen Baum.

Das alles geht nicht ohne eine Reihe von Krächen zwischen Kaiser und Kanzler ab, und wie sich denken läßt, Heulkrämpfen, Nervenkrisen und Rücktrittsdrohungen. Von seinem zusätzlichen Posten, als welchen er jetzt das Amt des preußischen Ministerpräsidenten begreift, tritt Bismarck sogar zurück. Das heißt, er gibt es an Roon weiter, um es ein Jahr später, als dieser mit siebzig Jahren in Pension geht, wieder zu übernehmen.

Und Wilhelm spielt mit. Alte Anhänglichkeit oder alte Gewohnheit, gemischt auf jeden Fall mit voller Überzeugung, unterschreibt Wilhelm nicht immer ohne Zögern oder heftige Einwände zu erheben, was Bismarck ihm vorlegt, aber er unterschreibt es. Langweilig geht es zwischen den beiden aufeinander angewiesenen Streithähnen nicht zu. Sie werden älter und weiser, aber nicht temperamentloser.

Der Kaiser ist 81, als er, wie immer in offener Kutsche, damit die Leute ihn sehen und er sie grüßen kann, Unter den Linden entlangfährt. Da gibt ein Klempnergeselle namens Hödel zwei Pistolenschüsse auf ihn ab. Keiner trifft, aber der Vorfall verstört die Berliner. Der Attentäter, der von einem Zivilisten und dem Leibjäger gemeinsam festgenommen wird, hat Bilder der sozialdemokratischen Abgeordneten Bebel und Liebknecht bei sich, aber er ist, wie sich herausstellt, wegen parteischädigenden Verhaltens aus der Arbeitervereinigung kürzlich ausgeschlossen worden.

Keine vier Wochen danach, am 2. Juni 1878, fährt der Kaiser, es ist Sonntag, wieder im offenen Wagen die Linden herunter. Wegen des kühlen Wetters trägt er einen Helm und einen schweren grauen Uniformmantel. Das rettet ihm das Leben. Denn der Nachfolgetäter, ein Dr. Karl Eduard Nobiling, feuert aus einer Flinte eine doppelte Ladung von Schrotkörnern und Rehposten, eine Art großer Schrotkugeln, auf ihn ab. Diesmal wird der Kaiser an Stirn, Rücken und rechtem Arm, den er zum Grüßen an den Helm gehalten hatte, schwer verletzt. Er blutet stark, aber der einzige Kommentar des anscheinend Sterbenden, seinem Leibjäger gegenüber, lautet: »Ich begreife nicht, warum immer auf mich geschossen wird!«

Der Greis erholt sich überraschend schnell. Er hütet einige Tage das Bett, indes der Kronprinz als sein Vertreter, aber, wie Wilhelm ausdrücklich wünscht, keineswegs als Regent die Geschäfte weiterführt. Er gesundet rasch, weil, wie Lästerzungen wissen wollen, Bismarck ihn so selten besucht. Seine Rekonvaleszenz fällt in die Zeit des aufregenden Berliner Kongresses, mit dem der Reichskanzler vollauf beschäftigt ist. Ihn unterstützt der Thronfolger Friedrich Wilhelm, der Bismarck in den letzten Jahren immer näher gerückt ist.

Wilhelm scheint bald sogar wieder zu Scherzen aufgelegt. Seine rheumatischen Beschwerden, sagt er, seien seit der Verwundung wesentlich besser geworden, und Dr. Nobiling halte er für den besten Arzt, der je an ihm herumgedoktert habe. Warum dieser das Attentat verübt hat, ist nie ans Licht gekommen.

Der Mann, den einst die erbosten Berliner aus dem Lande gejagt und sein Palais verwüstet hatten, ist auf dem Zenith seiner Popularität. Wieder versammelt sich alltäglich zur Wachablösung vor der gegenüberliegenden Neuen Wache eine Menschenmenge, die ihm jetzt jedoch zujubelt und ihn hochleben läßt, wenn er an jenem berühmten Eckfenster erscheint, auf das bereits alle Stadtführer als eine der Hauptsehenswürdigkeiten der Hauptstadt hinweisen. Der Applaus, der zu ihm aufbrandet, ist ihm sogar peinlich. Preußische Könige hat man früher entweder bewundert oder gefürchtet. Eine Attraktion mit drei Sternen ist keiner gewesen, nicht einmal Friedrich der Große, der im Alter Berlin eher mied und sich im militärischeren Potsdam aufhielt. Wilhelm hat zwar nicht die Minderwertigkeitskomplexe und den Pessimismus seines Vaters geerbt, aber er kennt seine schwachen Seiten. Manche von ihnen würden wir heute – wie viele seiner Zeitgenossen – als seine Stärken bezeichnen.

Unvermeidlich in seinem Alter ist die Tatsache, daß die Kräfte abnehmen und die üblichen Erkrankungen, etwa die häufigen Erkältungen, ihn stärker mitnehmen. Wo er geht und steht, läßt er die Fenster aufreißen, und weigert sich starrköpfig, in seinem Arbeitszimmer im Palais Doppelfenster einbauen zu lassen. Er mag die Zugluft, die ihn dort wie überall umgibt. Aber seine Gesundheit beginnt zu leiden.

Auch sein zweites lebenslanges Manko, die zwei linken Füße, haben sich verschlimmert, und seine Ärzte fürchten, daß er früher oder später einen gefährlichen Unfall erleiden wird. Sie raten ihm, das Kaisermanöver im nächsten Herbst, auf das er sich das ganze Jahr über zu freuen pflegt, aus der Kutsche zu leiten. Was er natürlich entrüstet ablehnt.

»Aber das hat Friedrich der Große ebenfalls gemacht«, wenden sie ein.

»Ja, aber nur in seinen letzten Lebensjahren!« belehrt sie der 88jährige. Der Kaiser schwingt sich auch im nächsten Jahr noch einmal aufs Roß (»Das Schrittreiten geht, aber kein Galopp!«).

An seinem neunzigsten Geburtstag ehren ihn die Studenten mit einem Fackelzug. Am Fenster steht er mit seinem Enkel und vier Urenkeln. Seine große Sorge gilt dem einzigen Sohn und Thronfolger, dessen ständige Heiserkeit sich als Krebs herausgestellt hat und der zur Erholung in den warmen Süden gefahren ist, nach San Remo an der italienischen Riviera. Bismarck, wie immer auch auf Kosten der Sensibilität von Angehörigen aufs Staatswohl bedacht, hat bereits empfohlen, den Enkel Wilhelms, der sich Wilhelm II. nennen wird, in alle notwendigen Aufgaben einzuweihen.

Die Menge, die sich knapp 14 Tage später am Palais Unter den Linden versammelt, ist anderer Art. Eine der häufigen, früher so gewöhnlichen Erkältungen hat den Kaiser aufs Krankenbett geworfen. Es regnet auf ein Gebirge schwarzer Regenschirme, das sich über der schweigenden Menge türmt. Da die Tintenschrift auf dem angeschlagenen Bulletin verwischt ist, verliest ein Gardeoffizier den Text: »Der Schwächezustand Sr. Majestät des Kaisers dauert fort ...« Die Menge zerstreut sich schweigend.

Inzwischen hat man Bismarcks Bitte stattgegeben, und dieser hat dem Kronprinzen telegraphiert, daß seine Rückkehr erforderlich sei. Im Krankenzimmer hat sich die Familie versammelt. Kaiserin Augusta im Rollstuhl und Prinzessin Luise um den Vater besorgt, der, wie immer bei Krankheiten halb sitzend in seinem Eisenbett, von seinem Leben erzählt, seinen Hoffnungen für die Zukunft, während seine Worte sich immer mehr verwirren. Auch Bismarck und Moltke sind anwesend, als er am 9. März 1888, 13 Tage vor seinem 91. Geburtstag und im 28. Jahr seiner Regierung stirbt. Wieder harren draußen Hunderte, gegen sturmartige Böen kämpfend, unter Regenschirmen aus.

Am offenen Sarg mit dem einbalsamierten Leichnam des Kaisers, der im Berliner Dom aufgebahrt ist, ziehen vom 12. bis zum 16. März 200 000 Trauernde vorbei. Als er im Mausoleum im Schloß Charlottenburg zu Füßen von Vater und Mutter, Friedrich Wilhelm III. und Königin Luise, beigesetzt wird, fehlt Bismarck. Er ist erkrankt. Auch Augusta, die nicht mehr gehen kann, und der todgeweihte Friedrich Wilhelm, als Friedrich III. nächster Deutscher Kaiser und König von Preußen, bleiben dem Trauerzug, den sie nur aus einem Fenster des Schlosses Charlottenburg verfolgen können, fern. Selten jedoch dürfte ein Monarch ehrlicher betrauert worden sein als Wilhelm I., dessen Fazit lautete: »Die Dinge sind nun einmal so geworden. Gott soll wissen, daß ich sie nicht herbeigesehnt habe, wenn ich sie auch gemacht habe.«

Friedrich III.

oder
Zwischen Potsdam und Weimar

Beim Tod des Vaters ist der schwerkranke Prinz Friedrich Wilhelm 57 Jahre alt. Der Kanzler, der das Reich geschaffen hat, ist 73. Ihn hat Kaiser Wilhelm noch auf dem Totenbett gebeten, seinem Sohn ebenso treu zur Seite zu stehen wie ihm.

Das ist der eine Teil der Erbschaft, die der Kronprinz übernimmt. Und an der er leidet, seit er denken kann. Denn es gibt ein anderes, entgegengesetztes Vermächtnis, in dem er erzogen worden ist und dem er ähnlich nahe, vielleicht näher steht.

Die beiden geistigen, aber auch höchst realistischen und ständig vorhandenen Stränge, die ihn seit Jugendjahren begleiten und beeinflussen, kann man mit zwei kleinen Städten umschreiben, die sehr deutsch, aber sehr verschieden voneinander sind: Weimar und Potsdam.

Aus Weimar stammt seine Mutter, aus Potsdam sein Vater, auch wenn er in Berlin geboren worden ist. Trotzdem: Wilhelm I. war in allem eher potsdamisch als berlinisch gesinnt. Von ihm, vom Vater, hat Friedrich Wilhelm seine preußische Statur: groß, blond, bläuäugig, schlaksig, der geborene Soldat – streng, aber gerecht und einer für alle. Mütterlicherseits ist sein Wesen von dem sanfteren und gebildeteren Weimar geprägt: man ist so liberal wie möglich und hat für alle Gelegenheiten ein positives Wort des Größten aller Weimarer, Goethe, im Munde.

Die beiden Stränge – Potsdamer Zucht und Ordnung, Weimarer freie Entfaltung der eigenen Persönlichkeit – müssen keine unbedingten Gegensätze sein. Aber sie verheddern sich miteinander, wenn zwei Aufsichtspersonen auf deren strikte

Befolgung achten. Friedrich Wilhelm wird zweimal erzogen und das gleichzeitig: beim Vater im Berliner Palais soldatisch-preußisch, bei der Mutter im Schloß Babelsberg freiheitlich-fortschrittlich. Franz Herre, dessen moderne Biographie weder für den Vater noch die Mutter Partei nimmt, hat die Situation in einem einzigen Satz vollendet umrissen: »Friedrich Wilhelm, der dem Vater nicht stramm und der Mutter nicht gescheit genug war, bekam Minderwertigkeitsgefühle, die ihm sein Leben lang zu schaffen machten.«

Der spätere Friedrich III. ist am 18. Oktober 1831 in Potsdam geboren. Eine schwere Geburt für Augusta; die Weimarerin liegt 30 Stunden in den Wehen. Kein Wunder, daß das zweite Kind des Ehepaars, Friedrichs Schwester Luise, die einmal Großherzogin von Baden werden wird, sieben Jahre auf sich warten läßt.

Auf dem Erstgeborenen lastet von vornherein eine Überforderung. Die Ehe zwischen der ebenso hochgeistigen wie hochnäsigen Augusta und dem einfach und geradeaus denkenden Wilhelm hat sich nicht eben ideal entwickelt. Jetzt hofft man bei Hofe, daß ein Kind die beiden wieder zusammenführen könne. Aber der aufwachsende Junge hat es zwischen zwei Reibeisen schwer.

Der Vater setzt schon dem Baby eine Soldatenmütze auf, ein Kinderschießgewehr zum Exerzieren bekommt er vom Großvater, dem ebenso in Kinder wie Soldaten vernarrten Friedrich Wilhelm III. Und kaum daß er laufen kann, ist er jüngster Leutnant der Armee und steigt rasch auf in der Hierarchie, nicht zuletzt, weil ein Teil seines Wesens das Soldatenleben schätzt, wie es für einen Hohenzollern als selbstverständlich gilt.

Ein anderer Teil allerdings steht dem eher skeptisch gegenüber. Auf Babelsberg zieht die Mutter führende Intellektuelle wie den Altertumsforscher Ernst Curtius, den späteren Ausgräber von Olympia, als Erzieher hinzu, die den Kronprinzen entscheidend beeinflussen. Eine umfassende und keineswegs einseitige Bildung ist gewiß nichts Schlechtes, aber wenn sich die Lehrer in entscheidenden Punkten widersprechen, kann das den Lernenden, der noch dazu zwischen den diametral entgegengesetzten Interessen der Eltern steht, ein Leben lang verunsichern.

In einem setzt sich Augusta durch: Sie hat offenbar von Anfang an eine akademische Ausbildung für ihren Ältesten vorgesehen. Damit ist er der erste Hohenzoller, der eine Universität als Studierender und nicht als Fürst und Mäzen besucht. Prinz Wilhelm gibt klugerweise seine Zustimmung, obwohl Augusta, wie sich denken läßt, eine möglichst liberale Universität ausgesucht hat, diejenige in Bonn. Sie wurde von Friedrich Wilhelms Großvater gegründet, von dem er das Kindergewehr hat. Friedrich Wilhelm III. wird seinem Enkel damit zum Wegbereiter auf gleich zwei unterschiedlichen Pfaden.

Der junge Friedrich Wilhelm möchte vermutlich nicht werden wie Vater oder Mutter; er vertraut sich, wenn überhaupt, seinem Onkel an. Familiär hat er zu Friedrich Wilhelm IV. das beste Verhältnis. Im Romantischen lassen sich Schwertergeklirr und geistig-musischer Höhenflug am ehesten in Einklang bringen.

Bonn ist damals tatsächlich eine liberale Hochburg. Das Rheinland gilt in Preußen ohnehin als stärkstes Gegengewicht zu jenem ländlichen Junkertum, das – im wachsenden Industriezeitalter ein wenig unzeitgemäß – das gesellschaftliche Gesicht des Landes weiterhin bestimmt. Im Rheinland ist ja auch der Freiherr vom Stein auf die letzten Reste jener beinahe demokratischen Selbstverwaltungen der Stände gestoßen, die ihm mit als Vorbild für seine Reformen gedient haben. Nicht alle Ideale der preußischen Reformer stammen aus der Französischen Revolution.

Die in Bonn gepflegten reformerischen Ideale stammen meist aus England, dem demokratischsten Land in Europa. Es dürfte Augusta gewesen sein, die dafür sorgt, daß ihr Sohn bei Professor Friedrich Christoph Dahlmanns Vorlesungen nicht fehlt. Dahlmann war vor einem Jahrzehnt Wortführer der mutigen »Göttinger Sieben«, als sie – unter ihnen die Brüder Grimm – gegen den hannoverschen König protestierten, der rücksichtslos die Verfassung aufgehoben hatte, und sie darauf des Landes verwiesen wurden. Jetzt ist er das Sprachrohr jener Deutschen, die englische Verhältnisse für ein geeigneteres Vorbild halten als alle sonstigen auf der Welt. Bei Dahlmann hört Friedrich Staatswissenschaften, ferner befaßt er sich vor allem mit dem Rechtswesen, dem Englischen als Sprache und Verfassungsvorbild sowie Geschichte. Er wohnt in der Universität unter Studenten und scheint ungewöhnlich beliebt, denn als er seinen Abschied – ohne jeden Abschluß – nimmt, veranstalten die Kommilitonen für ihn einen Fackelzug, ohne daß dieser befohlen oder auch nur empfohlen worden wäre.

Das letzten Endes nur sporadische Studium am sagenumwobenen Rhein, bei dessen Anblick sein Onkel regelmäßig feuchte Augen bekommt, fällt in die Zeit, in der sein Vater Militärgouverneur der Rheinprovinz und Westfalens ist und mit Augusta im Schloß zu Koblenz residiert. Eine Zeit, in der Wilhelm unter dem Einfluß von Gattin und Sohn, mit denen beiden er sich plötzlich gut versteht, oder des romantischen Rheins vorübergehend wieder einmal mehr dem Liberalismus zuneigt. Der Vater hat sogar seinerseits eine Idee zur Ausbildung des späteren Thronfolgers. Denn obwohl Friedrich Wilhelm während der Semesterferien brav seinen Militärdienst abgeleistet hat, scheint die betreffende Ausbildung ins Stocken geraten. Der inzwischen zum Obersten beförderte Prinz erhält einen Adjutanten, der ihn die hohe Kunst der Strategie lehren soll. Und man gewinnt dafür den wohl besten Strategen seiner Zeit: Moltke, der trotz seiner Schweigsamkeit als glänzender Pädagoge gilt. Darüber hinaus wird er, trotz seines Berufs, ein Liberaler. Da er kein Fanatiker ist wie Augusta, hört Friedrich in politischer Hinsicht bald mehr auf seinen Adjutanten als auf seine Mutter.

1851 findet in London im eigens dafür erbauten Kristallpalast, den die damalige Welt bestaunt wie ein Märchenschloß, so etwas wie eine Jahrhundertausstellung statt. Der Prinzgemahl der Königin Victoria, Albert von Sachsen-Coburg-Gotha, hat sie organisiert und eröffnet – ein Deutscher, der es sich zur Aufgabe gemacht hat, englischen Liberalismus und Pioniergeist in alle Welt zu exportieren. Gezeigt wird in einer Mammut-Weltausstellung das, was England zur führenden Nation (und reichsten) in Europa gemacht hat, nämlich die modernen Industrieerzeugnisse. Mit den Errungenschaften der Ingenieure ist mehr zu erreichen als durch politische Parolen.

Moltke will mit seinem Herrn – in dieser Reihenfolge muß man es sehen – nach England fahren, um dem Prinzen diese Schau zu zeigen. Ein kommendes Staatsoberhaupt muß sie gesehen haben. Die Gerlachsche Kamarilla, die zu diesem Zeitpunkt noch Preußen und den König Friedrich Wilhelm IV. beherrscht, ist da anderer Ansicht – und verbietet die Reise kurzerhand. Aber Friedrich weiß Rat. Bei seinem Onkel findet er immer Gehör, und der spricht ein Machtwort.

Friedrich, der mit den Eltern schon einmal in England gewesen ist, erhält durch Moltke und die Weltausstellung im Kristallpalast ein eindrucksvolleres Bild von der historischen Situation, in der man sich befindet. Hinzu kommt, daß sowohl Prinzgemahl Albert als auch die Königin Victoria den jungen Preußen mit offenen Armen empfangen. Die beiden führen eine Liebesehe, wie sie in den Familien der regierenden Fürsten alles andere als die Regel ist – in Preußen läßt sie sich nur mit der Ehe der Königin Luise mit Friedrich Wilhelm III. vergleichen. Aus der deutsch-englischen Verbindung werden neun Kinder hervorgehen. Das älteste ist die zehnjährige Victoria, genannt »Vicky«. In Zukunft besucht Friedrich zur Freude seiner Mutter häufiger die königliche Familie in England. Und wenn die Kamarilla versucht, solches zu unterbinden, wendet er sich an den König, der seinem Neffen die Reisen nur zu gern gestattet. Der Grund seiner Sehnsucht ist nicht nur Englands Liberalität, sondern mehr noch eine kleine Engländerin, nämlich Vicky. In die Zehnjährige hat sich schon der 19jährige verliebt. Die Verlobung mit der 14jährigen wird geheimgehalten, um unliebsame Angriffe zu vermeiden, wie sie sowohl in Preußen von der Kamarilla als auch in England zu erwarten sind.

Friedrich setzt fortan rund einmal im Jahr über den Kanal, meist zum Geburtstag seiner Braut. Es wird eine lange, schier endlose Verlobungszeit, denn die Hochzeit soll erst nach dem 17. Geburtstag der Prinzessin stattfinden.

Zufrieden sind beide Familien. Königin Victoria, die gute Erfahrung mit einem deutschen Ehemann gemacht hat, ist der Preußenprinz, der sie an ihren Albert erinnert, willkommen. Und sie wird es der *Times* nie vergessen, als diese das geheime Verlöbnis der Öffentlichkeit vorzeitig preisgibt mit dem Kommentar, damit würde eine hoffnungsvolle englische Kronprinzessin an eine »minore europäische Dynastie ausgeliefert«.

Das ist reichlich übertrieben, denn die derzeitige königliche Dynastie in England stammt aus dem nicht minder minoren Hannover. Auch ahnt noch keiner, daß der junge Prinz designiert ist, als König von Preußen einmal Deutscher Kaiser zu werden. Leitartikler sind nur selten gute Propheten.

Augusta, die Bräutigamsmutter, setzt auf das Paar ebenso große Hoffnungen wie die Königin Victoria – sie sieht englische Liberalität und damit eine gerechtere Staatsführung in Preußen einziehen. Moltke, der an der Vorliebe Friedrich Wilhelms für England nicht ganz unschuldig ist, glaubt ebenfalls, daß damit ein liberaleres Preußen nähergerückt ist, was dem gebürtigen Mecklenburger nur recht sein kann.

Die Gegenpartei in Preußen ist freilich auf der Hut. Sie sorgt dafür, daß der junge Prinz in ein konservativeres Land geschickt wird, nach Rußland, mit dessen Zarenfamilie die Hohenzollern gleichfalls verwandt sind. Er wird zunächst ostwärts versetzt, nach Breslau, wohin ihn Moltke weiterhin als Adjutant begleitet. König Friedrich Wilhelm IV. scheint der konservative Plan plausibel. Er möchte einen preußischen König umfassend in das schwierige Gebiet der Diplomatie und Außenpolitik einweisen. Es dürfte kaum einen Kronprinzen der Hohenzollern gegeben haben, um dessen Ausbildung man sich eine ähnlich professionelle Mühe gegeben hat. Wenn je einer auf den Königsthron gut vorbereitet ist, dann Friedrich.

Mit 24 vertritt er schon den König in Moskau bei der Krönung des Zaren Alexander II. Dort macht er eine genauso gute Figur wie ein Jahr zuvor auf Schloß Balmoral in Schottland, wo er sich offiziell um die Hand der Prinzessin Victoria beworben hat. Ein Jahr später imponiert er am Hof des französischen Kaisers Napoleon III. der schönen Kaiserin Eugénie. Sie nennt ihn einen »schönen Mann« und blonden Germanen »wie Tacitus sie beschreibt«. Auf dem gesellschaftlichen Parkett erntet der gewandte und schlagfertige Mann mit dem sogar von Moltke bewunderten phänomenalen Gedächtnis seine ersten Lorbeeren. Wen er einmal gesehen hat, den erkennt er noch nach langer Zeit wieder und nennt ihn oder sie beim Namen. Zu benehmen weiß er sich sowohl in Oxford, wo man ihm die Ehrendoktorwürde verleiht, als auch in London, wo die dortige Schneiderinnung ihn zum Ehrenmitglied ernennt. Gleichzeitig macht ihn die Stadt London zum Ehrenbürger.

Was die Schneiderinnung betrifft, so hat Friedrich in der Jugend wie alle Hohenzollern auch ein Handwerk gelernt, aber nicht den Umgang mit Nadel und Faden, sondern die Schwarze Kunst des Druckereigewerbes. So verfügt er über ausreichende englische Erfahrungen und sogar Titel, als Vicky endlich 17 geworden ist und die Hochzeit am 25. Januar 1858 im Londoner St.-James-Palast gefeiert werden kann. Moltke ist dabei, als Friedrich in der Uniform eines preußischen Generalleutnants, zu dem er eben ernannt worden ist, mit seiner Braut zum Altar schreitet.

Dabei wäre es den Erzkonservativen in Preußen beinahe doch noch gelungen, die Heirat zu hintertreiben. Sie brachten ein altes und längst vergessenes Dokument zum Vorschein, aus dem angeblich hervorging, daß königliche Prinzen nur in der preußischen Hauptstadt heiraten dürften. Die Königin Victoria ließ empört antworten, eine Princess Royal stünde unter ähnlicher Verpflichtung, und die Heirat fände in London statt oder gar nicht. Der versöhnliche Albert fand schließlich eine Lösung, der sich selbst die Kamarilla nicht widersetzen konnte: Eine Kronprinzessin, die diesen Titel trägt, sei ranghöher als ein Prinz, der zwar Thronnachfolger, aber noch nicht einmal Kronprinz sei.

Mutter Victoria bricht bei der Trauung fast zusammen und nimmt, als ahne sie deren Schicksal, schweren Herzens Abschied von ihrer Ältesten. »Ich umklammerte sie mit meinen Armen und segnete sie«, lesen wir in ihrem Tagebuch, »und ich wußte nicht, was ich noch sagen sollte. Ich küßte den lieben Fritz und preßte wieder und wieder seine Hand. Auch er war sprachlos und hatte Tränen in den Augen. Ich umarmte beide noch einmal an der Kutschentür, und Albert bestieg das Fahrzeug (...) Ich ging dann rasch die Treppe hinauf.«

Man hat den Eindruck, die Königin fürchte, ihr in ein barbarisches Land verbanntes Kind nie wiederzusehen. So ganz Unrecht hat sie damit nicht. Was Vicky, die sich als Missionarin der englischen Liberalität versteht, noch nicht weiß, ist, daß ihr Mann, zwiefältig angelegt, sich für keine Seite, weder die preußisch-soldatische, noch die englisch-liberale ganz entscheiden kann. Der hochgewachsene und anscheinend bärenstarke Mann ist in Wirklichkeit unentschlossen, ein übervorsichtiger Zauderer, der weiß, daß er vieles falsch machen wird, wenn er nicht ständig auf sich selbst aufpaßt.

Vickys Temperament ist entgegengesetzt. Sie reagiert schnell und lebhaft, wirkt oft übereifrig. Um es noch deutlicher zu sagen: Sie ist ihrem Mann intellektuell wie praktisch, in der Bildung und dem – im Gegensatz zu ihm – streng durchgeführten Studium, um Längen überlegen. Mit diesem Wissen und den freigeistigen Idealen im Kopf wird sie in Preußen nicht glücklich. Um so weniger, als ihr Augusta, eigentlich ihre Kampfgefährtin, zu ungebildet scheint. Ihr Urteil über Menschen ist, von ihrem Vater geschult, noch schärfer und konkreter als dasjenige der meisten Preußen.

In Berlin wird sie sogleich aktiv, schreibt ein Memorandum nach dem anderen, resigniert aber bald in ihrem Bemühen, ein bißchen mehr britische Freiheitlichkeit unter die Deutschen zu schmuggeln. »Hier riecht es nach Preußen!« beginnt ein Brief an ihre Mutter, die sie häufiger in England besucht, wohl hauptsächlich, um sich Ratschläge bei ihrem Vater zu holen. Als Prinzgemahl Albert drei Jahre nach ihrer Heirat stirbt, verliert sie mit ihm Vorbild und besten Freund. Friedrich kann ihr den klugen und von seinen Idealen überzeugten Prinzen von Sachsen-Coburg-Gotha nicht ersetzen.

Ganz unglücklich ist die Ehe trotzdem nicht. Friedrich bleibt sehr verliebt in seine klein gewachsene, springlebendige Frau. Es ist Bismarck, der sie als »sinnlich« bezeichnet, damals noch eine unziemliche Äußerung, und durchblicken läßt, daß Friedrich ihr sexuell verfallen sei, worüber man – verheiratet oder nicht – ebenfalls die Nase rümpft. Ein Jahr nach der Hochzeit, am 27. Januar 1859, wird das erste Kind geboren, ein Junge – da hat dessen Großvater, Prinz Wilhelm, eben für seinen Bruder die Regentschaft über das Königreich Preußen angetreten. Die Geburt des Jungen, der auf den Namen Wilhelm getauft wird, verläuft schwer. Vermutlich machen die Ärzte oder Schwestern einen Fehler, denn der linke Arm des Babys wird fast aus dem Gelenk gerissen und bleibt kürzer als der rechte. Die nächste Geburt einer Tochter, im folgenden Jahr, verläuft glimpflicher. Die kleine Charlotte wird einmal den Erbprinzen Bernhard von Sachsen-Meiningen heiraten.

Weitere Kinder folgen im regelmäßigen Zwei-Jahres-Abstand: 1862, da ist Großvater Wilhelm seit einem Jahr König, Heinrich; 1864, da ist Bismarck zwei Jahre im Amt, und es tobt der Deutsch-Dänische Krieg, Sigismund; 1866, Preußisch-Österreichischer Krieg, Victoria; 1868, der Norddeutsche Bund unter Führung Preußens ist ein Jahr alt, Waldemar (der mit elf Jahren stirbt); 1870, Deutsch-Französischer

Krieg, Sophie, und 1872, da ist der Großvater bereits Kaiser, Margarethe.

In diesen Jahren hat sich in Preußen und Deutschland, wie in der Biographie Wilhelms I. nachzulesen, Entscheidendes ereignet. Im Volk hat ein liberaler und auf bürgerliche Freiheiten bedachter Trend um sich gegriffen wie selten zuvor in deutschen Landen. Wovon auch Friedrich profitiert. Er gilt als zeitgemäßer: bei der Grundsteinlegung zum Denkmal Friedrichs des Großen Unter den Linden wird König Wilhelm vom Publikum mit eisigem Schweigen empfangen, während man Friedrich mit herzlichem Beifall begrüßt.

Nicht daß er in dieser Zeit seine Ideale verraten hätte. Im Gegenteil: Er hat, wohl auf Anraten Vickys, ein offenes Bekenntnis zu Gesetz und Rechtsstaat abgelegt und damit ein eigenes Regierungsprogramm liberaler Art vorweggenommen. Den antisemitischen Tendenzen mancher Konservativer tritt er in einem spektakulären Akt entgegen und besucht in voller Uniform den Gottesdienst einer Synagoge. Damit bekennt sich der künftige Friedrich III. ganz im Sinne Friedrichs II. zu jenem Preußen, in dem jeder nach seiner Fasson selig werden kann.

Trotzdem bleibt er auch seinem konservativen Vater gegenüber loyal und bewährt sich als Statthalter in Pommern und hilft auch beim Entwurf der Königskrönung in Königsberg mit. Sogar Vicky läßt sich diesmal anstecken. Sie entwirft, auch künstlerisch nicht unbegabt, den Königsmantel.

1862 hat die neu gegründete liberale Fortschrittspartei im Parlament 133 Sitze, die Konservativen nur elf. Es scheint höchste Zeit, die in größter Not vollzogenen Reformen entweder zu ergänzen oder aber, da weitgehend eingeschränkt, wieder einzuführen. Ein Regent wie Friedrich, fürstlichen Geblüts, aber dem liberalen Zeitgeist gegenüber aufgeschlossen, scheint für eine solche Situation wie gemacht. Friedrich ist weder Revolutionär noch Reaktionär. Er hat ja oft genug auf den im modernen England gefundenen Mittelweg hingewiesen.

Jetzt müßte er die Initiative ergreifen, zumal ihm sein Vater darin sogar entgegenkommt. König Wilhelm, der gegen die Mehrheit des Parlaments anregieren muß, denkt ernsthaft daran zurückzutreten. Eine Abdankungsurkunde hat er bereits entworfen und zeigt sie dem Sohn, der selbst solchen Wink mit dem Zaunpfahl ignoriert. Da ist sie, die große Chance des 31jährigen liberalen Thronfolgers. Dürfte er doch der einzige der königlichen Familie sein, der für ein von ihm berufenes Kabinett die erforderliche Mehrheit im Parlament erhalten würde.

Er läßt die Chance verstreichen, sei es aus Loyalität zum Vater, sei es aus einer Art Lampenfieber. Er kennt seine Schwächen, die er vor der Öffentlichkeit durch bewußt festes Auftreten zu kaschieren versteht. Aus seinem Freundeskreis stammt seine Charakterisierung als »einer, der weiß, daß er kein Genie ist«. Weder bietet er dem Vater seine Hilfe an, noch äußert er sich zur augenblicklichen Lage, worauf seine liberalen Gesinnungsgenossen dringend warten. Seine Passivität enttäuscht beide Seiten. Er resigniert.

König Wilhelm bleibt nichts anderes übrig, als die verfahrene Situation durch die – wenn auch widerwillige – Berufung Bismarcks zu retten. Er beruft Bismarck, gegen den Willen des Parlaments und den nahezu aller Ratgeber, ja, gegen den eigenen Willen. Und der, ein Meister politischer Taktik, besucht nicht zuerst den König, sondern den Kronprinzen – eine Geste, die ihm den Ruf eines Umsichtigen einträgt und unter den Nationalliberalen, deren gemäßigter Flügel langsam den Fortschrittlichen zu schaffen macht, vielleicht sogar einige Stimmen einbringt. Dabei nimmt er in Kauf, daß der König, dem der Vorrang gebührt, sich zurückgesetzt fühlt – wohl wissend, der König grollt rasch, aber niemals lange.

Friedrich dagegen tritt so etwas wie eine Flucht nach England an. Vicky ist ihm schon mit dem vierjährigen Wilhelm vorausgefahren, um sich bei der Mutter auszuweinen. Man spricht von Emigration. Vicky besitzt ein eigenes Vermögen, das ein Leben außerhalb jeder Verpflichtung ermöglichen würde. Vorerst bleibt es bei einer längeren Abwesenheit von Preußen und Berlin. Mit Edward, dem Prinzen von Wales und späteren Edward VII., der Friedrich auf Wunsch der Queen als *best man* zum Traualtar geleitet hat, bereisen sie das Mittelmeer. Edward, sein Schwager, ist zehn Jahre jünger als Friedrich, und es geht ihm ähnlich wie dem Preußen: auch er wird spät, erst mit 60 Jahren, seiner langlebigen Mutter auf den Thron folgen. Seine Jacht *Osborne* ist ein Tummelplatz dessen, was man ein Jahrhundert später Jet Set nennen wird.

Nicht Heimweh treibt das Kronprinzenpaar ins heimatliche Berlin zurück, sondern der Ausbruch des Kriegs von Preußen und Österreich gegen Dänemark. Da will und kann der Generalleutnant nicht beiseite stehen. Im Gegensatz zu seinem älteren Vetter Friedrich Karl, der sich als Truppenführer bewährt, wird er im Stab des Oberkommandierenden Wrangel eingesetzt. Er stellt die Verbindung zwischen den österreichischen und den preußischen Heerführern her, was er, wie alle derartigen Aufträge, vorzüglich und mit Jovialität bewältigt. Als Friedrich Karl hochdekoriert von den Düppeler Schanzen zurückkehrt, scheint das darauf hinzudeuten, daß sowohl König Wilhelm als auch »König« Bismarck diesen als Nachfolger vorziehen würden.

Darauf reagiert Friedrich wieder auf überraschende Weise, indem er sich stärker von seiner soldatischen Seite zeigt. Im Kriegsrat, dem er jetzt angehört, stimmt er zwar als einziger gegen einen Krieg mit Österreich, aber es dauert nicht lange, da kann er wie sein Vetter auf dem Schlachtfeld beweisen, welch ein Heerführer in ihm steckt. Zum erstenmal kommandiert er im Preussisch-Österreichischen Krieg Tuppen, die 120 000 Mann starke II. Armee, die in Schlesien steht, während die I., die Hauptarmee, von Friedrich Karl geführt wird. Im übrigen gibt man Friedrich einen Chef des Generalstabs zur Seite, Leonhard von Blumenthal. Oberster Befehlshaber ist sowieso Moltke, dessen Devise für die drei Armeen, die zur Verfügung stehen, »Getrennt marschieren, vereint schlagen« heißt.

Da kann also wenig passieren, sollte man meinen, solange die Generäle den Befehlen ihres Oberkommandierenden gehorchen. Was sie jedoch nicht immer tun, zumal ja auch der Feind ein Wörtchen mitzureden hat. »Wird meine Armee geschlagen«, läßt Friedrich in einem Gespräch verlauten, »so kehre ich lebend nicht nach Schlesien zurück«, und verliert prompt das erste Gefecht bei Trautenau. Man muß sich sogar, angeblich durch den »Verrat« des tschechischen Teils der Bevölkerung, wieder hinter die schlesische Grenze zurückziehen. »Ein Rückzug war aber durch nichts geboten«, schreibt der Kriegsberichterstatter Theodor Fontane, »im Gegenteil mußte der Kommandierende alles aufbieten, den bereits errungenen Erfolg (…) zu sichern.« Friedrichs Kommentar an seine Frau: »Es ist wahrlich nicht leicht, Feldherr zu sein.«

Zu seinem Glück kann er in zwei weiteren Gefechten die Scharte wieder auswetzen und die entscheidende Schlacht bei Königgrätz gewinnen. So jedenfalls stellt es sich dar – gewonnen wird die Schlacht dank Moltkes überlegener Taktik, obwohl dessen Zeitplan sich auf einem vom Dauerregen aufgeweichten Gelände nicht hat einhalten lassen. Die II. Armee verzögert sich, aber als sie endlich eintrifft und Moltke dem König melden kann: »Der Kronprinz ist da, und Ew. Majestät haben die Schlacht gewonnen«, ist Friedrich der Held des Tages. Noch auf dem Schlachtfeld verleiht Wilhelm dem Prinzen von Preußen den Pour-le-Mérite-Orden.

Da hat er endlich einmal jene Begabung gezeigt, die Friedrich der Große von allen seinen Offizieren forderte: Fortüne. Selbst Vicky zeigt sich beeindruckt und denkt an ihren Vater, der mit Friedrich immerhin eine Gemeinsamkeit hatte: Er stand, was immer geschah, stets auf preußischer Seite, oft zu Victorias Ärger.

Trotzdem wird Friedrich kein Kriegsverherrlicher. Wie sein Großvater Friedrich Wilhelm III. ist er eher ein an seiner

Geburt gescheiterter Pazifist. Das Schlachtfeld selbst beschreibt er seiner Frau als »grauenvoll, und es lassen sich die entsetzlichsten Verstümmelungen, die sich dem Blicke darstellen, gar nicht beschreiben. Der Krieg ist doch etwas Furchtbares, und derjenige Nichtmilitär, der mit einem Federstrich am grünen Tisch denselben herbeiführt, ahnt nicht, was er heraufbeschwört.«

Er, der im In- und Ausland bald als »Sieger von Königgrätz« gefeiert wird, bleibt seinem anderen Wesen, der Vernunft, auch als Kriegsheld treu. Als sein Vater von Österreich und dessen Verbündeten mehr verlangt, als Bismarck recht und billig scheint, stellt er sich auf Bismarcks Seite, weil dessen Haltung ihm mehr einleuchtet.

Die Altliberalen teilen seine Meinung, die Nationalliberalen schon nicht mehr. Der Zeitgeist hat sich, nicht zuletzt unter dem Eindruck der beiden gewonnenen Kriege, gewandelt. Im neuen Abgeordnetenhaus, das am Tage der Schlacht von Königgrätz gewählt worden ist, sitzen nur noch 148 statt 247 Fortschrittsparteiler.

Der Wandel ist nicht allzu verwunderlich. Es ging den Liberalen wie schon in der 48er-Revolution, ja nicht nur um die Fesetlegung der bürgerlichen Rechte in einer Verfassung, sondern gleichzeitig um ein vereinigtes Deutschland. Beide Bestrebungen liefen parallel – man konnte den Staat der Zukunft als aufgeklärte Monarchie, aber, je nach politischer Einstellung, auch als Republik sehen. Das Ziel lag weniger in der Staatsform als vielmehr in der aus damaliger Sicht fast unerreichbaren nationalen Einheit. Wobei sich die Geister schieden, ob Österreich in einem solchen deutschen Reich dabeisein und damit eine wichtige Rolle spielen sollte oder nicht. Es ging um eine Utopie. Und Utopien verändern sich, kennen keine Grenzen. Daß die deutsche Einheit statt demokratisch schwarz-rot-gold im schwarz-weiß-roten Gewand der Konservativen Wirklichkeit werden könnte, schien ausgeschlossen.

Nun kommt es genau so. Die Einheit hat Vorrang. Wilhelm

bekommt ansehnlichen Landzuwachs, seit jeher eine der Hauptbestrebungen preußischer Herrscher. Unter anderem wird Hannover annektiert, das sich schon von England getrennt hat. Eine Weile scheint es, als wollte man zum besseren Übergang des Landes Kronprinz Friedrich als eine Art Vizekönig nach Hannover schicken, aber dieser Kelch geht an ihm vorbei. Victoria teilt keineswegs die Liebe oder Vorliebe ihres verstorbenen Gatten für Preußen. Daß man die englischen Wurzeln Hannovers kurzerhand abgeschnitten hat, kränkt sie doch zutiefst.

Statt Vizekönig wird Friedrich so etwas wie ein prominenter Reisender für Preußen. Er repräsentiert sein Land bei der Hochzeit des Zarewitsch in Moskau und dampft mit einigen Kriegsschiffen des Norddeutschen Bundes, mit dem Bismarck die deutsche Einheit vorbereitet, in den Orient, wo er der Einweihung des Suezkanals als vielbestaunter Sieger von Königgrätz beiwohnt. Anschließend besucht er Athen, Konstantinopel, Jerusalem und Korsika, wo er seinen 38. Geburtstag verlebt. Ob es der Wahrheit entspricht, was später einige Ärzte vermuten, daß er sich auf dieser Reise eine Geschlechtskrankheit zugezogen habe, die Ursache seiner späteren tödlichen Krankheit gewesen sei, steht dahin. Beim Streit der Ärzte an seinem Totenbett, der buchstäblich in aller Öffentlichkeit ausgetragen wird, werden eine Menge Theorien diskutiert und noch mehr Vorwürfe erhoben. Theodor Fontane gesteht in einem Brief an seine mütterliche Freundin Mathilde von Rohr, daß er »wenig erlebt habe, was mir den Menschheitsjammer so gezeigt hätte wie dieser Vorfall«.

Vorerst begeht Friedrich das Weihnachtsfest mit Frau und Kindern in Cannes. Zur Weltausstellung 1867 in Paris wirkt er als Vorsitzender der Auswahlkomission für den preußischen Pavillon. Die beiden Hauptstücke der Ausstellung scheinen bewußt gewählt, so drohend prophezeien sie die nahe Zukunft. Auf dem monumentalen Reiterbildnis Wilhelms I. sieht dieser bereits aus wie der Deutsche Kaiser. Und die ausgestellte Krupp-Kanone vom Kaliber »Dicke Bertha« spricht für sich selbst.

Im Deutsch-Französischen Krieg 1870/71 führt Kronprinz Friedrich die III. Armee, zum erstenmal keine rein preußische, sondern eine sozusagen gesamtdeutsche Einheit; es sind Württemberger, Badener und sogar Bayern darunter, denen der liberale Feldherr zunächst äußerst mißtrauisch gegenübersteht. Den Krieg tragen die Staaten des Norddeutschen Bundes, dem auch schon einige süddeutsche Staaten angehören, unter der Führung Preußens aus.

Als Feldherr hat Kronprinz Friedrich am meisten Fortüne. Er siegt gleich zu Anfang bei Weißenburg und Wörth, wenn auch zu seinem Entsetzen mit sehr hohen Verlusten, allein die Schlacht bei Wörth kostet ihn über 10 000 Mann. Im Monat darauf ist er es, der die Kapitulation des Kaisers Napoleon III. und der Festung Sedan entgegennimmt – gewissermaßen ein Zufall, welcher ihm zusätzlich zum Titel »Sieger von Königgrätz« den Titel »Sieger von Sedan« einbringt. Der nun 39jährige – seinen Geburtstag begeht er in Versailles, wo er in der Villa des Ombrages residiert – ist zum höchsten Rang avanciert, den ein preußischer Prinz erreichen kann. Wie seinen Rivalen und Vetter, Prinz Friedrich Karl, hat man ihn zum Generalfeldmarschall erhoben. Er befindet sich auf dem Höhepunkt seiner Karriere und seiner Popularität – eine vielzitierte Figur, die jeder kennt: Auf ihn setzt man große Hoffnungen, als er, der die Feier zur Reichsgründung im Spiegelsaal zu Versailles arrangiert hat, vor seinem Vater das Knie beugt und diesem die Hand küßt. Mag der alte Preußenkönig eine bewundernswerte Gestalt sein – der Kronprinz, der immer noch aussieht wie ein Kriegsgott, wird, so glaubt man, das Land in eine freiere und gerechtere Zukunft führen.

Doch merkwürdigerweise hat der, auf den die Liberalen hoffen, eine Affinität zum Krieg. In Friedenszeiten welkt sein Lorbeer rasch. Im ersten gewählten Reichstag wird zwar die Nationalliberale Partei mit 125 von 362 Sitzen die stärkste

Fraktion, aber noch lebt der Vater und ist sogar erstaunlich mobil. Er wird noch 17 Jahre leben und weiterregieren, immer mit Bismarck an der Seite, der das letzte Wort zu behalten pflegt. Mit dem Mustergut Bornstedt in der unmittelbaren Nachbarschaft von Potsdam oder mit jenen von Vicky organisierten Wohltätigkeiten – den englischen *charities* nachempfunden – lassen sich keine Schlagzeilen erzielen wie mit Siegen auf dem Schlachtfeld.

Fast zwei Jahrzehnte wird Kronprinz Friedrich, der ewige Zweite, kaltgestellt, besonders nachdem er mit Bismarck heftig aneinandergeraten ist. Selbst als er seinen beim Attentat des Dr. Nobiling schwerverletzten Vater eine Weile – ausdrücklich nicht als Regent – vertritt, ändert sich daran nichts. Sein Vater verlangt von dem erwachsenen Sohn täglich Rapport am Krankenbett, und Bismarck behält sich beim Sohn wie beim Vater das letzte und entscheidende Wort vor. Friedrich tut sich auch schwer mit dem Tag für Tag zu erledigenden Aktenberg. So zögert er, der stets seinen Abscheu vor der Todesstrafe ausgesprochen hat, lange mit seiner Unterschrift unter das Todesurteil des vorigen Attentäters, Hödel, vor allem als die Mutter ihn, den als milde bekannten Kronprinzen, flehentlich um Gnade bittet.

Friedrich scheint froh, als die Stellvertretertage nach wenigen Monaten vorbei sind. Im Dezember 1878 ist es soweit. Die nächsten zehn Jahre des Kriegshelden und Thronfolgers gleichen denen eines langsam alternden Mannes, der sich damit abgefunden hat, daß er sein einst gestecktes Ziel nicht erreichen wird. Man reist viel, allein, zu zweit und mit den heranwachsenden Kindern. Der Kronprinz fördert Ausgrabungen seines Lehrers Curtius in Olympia. Die Kronprinzessin findet einen Freund und Vertrauten an ihrem Hofmarschall Graf Götz von Seckendorff. Schon legt Friedrich von Holstein, die Berliner »Graue Eminenz«, ein kenntnisreicher Gehilfe Bismarcks, über die beiden eines seiner berüchtigten Dossiers an, als er von keinem anderen als Bismarck zurückgepfiffen wird.

Der Kanzler macht sich nicht einmal ausgesprochene Gegner zu Feinden, wenn es sich vermeiden läßt.

Die Kinder wachsen heran, was nicht bedeutet, daß die Probleme mit ihnen geringer werden. Wilhelm, der Älteste, ist das Sorgenkind, egozentrisch bis zur Selbstherrlichkeit, arrogant schon als Kind, jedem Erwachsenen seinen verkürzten linken Arm übelnehmend, vor allem der Mutter. Als junger Mann macht er grundsätzlich alles anders als die Eltern. Die Zeit vergeht – seine Ehe mit Auguste Victoria von Augustenburg wird ähnlich mit Kindern gesegnet wie die von Vicky und Friedrich. Bis 1888 werden vier Jungen und ein Mädchen geboren.

Friedrich kommt mit seiner Zeit immer schlechter zurecht. Die liberale Partei bricht auseinander. Sie hat sich in ihren alten, idealen Formen überlebt und versucht, sich mit nationalem Geist zu modernisieren. Als im Kriegsrat 1887 ein Präventivkrieg gegen Rußland diskutiert wird, findet sich Kronprinz Friedrich, der Altliberale, bei denen, die ihn befürworten, während Bismarck, der selbstredend recht bekommt, gegen einen Krieg ist.

Haben sich die Fronten umgekehrt oder zumindest verschoben? Die Zeit scheint über Friedrich hinweggegangen zu sein. Kaiser Wilhelm, nicht mehr der Agilste, aber immer noch rüstig, geht auf die Neunzig zu. »Ich kann doch nicht Selbstmord machen«, soll er einmal einem Vertrauten gesagt haben, »damit mein Sohn an die Regierung kommt.«

Am neunzigsten Geburtstag des Monarchen geht es dem 55jährigen Friedrich, der den Gastgeber abgibt, nicht gut. Seine andauernde Heiserkeit hat man anfangs auf eine Erkältung geschoben. Doch als der Kronprinz nach dem hohen Geburtstag des Vaters eine Kur in Bad Ems antritt, verschlimmern sich die Halsschmerzen. Wieder in Berlin, stellt der Generalarzt Dr. von Bergmann, ein Chirurg, im Kehlkopf ein Gewächs fest und empfiehlt eine Operation, die Spaltung des Kehlkopfes. Das fünfköpfige Komitee der königlichen Leibärzte hält jedoch die Hinzuziehung eines Spezialisten für notwendig. Da fällt der Name Dr. Morell Mackenzie, womit um die Behandlung des todkranken Prinzen jener medizinische Konkurrenzkampf ausbricht, den – wie bereits zitiert – Fontane so sehr beklagt hat.

Medizinisch ist gegen den später geadelten Dr. Mackenzie nichts einzuwenden. Der 51jährige Facharzt hat in London, Paris und Wien studiert und ist schon für seine Doktorarbeit »Über die Pathologie der Krankheiten des Kehlkopfes« mit einem Preis ausgezeichnet worden. Er gilt als europäische Kapazität, und es läßt sich denken, daß sowohl Friedrich als auch Vicky sich nur zu gern mit einem Londoner Fachmann einverstanden erklären. Die einzige Warnung kommt ausgerechnet aus der englischen Hauptstadt, von seiten der Königin Victoria, die darauf hinweist, daß Dr. Mackenzie ein durchaus profilierter Mann, jedoch wegen seiner Geldgier bei den Kollegen nicht eben beliebt sei. Tatsächlich wird er eines Tages für seine Behandlung des hochgestellten Patienten 240000 Goldmark einstreichen.

Die reichlich überhöhte Rechnung dürfte das einzige sein, was an ihm zu kritisieren wäre. Er beschränkt sich zunächst einmal auf einen kleinen Eingriff. Ein Gewebeteil wird dem kranken Kehlkopf entnommen und dem berühmtesten Pathologen Europas zur Untersuchung geschickt. Daß man eine solche Untersuchung bis dahin versäumt und so spät einen Mediziner wie Professor Virchow dafür hinzugezogen hat, läßt sich kaum erklären. Da mögen, was die Gazetten bald vermuten, politische Gründe im Spiel sein. Virchow, der Begründer der Zellularpathologie, ist nicht nur einer der großen Mediziner seiner Zeit, sondern auch Abgeordneter im Berliner Abgeordnetenhaus und einer der erbittertsten Gegner Bismarcks, den er nur einmal unterstützt hat: im »Kulturkampf«. Er hat auch den für Bismarck schmeichelhaften Namen dafür erfunden.

Bei der Untersuchung muß Virchow ein Fehler unterlaufen

sein. Ausgerechnet er, der überdies politisch auf der Seite Friedrichs steht, verschlimmert den Krieg der Ärzte, indem er in seinem Untersuchungsbericht das Geschwür als gutartig diagnostiziert. Als Dr. Bergmann trotzdem operieren will, wehrt sich Mackenzie, der erklärt, sein Patient würde eine Operation nicht überstehen. Ein heilloses Durcheinander, das durch antienglischen Hofklatsch und irreführende Zeitungskommentare noch verstärkt wird. Das Gutachten wird an Virchow zurückgegeben mit der Bitte um nochmalige Überprüfung.

Trotzdem unternimmt Friedrich es, den Vater noch einmal in der europäischen Öffentlichkeit beim Goldenen Kronjubiläum seiner Schwiegermutter, Queen Victoria, zu vertreten. Der totenblasse Mann in der weißen Uniform, der wie abwesend hoch zu Roß an der Festparade teilnimmt, erscheint den Londonern wie ein Sagenheld. Sie rufen ihm: »Lohengrin, Lohengrin!« zu. Er verzieht kaum eine Miene. Fernab der Querelen der Berliner Stabsärzte und medizinisch betreut von Mackenzie (jetzt Sir Morell), fühlt er sich besser. Nach Berlin sehnt er sich im Augenblick nicht zurück.

Um so bereitwilliger greift er Mackenzies Empfehlung auf, sich wegen einer zusätzlichen Erkältung in ein milderes Klima zu begeben. Das findet sich am Lago Maggiore, seiner ersten Station, nicht. Dort ist es kalt, der Dauerhusten droht, sich in eine Lungenentzündung zu verschlimmern. Sir Morell schickt einen Vertreter, kommt dann aber selbst, als er nach San Remo an der italienischen Riviera gerufen wird. Trotz der dort wärmeren Witterung geht es Friedrich nicht besser. Er hat Schwierigkeiten beim Atmen, und Mackenzie holt telegrafisch zwei weitere Kehlkopfspezialisten nach San Remo, einen Professor aus Wien und einen Privatdozenten aus Berlin.

Beide diagnostizieren die Veränderungen am Kehlkopf des Kronprinzen als Krebs. Der Patient und Vicky nehmen das Verdikt mit großer Gelassenheit hin. Den Ärzten zufolge gibt es zwei Möglichkeiten: eine Totaloperation, die Friedrich die Stimme kosten, aber eine Heilung nicht ausschließen würde, oder einen Kehlkopfschnitt, der zwar keine Heilung, dem Kranken aber beim Atmen Erleichterung brächte. Friedrich entscheidet sich für letzteres. Ein Kaiser ohne Sprache ist kein Kaiser, sagt er.

Franz Herre, Friedrichs kenntnisreichster Biograph, schließt daraus, daß es so etwas wie ein Übereinkommen zwischen Mackenzie, Vicky und Friedrich gegeben haben könnte, den Krebs zu verschweigen. Die Erkrankung hätten sich bestimmte Kreise zunutze machen können, um gleich den Erbprinzen Wilhelm als Nachfolger des alten Kaisers einzusetzen, was alle Hoffnungen auf eine liberale Regierung in Deutschland zunichte machen würde. Eine solche Absprache könnte sogar Virchows Fehlurteil erklären, das er immer noch nicht korrigiert hat. Intrigen sind schon im Gange: steht doch plötzlich Erbprinz Wilhelm vor der Tür, offensichtlich um den Vater zu überreden, ihn zum Regenten zu ernennen. Herres Vermutung wird durchaus plausibel, wenn man die Umtriebe am Berliner Hof bedenkt.

Auf Verlangen der Adjutanten des Kronprinzen wird aus Berlin der preußische Arzt Dr. Bergmann zitiert, dem allein gestattet sei, einen künftigen König und Kaiser zu operieren. Aber der Generalarzt trifft zu spät ein. Es besteht akute Erstickungsgefahr, und da Mackenzie als Engländer nicht zum Messer greifen darf, muß Bergmanns Assistent Dr. Bramann, der in San Remo weilt, den Schnitt vollziehen. Während Bergmann nach seiner Ankunft voll des Lobes über seinen Assistenten ist, findet Sir Morell den Schnitt nicht korrekt auf Mittellinie gelungen. Aber dem Kronprinzen verschafft er Erleichterung. Als dieser aus der Narkose erwacht, hat er seine Stimme verloren, und eine Kanüle ist ihm in den Hals eingeführt. Man schreibt den 8. Februar 1888. Am 9. März stirbt in Berlin Kaiser Wilhelm I., den viele schon damals »den letzten Preußen« nennen.

Tags darauf verläßt Friedrich im eigenen Salonwagen San Remo. Die Minister erwarten ihn am Nachmittag des 11. März auf dem Leipziger Hauptbahnhof, Bismarck an der Spitze. Der Kaiser und König, der sich nicht nach seinen beiden Namen Friedrich Wilhelm, sondern nur Friedrich III. nennen will, trägt die offene Uniformjacke mit Eisernem Kreuz und Pour le Mérite am Hals; den Verband bedeckt gnädig der leicht ergraute Bart. Bismarck küßt dem Kaiser die Hand, und dieser greift zum Schreibblock, mit dem er sich in Zukunft verständlich machen muß. Auf den ersten Zettel schreibt er: »Haben Sie etwas Besonderes vorzutragen?«

Es kommt alles anders, als man es vorausgesehen haben mag. Den Hof verlegt das Kaiserpaar weder auf das Stadtschloß noch ins repräsentative Potsdam, sondern auf das Schloß Charlottenburg. Dort befindet sich eine große Orangerie, in deren überheizten Räumen man wie in San Remo spazierengehen kann. Der Kaiser braucht Wärme zur Heilung der Halswunde. Bismarck wird nicht, wie es sich gewiß Vicky erträumt hat, im Augenblick der Thronbesteigung kaltgestellt, sondern behält wie selbstverständlich das Amt, das er seit einem Vierteljahrhundert verwaltet. Der neue Kaiser macht wenig Anstalten, eine freiere Verfassung vorzubereiten oder doch wenigstens den Liberalismus zu unterstützen. Seine nationalliberale Ministerliste hat einen unverkennbar nationalen Schwerpunkt. Und sein Aufruf »An mein Volk« entbehrt jeden Hinweises darauf, daß sich nun etwas ändern wird.

Es kann sich auch nichts mehr ändern in den 99 Tagen, die diesem König von Preußen und Kaiser von Deutschland bleiben. Was vermag ein müder und kranker Mann zu bewirken, der einmal am Tag in einem Ponywagen durch den Charlottenburger Garten gefahren wird, der allenfalls eine Parade salutierend aushält und es nur einmal noch schafft, von Charlottenburg nach Berlin zu fahren, um ein letztes Mal Unter den Linden zu sehen und das Kronprinzenpalais, das so lange seine Wohnstatt und die seiner Familie gewesen ist?

Als sie hört, wie schlecht es ihrem Schwiegersohn geht und wie unfein sich ihr Enkel Willie benimmt, entschließt sich

Königin Victoria, in Berlin nach dem Rechten zu sehen. Am 24. April trifft sie im Schloß Charlottenburg ein. »Fritz« ist schon bettlägerig und freut sich über den Besuch und das Mitbringsel: die Kopie eines Bildes, das er im Buckingham Palace so oft bewundert hat. Dr. Mackenzie empfängt sie, der nach wie vor Friedrichs Vertrauensarzt ist, obwohl die Kanülen von einem Stabsarzt – meist roh und unbeholfen – eingeführt werden müssen. Der Kaiser habe noch etwa zwei Monate zu leben, wenn es hoch kommt drei, erklärt Sir Morell.

Victoria verbringt Stunden am Bett des Kranken und beantwortet die englischen Fragen, die er auf seinen Notizblock schreibt. Weitere Stunden verbringt sie mit Vicky, die untröstlich scheint – aus Liebe zu ihrem Mann, wie man bei Hofe, aus Trauer über den schnellen Verlust der Kaiserinnenwürde, wie die Hämischen behaupten. Wahrscheinlich trauert sie – zu Recht – über beides.

Wilhelm, ihren Enkel, der sich immer gern auf ihrem Besitz Osborne auf der Isle of Wight aufgehalten hat, bekommt sie kaum zu Gesicht. Aber Bismarck, kein Freund ihrer Tochter – sie hat ihn seit jeher im Verdacht, ein Freund der Russen und ein Gegner der Briten zu sein –, macht ihr wenigstens als Gentleman seine Aufwartung. Er ist auch bei einem Bankett in Charlottenburg zugegen, das man ihr zu Ehren gibt.

Die eisige Atmosphäre, die sie hier umgibt, bleibt ihr dennoch nicht verborgen. Man kommt ihr nicht feindlich entgegen, aber auch nicht freundlich. Augenzeugen wollen die alte Dame gesehen haben, wie sie fassungslos und verwirrt durch das Schloß Charlottenburg geistert, das eher einem Hospital gleicht als einer Residenz. Da findet sich kein Hauch vom Geist ihres Albert, der für sie der Geist Deutschlands war und geblieben ist. Auch vom preußischen, der hier zu Zeiten des ersten Friedrichs, der gelehrten Sophie Charlotte und des hochgelehrten Leibniz' geherrscht hat, ist nichts mehr zu spüren. Selbst Vicky und Friedrich empfinden das. Im Juni übersiedeln sie mit dem Dampfer von Charlottenburg nach Potsdam. Dort stirbt

Friedrich III. am 15. Juni 1888. Der Tod erfolgt, wie die Zeitungen melden, »schmerzlos durch eine Lähmung der Lungen«.

Mag er kein Genie gewesen sein und es gewußt haben. Er war ein Hoffnungsträger für das alte Preußen und das neue, endlich vereinte Deutsche Reich. Erfüllen konnte er die Hoffnungen nicht – ein preußisches und damit jetzt: ein deutsches Schicksal.

Wilhelm II.

oder
Das Einfache in bengalischer Beleuchtung

Er ist der deutscheste der drei Kaiser im Zweiten Reich. Und es fragt sich, ob man ihn überhaupt noch als einen Preußen bezeichnen kann. Den Titel »König von Preußen« führt er zwar weiter, sogar noch vor der Kaiserwürde. Aber ansonsten gibt er sich voll und ganz einem Image hin, das er sich von einem Herrscher macht, wie er zu einem siegreichen und vereinten Deutschland paßt. Nach den 27 Jahren, die sein Großvater, und den nur 99 Tagen, die sein Vater an der Regierung waren, hat er gute dreißig Jahre Zeit, diese Herrscherfigur zu verkörpern. Oder, wie es manchmal den Anschein hat: zu spielen.

Dabei hat er Erfolg, zumindest am Anfang und beim eigenen Volk. So pompös, wie er aufzutreten pflegt, stellt man sich im inzwischen prosperierenden großen, mächtigen Deutschland einen Kaiser vor. So sieht es jedenfalls sein Zeitgenosse Rathenau, der ihm im Ersten Weltkrieg die Versorgung von Land und Heer besorgt: »Dies Volk in dieser Zeit, bewußt und unbewußt, hat ihn so gewollt und nicht anders gewollt (...) In der unbeschreiblichen Dramatik ihrer Geschichtswebung hat es Klio gefallen, in einem großen Menschenschicksal den Deutschen ihr zeitliches Wesen, ihre Selbstentfremdung, ihren Abgott und ihren Sturz zu verknüpfen. Niemals zuvor hat so vollkommen ein sinnbildlicher Mensch sich in der Epoche, eine Epoche sich (in einem) Menschen gespiegelt.«

Andere Zeitgenossen sehen das anders. Etwa der Schriftsteller Stephan Lackner: »Bis zu meinem achten Lebensjahr in Berlin waren wir Untertanen. Wenn Wilhelm der Zweite im offenen Auto mit Hupendreiklang – ›Der Kaiser kommt!‹ –

Unter den Linden dahinbrauste, standen die Zivilisten auf den Bürgersteigen stramm. Sie fühlten sich sogar enorm geehrt, Untertanen sein zu dürfen. In unserer Schule wurde der Kaiser folgendermaßen besungen: ›Fühl in des Ruhmes Glanz die hohe Wonne, Liebling des Volks zu sein!‹«

Dem Erfolg steht ein Pomp im Wege, der an Lächerlichkeit grenzt, und eine Großmäuligkeit, die auf etwas absolut Unpreußisches schließen läßt, nämlich erhebliche Selbstüberschätzung. Der »merkwürdige Hang zum Opernhaften«, den der Erzbayer Ludwig Thoma konstatiert, »hat unser loyales Bürgertum dazu gebracht, in Wilhelm II. die Verkörperung der Ideale zu sehen (...) Kein Ding konnte mehr nüchtern oder in der Stille geschehen. Auch das Einfachste vollzog sich in bengalischer Beleuchtung.« Drastischer hat es wiederum der Preuße Stephan Lackner ausgedrückt: »Mein Papa faßte die Geschichte des deutschen Kaiserreiches seit 1871, von Wilhelm I., über Friedrich III., zu Wilhelm II. so zusammen: ›Der greise Kaiser – der weise Kaiser – der Scheißekaiser.‹«

Von Bewunderung und Liebe zur Fäkal-Beleidigung ist es im Volksmund nur ein kurzer Sprung. Denn der Volksmund liebt nun einmal das Unmißverständliche und macht es zum Klischee. Obwohl diese Haltung sich nicht nur auf den Volksmund beschränkt. Daß die übersteigerte Egozentrik Wilhelms II. auf den bei der Geburt verkrüppelten linken Arm zurückgeht, ist ein ähnliches Klischee, diesmal aus Kreisen der Gelehrten und Historiker. Es klingt ja durchaus plausibel, so daß es lange niemand angezweifelt hat: der ehrgeizige, wenn auch nicht übermäßig begabte junge Prinz, der sich körperlich benachteiligt fühlt und daher bewußt flott und arrogant auftritt. Diese Deutung stammt übrigens aus Emil Ludwigs Biographie von 1926, die ganz zu Recht bis hinein in unsere Tage immer neue Auflagen erlebt hat.

Friedrich Hartau hat in seiner kürzeren Biographie als erster darauf hingewiesen, daß diese Erklärung für des Kaisers Minderwertigkeitsgefühle revisionsbedürftig ist. Denn es gibt weitere körperliche Mankos, die seine Gesundheit beeinträchtigten: »das linke Bein war weniger beweglich, das linke Ohr schmerzte oft, und er hatte Gleichgewichtsstörungen«. Was den Gedanken an »eine niemals wahrgenommene Störung im zentralen Nervensystem« nahelegt. Müssen ihm doch Freunde bei den Bayreuther Festspielen 1886 das leidende Ohr vor allzu lauten Posaunenklängen des Orchesters schützen, die ihm unerträglich sind. Alles Ursachen für jene Nervenkrisen, die schon der junge Mann durch verstärkte Großmannssucht zu bewältigen sucht. Um so mehr, als ihm, wie bei den Hohenzollern üblich, mit zehn Jahren der Schwarze-Adler-Orden umgehängt wird und mit dem Leutnantspatent die soldatische Karriere beginnt.

Weil er das weiß, oder die Eltern seine Hemmungen ahnen, beginnen seine Übungen schon, als er sechs Jahre alt ist. Sie sollen es ihm ermöglichen, mit den Altersgenossen Schritt zu halten. Ganz gewiß für einen ehrgeizigen Jungen keine leichten Voraussetzungen.

Ein Fehler der Familie könnte sein, daß sie den Kleinen und später den Heranwachsenden zu sehr loben, um ihn zu ermuntern. Kinder sind hellhörig für falsche Komplimente. Großvater Wilhelm I. etwa bewundert seine laute Stimme: »Wie ein Opernsänger!« Auch spielt man den verkümmerten Arm vielleicht allzusehr herunter, indem man dem Kind immer wieder die althergebrachte Sage von der Prophezeiung im Kloster Lehnin erzählt. Danach soll es eine Handschrift geben, die Deutschlands größte Zeit dermaleinst unter einem einarmigen Kaiser voraussagt.

Mit anderen Worten: Man vertuscht die Verkrüppelung und macht sie dadurch zu einem Makel, den kein märchenhafter Trost beseitigt. Dem Jungen wird damit nicht geholfen. Er muß mit der körperlichen und seelischen Beeinträchtigung allein fertig werden. Zunächst kann er weder klettern noch reiten und nicht einmal schnell laufen, weil er nur schwer das Gleichgewicht halten kann. Eine traumatische Erfahrung, auch wenn die beigegebenen Adjutanten dafür sorgen, daß dem Prinzen direkte Erniedrigungen erspart bleiben. Daß es ihm trotzdem gelingt, den Dienst zu versehen, ja, daß er das Reiten anfangs auf Ponys und fortschreitend auf normalen Pferden mit großer Willenskraft lernt, bis man ihm keinerlei Schwierigkeiten im Sattel mehr anmerkt, verrät Mut und Selbstdisziplin.

Es fragt sich jedoch, ob ein trockener calvinistischer Pädagoge wie Dr. Georg Hinzpeter eine gute Wahl als Prinzenerzieher ist. Der überanstrengt seine beiden Zöglinge, Wilhelm und seinen etwas geistesschwachen Bruder Heinrich, mit einem Unterrichtsplan, der um sechs Uhr in aller Herrgottsfrühe beginnt und punkt sechs Uhr abends endet. Im übrigen hat er sich vorgenommen, den beiden Prinzen die Wirklichkeit so, wie sie sich außerhalb des Hoflebens darstellt, drastisch vor Augen zu führen.

Das mag durchaus richtig gedacht sein, erweist sich aber als Fehler. Als er mit seinen Zöglingen in offener Hofkutsche nach Moabit fährt, einem Berliner Stadtteil, von dem er gehört hat, daß sich in ihm kein Hohenzoller sehen lassen darf, werden sie tatsächlich gefährlich bedroht und sogar mit Steinen beworfen. Der geistesgegenwärtige Kutscher rettet die Situation, indem er den Arbeiterbezirk im Galopp wieder verläßt.

Die Eltern sind keine große Hilfe. So aktiv sie sich den wichtigen, in die Zukunft gerichteten politischen Denkprozessen widmen, so wenig kümmern sie sich um die Probleme des ältesten Sohnes. Sie leben, scheint es, in verschiedenen Welten, wie es bei den komplizierten Verhältnissen an den Höfen häufig vorkommt. In vorliegendem Fall scheint das Verhältnis lange vor der Pubertät schon völlig gestört. Das Baby und den goldblonden Knaben mit den blitzblauen Augen hat man früh in der ganzen Verwandtschaft herumgezeigt, bei der englischen in Balmoral und auf Osborne, wo Königin Victoria und ihr Albert den Kleinen im Schottenkostüm fotografieren lassen, bei den deutschen Großeltern mütterlicherseits in Coburg. Ein inniges menschliches Verhältnis hat Wilhelm nur zu seiner Großmutter Augusta. Sie zeigt ihm als einzige der nahen Verwandten so etwas wie Liebe.

Auch die Zeitgenossen weisen darauf hin, daß Lieblosigkeit keine Liebe entfachen kann. Wilhelm geht schon in jungen Jahren mit Verwandten um, als wären sie Feinde – was sie demzufolge oft werden. Aus dem gleichen Grund, scheint er unfähig zu dauerhaften Freundschaften. Je mehr Feinde sich der Prinz, mehr noch der spätere Kaiser machen wird, desto weniger Freunde. Und die er hat, läßt er bei der kleinsten Schwierigkeit, oft auch nur aus Überdruß wie eine heiße Kartoffel fallen. Für Menschen hat er keinen Instinkt, auch wenn er sich gern als großer Psychologe vorkommt. Hinzpeter äußerte einmal über seinen früheren Schüler: »Er hätte Maschinenschlosser werden sollen!« Wilhelm im Overall mit einem Schraubenschlüssel hantierend ist gewiß eine groteske Vorstellung. (Dennoch wird ein Enkel des letzten Deutschen Kaisers tatsächlich später eine Weile als Maschinenschlosser bei General Motors in den USA arbeiten.)

Hinzpeter, der für seinen Zögling etwas Ähnliches gewesen sein muß wie Friedrich Wilhelm I. für den jungen Friedrich, verläßt den 14jährigen, der 1873 die Aufnahmeprüfung für die Obertertia des Joachimsthaler Gymnasiums besteht. In der Schule reüssiert er nicht, und unter den Schulkameraden gilt er bald wie unter seinen Kusinen und Vettern als launisch, heute nett und morgen unerträglich, als ein, wie man in Berlin sagt, »falscher Fuffziger«.

Etwas erfreulicher gestalten sich die zwei Studentenjahre, die er wie einst sein Vater auf der Bonner Universität verbringt, nicht zuletzt bei den feucht-fröhlichen »Borussen«, der feudalsten schlagenden Verbindung des Landes. Daß er eine Liebschaft hatte, die Wilhelm Meyer-Förster als Vorlage seiner Erfolgs-Schmonzette *Alt-Heidelberg* (in der englischen Übersetzung: *The Student Prince*) gedient haben soll, dürfte ein Märchen sein. Die Rolle des Karl-Heinz, der sich als künftiges

Oberhaupt eines Kleinstaats in eine Wirtstochter verliebt, paßt ganz und gar nicht zum sprunghaften Preußen-Wilhelm, der von zwei Adjutanten begleitet und behütet wird.

Aus Bonn bringt er vorwiegend praktische Erfahrungen mit, vor allem die, daß man im katholischen Rheinland die Preußen nicht übermäßig gern hat, wohl aber Bismarck für den augenblicklich Größten aller Deutschen hält. Das kommt ihm entgegen, weil seine Eltern Bismarck hassen, und mit seinen Eltern steht er nach wie vor verquer. Genaugenommen verquerer denn je. Seine Mutter scheint sich sogar eines Tages von dem Sohn mit den reaktionären Vorlieben endgültig abgewendet zu haben. Bismarck, den er bislang nicht eben sympathisch fand, steigt dafür in seiner Achtung, was diesem zugetragen worden sein muß. Der alternde Reichskanzler mit dem greisen Kaiser und dem endlos auf seine Chance wartenden, weitgehend desillusionierten Kronprinzen beginnt plötzlich, sich dem Nachfolger des Nachfolgers zuzuwenden.

Der, inzwischen zu den Husaren versetzt und zum Major erhoben, ist nach dem Ausscheiden aus Universität und Borussia in der schmucken neuen Uniform selbstbewußter geworden denn je. Er verkehrt mit dem Kanzler, als sei er bereits der Thronfolger, und mit dem Großvater, als gäbe es seinen Vater, den Kronprinzen, schon gar nicht mehr. Dieser stellt ihn empört zur Rede und erhält zur Antwort, derartige Eigenmächtigkeiten seien notwendig, weil der Vater ihn nicht ausstehen könne und die Mutter ihn wütend anfahre, sobald er nur eine politische Meinung von sich gebe.

Einen Gefallen tut der eigensinnige Sohn ihnen dann doch. Seine Brautwahl findet einhellige Zustimmung. Am 27. Februar 1881 heiratet er Auguste Viktoria von Augustenburg, die Tochter eines Freundes des Vaters aus dessen Bonner Tagen – und eines Liberalen dazu. Es handelt sich, von Vicky und Friedrich aus gesehen, sogar um so etwas wie eine Wiedergutmachung. Der Vater, Herzog Friedrich von Schleswig-Holstein, war einst als Landesherr des von den Dänen zurückeroberten

Gebiets vorgesehen. Nach dynastischen Gesetzen wäre das rechtmäßig und eigentlich selbstverständlich gewesen, ist aber an Bismarck gescheitert. Der wollte das Doppel-Land mit dem Hafen von Kiel für Preußen haben. Den Schwarzen Peter bekamen dann allerdings die Hohenzollern zugeschoben, Wilhelm I., dessen Unterschrift das Schicksal des Herzogs besiegelte, der erst kürzlich verbittert im Exil auf dem Schloß Primkenau bei Görlitz gestorben ist.

Wegen der Trauer um ihn bleibt die Verlobung geheim. Desto öffentlicher und pompöser findet die Hochzeit statt. Vom Schloß Bellevue aus bewegt sich ein mächtiger Wagenzug zum Berliner Dom. Die Karosse des Brautpaars ist wie eine riesige Krone gestaltet, die Wagen der Gäste sind mit Girlanden und Fahnen geschmückt. Die Berliner amüsieren sich besonders darüber, daß es einem Reklamewagen der Nähmaschinenfabrik Singer gelingt, sich in den Umzug einzuklinken.

Eine spektakuläre Partie ist Auguste, die allgemein »Dona« genannt wird, nicht. Sie hat weder Geld noch hohe dynastische Verbindungen vorzuweisen, nicht einmal, strenggenommen, die volle Ebenbürtigkeit, auf die man früher so großen Wert gelegt hatte. Immerhin lassen sich die dazu notwendigen 16 Ahnen dokumentieren, darunter die englische Königin Victoria, was schließlich den Ausschlag gab.

Dona ist kaum als eine Schönheit zu bezeichnen. Sie sieht aus wie eine brave Landpomeranze, die sie auch ist. Der holländische Wilhelm II.-Biograph J. A. de Jonge beschreibt sie folgendermaßen: »Sanftmütig, still, bescheiden und vor allem fromm, am liebsten mit einer Handarbeit beschäftigt, ohne irgendeinen politischen Einfluß. Sie schenkte ihrem Ehemann sechs Söhne und eine Tochter, trotz der Redereien über Wilhelms intime Freundschaft mit dem homosexuellen Grafen Philipp von Eulenburg und seiner [i. e. Wilhelms] Neigung, hübschen Offizieren einen Klaps auf den Popo zu geben. Kurzum die ideale Frau in Bismarcks, aber auch in Wilhelms Augen, der sich fürchterlich über die Einmischungen seiner

Mutter ärgerte und vielleicht gerade deswegen die folgsame und hingebungsvolle Dona als Braut gewählt hatte.«

Fügen wir hinzu, daß die Erwähnung Bismarcks auf einen seiner Aussprüche zurückgeht: »Dreimal K ziert die deutsche Frau: Kirche, Kinder und Küche«, und daß diese deutsche Musterfrau, mit Wilhelm beinahe gleichaltrig, nur ein bißchen älter als er ist. Dona hat Wilhelm weder in die Politik hineingeredet noch ihm auf irgendeine Weise im Weg gestanden. Ebenfalls von de Jonge erfahren wir, wahrscheinlich aus Doorner Quellen, daß sie auf einem bestand: auf einem gemeinsamen Doppelbett. Denn wenn es um die Familie geht, so hält sie ihn erbarmungslos des Abends im Schlafzimmer oft stundenlang mit den Problemen der Kinder wach. »Zu seinem Ärger«, wie de Jonge hinzufügt.

Was die Kinder betrifft, so sucht Wilhelm offensichtlich, es seinen Eltern gleichzutun oder sie zu übertreffen. Die Geburten erfolgen rasch nacheinander. Es beginnt 1882 mit einem Sohn, der wieder auf den Namen Wilhelm getauft wird. Danach kommen 1883 Prinz Eitel Friedrich, 1884 Prinz Adalbert, 1887 Prinz August Wilhelm (»Auwi«), 1888 Prinz Oskar, 1890 Prinz Joachim und 1892 als siebentes Kind Prinzessin Viktoria Luise. Merkwürdigerweise ist Wilhelm ein Tochtervater. Für seine Söhne hat er sich wenig interessiert und sie kaum gefördert. Ein enges Verhältnis besaß er nur zum einzigen Mädchen.

Das Jahr 1888, ein deutsches Schicksalsjahr, beginnt mit Wilhelms Ernennung zum Generalmajor und endet mit dem lang erhofften Ziel. Drei Kaiser sitzen in diesem Jahr auf dem erst jüngst geschaffenen Thron des Deutschen Reiches. Er ist der dritte, und wie er sich auf dem Thron fühlt, zeigt seine Unterschrift. Bis hin zu seiner Abdankungsurkunde wird er hinter seinem Namen ein stolzes I. R., Imperator Rex, setzen. Haben sein Großvater und sein Vater gut ein halbes Leben darauf warten müssen, die Regierung zu übernehmen, hat er mehr Fortune. Er wird im nächsten Jahr erst dreißig, ein agiler junger Mann, beliebt vor allem bei den Frauen, denen er mit seinen vielen schicken Uniformen imponiert, die von Orden und Medaillen aus aller Welt nur so blitzen. Den Schnurrbart trägt er zu dieser Zeit noch nach der Mode, mit den Spitzen nach unten hängend. Ein Hoffriseur wird diese in naher Zukunft mit viel Gelantine optimistisch nach oben zwirbeln. »Es ist erreicht!« nennt sich die neue Bartmode. Sie entspricht den Vorsätzen, die der junge Kaiser zu verwirklichen sich vorgenommen hat.

Den Großvater verehrt Wilhelm Zwo, wie er sich nicht ungern nennen hört, von allen Ahnen am meisten. Wenn ihm, was allerdings selten vorkommt, gar nichts mehr einfällt, läßt er in irgendeinem entlegenen Ort ein weiteres Denkmal oder einen Turm zu Ehren »Wilhelms des Großen« errichten. Mit allen Mitteln möchte er den ersten Kaiser des Zweiten Reichs so in die Geschichtsbücher eingehen lassen. Aber obwohl er seinen jüdischen Freund Albert Ballin, den Generaldirektor der Hapag-Reederei, dazu überreden kann, einen modernen Überseedampfer auf diesen Namen zu taufen, bürgert er sich für Wilhelm I. nicht einmal in Deutschland ein. Die Verehrung des Enkels ist ehrlich, auch wenn er den Großvater in keiner Weise zum Vorbild für seine eigene Herrschaft nimmt.

Wo dieser sparsam war und zurückhaltend, ist er verschwenderisch und laut. Schwer vorstellbar, daß der erste Wilhelm sich von kriecherischen Hofschranzen wie der zweite dieses Namens allmorgendlich eine Auswahl ausschließlich schmeichelhafter Presseartikel in einer eigenen Zeitung hätte vorlegen lassen, die in goldenen Lettern gedruckt ist. Und wo dieser sich auf die Arbeit konzentrierte, die gewissenhaft erledigt werden mußte, schwirrt der Enkel – man kann das wörtlich nehmen – nur so in der Weltgeschichte herum, in vier luxuriös eingerichteten Sonderzügen, in den ersten komfortablen Automobilen und jedes Frühjahr mit der eleganten Motorjacht *Hohenzollern* auf Nordlandreise zu den norwegischen Fjorden und Anfang des Sommers zur Teilnahme an der englischen Großregatta nach Cowes auf der Isle of Wight.

Er hält sich auch nicht an den Wunsch des Großvaters, den alten – inzwischen 75jährigen – Reichsgründer Bismarck so lange wie möglich im Amt zu behalten. Der fühlt sich durchaus noch fit für sein Amt, als er am 20. März 1890 in einem Handbrief Seiner Majestät die Entlassung erhält. Die gleichzeitige Ernennung zum Herzog von Lauenburg wirkt wie ein billiges Abschiedsgeschenk. Bismarck wird den Titel nie benutzen. Die Krone setzt dem Ganzen zudem ein persönliches Telegramm auf, in dem der abgesetzte Kanzler liest: »Mir ist so weh ums Herz, als hätte ich Meinen Großvater noch einmal verloren.«

In Wirklichkeit steht der Mann, der die deutsche Einheit geschaffen hat, dem jungen Draufgänger im Wege. Denn seine Thronbesteigung nimmt sich aus wie eine Machtergreifung. Wilhelm ist kein Hitler, aber wie er in einem Höllentempo alles nach seinem Gusto umzukrempeln versucht, ähnelt tatsächlich, gewissermaßen ein vorweggenommener Spuk, einer späteren, noch verhängnisvolleren historischen Situation, dem 30. Januar 1933. Blitzschnell erweitert Wilhelm die bislang relativ kleinen Stallungen des kaiserlichen Hofs auf 200 Pferdegespanne, die keine andere Aufgabe haben, als die Damen und Herren des Hofstaats in der Hauptstadt herumzukutschieren. Dem Hof selbst gibt er eine neue komplizierte Rangordnung, die – vom Oberstkämmerer bis zum letzten Leutnant – nicht weniger als 62 Abstufungen umfaßt.

Bismarcks Nachfolger im Amt des Reichskanzlers ist General Leo von Caprivi. Ihn hat Bismarck, wenn auch unter anderen Voraussetzungen, noch selbst empfohlen, weil er ihn, zu Recht, für unbestechlich hält. Graf Caprivi ist ein braver Militär, der an Disziplin gewöhnt ist, und einer mit Rückgrat. Den ersten Versuch einer Admiralsclique, die Kriegsflotte auf schwere Panzerkreuzer umzurüsten, weiß er zu verhindern, weil er der Meinung ist, für eine Landmacht wie Deutschland reichten leichte Kriegsschiffe zur Verteidigung aus. Um vorzugreifen: Kaum ist Caprivi in Ungnade geraten, wird sich der Admiral Tirpitz durchsetzen und Wilhelm der Schaffung einer Großmachtflotte zustimmen. Womit eine der Ursachen des Ersten Weltkriegs geschaffen worden wäre.

Caprivi ist also kein ganz ungeeigneter Mann, von Kriegführung und Landesverteidigung versteht er etwas. Aber er hat keinerlei außenpolitische Erfahrung. So versäumt er, das deutsch-russische Neutralitätsabkommen, den sogenannten Rückversicherungsvertrag, zu erneuern, den Bismarck 1887 abgeschlossen hat, und der die deutsche Politik bislang erfolgreich absichern konnte.

Und eben das will der Kaiser mit der Umschichtung des Personals erreichen. Dilettanten gehorchen seinen aus dem Blauen heraus gegebenen Befehlen williger als Fachleute, die sofort Einwände erheben. Auch die meisten freiwerdenden Botschafter- und Gesandtenposten werden mit Offizieren besetzt, die zwar wenig Sachverstand mitbringen, deren Gehorsam jedoch keinem Zweifel unterliegt.

Gemessen an den meisten Entscheidungen Wilhelms und vor allem neben den Nachfolgern Bismarcks wirkt Caprivi wie ein weißer Rabe. Als echter Preuße versieht er sein Amt ohne jede Selbstsucht. Allerdings: »Die deutsch-preußische Situation, dies Labyrinth von verkrüppelter Demokratie und blühendem Byzantinismus, von Junkermacht, industrieller Macht, Soldatenmacht, Parteimacht« so Golo Mann, »beherrschte er nicht.«

Was Caprivi ebenfalls nicht war, ist ein Naturfreund. Die meisten Feinde macht er sich, als er im Garten der Alten Reichskanzlei in der Wilhelmstraße die schönen alten Bäume abholzen läßt, damit mehr Sonnenschein in die Bürofenster fällt. Entlassen wird er aber, weil er Wilhelms Forderung nach einem parlamentarisch abgesicherten Verbot einer jeden Revolte gegen die Monarchie nicht durchsetzen kann oder will. 1894 folgt ihm Fürst Hohenlohe-Schillingsfürst, der die »Umsturzvorlage«, wie Kaiser Wilhelm sie nennt, ebenfalls nicht durchsetzt, sich aber bis 1900 im Amt hält. Da hat der mittlerweile 81jährige den Widerstand gegen Wilhelms Eigenmächtigkeit längst aufgegeben.

Er wird häufig den Kopf über dasjenige geschüttelt haben, was ihm der Kaiser allein verbal zumutet. Als Hohenlohe meldet, daß der Reichstag die Umsturzvorlage erneut mit großer Mehrheit abgelehnt hat, erhält er die telegrafische Antwort: »Besten Dank für Meldung. Es bleiben uns somit noch die Feuerspritzen für gewöhnlich, und die Kartätschen für die letzte Instanz übrig! Wilhelm I. R.« Noch Schlimmeres bekommt der Fürst zu hören, als der Kaiser sogar seine Verbündeten, darunter die englischen Verwandten, bei der Verabschiedung der Truppen für das gemeinsame Eingreifen der europäischen Großmächte gegen den Boxeraufstand in China erschreckt. In Peking sind von den fremdenfeindlichen Geheimbündlern die Botschaften bedroht und ist der deutsche Botschafter von Ketteler auf der Straße ermordet worden.

Man kann verstehen, daß das deutsche Staatsoberhaupt wütend ist. Kaiser Wilhelm aber gerät außer sich. Er tobt mit Schaum vor dem Mund. »Peking muß regelrecht angegriffen und dem Erdboden gleich gemacht werden«, fordert er, und: »Peking muß rasiert werden!« Als das deutsche Expeditionskorps am 27. Juli 1900 in Wilhelmshaven an Bord geht, wütet er: »Pardon wird nicht gegeben! Gefangene werden nicht gemacht! Wer Euch in die Hände fällt, ist Euch verfallen! Wie vor tausend Jahren die Hunnen unter ihrem König Etzel sich einen Namen gemacht (...), so möge der Name Deutscher in China auf tausend Jahre durch Euch in einer Weise bestätigt werden, daß niemals wieder ein Chinese es wagt, einen Deutschen auch nur scheel anzusehen!«

Selbstverständlich streicht der vornehme Fürst Hohenlohe diese Passagen aus den offiziellen Texten, die an die Zeitungen gehen. Das gilt freilich nur für die deutsche Presse, und prompt äußert der Kaiser am anderen Morgen seine Enttäuschung, daß man ihm »das Beste« aus seiner Rede herausgestrichen habe. Da ein ausländischer Berichterstatter den originalen Text mitstenographiert hat, erscheinen in Frankreich, Rußland, England und sonstwo Kaiser Wilhelms Tiraden ungekürzt. Die Kommentare kann man sich vorstellen. Sie machen dem deutschen Namen keine Ehre. Den Vergleich mit den Hunnen verdanken die Deutschen also ausgerechnet einem deutschen Kaiser.

Wir wollen nicht verschweigen, daß sich dieser keinesfalls immer derart unbeherrscht benimmt. Höchstwahrscheinlich hat er, was ein Landesoberhaupt natürlich nicht tun sollte, seinem Jähzorn die Zügel schießen lassen und nach einigem Nachdenken wieder eingelenkt. Zeitgenossen, die dem Kaiser nahe standen, haben ihn eher als einen Weichling empfunden, der sich ein falsches Image gab. Den Schaden hat allerdings sein Volk zu spüren bekommen.

Am heftigsten kritisiert ihn die englische Presse; er ist ja am Ende ein halber Engländer. Ein Jahr später versteht er es, die Scharte so gut wie auszuwetzen, als seine Großmutter, die Königin Victoria, zu Grabe getragen wird. Da zeigt er seine Trauer so ehrlich, daß er beim Publikum und sogar den Journalisten einen nachhaltigen Eindruck hinterläßt.

Im August des gleichen Jahres stirbt auch seine Mutter, die sich nur noch »Kaiserin Friedrich« nennen ließ. Auch ihr gegenüber zeigt er sich erstaunlich liebevoll, harrt stundenlang am Bett der sterbenden Krebskranken bis zum Ende aus. Vergessen scheint der alte Groll und sein schlechtes Benehmen bei der »Machtübernahme«, als er – ganz wie einst Friedrich Wilhelm III. vor dem Palais der Gräfin Lichtenau – vor dem Potsdamer Neuen Palais Wachen aufstellen ließ. Es ging dabei um Staatspapiere, von denen er fürchtete, die Mutter könne sie nach dem Tod des Vaters nach England schaffen. Sie waren klugerweise längst dort, aber Vicky benahm sich dem Sohn gegenüber augenzwinkernd großmütig. Sie ließ die Papiere zurückbringen und übergab sie dem Staatsarchiv.

Den letzten Willen allerdings erfüllt Wilhelm der Mutter

nicht. Sie wollte ihren nackten Leichnam, in einen Union Jack eingehüllt, bestattet wissen. Das kann er bei einer deutschen Kaiserin nicht zulassen. Der bekleidete Leib der einstigen Princess Royal von Großbritannien wird – zumindest äußerlich – schwarz-weiß-rot zu Grabe getragen. Der äußere Sarg umschließt – eine Idee des Kaisers – aber einen inneren mit den englischen Farben.

Einen derart guten Eindruck macht Wilhelm längst nicht mehr bei allen seinen Landsleuten. In Preußen, dessen König Wilhelm ja nominell noch immer ist, zieht man sich mehr und mehr auf die Vergangenheit zurück. 1910 gibt es allein in Preußen 16 500 Kriegervereine. Man träumt vom Choral von Leuthen und singt – schon damals – das Lied vom Kaiser Wilhelm, den man wiederhaben möchte – den mit'm Bart.

Dieser Gesang dürfte in Berlin seinen Ursprung haben. Hauptstadt der antipreußischen oder, besser gesagt, der anti-wilhelminischen Satire ist indes München, allen voran die Zeitschrift *Simplizissimus*. Sie macht sich am unermüdlichsten über Wilhelms Großmannssucht und den »Es ist erreicht«-Bart lustig.

Was man im übrigen genausogut als Plus auf seinem Konto verbuchen könnte. Denn geblieben ist unter seiner Herrschaft jene Meinungsfreiheit, die man seit 1848 als ein Menschenrecht erkannt hat, wie sie zudem das Staatsgefüge eher bessert als gefährdet. Friedrichs des Großen Anspruch »Niedriger hängen!« ist zwar schon von seinem Nachfolger abgemildert und während der sogenannten Heiligen Allianz total abgeschafft worden. Aber als ein altpreußisches Erbe erkannt, hat das Recht auf freie Meinungsäußerung seine Wiederauferstehung erlebt, sogar in der Verfassung des Deutschen Reichs.

Es ist nicht der *Simplizissimus*, sondern eine ernsthafter daherschreitende Zeitschrift namens *Die Zukunft*, die dem Kaiser empfindlich am Zeuge flickt. Ein Berliner, Maximilian Harden, der eigentlich Witkowski heißt, gibt sie heraus. Er zieht gegen die Politik des Kaisers zu Felde und veröffentlicht eines Tages auch einen detaillierten Artikel über den Beraterkreis Wilhelms II., der, seinen Angaben nach, fast ausschließlich aus Homosexuellen besteht. Als führender Kopf herausgestellt wird des Kaisers bester Freund, der zum Fürsten erhobene Philipp von Eulenburg. Daß es eine solche Clique gibt, dürfte beklagenswert sein, denn auf Eulenburgs Vorschlag ist der auf Hohenlohe folgende Kanzler, Graf Bernhard von Bülow, berufen worden. Daß die Clique schwul ist, muß kein Manko sein, gilt aber als eines in Zeiten des streng angewandten Paragraphen 175 des *Strafgesetzbuches für das Deutsche Reich.*

Der Streit wird auf endlosen Druckseiten ausgetragen und später vor Gericht in privaten Beleidigungsklagen weiterverfolgt. Bis heute gibt es nur Vermutungen über die Hintergründe der Affäre und vor allem den Nachrichtenlieferanten. Der stärkste Verdacht lastet auf Bismarck, dessen Politik Harden sehr unterstützt hat. Als weiterer mutmaßlicher Drahtzieher gilt der menschenscheue Sonderling Geheimrat Holstein, der alle Geheimnisse rund um Wilhelm II. kennt. Selbst Bülow blieb nicht vom Verdacht des Verrats verschont, wenn man eine sibyllinische Äußerung des Kaisers richtig versteht. Nicolaus Sombart, der 1997 ein apologetisches Buch über Wilhelm II. veröffentlichte, vermutet sogar verschmähte Liebe: »Was wurde hier eigentlich gespielt?« fragt er. »Dieser Harden war nicht nur von dem Kaiser fasziniert, er war in den Kaiser verliebt. Er war ihm verfallen. Wie alle anderen wollte er wie der Kaiser sein: blond und vornehm (...) Es handelte sich um eine zutiefst erotische Objektfixierung.«

Sei dem wie dem sei. Holstein wird mit List und Tücke aus dem Amt gejagt. Bülow verliert Wilhelms Gunst und wird alsbald durch schon wieder einen neuen Kanzler, Bethmann-Hollweg, ersetzt. Wirklich zur Strecke gebracht wird nur einer: Eulenburg. Kaiser Wilhelm läßt ihn, wie schon so viele Freunde vorher, fallen und wendet sich dem Fürsten Fürstenberg zu, der als Witzeerzähler bekannt ist. Noch auf der Krankentrage muß Eulenburg in den Gerichtssaal geschafft werden wegen einer Meineidsklage gegen ihn. Das Gericht vertagt sich jedoch aufgrund seiner Krankheit, und ein Urteil wird nicht mehr ausgesprochen.

Wilhelm sucht Erholung von den Aufregungen bei den englischen Verwandten, was neue Verstimmungen nach sich zieht. In einem Interview mit dem *Daily Telegraph* ist er in so gut wie alle politischen Fettnäpfchen getreten, die politisch zur Zeit vorhanden sind. Edward VII., der seiner Mutter Victoria auf den Thron gefolgt ist, erfährt zu seinem Erstaunen, daß nicht er vor fünf Jahren den Burenkrieg gewonnen hat, sondern sein Neffe Wilhelm. Der behauptet jedenfalls, dank seinem Einfluß seien Rußland und Frankreich nicht für die Buren eingetreten. Und jetzt sei es an der Zeit, daß die beiden germanischen Brudervölker sich gegen die Japaner wenden. Das ist eine Kampfansage an Rußland, Frankreich und Japan, ohne jeden triftigen Grund, die den Onkel darin bestärkt haben dürfte, die Einkreisung des gefährlichen Verwandten und seines Landes weiterzubetreiben. Mit der »Entente cordiale«, einer angeblich historischen Freundschaft der beiden Nationen am Ärmelkanal, hatte er einige Jahre zuvor bereits das für Deutschland verhängnisvolle Netz zu weben begonnen.

Der Aufruf zum Kreuzzug gegen Japan gehört zu Wilhelms dauernden Zwangsvorstellungen. Schon in den Tagen des Boxeraufstands, der mit Japan gar nichts zu tun hatte, sondern mit China, ließ er von dem Maler Professor Knackfuß ein Gemälde ausführen, das er entworfen hatte, und das er in Reproduktionen an alle Welt, zumindest die weiße, verschicken wollte. Das Werk nannte er *Völker Europas, wahret Eure heiligen Güter*; es zeigt die von sechs weiblichen Wesen repräsentierten europäischen Völker am Rande eines Abgrunds, vor dem sie ein schwertschwingender Engel mit Flügeln und Ritterrüstung schützt. Er weist auf den fernen Horizont, an dem sich eine asiatische Figur abzeichnet. Daß Wilhelm ausgerechnet Buddha für diesen Zweck wählte, eine der friedvollsten Gestalten des asiatischen Raums, ist nur eine von vielen Geschmacklosigkeiten, mit denen er die Adressaten vor den Kopf stieß.

Ob er mit einem pompösen Gefolge in Jerusalem einzieht, ein Unternehmen, das von Cooks berühmtem Reisebüro in London organisiert worden ist, oder spektakulär in Tanger an Land geht, wo er weder angemeldet noch willkommen ist, aber das Glück hat, vom englischen Secret Service beschützt zu werden: immer jongliert er zwischen Ausstattungsrevue und Katastrophe. Das gilt auch für den Rekordwahn mit dem er seine Lieblingsfreizeitbeschäftigung, die Jagd, betreibt. Er jagt nicht, er knallt ab – noch im Exil rühmt er sich, in seiner Kaiserzeit regelmäßig pro Jahr an die 40 000 bis 50 000 Tiere erlegt zu haben.

Auch an der Katastrophe eines Weltkriegs ist er zumindest mitschuldig. Er kostet Millionen von Menschenleben.

Daß die europäischen Groß- und Kleinmächte plötzlich aufeinander losschlagen, ist eine Folge der Machtpolitik, die die Großen gegeneinander geführt haben. Wer dauernd rüstet und Verträge schließt, die sich gegen einen Konkurrenten wenden, wird sich früher oder später, womöglich zu seinem Erstaunen, in einen Krieg verwickelt finden, den er mit angezettelt hat. Kaiser Wilhelm dürfte mit seinen martialischen Reden kräftig dazu beigetragen haben. Selbst befreundete Monarchen hat er in Angst und Schrecken versetzt.

Aber was heißt hier befreundet? Zumindest zwischen den Herrschern dreier kriegführender Großmächte bestehen weit engere Verbindungen. Rußland, Großbritannien und Deutschland werden von Mitgliedern einer Familie regiert. Sie sind, Onkel, Neffe, Cousin, miteinander verwandt. Das Unheil, in das sie ihre Völker stürzen, ist unter anderem ein Familienzwist.

Er dauert über vier Jahre und kommt die Welt teuer zu stehen. Denn die industrielle Entwicklung hat auch vor der Erfindung neuer und der Vervollkommnung herkömmlicher Waffen nicht haltgemacht. Längst wird ein Krieg nicht mehr im Kampf Mann gegen Mann oder Heer gegen Heer ausgetragen. Gekämpft wird zu Wasser, zu Lande und erstmals auch in der Luft mit allen Mitteln. Die Zeiten sind vorbei, in denen man im Winter den Kampf in die Ballsäle verlegte. Die totale Kriegführung macht nicht einmal mehr grundsätzliche Unterschiede zwischen Soldaten und Zivilbevölkerung. Krieg ist eine noch blutigere Angelegenheit geworden als je zuvor, denn die automatischen Waffen erhöhen die Verluste auf beiden Seiten.

Darauf sind die meisten Heerführer nicht einmal vorbereitet. Auch Wilhelm hat mit seinen Kräften eher verbal geprotzt. Wäre nicht Rathenau von der AEG in aller Eile eingesprungen und hätte die Versorgung organisiert, und würde nicht ein bereits früh pensionierter General namens Hindenburg sich um Reaktivierung bemüht haben, der Kaiser hätte gleich aufgeben können. Selbst der Schlieffen-Plan, den man zur strategischen Nutzung aus der Schublade holt, ist veraltet. Er stammt von 1905 und seinen Urheber, Generalstabschef Schlieffen, deckt inzwischen der grüne Rasen. Selten ist jemand, der so stolz dahermarschiert ist, derart ungerüstet in einen Krieg geschlittert.

Gerüstet ist das deutsche Kaiserreich nur dort, wo es am wenigsten nötig ist, in der Kriegsmarine. Sie, ein Grund für die Einkreisungspolitik des inzwischen verstorbenen Onkels Edward, erreicht zwar in der einzigen großen Seeschlacht im Skagerrak bei Jütland ein Unentschieden gegen die allmächtige englische Flotte, aber das hat keine kriegsentscheidende Wirkung. König von Großbritannien ist jetzt Wilhelms Vetter George V., der notgedrungen die Politik des Vaters, die zum Krieg geführt hat, fortsetzt.

Ein blutiges Dilemma. Während die Westfront in einem enervierenden Grabenkrieg erstarrt, der nur von entsetzlich verlustreichen Ausbrüchen unterbrochen wird, sind allein Hindenburg und sein kühner Generalstabschef Ludendorff im Osten erfolgreich.

Der mörderische Krieg weitet sich sogar immer weiter aus. Stehen zu Anfang vier Mächte (Österreich-Ungarn, Deutschland, Türkei, Bulgarien) gegen sieben Alliierte (Serbien, Rußland, Frankreich, Belgien, England, Montenegro und Japan), so sind es am Ende schon 23 Staaten einschließlich den USA. Das ist nun kein preußischer Krieg mehr. Er hat sich aus englischer, französischer, russischer und nicht zuletzt deutscher Machtpolitik entwickelt, aber nicht, wie man es mitunter liest, aus dem preußischen Militarismus. Von Preußen ist zwischen Wilhelm und seinen beiden Vettern, König George und Zar Nikolaus, nicht mehr die Rede. Wen kümmert, daß der Deutsche Kaiser noch den Titel König von Preußen trägt? Preußen gibt es nur noch als historischen Begriff. Da auch sein König im Krieg kaum eine entscheidende Rolle spielt – er ist strategisch ebenso unbegabt wie als Organisator –, lassen wir es dabei bewenden. Der Erste Weltkrieg ist einer der unnötigsten Kriege, die je geführt wurden, und Zyniker behaupten, er habe zwar die Welt verändert, aber an Positivem nur eines bewirkt: die Erfindung des seither liebsten Brettspiels aller Deutschen in einem Schützengraben im September 1918: »Mensch ärgere dich nicht.«

Wer auf ein Teufelsspiel ohne bunte Hölzer, dafür aber mit lange nachwirkenden europäischen Folgen gekommen ist, weiß man bis heute nicht. Churchill hat es zur »grausigsten Waffe« erklärt, die man überhaupt hätte anwenden können: Im April 1917 transportieren die Deutschen in plombierten Eisenbahnwaggons eine Schar russischer Emigranten von der Schweiz nach Stockholm und von dort nach Rußland, unter ihnen Lenin, der spätere Gründer der Sowjetunion. »Wie einen Bazillus« schleust man ihn durch Deutschland, was zu einem – vorübergehenden – Sieg über Rußland führt. Wilhelms Handschrift trägt eine derartige List wohl nicht, obwohl er, eine seiner phantastischen Ideen, nach der Revolution im eigenen Land überlegen wird, ob er mit dem neuen Rußland nicht ein Bündnis gegen die westlichen Alliierten eingehen sollte.

Das eine große Bollwerk der Monarchie in Europa, Rußland, ist bereits zerstört, Vetter Nikolaus mit seiner Familie den von seinem Cousin eingeschleusten Roten zum Opfer gefallen.

Nicht lange und auch das Deutsche Reich wird einer Republik weichen.

Das Deutsche Reich hatte seine Schatten längst vorausgeworfen. Sebastian Haffner zufolge »gibt es (plötzlich) keine preußische Geschichte mehr. Was einmal preußische Geschichte gewesen war und selbst im Reich Bismarcks noch einen gewissen Kontrapunkt zur deutschen Geschichte dargestellt hatte, wird zwischen 1890 und 1914 zur belanglosen Provinzialgeschichte.«

Der Mann, der als der letzte König von Preußen in die Geschichte eingeht, hat Anfang des Jahres 1918 einen neuen Reichskanzler ernannt, den Prinzen Max von Baden. Er trägt zwar eine Miniaturausgabe des »Es ist erreicht!«-Schnurrbarts, fungiert aber in den letzten Tagen des 217jährigen Königreichs mit realistischer Selbstverständlichkeit. Seiner Regierung gehören zum erstenmal in der Geschichte Sozialisten an, unter ihnen Gustav Bauer und Philipp Scheidemann, der bald vom Balkon des Berliner Stadtschlosses die Republik ausrufen wird.

Das Waffenstillstandsgesuch, das die Militärs Hindenburg und Ludendorff dem Prinzen Max nach langer Diskussion abringen können – an der Marne fallen weiter Menschen auf beiden Seiten, und in der Heimat herrscht bitterer Hunger –, wird an den amerikanischen Präsidenten Wilson gerichtet. Der läßt sich erstaunlich viel Zeit für eine derart dringliche Sache, in 15 Tagen stellt er nacheinander drei Bedingungen, zwei rationale und eine eher sibyllinische: er fordert Rückzug aus den besetzten Gebieten, sofortige Einstellung des U-Bootkriegs und zuletzt »die Vernichtung jeder eigenmächtigen Macht, überall, wo sie gesondert, verborgen und willkürlich den Weltfrieden stören könnte«.

Es ist Max von Baden, der dem Kaiser nahebringt, daß dieser mysteriöse Satz auf ihn zielt. Er bedeutet nichts anderes als die Forderung nach seiner Abdankung. Der Kanzler schlägt dem Kaiser vor, um die Dynastie zu retten, zugunsten seines Enkels Wilhelm auf den Thron zu verzichten. Der ist zwar erst zwölf Jahre alt, aber dessen Vater, Kronprinz Wilhelm, kommt als Nachfolger nicht mehr in Frage. Er hat beim Feind und auch bei Wilson einen noch schlechteren Ruf als Wilhelm II., weil man ihm jene Offensive vor Verdun zur Last legt, bei der Tausende junger Rekruten, fast noch Kinder, ihr Leben gelassen haben.

Der Kaiser, der in seinem Sonderzug zwischen Berlin und dem militärischen Hauptquartier im belgischen Bad Spa ruhelos hin- und herfährt, platzt fast vor Wut, als er den Vorschlag seines Kanzlers und dessen Berufungen in Händen hält. Da befindet er sich in Berlin und fährt augenblicklich zurück nach Spa. Und auf einmal reagiert er wieder als Preuße, denn die Minister erhalten von ihm ein saftiges Telegramm mit der Frage, wie sie mit ihrem preußischen Treueid einen derartigen Ratschlag vereinbaren könnten.

In Spa legt er sich sodann mit Hindenburg und Ludendorff an, die der gleichen Meinung sind wie Max von Baden. Als Ludendorff mit seinem Rücktritt droht, erhält er ein: »Nun gut, dann gehen Sie!« zur Antwort. Hindenburg läßt ihn daraufhin wissen, daß er unter derartigen Umständen ebenfalls um seine Entlassung bitten müsse. Dieser Bitte begegnet Wilhelm mit einem barschen »Unsinn!« und befiehlt: »Sie bleiben!«, was Hindenburg schweigend mit einer knappen Verbeugung quittiert. Ludendorff, der sich auch bei den Alliierten keines allzu guten Rufs erfreut, nimmt wirklich seinen Abschied. Mit einem falschen Paß gelangt er ins neutrale Schweden.

Die Meuterei der deutschen Marine, mit der Wilhelm die Verzweiflungstat eines direkten Angriffs auf die englische Flotte plant, beendet den internen Streit. Zwar stimmt Wilhelm grollend einer Abdankung als Deutscher Kaiser zu, nicht jedoch als König von Preußen. Auch das erübrigt sich durch ein wahrscheinlich gewolltes Versehen des Prinzen Max von Baden, der eilig der Presse mitteilt, daß der Kaiser beschlossen habe zurückzutreten. Als die Nachricht erscheint und Furore macht, ist der Kaiser noch absolut nicht zurückgetreten.

Aber da ergeht es ihm wie seinem ältesten Sohn, dem Kronprinzen, der sich wütend nach einem Gespräch mit Max von Baden zu seiner Truppe begibt – und von dieser nicht mehr akzeptiert wird.

In Spa herrscht ein furchtbares Durcheinander. Viel ist die Rede von »den Bolschewisten«, die jetzt überall lauern, um den Kaiser und sein Gefolge zu fangen und zu erschießen. Es fällt nicht schwer, den Kaiser zu überreden, in den Niederlanden um Asyl einzukommen.

Mit einem Gefolge von fünfzig Leuten vom General bis zum Kammerdiener macht er sich an einem nebligen Morgen in einem Sonderzug auf die Reise. Da der Zugführer Schwierigkeiten hat, die jeweiligen Fahrgenehmigungen zu bekommen und sich in den Bahnhöfen wütende Menschenmengen ansammeln, die mit Steinen werfen wollen, muß man auf ein anderes Transportmittel ausweichen und den größten Teil der Strecke in zehn Autos zurücklegen, deren Nummernschilder mit Schlamm unkenntlich gemacht werden. Der Zug wird am Grenzort Eijsden auf einem Nebengleis gefunden und kann von den Flüchtlingen wieder bestiegen werden. Einer der bis jetzt mächtigsten Männer der Welt wird in die Rolle eines quasi Gefangenen versetzt, denn das Gleis ist mit Stacheldraht abgesperrt. Jetzt wartet man auf Nachricht aus Den Haag, ob Wilhelm Asyl gewährt oder ob er den Alliierten ausgeliefert wird.

Die Entscheidung fällt rasch und unmißverständlich. Gegen die protestierenden Sozialisten wird nach alter holländischer Tradition der kaiserliche Flüchtling aufgenommen. Man hat gemutmaßt, in Königin Wilhelminas Entscheidung habe ihre Abneigung gegen England wegen des Burenkriegs mitgespielt; und der Kaiser hatte Ohm Krüger, dem Buren-Präsidenten, nach einem Sieg gegen die Briten ein Glückwunschtelegramm geschickt, was großes Aufsehen erregte. Aber davon dürfte in dem Augenblick, da in ganz Europa die Friedensglocken läuten, keine Rede gewesen sein.

Die Reise endet vorerst in Amerongen. Im dortigen Schloß sollte der Kaiser ursprünglich nur drei Tage bleiben, aber der Aufenthalt, den die Begleitung in zwei Hotels verbringt, zieht sich in die Länge. Er wird gute anderthalb Jahre dauern. In Amerongen trifft bald darauf ein weiterer Sonderzug ein – hat Wilhelm die Kaiserin vergessen oder insgeheim für ihre Flucht gesorgt? Auf jeden Fall hat sich Auguste Viktoria in zwei aufregenden und abenteuerlichen Wochen durchgeschlagen und ist nun sichtlich erleichtert.

Das kann Wilhelm noch nicht sein. Auch seine Begleiter befürchten, daß man den Kaiser noch ausliefern will. Da sitzt man abends im Kreis und erwägt Fluchtwege, die Wilhelm für seine Person ablehnt. An seinem linken Arm würde man ihn auch bei abrasiertem Schnurrbart sofort erkennen. Doch eine weitere Flucht in Verkleidung – wohin eigentlich? – erübrigt sich. Gegen die Haltung des Ex-Kaisers werden sowohl damals als auch später von manchen Seiten Vorwürfe laut. Wäre es nicht würdiger von ihm gewesen, an der Spitze seiner Truppe zu fallen? Nach all dem Theaterspiel während seiner Herrschaft hätte ein Götterdämmerungsfinale einen ehrenvolleren Abgang dargestellt als der eines ängstlichen bösen Buben, der sich – dies eine berühmt gewordene Karikatur der Zeit – unter den Röcken der holländischen Königin verkriecht. Noch plausibler die ebenso überflüssige Frage, ob sich Wilhelm nicht einem englischen Gerichtsverfahren hätte stellen sollen. Eine Alleinschuld am Weltbrand hätte man ihm auf keinen Fall nachweisen können. Und mag das Torpedieren von Handelsschiffen ohne Vorwarnung ein Verbrechen gewesen sein – war die Hungerblockade der Alliierten gegen Frauen und Kinder keines? Ähnlich ließe sich Wilhelms Angriffspolitik vor dem Krieg mit Edwards systematischer Umklammerungsbemühung aufrechnen.

Doch derartige Schuldzuweisungen sind müßig. Um es neumodisch auszudrücken: Fakt bleibt, daß der Deutsche Kaiser und König von Preußen keinerlei persönliches Risiko eingeht. Den Heroen hat er nur gespielt. Im Landsitz Doorn, den er zu einem veritablen Schloßkomplex umbaut, macht er einen erbärmlichen Eindruck. Ein immer noch hochtrabender armer Teufel.

Leisten kann er sich einiges, denn diejenigen, die in seinem Land jetzt das Ruder führen, die ihm verhaßten Sozialisten, die er als Bolschewisten beschimpft, erweisen sich als ungemein großzügig. Vieles, was man heute als Staatsbesitz bezeichnen würde, geht in seinen persönlichen Besitz über. Aus Berlins Schlössern allein werden ihm 50 Waggonladungen mit Bildern, antiken Möbeln und sogar Juwelen nach Doorn geschickt. Dort richtet er eine, wie man es in Deutschland höhnisch nennt, »Kaiserei« ein, empfängt Gäste aus aller Welt und schimpft auf Ludendorff, den er den »Tyrann« nennt und dem er, wie er behauptet, sein Elend verdanke.

Er wird dieses »Elend« lange aushalten. Wie früher die Jagd hat er zum Zeitvertreib ein neues Hobby gefunden, ein für einen Ex-Kaiser sehr seltsames: das Holzhacken. Jeden Morgen, den der Herrgott werden läßt, schwingt er die Axt mit seinen Hofschranzen. Nach Einschätzung von Fachleuten soll er insgesamt 10 000 Baumstämme gespalten haben. Das wären, wie andere Fachleute versichern, fast ebenso viele, wie Holland Bäume hat. Man muß hinzufügen, daß er auch sehr viele Bäume hat pflanzen lassen, also für ein landschaftliches Gleichgewicht seiner Schutzheimat Sorge trug.

Was ihm Monarchisten in Deutschland am meisten verübeln, ist allerdings, daß er noch ein zweites Mal heiratet. Kaiserin Auguste Viktoria stirbt im April 1919. Sie wird auf seinen Wunsch nach Potsdam überführt und dort begraben. Anläßlich des Begräbnisses kommt es zu einer letzten Sympathieerklärung für die Monarchie. So wenig beliebt die Kaiserin gewesen sein mag, ihre Beerdigung zieht an die 200 000 Menschen an, ein unvermutetes nostalgisches Bekenntnis.

Ebendeshalb, heißt es damals, habe der Ex-Kaiser die Überführung veranlaßt; ein schlauer Fuchs sei er ja immer gewesen. Die meisten Historiker urteilen zynischer. Die in einem Mausoleum zu Doorn für sich und seine Gattin hergerichtete letzte Ruhestätte habe er im Hinblick auf eine neue Ehe nicht vorzeitig belegen wollen.

Tatsächlich findet die Trauung des 63jährigen mit der 35jährigen verwitweten Prinzessin Hermine von Schönaich-Carolath schon im nächsten Jahr statt. Die Kaisertreuen in Deutschland weigern sich übrigens in großer Mehrheit, so wie er von »der Kaiserin« zu sprechen. Für Monarchisten bleibt sie »die Frau des Kaisers«. Sie lebt nicht ständig in Doorn, sondern läßt sich gern in Deutschland von rechten Frauenvereinigungen feiern. Ab 1933 gilt sie dann als das, was man damals eine »Nazisse« nennt. Hat doch immerhin der Kronprinz an Hitlers Seite am »Tag von Potsdam« teilgenommen. Und ein anderer Kaisersohn läßt sich sogar in brauner Uniform sehen. Vielleicht, daß sich auf diese Weise ein Teil der Macht wiedererlangen läßt.

Der Kaiser selbst kann mit dem Nationalsozialismus nichts anfangen. Für diese politische Partei hat er die schlimmste Beschimpfung bereit, die es für ihn gibt. Die Nazis, sagt er, sind noch schlimmer als die Sozialisten. Desungeachtet besucht ihn Hermann Göring zweimal in Doorn; als Kampfflieger des Weltkriegs und jetziger Ministerpräsident von Preußen fühlt er wohl eine gewisse Verpflichtung. Als der Zweite Weltkrieg ausbricht, macht man dem Kaiser den Vorschlag, mit dem niederländischen Königshaus ins Exil nach England zu gehen. Das lehnt er ab: Mag Hitler sein Fall nicht sein, aber den deutschen Soldaten, also seinen Soldaten, will er nicht entfliehen. Ihnen werden Besuche offiziell verboten, dennoch erlauben die Offiziere der Wehrmacht, daß man dem alten Herrn die Hand schüttelt, auch wenn man eine feldgraue Uniform trägt. Besonders gern wird Wilhelm II. beim Holzhacken zugesehen.

Bei dieser seiner Lieblingsbeschäftigung erleidet der 82jährige einen Ohnmachtsanfall, von dem er sich nicht wieder erholt. Ein Arzt aus Doorn behandelt ihn, bis eine aus Deutschland anreisende Ärztedelegation eintrifft. Nach einer kurzen Besserung setzen starke Schmerzen ein. Er stirbt am 4. Juni 1941. Seine letzten Worte: »Holen Sie meine Frau. Jetzt heißt es Abschied nehmen!«

Bis zuletzt hat er die Hoffnung nicht aufgegeben, eines Tages auf den Thron zurückgerufen zu werden. Da er verfügt hat, daß er, falls die Monarchie nicht wieder eingeführt werde, in Doorn begraben werden wolle, wird nichts aus dem Staatsbegräbnis, das Hitler für ihn in Potsdam vorgesehen hat. Auch eine deutsche Abordnung, Hakenkreuze und sogar Kränze, gegen die er eine grundsätzliche Abneigung hatte, sollten von seiner Beisetzung ausgeschlossen bleiben.

Die offizielle deutsche Trauerdelegation besteht aus einer einzigen Person, dem Reichskommissar für die besetzten Niederlande, Arthur Seyß-Inquart, der – zwischen dem Kronprinzen und dem 92jährigen Husarengeneral Mackensen stehend – einen monumentalen Kranz des »Führers« niederlegt. Einen solchen wagt man, dem kaiserlichen Verbot zum Trotz, nicht abzuweisen.

Außer von der tief verschleierten Witwe wird Wilhelm nicht viel betrauert. Man hat dringendere, deutschere Sorgen.

Lassen wir zum Abschluß zwei Zeitgenossen zu Wort kommen, einen deutschen und einen englischen.

Der deutsche ist der Dichter Arno Holz, Ostpreuße von Geburt und Wahl-Berliner. In einem Geschöpf namens Niepepiep hat er in seinem Werk *Die Blechschmiede* den Kaiser Wilhelm II. parodiert. Von den vielen Parodien, die Wilhelms Auftritte geradezu herausforderten, dürfte diese die gelungenste sein. Holz verwendete in seinem Gedicht nämlich originale Zitate aus den kaiserlichen Presseverlautbarungen, damit wußte jeder Leser sogleich, um wen es da ging, auch wenn die Handlung von Berlin nach Timbuktu verlegt wurde. Dies ganz gewiß nicht aus Verschleierungstaktik, sondern weil sich nur auf diese Weise der märchenhaft-byzantinische Bombast, den der Kaiser um sich zu verbreiten pflegte, in seiner ganzen Lächerlichkeit enthüllen ließ.

Als Holz das Gedicht schrieb, war Kaiser Wilhelm II. eben von seiner Orientreise zurückgekommen. Die Hofberichte häuften sich in den Zeitungen. Mit einem Buch von Arno Holz wurde einst übrigens der Piper Verlag aus der Taufe gehoben.

Aus Anlaß Meiner glücklichen Wiederkehr nach Timbuctu
verleihe Ich dem Oberpriester Müller
das Großkreuz Meines blauen Elephantenordens
mit Palmwedeln *und Schwertern.*
Er hat es an einen goldnen *Ring* zu hängen (a)
und Ich gestatte ihm huldvollst, daß er sich diesen
durch die Nase zieht.
Seine Gattin,
geborne v. Brocktisch, verwitwete Kretschmer,
erhält eine neue Klapperschlangenboa,
drei Kilo Leberthran,
sowie *die silberne Verdienstbroche.* (b)
Ich befehle!
Festlich entkleidete Amazonenregimenter
erwarten Mich auf bronzierten Krokodilen am Niger.
Der Weg durch die Wüste wird noch einmal mit Sand bestreut.
(...)
Die Meridiane werden entfernt, die Parallelkreise
mit Oelfarbe bestrichen.
Die Glocken sämtlicher Konfessionen haben *zu läuten.* (c)
Kalmus, Ansichtspostkarten, Wallnußstangen,
Extrablätter, mit Moskitoschnaps gefüllte Straußeneier und
Porträts von Mir
in großer, gestickter Admirals*uniform,*
behängt <u>mit den Ketten</u> Meiner *sämtlicher Orden,* (d)
mit und ohne Bartbinde,
verteilt Mein Balletkorps.

In dem Gedicht fehlt auch nicht der wichtigste Befehl: »Die Feier hat einen durchaus patriotischen Verlauf zu nehmen.«

Der englische Zeitzeuge ist Sir Winston Churchill. Wenige Jahre später Hitlers erbittertster Gegner, schreibt er 1937 in seinem Buch *Great Contemporaries* (Große Zeitgenossen): »Jeder, der über den Werdegang Kaiser Wilhelms II. richten will, sollte dies nicht tun, ohne sich selbst die Frage zu stellen: Was würde ich an seiner Stelle getan haben? (...) War die erste Lektion, die man dem jungen Kaiser einimpfte, die seiner überragenden Bedeutung, so die zweite seine Pflicht, die Bedeutung des Deutschen Reiches zu bewahren. Und durch Hunderte von Kanälen, durch die beständig Wasser floß, obgleich unter einer glasigen Oberfläche ständiger Ehrfurcht, wurde Wilhelm II. eingetrichtert, er könne die Liebe und Verehrung seines Volkes nur behalten, wenn er dessen ständiger Vorkämpfer sei (...) Dabei hatte Wilhelm II. keine der Qualitäten der modernen Diktatoren. Er war eine pittoreske Erscheinung im Mittelpunkt der Weltbühne mit der Aufgabe, eine Rolle zu spielen, an der die meisten gescheitert wären.«

Von Preußen ist da schon gar keine Rede mehr.

Anhang

ZEITTAFEL

1657	11. Juli: Geburt Friedrichs, Sohn des Großen Kurfürsten, in Königsberg
1688	Tod des Großen Kurfürsten in Potsdam. Friedrich als Friedrich III. Kurfürst von Brandenburg
1698	Einführung des Gleichschritts im Heer Brandenburg-Preußens durch Leopold von Anhalt-Dessau, den »Alten Dessauer«
1700	Leibniz gründet Societät der Wissenschaften, später Akademie der Wissenschaften in Berlin
1701	am 18. Januar krönt sich Friedrich III. zu Friedrich I., König *in* Preußen. Stiftung des Schwarzen Adlerordens
1713	25. Februar: Tod Friedrichs I. Nachfolger Friedrich Wilhelm I. (geb. 15. August 1688 in Berlin). Kronprinz ist Friedrich (geb. 24. Januar 1712 in Berlin)
1714	Verbot der Hexenprozesse in Preußen
1715	Beitritt Preußens in den Nordischen Krieg gegen Schweden. Eroberung Vorpommerns und Stralsunds
1730	Fluchtversuch des Kronprinzen. Sein Freund Leutnant Katte wird am 6. November 1730 vor den Augen des Kronprinzen in Küstrin hingerichtet
1732	Freilassung des Kronprinzen aus der Festungshaft. Regimentskommandeur in Neuruppin
1733	Heirat mit Elisabeth Christine von Braunschweig-Bevern

1736	»Musenhof« in Rheinsberg. Herausgabe des *Antimachiavell* durch Voltaire
1740	31. Mai: Tod Friedrich Wilhelms I. in Potsdam. Nachfolger der Kronprinz als Friedrich II., später »der Große« (geb. 24. Januar 1712). Im gleichen Jahr stirbt Kaiser Karl VI., Maria Theresia, seine Tochter, wird Nachfolgerin auf dem österreichischen Königsthron. Beginn des Ersten Schlesischen Kriegs
1742	Friede von Berlin. Erbvertragsansprüche auf Schlesien durchgesetzt
1744	Ostfriesland fällt an Preußen. Beginn des Zweiten Schlesischen Krieges
1745	4. Juni: Schlacht bei Hohenfriedberg (Sieg Preußens)
	30. September: Schlacht bei Soor mit großen Verlusten auf beiden Seiten
	15. Dezember: Schlacht bei Kesselsdorf (Sieg der Preußen)
	25. Dezember: Friede zu Dresden. Schlesien bleibt bei Preußen. Beginn einer elfjährigen Friedensperiode
1756	Beginn des Siebenjährigen Kriegs gegen eine Allianz Österreich-Frankreich-Rußland-Schweden-Sachsen. Auf Preußens Seite nur England und einige deutsche Kleinstaaten
1756	1. Oktober: Schlacht bei Lobositz (Sieg über die Österreicher)
1757	6. Mai: Schlacht bei Prag. Eroberung Böhmens
	18. Juni: Niederlage bei Kolin
	30. August: Niederlage durch die Russen bei Groß-Jägersdorf
	5. November: Sieg über die Franzosen bei Roßbach
	22. November: Niederlage bei Breslau

	5. Dezember: Sieg bei Leuthen, Rückeroberung Schlesiens
1758	25. August: Sieg über die Russen bei Zorndorf
	14. Oktober: Überfall der Österreicher bei Hochkirch
1759	12. August: Verheerende Niederlage bei Kunersdorf
	20. November: Preußen kapitulieren unter General Finck (»Finkenfang«) bei Maxen
1760	Berlin vorübergehend von Russen besetzt
	15. August: Sieg bei Liegnitz
	3. November: Sieg bei Torgau
1762	29. Oktober: Entscheidender Sieg des Prinzen Heinrich bei Freiberg
	Der neue Zar wechselt die Fronten – nach dem Tod der Zarin Elisabeth verbündet sich Zar Peter III. mit Preußen
1763	15. Februar: Friede von Hubertusburg. Besitz Schlesiens wird bestätigt. Preußen gilt fortan als Großmacht
1772	Erste Teilung Polens. Westpreußen fällt ans Königreich Preußen. Friedrich nennt sich seither König *von* Preußen
1786	Tod Friedrichs des Großen am 17. August in Sanssouci. Friedrich Wilhelm II. (geb. 25. September 1744) ist Friedrichs Nachfolger, sein Neffe, Sohn August Wilhelms, eines Bruder Friedrichs des Großen und Elisabeths von Braunschweig-Wolfenbüttel
1787	Einführung des Abiturs
1789	Carl Gotthard Langhans erbaut das Brandenburger Tor; Bauaufsicht führt Wilhelmine Enke, spätere Gräfin Lichtenau, des Königs Mätresse. In Paris: Französische Revolution
1792	Ansbach und Bayreuth fallen an Preußen.

	Erster Koaliationskrieg gegen Frankreich. Kanonade von Valmy endet unentschieden
1793	Zweite Teilung Polens. Preußen erhält Posen, Kalisch, Danzig und Thorn
1794	Das Preußische Allgemeine Landrecht von Carl Gottlieb Svarez tritt in Kraft
1795	Dritte Teilung Polens. Preußen erhält unter anderem Warschau mit Umland und erreicht damit seine weiteste Ausdehnung
	5. April: Hardenberg schließt für Preußen den Baseler Sonderfrieden mit der französischen Republik
1797	16. November: Tod Friedrich Wilhelms II. Nachfolger ist sein Sohn, Friedrich Wilhelm III. (geb. 3. August 1770), seit 1793 mit Luise Prinzessin von Mecklenburg-Strelitz verheiratet
1803	Regensburger Reichsdeputationshauptschluß Erwerb von Münster, Hildesheim, Paderborn
1806	Napoleon gründet den Rheinbund, in den außer Österreich, Preußen, Kurhessen und Braunschweig alle deutschen Staaten eintreten.
	Auflösung des Heiligen Römischen Reiches deutscher Nation
	Ausbruch des Kriegs Frankreich gegen Preußen und Rußland.
	am 14. Oktober wird das preußische Korps unter dem Fürsten Hohenlohe von Napoleon bei Jena geschlagen. Am gleichen Tag wird die Hauptmacht unter Herzog Karl von Braunschweig bei Auerstadt aufgerieben. Napoleon zieht in Potsdam und Berlin ein. Flucht der Königin Luise und König Friedrich Wilhelms III. nach Ostpreußen. Dort werden die ersten Reformen (Stein, Hardenberg) vorbereitet
1807	Friede von Tilsit. Preußen verliert die Hälfte sei-

	nes Gebiets und Einwohner, darunter alle Landesteile westlich der Elbe
	Liberale Reformen durch den Freiherrn vom Stein, Bauernbefreiung, Städteordnung und Neuorganisation der Staatsbehörden
1808	Einführung einer neuen Städteordnung. Militärreform durch Gneisenau und Scharnhorst (Generalstab geschaffen)
1809	Erzwungene Entlassung Steins
1810	Hardenberg wird Staatskanzler. Universitäten Berlin und Breslau gegründet. Tod der Königin Luise
1812	Konvention von Tauroggen durch Yorck von Wartenburg nach französischer Niederlage in Rußland
1813	Aufruf des Königs »An mein Volk«
	16.–19. Oktober: Völkerschlacht bei Leipzig. Napoleon wird vernichtend geschlagen
1814	Verbündete besetzen Paris. Napoleon wird auf die Insel Elba verbannt. Beginn des Wiener Friedenskongresses
1815	Überraschende Rückkehr Napoleons. Schlachten bei Ligny und Belle-Alliance (Waterloo) besiegeln sein Schicksal. Verbannung auf die Insel Sankt Helena.
	Wiener Kongreß fortgesetzt. 15 Fürsten und 4 Freie Städte gründen »Deutschen Bund« mit Bundestag in Frankfurt am Main
	Gleichzeitig Gründung einer »Heiligen Allianz« unter Stabführung des reaktionären österreichischen Staatskanzlers Metternich. Gründung erster schwarz-rot-goldener Burschenschaften in Jena gegen das »System Metternich«
1819	Karlsbader Beschlüsse verbieten Burschenschaften und führen Pressezensur und »Demagogenverfolgung« ein

1839	Erste preußische Eisenbahn zwischen Berlin und Potsdam
1840	7. Juni: Tod König Friedrich Wilhelms III. Nachfolger sein und Königin Luises ältester Sohn als König Friedrich Wilhelm IV. (geb. 15. Oktober 1795) in Berlin, verheiratet seit 1823 mit Elisabeth von Bayern
1847	Einberufung eines »Vereinigten Landtags« aus acht Landtagen der preußischen Provinzen nach Berlin
1848	13. März: Revolution in Wien. Sturz Metternichs, der nach England flieht Märzrevolution in Berlin. Friedrich Wilhelm IV. huldigt den 230 März-Gefallenen. Sein Bruder Wilhelm (der »Kartätschenprinz«) flieht nach London
1849	Friedrich Wilhelm IV. lehnt Kaiserwürde aus der Hand der Frankfurter Nationalversammlung ab. Preußen erwirbt das Land Hohenzollern
1850	Verfassung »von oben« erlassen
1857	Verzicht des Königs auf Neufchâtel
1858	Wegen Geisteskrankheit des Königs übernimmt sein Bruder Wilhelm die Regentschaft. »Neue Ära« der preußischen Politik
1861	2. Januar: Tod König Friedrich Wilhelms IV. Nachfolger wird sein Bruder Wilhelm I. (geb. 22. März 1797), verheiratet seit 1829 mit Augusta von Sachsen-Weimar
1862	Auflösung des Preußischen Abgeordnetenhauses wegen Verweigerung der Gelder für die Heeresreform des Kriegsministers Albrecht von Roon. Bismarck zum Ministerpräsidenten auf Anraten Roons berufen
1864	Preußisch-österreichischer Krieg gegen Dänemark

	18. April: Erstürmung der Düppeler Schanzen. Schleswig und Holstein werden unter gemeinsame Verwaltung Preußens und Österreichs genommen
1866	Preußisch-österreichischer Krieg. 3. August: Schlacht bei Königgrätz (Sadowa), heute tschechisch Hralec Králové. Preußen unter Moltke siegen über Österreicher und Sachsen unter Benedek 23. August: Friede von Prag (Vorfriede in Nikolsburg). Einverleibung von Hannover, Kurhessen, Nassau und Frankfurt am Main in Preußen. Der Deutsche Bund wird aufgelöst, weil man Österreich nicht mehr als zu Deutschland gehörend betrachtet
1870	11. Juli: Karl Anton Freiherr von Hohenzollern-Sigmaringen verzichtet für seinen Sohn, den Prinzen Leopold, auf dessen Kandidatur für den spanischen Thron. Trotzdem fordert der französische Kaiser Napoleon III. eine Garantie des Verzichts vom Oberhaupt der Hohenzollern, Wilhelm I. Bismarck redigiert dessen Antwort vor der Publikation in der Presse (»Emser Depesche«) am 13. Juli 19. Juli: Frankreich erklärt Preußen und den verbündeten deutschen Staaten den Krieg 16. August: Schlacht bei Vionville und Mars-la-Tour, Sieg der deutschen Truppen unter König Wilhelm I. und Moltke 1. September: Beginn der Schlacht bei Sedan, die am 2. September mit der Kapitulation Napoleons endet
1871	18. Januar: Kaiserproklamation im Spiegelsaal von Versailles und Gründung des Deutschen Reiches noch während der Belagerung der Stadt und

	Festung Paris, in der die Republik ausgerufen worden ist
	10. Mai: Frieden von Frankfurt. Frankreich muß Elsaß-Lothringen abtreten
1871	Beginn des Kulturkampfes gegen die katholische Kirche und die katholische Zentrumspartei
1886/87	Beendigung des Kulturkampfes durch zwei »Friedensgesetze«
1888	Drei-Kaiser-Jahr: am 9. März Tod Kaiser Wilhelms I., sein Nachfolger, Kaiser Friedrich III. (geb. 18. Oktober 1831), verh. seit 1858 mit Victoria (»Vicky«), der ältesten Tochter der englischen Königin Victoria. Friedrich III. stirbt 99 Tage später am 15. Juni in seiner Geburtsstadt Potsdam. Nachfolger ist dessen ältester Sohn als Wilhelm II. (geb. 27. Januar 1859), verh. seit 1881 mit Auguste Viktoria von Schleswig-Holstein-Sonderburg-Augustenburg
1890	18. März: Bismarck wird vom Kaiser zum Rücktritt gezwungen
1897	Beginn der Hochrüstung der Kriegsmarine durch Admiral Tirpitz
1906	Erste Marokkokrise durch Wilhelm II. ausgelöst, der die französischen Ansprüche in Nordafrika nicht anerkennt
1908	Interview Wilhelm II. im englischen *Daily Telegraph* erregt internationales Entsetzen
1911	Zweite Marokkokrise ausgelöst durch Entsendung des Kanonenbootes *Panther* (»Panthersprung«) nach Agadir
1912	Mehrheit der Sozialdemokratischen Partei im Reichstag
1914	Erster Weltkrieg, ausgelöst durch das Attentat auf den österreichischen Thronfolger in Serajewo am 28. Juni. Deutsche Kriegserklärung an Rußland

	am 1. August, an Frankreich 3. August, nach deutschem Einmarsch in Belgien Kriegserklärung Englands an Deutschland am 4. August
1916	Kampf um Verdun. Grabenkrieg
	Hindenburg wird Chef des Generalstabs. Ludendorff als Generalquartiermeister sein Stellvertreter
1917	Wilhelm II. verspricht Abschaffung des Dreiklassenwahlrechts
1918	Prinz Max von Baden wird Reichskanzler. Er verkündet nach dem Aufstand der Matrosen in Kiel eigenmächtig den Rücktritt des Kaisers am 9. November. Am 10. November begibt sich Wilhelm II. in die Niederlande
	28. November: Wilhelm II. unterzeichnet in Schloß Amerongen am Tag der Ankunft der Kaiserin seine Abdankungsurkunde
1919	Kauf des Hauses in Doorn
	11. April: Tod der Kaiserin Auguste Viktoria
1920	Wiederheirat des Ex-Kaisers mit Hermine Prinzessin Schönaich-Carolath
1941	Tod des Ex-Kaisers Wilhelm II. in Doorn

BIBLIOGRAPHIE
Auswahl

GESCHICHTE

James Bentzien: *Unterm roten und schwarzen Adler.* Berlin 1997
Otto Büsch und Paul Neugebauer (Hg.): *Moderne Preußische Geschichte 1648–1947.* Berlin, New York 1981
Walter Bußmann: *Wandel und Kontinuität in Politik und Geschichte.* Boppard 1973
F. J. Feuchtwanger: *Preußen – Mythos und Realität.* Frankfurt am Main 1972
Friedrich Wilhelm Prinz von Preußen (Hg.): *Preußische Könige.* Gütersloh 1971
Sebastian Haffner: *Preußen ohne Legende.* Hamburg 1979
Sebastian Haffner, Wolfgang Venohr: *Preußische Profile.* Frankfurt am Main, Berlin 1986
Otto Hintze: *Die Hohenzollern und ihr Werk. Fünfhundert Jahre vaterländischer Geschichte.* Berlin 1915
Georg Küntzel: *Die politischen Testamente der Hohenzollern.* Leipzig, Berlin 1911
Golo Mann: *Deutsche Geschichte des 19. und 20. Jahrhunderts.* Frankfurt am Main 1958
Ingrid Mittenzwei, Erika Herzfeld: *Brandenburg-Preußen 1648–1789.* Berlin 1988
Leopold von Ranke: *Preußische Geschichte.* Essen o. A.
Hans-Joachim Richnow: *Erinnerung an Preußen.* Berlin 1978
Anton Ritthaler: *Die Hohenzollern.* Moers 1979
Manfred Schlenke (Hg.): *Preußen-Ploetz. Eine historische Bilanz in Daten und Deutungen.* Freiburg, Würzburg 1983
Hans Joachim Schoeps: *Preußen. Geschichte eines Staates.* Frankfurt am Main, Berlin 1966, 1967, 1997
Georg Schuster: *Geschichte des Hauses Hohenzollern.* Berlin-Lichterfelde 1915. Reprint Leipzig o. J.
Margaret Shennan: *The Rise of Brandenburg Prussia.* London, New York 1995

Friedrich C. Sell: *Die Tragödie des deutschen Liberalismus*. Stuttgart 1953
Dieter und Renate Sinn: *Der Alltag in Preußen*. Frankfurt am Main 1991
Thomas Stamm-Kuhlmann: *Die Hohenzollern*. Berlin 1995
Hans-Ulrich Wehler: *Das deutsche Kaiserreich 1871–1918*. Göttingen 1973
Hans-Ulrich Wehler: *Deutsche Gesellschaftsgeschichte 1700–1815*. München 1987

Memoiren

Wilhelmine von Bayreuth: *Memoiren*. Leipzig 1923
Winston Churchill: *Great Contemporaries*. London 1937
Karl A. Varnhagen von Ense: *Journal einer Revolution*. Nördlingen 1986
Rulemann Friedrich Eylert: *Charakterzüge und historische Fragmente aus dem Leben des Königs von Preußen Friedrich Wilhelm III*. Magdeburg 1842
Friedrich der Große: *Gedanken und Erinnerungen*. Essen o. J.
Georg Kotowski, Werner Pölz und Gerhard A. Ritter (Hg.): *Das Wilhelminische Deutschland. Stimme der Zeitgenossen*. Frankfurt am Main 1965
Stephan Lackner: *Selbstbildnis mit Feder. Erinnerungen*. Berlin 1988
Robert Springer: *Berliner Straßen, Kneipen und Clubs im Jahre 1848*. Berlin 1850, Reprint Leipzig 1985
Sophie Marie Gräfin von Voß: *69 Jahre am preußischen Hof*. Leipzig 1887

Biographien

Paul Bailleu: *Königin Luise. Ein Lebensbild*. Leipzig 1908
Friedrich Benninghoven, Helmut Börsch-Supan, Iselin Gundermann: *Friedrich der Große*. Katalog zur Ausstellung des Geheimen Staatsarchivs, West-Berlin 1986
Gerhard Bethge (Hg.): *Friedrich der Große, Herrscher zwischen Tradition und Fortschritt*. Gütersloh 1985
W. H. M. von Bissing: *Friedrich Wilhelm II. König von Preußen*. Berlin 1967
Otto Büsch (Hg.): *Friedrich Wilhelm IV. Beiträge eines Colloquiums*. Berlin 1989
Walter Bußmann: *Zwischen Preußen und Deutschland. Friedrich Wilhelm IV*. Berlin 1990

Günter Dorn, Joachim Engelmann: *Die Schlachten Friedrichs des Großen.* Augsburg 1996
Johann Gustav Droysen: *Friedrich Wilhelm I.*, 2 Bände. Leipzig 1869
I. und M. Frey: *Friedrich I., Preußens erster König.* Graz, Wien, Köln 1984
Dagmar von Gersdorff: *Königin Luise und Friedrich Wilhelm III.* Berlin 1996
Wichard Graf Harrach: *Auguste Fürstin von Liegnitz.* Berlin 1987
Friedrich Hartau: *Wilhelm II.* Reinbek bei Hamburg 1978
Fritz Hartung: *Friedrich Wilhelm I., der Begründer des Preußischen Staates.* Berlin 1942
Franz Herre: *Kaiser Wilhelm I., Der letzte Preuße.* Köln 1980
Franz Herre: *Kaiser Friedrich III. Deutschlands liberale Hoffnung.* München 1987
J. A. de Jonge: *Wilhelm II.* Köln, Wien 1988
Eckart Kleßmann: *Prinz Louis Ferdinand von Preußen.* München 1995
Christian von Krockow: *Friedrich der Große. Ein Lebensbild.* München 1993
Frank-Lothar Kroll: *Friedrich Wilhelm IV. und das Staatsdenken der deutschen Romantik.* Berlin 1990
Franz Kugler: *Geschichte Friedrichs des Großen.* Stettin 1840
Nicolaus Sombart: *Wilhelm II. Sündenbock und Herr der Mitte.* Berlin 1990
Thomas Stamm-Kuhlmann: *König in Preußens großer Zeit. Friedrich Wilhelm III. – der Melancholiker auf dem Thron.* Berlin 1994
Walter Stein (Hg.): *Bismarck.* Siegen, Leipzig 1915
Margarethe von Taack: *Zar Alexander I.* Tübingen 1983
Wolfgang Venohr: *Fritz der König.* Bergisch Gladbach 1981
Wolfgang Venohr: *Fridericus Rex – Friedrich der Große. Porträt einer Doppelnatur.* Bergisch Gladbach 1990
Paul Wiegler: *Wilhelm der Erste.* Hellerau bei Dresden 1927
M. W.: *Charakteristik Friedrich Wilhelm III. und die bedeutendsten Persönlichkeiten an seinem Hofe.* 1807

BERLIN

Richard Dietrich (Hg.): *Berlin. Zehn Kapitel seiner Geschichte.* Berlin, New York 1981
Georg Holmsten: *Berlin-Chronik.* Düsseldorf 1984
Martin Hürlimann: *Berlin, Königsresidenz –Reichshauptstadt – Neubeginn.* Zürich, Freiburg im Breisgau 1961
Walter Kiaulehn: *Berlin.* Berlin 1958

Hellmut Kühn (Hg.): *Preußen – Dein Spree-Athen*. Band 4 Katalog der Ausstellung »Preußen – Versuch einer Bilanz« in Berlin, Reinbek bei Hamburg 1981

Jules Laforgue: *Berlin – der Hof und die Stadt 1887.* Nachdruck Berlin, Frankfurt am Main 1970

Paul Ortwin Rave: *Berlin in der Geschichte seiner Bauten.* Hg. von Jan Rave. München 1987

Hofgeschichte

Erich Bleich: *Der Hof Friedrich Wilhelms II. und Friedrich Wilhelms III.* Berlin 1814

Carl Eduard Vehse: *Die Höfe zu Preußen.* 3 Bände. Leipzig 1993

Verschiedenes

Theodor Fontane: *Wanderungen durch die Mark Brandenburg.* 5 Bände. München 1968

Theodor Fontane: *Reisebriefe vom Kriegsschauplatz.* Hg. von Christian Andree. Frankfurt am Main, Wien, Berlin 1973

Theodor Fontane: *Aus den Tagen der Okkupation.* Hg. von Andreas Catsch und Helmuth Nürnberger. München 1973

Theodor Fontane: *Der deutsche Krieg von 1866.* 2 Bände. Düsseldorf, Köln 1979

Theodor Fontane: *Der Schleswig-Holsteinische Krieg im Jahre 1862.* Hg. von Helmuth Nürnberger. Frankfurt am Main, Wien 1984

Hartmann Goertz: *Preußens Gloria. 66 Jahre deutscher Politik 1848–1914 in zeitgenössischer Satire und Karikatur.* München 1962

Brigitte Hamann (Hg.): *Die Habsburger. Ein biographisches Lexikon.* Wien 1988, München 1988

Arno Holz: *Die Blechschmiede.* Leipzig 1902 und erweiterte Fassung in Gesamtausgabe Dresden 1921 sowie den Gesamtausgaben von 1924/25 und 1961/64

Klaus M. Rarisch: *Über Arno Holz.* Auszüge aus den Homepages von Robert Wohlleben im Internet. August 1998

Wolf Jobst Siedler: *Auf der Pfaueninsel. Spaziergänge in Preußens Arkadien.* Berlin 1987

Mein besonderer Dank gilt Ulrich Wank, der die Idee für dieses Buch hatte. Hilfe bei den Vorbereitungen bekam ich wieder von Dr. Ekkard Haack, der mir aus seiner nahezu unerschöpflichen Bibliothek Bücher zur Verfügung stellte, die mir sonst unbekannt geblieben wären. Meine holländischen Freunde Gertrude und Jan Starink machten mich auf eine Episode an der niederländischen Grenze aufmerksam, die sich im Kapitel über Friedrich Wilhelm II. findet. Klaus M. Rarisch und sein Verleger Robert Wohlleben, beide exakte Arno-Holz-Kenner, fischten mir dessen Parodie auf Wilhelm II. sogar aus dem Internet. Renate Reifferscheid betreute höchst sorgfältig die Redaktion. Thank you all!

H. O.

Personenregister

Adalbert, Prinz von Preußen (1884–1948) 342
Albert, von Sachsen-Coburg-Gotha, Prinzgemahl der Königin Victoria (1819–1861) 246, 277, 313, 316 f
Albrecht Achilles (1414–1486) 22
Albrecht der Bär (1100–1170) 27
Albrecht, Markgraf von Brandenburg (gest. 1220) 14
Albrecht, Prinz von Preußen (1809–1872) 297
Alembert, Jean Le Rond d' (1717–1783) 121 f, 140
Alexander I., Zar von Rußland (1777–1825) 192, 201 f, 212, 216, 266
Alexander II., Zar von Rußland (1818–1881) 315
Alexander, Graf von der Mark (1779–1787) 153
Algarotti, Francesco Graf v. (1712–1764) 102
Altenstein, Karl Freiherr v. (1770–1840) 202, 209
Amalie, Prinzessin von Bayern 232
Ancillon, Johann Peter Friedrich (1767–1837) 228
Andrassy, Julius Graf v. (1823–1890) 299/300

Argens, Jean-Baptiste Marquis d' (1704–1771) 121, 136, 140
Arndt, Ernst Moritz (1769–1860) 216, 220, 234, 248, 279
Arnim, Achim v. (1781–1831) 222, 238
Arnim, Bettine v. (1783–1839) 222, 238, 249
Arnold, Christian Johann, Müller 142
Assing, Ludmilla (1821–1880) 245
August II., der Starke (1670–1733) 62, 68, 168
August, Prinz von Preußen (1779–1843) 265
August Wilhelm, Prinz von Preußen (1722–1758) 78, 127, 134, 147
August Wilhelm, Prinz von Preußen (1887–1949) 342
Augusta, Kaiserin (1811–1890) 265 ff, 268 ff, 271, 283, 285, 287, 291, 301, 304 f, 310 ff, 314, 339
Auguste Viktoria, Kaiserin (1858–1921) 326, 340 f, 357 f

Bach, Carl Philipp Emanuel (1714–1788) 120

Bach, Johann Sebastian (1685–1750) 121
Bailleu, Paul (1853–1922) 183, 193
Ballin, Albert (1857–1918) 343
Barfuß, Johann Albrecht v. (1635–1704) 27, 37
Bauer, Gustav (1870–1944) 354
Bebel, August (1840–1913) 302
Beethoven, Ludwig van (1770–1827) 155, 193
Begas, Carl (1794–1854) 222
Benda, Franz (1709–1786) 91, 121
Benedetti, Vincent Graf v. (1817–1900) 285 f
Berg, Caroline Friederike v. (1760–1826) 209, 228
Bergmann, Ernst v. (1836–1907) 326, 328 f.
Bethmann-Hollweg, Theobald v. (1856–1921) 349
Bielfeld, Jakob v. 98
Bischoffwerder, Johann Rudolf v. (1741–1803) 149 f, 159 f, 173, 175, 186
Bismarck, Otto Fürst v. (1815–1898) 251, 271–276, 278 ff, 282–287, 290 f, 293, 295 f, 299 ff, 301, 304 f, 317, 319 f, 322 f, 326, 330 f, 340, 342 f, 349
Blumenthal, Leonhard v. (1810–1900) 320
Boccherini, Luigi (1743–1805) 155
Bodt, Jean de (1670–1745) 31
Börne, Ludwig (1786–1837) 220
Boyen, Hermann v. (1771–1848) 188, 204
Brandenburg, Friedrich Wilhelm Graf v. (1792–1850) 239, 245

Brecht, Bertolt (1898–1956) 180
Brentano, Clemens (1778–1842) 222
Brühl, Karl Graf v. (1772–1837) 262
Buch, George Carl Vollrath v. (1767–1843) 198
Bülow, Bernhard Fürst v. (1849–1929) 349
Bussmann, Walter (1914) 229, 253, 256
Bute, John Stuart (1713–1792) 136

Caprivi, Georg Leo Graf v. (1831–1899) 344 f.
Carmer, Johann Heinrich Casimir Graf v. (1720–1801) 141
Catt, Heinrich de (1725–1780) 129 ff, 132, 135
Chamisso, Adelbert v. (1781–1838) 222
Charlotte, Prinzessin v. Preußen, später Alexandra Fjodorowna (1798–1860) 192, 228 f
Charlotte, Prinzessin v. Preußen (1860–1919) 317
Churchill, Winston (1874–1965) 353, 362
Cirksena, ostfries. Adelsgeschlecht 113
Clausewitz, Carl v. (1780–1831) 212, 214, 216, 246, 277
Cocceji, Samuel v. (1679–1755) 118
Curtius, Ernst (1814–1896) 310, 325

Dahlmann, Friedrich Christoph (1785–1860) 311 f
Dampmartin, Anne-Henri Cabet de (1755–1825)184
Danckelmann, Eberhard v.

(1642–1722) 15, 25–28, 37, 42
Darget, Claude Etienne 124
Daun, Leopold Graf v. (1705–1766) 126, 131 f, 134 f
Davout, Louis Nicolas (1770–1823) 197
Delbrück, Johann Friedrich (1768–1830) 228 ff
Diebitsch, Johann Graf v. (1785–1831) 213 f
Dieterichs, Friedrich Wilhelm 116
Disraeli, Benjamin (1804–1881) 299
Dohna, Alexander Graf v. (1771–1831) 213 f
Dollinger, Hans 98
Dörnberg, Wilhelm Freiherr v. (1768–1850) 213
Duhan de Jandun, Charles (1685–1746) 65 ff, 100

Edward VII. (1841–1910) 320, 350
Eichendorff, Joseph v. (1788–1857) 207, 222
Eitel Friedrich, Prinz v. Preußen (1883–1942) 342
Elisabeth, Zarin von Rußland (1709–1762) 124, 126, 137
Elisabeth Christine von Braunschweig-Bevern (1715–1797) 81, 91, 103, 106, 170
Elisabeth Ludovice, Prinzessin von Bayern, Königin von Preußen (1801–1873) 230, 232 f, 254 f, 291
Elsenhans, Ernst (gest. 1849) 249
Encke, Wilhelmine – siehe Lichtenau
Eosander, Johann Friedrich Freiherr v. gen. Eosander von Göthe (um 1670–1729) 31
Erdmannsdorff, Friedrich Wilhelm v. (1736–1800) 157
Eugen, Prinz von Savoyen (1663–1736) 82, 89 f, 105
Eugénie, Kaiserin von Frankreich (1826–1920) 315
Eulenburg, Philipp Graf zu (1847–1921) 341, 349
Euler, Leonhard (1707–1783) 100
Eylert, Rulemann (1770–1852) 217, 223, 232 f

Feilner, Tobias Christoph (1773–1839) 219
Finck von Finckenstein, Karl Wilhelm Graf (1714–1800) 135
Fleury, André Hercule de, Kardinal (1653–1743) 111
Fontane, Theodor (1819–1898) 10, 71, 74 f, 158 ff, 250, 280, 288 f, 321, 323, 327
Fouqué, Heinrich August (1698–1774) 135
Fox, Charles James (1749–1806) 195
Franz Joseph I., Kaiser von Österreich (1830–1916) 276
Franz Stefan von Lothringen, später Kaiser Franz I. (1708–1765) 112, 115, 216
Fredersdorf, Michael Gabriel (1708–1758) 90
Friederike von Mecklenburg-Strelitz (1778–1841) 170, 192
Friederike Luise von Hessen-Darmstadt (1751–1805) 151, 153
Friedrich, Caspar David (1774–1840) 257

Friedrich I. (1657–1713)
außer Kap. 1: 9, 95, 193,
294
Friedrich I., Großherzog von
Baden (1826–1907) 269
Friedrich genannt Eisenzahn
(1413–1471) 22, 96
Friedrich II., der Große
(1712–1786) außer Kap. 3:
8, 21, 24, 32, 36, 54, 66–74,
77–83, 147 f, 155, 159,
179, 186, 196, 206, 223, 247,
264, 276, 282, 303,
321
Friedrich III. (1831–1888)
außer Kap. 8: 255, 273, 281 f,
286 f, 295, 303
Friedrich Karl, Prinz von
Preußen (1828–1885) 256,
291, 320, 324
Friedrich, Prinz der Niederlande
(1797–1881) 217
Friedrich Wilhelm I.
(1688–1740) außer Kap. 2:
9, 20, 28, 89, 95, 100, 103,
118, 121, 127, 157, 179, 181,
199, 230, 264
Friedrich Wilhelm II.
(1744–1797) außer Kap. 4:
9, 34, 179, 186, 190
Friedrich Wilhelm III.
(1770–1840) außer Kap. 5:
8 f, 151, 153, 165, 167 f, 170,
235, 264, 305, 310 f
Friedrich Wilhelm IV.
(1795–1861) außer Kap. 6:
8 f, 192, 209, 217, 219, 223,
311, 313 f
Friedrich Wilhelm, der Große
Kurfürst (1620–1688) 14 f,
24, 41 f, 53, 59, 105, 111,
118, 163, 179, 223
Friedrich Wilhelm, Kronprinz v.
Preußen – siehe Friedrich III.

Gambetta, Léon (1838–1882)
290
Gaudy, Franz Freiherr v.
(1800–1840) 245
Gentz, Johann Heinrich
(1766–1811) 156
Georg Ludwig, Kurfürst von
Hannover, später George I.
(1660–1727) 34, 63
George II. (1683–1760) 69, 136
George III. (1738–1820) 79,
188
George V. (1865–1936) 323,
352
Georg, Prinz von Hessen-Darmstadt (1754–1830) 166
Gerlach, Leopold v.
(1790–1861) 236, 253
Gerlach, Wilhelm v.
(1789–1834) 313
Gilly, David (1748–1808) 156 f,
181
Gilly, Friedrich (1772–1800)
156 f
Gleim, Johann Wilhelm Ludwig
(1719–1803) 151
Gneisenau, August Graf Neidhardt v. (1760–1831) 203 f,
229, 264
Goethe, Johann Wolfgang v.
(1749–1832) 128, 138, 151,
164 f, 171, 267, 309
Göthe, Eosander – siehe Eosander
Gontard, Carl v. (1731–1791)
173
Göring, Hermann (1893–1946)
359
Görres, Joseph v. (1776–1848)
220, 279
Gortschakow, Alexander Fürst
v. (1798–1883) 299
Gotzkowsky, Johann Ernst
(1710–1775) 101, 119

Graun, Johann Gottlieb (1703–1771) 91
Grimm, Jacob Ludwig (1785–1863) 236, 238, 312
Grimm, Wilhelm Karl (1786–1859) 236, 238, 312
Groeben, Karl Graf v. 254
Gropius, Karl Wilhelm (1793–1870) 207
Grumbkow, Friedrich Wilhelm v. (1678–1739) 57, 67, 81 f
Gundling, Jakob Paul v. (1673–1731) 56 f, 121

Hacke, Lisinka Gräfin v. (1785–1859) 223
Haffner, Sebastian (1907–1999) 16, 21, 58, 106, 126, 179 f, 195, 222, 271, 273, 301, 354
Händel, Georg Friedrich (1685–1759) 32
Harden, Maximilian (eigentlich Witkowski) (1861–1927) 348 f
Hardenberg, Karl August Fürst v. (1750–1822) 161, 171, 181, 188 f, 194, 200, 202, 205 f, 209 f, 212, 215, 220
Harrach, Auguste Gräfin – siehe Liegnitz
Hartau, Friedrich (geb. 1911) 336
Haugwitz, Christian Graf v. (1752–1832) 150, 171, 175, 186, 189, 194, 199
Haydn, Joseph (1732–1809) 155
Hedwig Sophie von Hessen-Kassel 37
Hegel, Georg Wilhelm Friedrich (1770–1831) 220
Heine, Heinrich (1797–1856) 220, 235 f.
Heinrich, Prinz von Preußen (1726–1802) 78, 124, 134 ff, 137 f
Heinrich, Prinz von Preußen (1862–1929) 317
Herder, Johann Gottfried v. (1744–1803) 151, 267
Hermine, Prinzessin von Schönaich-Carolath (1887– ?) 359
Herre, Franz (geb. 1926) 267, 310, 329
Hertzberg, Ewald Friedrich Graf v. (1725–1795) 143, 162, 171
Herwegh, Georg (1817–1875) 235
Herz, Henriette (1764–1847) 222
Hindenburg, Paul v. (1847–1934) 352, 354 f
Hinckeldey, K. L. F. v. (1805–1856) 251 ff
Hinzpeter, Georg Ernst (1827–1907) 339
Hitler, Adolf (1889–1945) 344, 359 f
Hoffmann, E. T. A. (1776–1822) 220
Hoffmann von Fallersleben, August Heinrich (1798–1874) 220
Hohenlohe, Friedrich Ludwig Fürst zu (1746–1818) 198
Hohenlohe-Schillingsfürst, Chlodwig Fürst zu (1819–1901) 345 f
Holstein, Friedrich v. (1837–1909) 325, 349
Holz, Arno (1863–1920) 360 f
Hufeland, Christoph Wilhelm v. (1762–1836) 229
Humboldt, Alexander (1769–1859) 180, 235 ff, 243, 247
Humboldt, Wilhelm (1767–1835) 204, 222

Iffland, August Wilhelm (1759–1814) 155, 208
Ilgen, Heinrich Rüdiger v. (1654–1728) 40, 46

Jahn, Friedrich Ludwig (1778–1852) 220, 235
Jérôme (Bonaparte), König v. Westphalen (1784–1860) 201
Joachim, Prinz von Preußen (1890–1920) 342
Johann Cicero (1455–1499) 22
Jonge, J. A. de, holländischer Autor 341 f
Jordan, Charles Etienne (1700–1745) 91, 122 f

Karl VII. von Bayern (1697–1745) 115
Karl X., Bourbonenkönig (1757–1836) 237
Karl VI., röm.-deutscher Kaiser (1685–1711) 103, 105
Karl, Prinz von Preußen (1801–1883) 264 ff
Karl Alexander, Herzog von Lothringen 110, 114 f, 125
Karl August, Herzog von Sachsen-Weimar (1757–1828) 164, 267
Karl Theodor, Herzog von Bayern (1724–1799) 233
Karl Wilhelm Ferdinand, Herzog von Braunschweig (1735–1806) 163 f, 196 f, 199
Karoline Henriette von Hessen-Darmstadt (1721–1774) 151
Katharina II., die Große, Zarin von Rußland (1729–1796) 138, 169
Katte, Hans Hermann v. (1704–1730) 71–78
Kaunitz, Wenzel Anton Graf v. (1711–1794) 124 f

Keith, Jakob (1696–1758) 125, 127, 131 f
Keith, Karl Christoph (1711–1756) 72, 76
Ketteler, v. deutscher Gesandter in Peking (ermordet 1900) 346
Keyserlingk, Dietrich Freiherr v. (1698–1745) 102
Kleist, Ewald v. (1715–1759) 134
Kleist, Heinrich v. (1777–1811) 188, 222
Klopstock, Friedrich Gottlieb (1724–1803) 151
Knackfuß, Hermann (1848–1915) 350
Knesebeck, Karl Friedrich Freiherr von dem (1768–1848) 215
Knobelsdorff, Georg Wenzeslaus (1699–1753) 31, 88 ff, 98 f, 113, 116
Köckeritz, Karl Leopold v. (1744–1821) 175, 181, 187 f, 198
Kolbe, Johann Casimir Graf v. – siehe Wartenburg
Koselleck, Reinhard (geb. 1923) 200
Krüger, Paulus genannt Oom (1825–1904) 356

Lackner, Stephan 335
Laforgue, Jules (1860–1887) 269
Lamettrie, Julien Offray de (1709–1751) 121
Langhans, Carl Gotthard (1732–1808) 157
Langhans, Karl Ferdinand 268
Laquy, Wilhelm Joseph 160
Lassalle, Ferdinand de (1825–1864) 279

Laudon, Gideon Ernst
 (1717–1790) 133 f
Leibniz, Gottfried Wilhelm v.
 (1646–1716) 30–33, 42, 96,
 117
Lenin, Wladimir I. (1870–1924)
 353
Lenné, Peter Josef (1789–1866)
 268
Leopold I., röm.-deutscher Kaiser (1640–1705) 15, 17
Leopold II., röm.-deutscher Kaiser (1747–1792) 162
Leopold, Erbprinz von Hohenzollern-Sigmaringen
 (1835–1905) 284
Leopold, Fürst von Anhalt-Dessau (der Alte Dessauer)
 (1676–1747) 40, 48 f, 55, 60,
 97, 98, 108 f
Lessing, Gotthold Ephraim
 (1729–1781) 134
Lichtenau, Wilhelmine Gräfin v.
 (vorm. Enke, Wilhelmine)
 (1753–1820) 151–154, 165,
 173 f, 184 ff
Liebknecht, Karl (1871–1919)
 302
Liegnitz, Auguste, Fürstin v.
 (1800–1873) 217 f, 234
Lombard, Johann Wilhelm
 (1767–1812) 199
Louis, Prinz von Preußen
 (1773–1796) 167, 170
Louis Ferdinand, Prinz von
 Preußen (1772–1806) 192 f,
 196, 263
Louis Philippe von Orleans,
 »Bürgerkönig« (1773–1850)
 237, 240
Lucchesini, Girolamo
 (1751–1825) 167, 199
Ludendorff, Erich (1865–1937)
 352, 354 f, 358

Ludewig, Johann Peter
 (1668–1743) 105
Ludwig, Emil (1881–1948) 336
Ludwig I., König von Bayern
 (1786–1868) 240
Ludwig II., König von Bayern
 (1845–1886) 293
Ludwig XIV., König von Frankreich (1638–1715) 26
Ludwig XVI., König von Frankreich (1754–1793) 162, 168
Luise, Königin von Preußen
 (1776–1810) 29, 164, 167,
 170, 181 f, 188 ff, 191,
 198 ff, 200 f, 206 ff, 209 f,
 228, 305
Luise, Großherzogin von Baden
 (1838–1923) 269, 304 f, 310
Luise, Prinzessin von Preußen
 (1808–1870) 217
Luise Henriette von Oranien
 (1627–1667) 34

Machiavelli, Nicolò
 (1469–1527) 93 f
Mackensen, August v.
 (1849–1945) 360
Mackenzie, Morell Sir
 (1837–1892) 327 ff, 331
Mann, Golo (1909–1994) 26,
 287, 345
Manteuffel, Otto Theodor Freiherr v. (1805–1882) 250 f,
 256, 270
Marcks, Gerhard (1889–1981)
 31
Margarethe, Prinzessin von
 Preußen (1872–1954) 318
Maria Theresia, Erzherzogin
 von Österreich (1717–1780)
 105, 108, 111 f, 115, 124,
 134, 137
Marie Antoinette (1755–1793)
 162

Marie von Sachsen-Weimar (1808–1877) 265 f
Marwitz, Friedrich August Ludwig von der (1777–1837) 205
Massenbach, Christian Freiherr v. (1758–1827) 154, 172 f, 175, 187 f
Maupertuis, Pierre Louis Moreau de (1698–1759) 100, 121, 129, 140
Max, Prinz von Baden (1867–1929) 354 ff
May, Karl (1842–1912) 55
Metternich, Klemens Fürst v. (1773–1859) 166, 208, 215 f, 233, 241, 243
Meyer-Förster, Wilhelm (1862–1934) 339
Mirabeau, Honoré Gabriel Graf v. (1749–1791) 149
Mohammed Ali Pascha (1769–1849) 300
Möllendorff, Wichard Graf v. (1724–1816) 169
Moltke, Helmut Graf v. (1800–1891) 271, 276, 280 f, 286, 288 f, 291, 298, 305, 312 ff, 320 f
Montez, Lola (1818–1861) 240
Moore, Thomas (1779–1852) 262
Motte-Fouqué, Friedrich de la (1777–1843) 227, 235, 262
Mozart, Wolfgang Amadeus (1756–1791) 155

Napoleon Bonaparte (1769–1821) 19, 114, 128, 185, 193, 195 ff, 198, 200 ff, 204, 206 f
Napoleon III. (1808–1873) 287, 289, 315, 324
Neipperg, Graf v. Feldmarschall (um 1750) 108

Nering, Johann Arnold (1659–1695) 31
Nicolai, Christoph Friedrich (1733–1811) 134, 172
Nikolaus I., Zar von Rußland (1796–1855) 236
Nikolaus II., Zar von Rußland (1894–1917) 353
Nobiling, Karl Eduard (1848–1878) 302 f, 325
Novalis (1772–1801) 184

Oskar, Prinz von Preußen (1888–1958) 342

Paul I., Zar von Rußland (1754–1801) 189
Pehnen, Julius v. 69
Persius, Friedrich Ludwig (1803–1845) 257
Pesne, Antoine (1683–1757) 47, 88 f
Peter III., Zar von Rußland (1728–1762) 137 f
Pfuel, Ernst v. (1797–1866) 245
Piefke 298
Pitt, William d. J. (1759–1806) 136
Pius IX., Papst (1792–1878) 256, 300
Podewils, Heinrich v. (1695–1760) 100
Pöllnitz, Karl Ludwig Freiherr v. (1692–1775) 45
Pompadour, Jeanne Antoinette Poisson, Marquise de (1721–1764) 124
Pückler-Muskau, Hermann Fürst v. (1785–1871) 237 f, 245, 267 f

Quantz, Johann Joachim (1697–1773) 68, 120

Radetzky, Joseph Graf v. (1766–1858) 272
Radziwill, Anton Heinrich Fürst v. (1775–1833) 263
Radziwill, Elisabeth Friederike Prinzessin (1803–1834) 262–266
Radziwill, Luise Friederike Fürstin (1770–1836) 263 f
Ramler, Karl Wilhelm (1725–1798) 148
Ranke, Leopold v. (1793–1886) 19, 41, 222, 250
Rathenau, Walther (1867–1922) 335, 352
Rauch, Christian Daniel (1777–1857) 222 f
Reiners, Ludwig (1896–1957) 98
Ritter, Dorothea 63
Rochow, Hans v. (1794–1854) 252 f
Rohr, Mathilde v. (1810–1889) 323
Roon, Albrecht Graf v. (1803–1879) 271–274, 281, 291, 298, 302

Saint-Marsan, Antoine Marie Marquis de (1761–1828) 208 f
Savigny, Friedrich Karl v. (1779–1861) 222, 238
Sayn-Wittgenstein, Wilhelm Fürst zu (1770–1851) 210
Schack, Johann Georg v. (um 1750–1794) 168, 187
Schadow, Johann Gottfried (1764–1850) 156 f, 219, 222
Scharnhorst, Gerhard v. (1755–1813) 204, 211, 213 f
Scheidemann, Philipp (1865–1939) 354
Schelling, Friedrich Wilhelm Joseph v. (1775–1854) 222, 236
Schill, Ferdinand v. (1776–1809) 211
Schiller, Friedrich v. (1759–1805) 267
Schinkel, Karl Friedrich (1781–1841) 156, 181, 207, 218 ff, 221 ff, 227, 233, 262 f, 268
Schlegel, August Wilhelm (1767–1845) 222
Schleiermacher, Friedrich Daniel Ernst (1768–1834) 221
Schlieffen, Alfred Graf v. (1833–1913) 352
Schlüter, Andreas (1664–1714) 16, 30, 47
Schneider, Louis (1805–1878) 289, 291, 297
Schön, Theodor v. (1773–1856) 204
Schrötter, Friedrich v. (1743–1815) 204
Schulenburg, Achaz Graf von der 75 f
Schulenburg, Friedrich Wilhelm Graf von der (1742–1815) 198
Schuster, Georg 45 f
Schwerin, Kurt Christoph Graf v. (1684–1757) 108
Schwerin, Otto v. (1616–1679) 25
Seckendorff, Friedrich Heinrich Reichsgraf v. (1673–1763) 66, 78, 81
Seckendorff, Götz Graf v. 325
Seydlitz, Friedrich Wilhelm v. (1721–1773) 129 f
Seys-Inquart, Arthur (1892–1946) 360
Sigismund, röm.-deutscher Kaiser (1368–1437) 22

Sigismund, Prinz von Preußen (1864–1866) 317
Silbermann, Andreas (1678–1734) 22, 121
Simson, Eduard v. (1810–1899) 248, 294
Sombart, Nicolaus 349
Sophie Charlotte von Hannover (1668–1704) 14 f, 19, 27, 29–33, 37, 42, 62, 267
Sophie Dorothea von Hannover (1687–1757) 34, 62 f, 67
Sophie Luise von Mecklenburg-Schwerin (1685–1735) 35 f
Sophie, Prinzessin von Preußen (1870–1932) 318
Spener, Philipp Jacob (1635–1705) 42
Spontini, Gaspare Graf v. (1774–1851) 262
Springer, Robert (1816–1885) 240
Stamm-Kuhlmann, Thomas (geb. 1953) 58
Stanislaus I., Leszczinski (1677–1766) 90, 169
Stanislaus II. August Poniatowski (1732–1798) 198
Stein, Heinrich Friedrich Karl Freiherr vom und zum (1757–1831) 189, 198, 200, 202 ff, 205 f, 213, 216, 228, 298, 311
Steinschneider, Moritz (1816–1907) 244
Stolberg, Christian Reichsgraf zu (1748–1821) 171
Strauß, Johann (1804–1849) 182
Stüler, Friedrich August (1800–1865) 257
Suworow, Alexandr Fürst v. (1729/30–1800) 173
Svarez, Carl Gottlieb (auch Suarez) (1746–1798)185, 201

Therese von Mecklenburg-Strelitz (1773–1839) 208
Thiers, Adolphe (1797–1877) 296, 298
Thoma, Ludwig (1867–1921) 336
Thomasius, Christian (1656–1728) 99
Tieck, Friedrich (1776–1851) 222
Tieck, Ludwig (1773–1853) 222, 236
Tirpitz, Alfred v. (1849–1930) 345
Toland, John (1670–1722) 32

Uhland, Ludwig (1787–1862) 240, 279
Ulrike, Königin von Schweden (1688–1741) 140

Varnhagen von Ense, Karl August (1785–1858) 217, 245
Varnhagen von Ense, Rahel (1771–1833) 222
Vehse, Carl Eduard (1802–1870) 19, 33, 52, 148, 234
Venohr, Wolfgang 91 f, 100
Victoria, Königin von Großbritannien (1819–1903) 246, 255, 313 ff, 323, 327 f, 331, 347
Victoria, »Vicky«, später Kaiserin Friedrich (1840–1901) 255, 313, 315 f, 318 f, 329 f, 347
Victoria Luise, Prinzessin von Preußen (1892–1980) 342
Victoria, Prinzessin von Preußen (1866–1929) 317
Virchow, Rudolf (1821–1902) 300, 327 ff
Voltaire, François-Marie (1694–1778) 32, 83, 92, 94 f, 98, 100, 102 ff, 117, 121 ff, 151
Voß, Sophie Marie Gräfin v. (1729–1814) 190 f, 196, 208

Waagen, Gustav Friedrich (1794–1868) 222
Waldemar, Prinz von Preußen (1868–1879) 317
Wartenberg, Graf v. – ehem. Kolbe, Johann Kasimir (1643–1712) 18, 27, 37 ff
Wartensleben, Alexander Graf v. 37
Werner, Anton v. (1843–1915) 295
Wieland, Christoph Martin (1733–1813) 151
Wildenbruch, Ernst v. (1845–1909) 298
Wilhelm I. (1797–1888) außer Kap. 7: 7, 9, 192, 209, 228 f, 243, 244, 246, 249 ff, 255 f, 309, 312, 319 f, 329, 337
Wilhelm II. (1859–1941) außer Kap. 9: 9, 304, 319, 326, 329
Wilhelm, Prinz von Preußen (1882–1951) 342
Wilhelm, Prinz von Preußen (1906–1940) 355, 359
Wilhelmina, Königin der Niederlande (1880–1962) 356
Wilhelmine, Markgräfin von Bayreuth (1709–1758) 36, 66, 68, 70 f, 74 f, 79, 103, 123, 132
Wilson, Thomas Woodrow (1856–1924) 354 f
Winckelmann, Johann Joachim (1717–1768) 59
Winzendorff, Philipp Ludwig v. Kardinal 120
Wittgenstein, Wilhelm Ludwig Fürst zu (1770–1851) 35, 37 f, 234
Wolff, Christian Philipp (1679–1754) 100
Wöllner, Johann Christoph v. (1732–1800) 173
Wrangel, Friedrich v. (1784–1877) 244, 278, 320
Wreeck, Luise Eleonore v. 81

Yorck von Wartenburg, Johann David Ludwig Graf v. (1759–1830) 205 f, 211, 213 ff, 216

Zedlitz, Karl Abraham v. (1731–1793) 149
Zieten, Hans Joachim v. (1699–1786) 109, 125, 131, 135

Heinz Ohff
Der grüne Fürst
Das abenteuerliche Leben des Hermann Pückler-Muskau.
327 Seiten mit 30 Abbildungen.
Piper Taschenbuch

»Der grüne Fürst« erzählt das Leben eines vielbegabten Abenteurers, der, durch und durch Romantiker, keinen Gedanken auf gesellschaftliche Konventionen oder materielle Sicherheiten richtet: Ein skandalumwitterter, dabei melancholischer Draufgänger ist dieser Pückler, ein Verschwender, ein leidenschaftlicher Gartengestalter, ein gefragter Reiseschriftsteller, von seinen Zeitgenossen geliebt und gehaßt. Wir finden ihn auf – vergeblicher – Brautschau in Großbritannien, an der Spitze einer berittenen Truppe im Hohen Atlas, an der Seite der von ihm leidenschaftlich geliebten Machbuba, die er auf dem Sklavenmarkt in Ägypten gekauft und ins heimatliche Muskau gebracht hat – einmal mehr eine Provokation. Eine Biographie wie ein historischer Bilderbogen, ebenso farbig wie spannend erzählt.

Heinz Ohff
Königin Luise von Preußen
Ein Stern in Wetterwolken.
Eine Biographie. 493 Seiten mit 34 Abbildungen.
Piper Taschenbuch

Zahllose Legenden ranken sich um das Leben Königin Luises von Preußen, die schon zu ihren Lebzeiten außergewöhnliche Popularität genoß: Schön und lebenslustig, charmant und wenig gebildet, mußte sie bereits als junge Frau zusammen mit ihrem Mann, Friedrich Wilhelm III., in schwierigen Zeiten den Thron besteigen und starb mit vierunddreißig Jahren in der Blüte ihres Lebens. Bedeutende Zeitgenossen wie Kleist und von Arnim waren ihre Bewunderer, und Napoleon nannte sie respektvoll seine »ärgste Feindin«. Heinz Ohff zeichnet in seiner Biographie das Bild einer Frau zwischen Legende und Historie und vermittelt zugleich einen lebendigen Eindruck der damaligen Zeit.

»Ein lesenswertes, kluges Buch.«
Die Presse

Martha Schad

Bayerns Königinnen
407 Seiten mit 4 Abbildungen.
Piper Taschenbuch

Über die aus dem Hause Wittelsbach stammenden Monarchen gibt es zahlreiche Veröffentlichungen. Doch wer waren die Frauen an der Seite dieser kunstsinnigen Herrscher? Bayerns Königinnen stammten alle aus führenden Dynastien Europas, waren schön und hochgebildet. Sie wirkten vor allem in ihren Familien, engagierten sich aber auch auf sozialem und kulturellem Gebiet, sie förderten Toleranz, Frömmigkeit und Liberalität im jungen Königreich, erlebten politische Niederlagen genauso wie privates Glück. Für ihre biographischen Studien zog Martha Schad bisher unerschlossene Briefe und Tagebücher aus dem Geheimen Hausarchiv der Wittelsbacher heran und schildert eindrucksvoll und kurzweilig das öffentliche und private Leben der bayerischen Herrscherinnen.

Martha Schad

Kaiserin Elisabeth und ihre Töchter
201 Seiten mit 31 Farb- und 28 s/w-Abbildungen.
Piper Taschenbuch

Einundzwanzig Salutschüsse kündigten 1855 die Geburt von Erzherzogin Sophie von Österreich an, der ersten Tochter des österreichischen Kaiserpaars Elisabeth und Franz Joseph. Ein Jahr später wurde Erzherzogin Gisela geboren. Als nach dem plötzlichen Tod der gerade zweijährigen Sophie endlich der ersehnte Thronfolger Rudolf zur Welt kam, war die Freude am Hof und beim Volk überwältigend. Zehn Jahre später folgte Marie Valérie, der erklärte Liebling von Mutter Elisabeth, der kleine Sonnenschein am Kaiserhof. Martha Schad schöpft für diese Familienchronik wie eine intime Freundin aus dem privaten Fundus der Kaiserfamilie. Anhand von Briefen, Tagebüchern, Gemälden und Photographien folgt sie den Lebenswegen der Töchter der Kaiserin und denen ihrer Nachkommen bis in die Gegenwart.

Brigitte Hamann
Elisabeth
Kaiserin wider Willen. 640 Seiten mit 103 Abbildungen. Überarbeitete Neuausgabe.
Piper Taschenbuch

Das übliche süße Sisi-Klischee wird man in diesem Buch vergeblich suchen: Elisabeth, Kaiserin von Österreich, Königin von Ungarn, war eine der gebildetsten und interessantesten Frauen ihrer Zeit: eine Königin, die sich von den Vorurteilen ihres Standes zu befreien vermochte. Häufig entfloh sie der verhaßten Wiener »Kerkerburg«, weil sie nicht bereit war, sich von den Menschen »immer anglotzen« zu lassen. Statt dessen war sie monatelang auf Reisen, lernte Sprachen und trieb – im Rittersaal der Hofburg! – Sport. Schon vor dem Attentat war sie eine legendäre Figur geworden.

Brigitte Hamann
Kronprinz Rudolf
Ein Leben. Aktualisierte Neuausgabe. 544 Seiten mit zahlreichen Abbildungen. Piper Taschenbuch

Der Suizid von Kronprinz Rudolf von Österreich (1858 bis 1889) in Mayerling am 30. Januar 1889 war ein Schock für ganz Europa und sollte die Welt nachhaltig beeinflussen. Hier zeichnet die Bestsellerautorin Brigitte Hamann das detaillierte Bild eines liberalen Intellektuellen, der stets vehement gegen Antisemitismus, Nationalitätenhaß und Klerikalismus eintrat und dessen politisches Ziel ein vereintes Europa liberaler Staaten war.

»Ein profundes und dabei außerordentlich lesbares Werk, ein Buch, das keineswegs nur historisch interessierte Leser fesseln kann, sondern auch eine reiche Fundgrube für psychologisch Interessierte bedeutet.«
Wochenpresse

Carolin Philipps

Friederike von Preußen
Die leidenschaftliche Schwester der Königin Luise. 384 Seiten mit 16 Seiten farbigem Bildteil.
Piper Taschenbuch

»Galanteste Löwin des Jahrhunderts« hat man sie genannt: Friederike von Preußen, geborene Prinzessin von Mecklenburg-Strelitz (1774–1841). Tatsächlich rankt sich um die »sündige« Schwester der Königin Luise ein streng gehütetes Familiengeheimnis, das nach mehr als anderthalb Jahrhunderten aufgedeckt wurde. Carolin Philipps schreibt aus bis dahin unbekannten Quellen heraus die Biografie einer außergewöhnlichen Frau, die entgegen allen Regeln ihre Sehnsucht nach Glück und Liebe lebte.

Uwe A. Oster

Wilhelmine von Bayreuth
Das Leben der Schwester Friedrichs des Großen. 384 Seiten mit 16 Seiten Farbbildteil.
Piper Taschenbuch

Ob als Bauherrin, Opernintendantin oder großzügige Mäzenin von Kunst, Musik und Wissenschaft: Die glanzvolle Regentschaft Wilhelmines von Bayreuth rückte die kleine fränkische Residenz ins Rampenlicht der europäischen Geschichte. Doch die Sehnsucht der kunstsinnigen Markgräfin nach Liebe und Harmonie wurde von ihrer engsten Vertrauten bei Hofe grausam mißbraucht. Auf dem Höhepunkt ihres Lebens muß sich Wilhelmine schließlich eingestehen, daß sie den Kampf um die Liebe ihres Mannes gegen eine schöne junge Hofdame verloren hat...

»Eine gut lesbare Biographie.«
Süddeutsche Zeitung

Thea Leitner
Skandal bei Hof
Frauenschicksale an europäischen Königshöfen. 320 Seiten.
Piper Taschenbuch

Ein wahnsinniger Ehemann, lebenslanger Hausarrest oder seelische Qualen an einem intriganten Hofstaat: Höchst einfühlsam zeichnet Thea Leitner die dramatische Familiengeschichte und das politisch-gesellschaftliche Leben von fünf Prinzessinnen aus dem Hause Windsor nach, die durch ihre Heiraten in das Zentrum europäischer Politik und damit in höfische Machtkämpfe und Intrigen gerieten.

Vor dem Hintergrund europäischer Politik eröffnen diese erschütternden Tragödien ein Gesellschaftsbild, das die Skandale heutiger gekrönter Häupter als harmlose Geschichten erscheinen läßt.

Thea Leitner
Habsburgs verkaufte Töchter
272 Seiten mit 16 Abbildungen.
Piper Taschenbuch

Thea Leitner bringt in ihrem Bestseller eine unbekannte Seite der europäischen Geschichte zur Sprache, nämlich die Biographien Habsburger Prinzessinnen, die schon im Kindesalter der Politik verschrieben wurden. Ihre Wünsche und Gefühle hatten keinen Platz. Obwohl von Kindesbeinen an über sie verfügt wurde, waren sie als erwachsene Frauen keineswegs passive Opfer ihrer Herkunft. Im Gegenteil, unter ihnen gab es eine Reihe brillanter Politikerinnen, teils klüger und geschickter als die Herren des Hauses Habsburg.

Marita A. Panzer, Elisabeth Plößl

Bayerns Töchter

Frauenporträts aus fünf Jahrhunderten. 320 Seiten mit 76 Abbildungen. Piper Taschenbuch

Kenntnisreich und unterhaltsam porträtieren die beiden Autorinnen über 80 bayerische Frauen aus verschiedensten Gesellschaftsschichten, darunter berühmte Frauen wie Königin Marie von Bayern, die königliche Geliebte Lola Montez oder die Schauspielerin Therese Giehse. Doch sie stellen auch weniger bekannte Frauen vor wie die Mathematikerin Emmy Noether oder Johanna Händlmaier, die Erfinderin der legendären Senfrezeptur. Ein informativer und kurzweiliger Spaziergang durch die bayerische Frauengeschichte von fünf Jahrunderten – illustriert mit zahlreichen Abbildungen.

Franz Herre

Maria Theresia

Die große Habsburgerin. 368 Seiten mit 6 Abbildungen. Piper Taschenbuch

Als Nachfolgerin ihres 1740 gestorbenen Vaters Karl IV. übernahm Maria Theresia (1717–1780) als Erzherzogin von Österreich, Königin von Ungarn und von Böhmen die Herrschaft über die Länder des Hauses Habsburg, und als Gemahlin des römisch-deutschen Kaisers Franz I., eines Lothringers, wurde sie Kaiserin. Franz Herre, Autor erfolgreicher historischer Biographien, versetzt uns in das Zeitalter Maria Theresias. Facettenreich schildert er den Lebensweg der lebenslustigen Erzherzogin zur Monarchin, Landesmutter und konservativen Reformerin.

»Herre erzählt spannend, verknüpft Biographie und wirtschafts- und sozialgeschichtliche Aspekte anschaulich und geschickt, und kramt überdies einige Anekdoten hervor.«
Badische Neueste Nachrichten

Friedrich Weissensteiner

Die rote Erzherzogin

Das ungewöhnliche Leben der Elisabeth Marie, Tochter des Kronprinzen Rudolf. 240 Seiten mit 21 Abbildungen. Piper Taschenbuch

Vom Vater hatte sie den rebellischen Geist mit den liberalen Neigungen und von der Mutter die Schönheit: Erzherzogin Elisabeth Marie (1883–1963), die extravagante Lieblingsenkelin von Kaiser Franz Joseph und Kaiserin Elisabeth. Friedrich Weissensteiner erzählt das Leben dieser schillernden Persönlichkeit und ungewöhnlich mutigen Frau in einer Zeit der politischen Umbrüche. Sie stellte sich gegen alle Konventionen und kämpfte für ihr persönliches Glück.

»Einem Film würden wir solche Eskapaden nie verzeihen – so viel dramatische Extravaganz fällt nur dem Leben ein.«
Wiener Morgen Kurier

Dirk Van der Cruysse

»Madame sein ist ein ellendes Handwerck«

Liselotte von der Pfalz – eine deutsche Prinzessin am Hof des Sonnenkönigs. Aus dem Französischen von Inge Leipold. 752 Seiten. Piper Taschenbuch

Ein unvergleichliches Bild ihrer Zeit hat Liselotte von der Pfalz in ihren 60 000 Briefen hinterlassen. In diesen Universalreportagen beschreibt sie ihr Leben am Hof ihres Schwagers, des Sonnenkönigs Ludwig XIV., freimütig, spöttisch, oft derb. Die Intrigen und Ränkespiele, die politischen Krisen und die glänzenden Feste bei Hof fanden in »Madame«, der Tochter des Kurfürsten Karl Ludwig von der Pfalz, eine kluge und geistreiche Beobachterin.

»Van der Cruysses Werk berichtet so frisch, wie es seinem Objekt zukommt.«
Die Zeit

»Dirk Van der Cruysse gelang es in bravouröser Weise, diese ungewöhnliche Frau zu rehabilitieren.«
Die Welt

Erika Bestenreiner
Sisi und ihre Geschwister
336 Seiten mit einem farbigen Bildteil. Piper Taschenbuch

Die sieben Geschwister der legendären Kaiserin Elisabeth haben mindestens ebenso interessante Lebenswege eingeschlagen wie ihre Schwester: Nene, »Gackel«, Marie, Ludwig, Sophie, Mathilde und Max Emanuel – die jungen Herzöge und Herzoginnen von Bayern. Mitreißend, aber genau an den Quellen orientiert, porträtiert Erika Bestenreiner die farbigen Figuren dieser berühmten Familie und entführt ihre Leser in die Welt der europäischen Fürstenhäuser, in die Geschichten von Liebe und Politik, von Bürgertum und Adel und von der Suche nach dem Glück.

Erika Bestenreiner
Luise von Toscana
Skandal am Königshof. 328 Seiten mit 9 Schwarzweißfotos. Piper Taschenbuch

Einen größeren Skandal hat Deutschland vor dem Ersten Weltkrieg nicht erlebt: Luise von Toscana aus dem Haus Habsburg, die künftige Königin von Sachsen, verläßt ihren Mann und ihre fünf Kinder und wird bürgerlich. Erika Bestenreiner erzählt die Hintergründe dieses Dramas fesselnd wie einen Roman, hält sich aber genau an die Quellen.

Die Geschichte dieser Flucht vom Thron ist die Geschichte von Kälte und Herzlosigkeit in der königlichen Familie, vom Mut, anders sein zu wollen, und von der Suche nach der wahren und großen Liebe.

Klaus Günzel
Das Weimarer Fürstenhaus
Eine Dynastie schreibt Kulturgeschichte. 223 Seiten mit 32 Seiten Abbildungen. Piper Taschenbuch

Am Weimarer Hof wurde eines der glanzvollsten Kapitel der europäischen Kulturgeschichte geschrieben. Vor allem die Frauen prägten das Gesicht der Dynastie: Herzogin Anna Amalia machte aus dem unbedeutenden Kleinstaat eines der wichtigsten geistigen Zentren des 18. Jahrhunderts. Als ihr Sohn Carl August den jungen Goethe an den Weimarer Hof holt, beginnt der Aufstieg des Fürstenhauses zum strahlenden Mittelpunkt der deutschen Klassik. – Mit leichter Feder zeichnet Klaus Günzel die Geschichte der Weimarer Dynastie und beleuchtet dabei auch die menschlichen Licht- und Schattenseiten ihrer bedeutendsten Persönlichkeiten.

»Eine vorzügliche Schilderung des nicht nur klassischen Weimar.«
Frankfurter Allgemeine Zeitung

Karin Feuerstein-Praßer
Die preußischen Königinnen
367 Seiten mit 38 Abbildungen. Piper Taschenbuch

Es war durchaus kein leichtes Schicksal, das die preußischen Königinnen im »Männerstaat« Preußen zu bewältigen hatten. Gleichwohl gelang es einigen von ihnen, sich Freiräume zu schaffen – beispielsweise der »Philosophin auf dem Thron«, Sophie Charlotte von Hannover, und der bis heute wohl populärsten preußischen Königin, Luise von Mecklenburg-Strelitz. Andere wiederum litten unter den höfischen Intrigen und der Mißachtung ihres Gemahls oder konnten sich nur durch Lügen oder Heuchelei behaupten.
Unterhaltsam und mit großer Sachkenntnis erzählt Karin Feuerstein-Praßer vom Leben der sieben preußischen Königinnen.

»Wer sich für Geschichte interessiert und für Frauenschicksale der etwas besonderen Art, wird an dieser Lektüre viel Vergnügen haben.«
Aachener Nachrichten